U0615556

金石索

（第一册）

电子科技大学出版社

图书在版编目（CIP）数据

金石索：全4册 /（清）冯云鹏，（清）冯云鹓同辑
. -- 成都：电子科技大学出版社，2017.10
ISBN 978-7-5647-5203-3

Ⅰ. ①金… Ⅱ. ①冯… ②冯… Ⅲ. ①金石－考证－中国 Ⅳ. ① K877.24

中国版本图书馆 CIP 数据核字 (2017) 第 244875 号

金石索（全4册）
（清）冯云鹏 冯云鹓 同辑

策划编辑 刘 愚 杜 倩
责任编辑 刘 愚

出版发行 电子科技大学出版社
成都市一环路东一段 159 号电子信息产业大厦九楼 邮编 610051
主 页 www.uestcp.com.cn
服务电话 028-83203399
邮购电话 028-83201495

印 刷 虎彩印艺股份有限公司
成品尺寸 185 mm×260 mm
印 张 131.75
字 数 950 千字
版 次 2017 年 10 月第 1 版
印 次 2017 年 10 月第 1 次印刷
书 号 ISBN978-7-5647-5203-3
定 价 3200.00（全 4 册）

版权所有，侵权必究

出版説明

現代漢語用『圖書』表示文獻的總稱，這一稱謂可以追溯到古史傳説時代的河圖、洛書。在從古到今的文化史中，圖像始終承擔着重要的文化功能。傳説時代的大禹『鑄鼎象物』，將物怪的形象鑄到鼎上，使『民知神奸』。在《周易》中也有『制器尚象』之説。一般而論，文化生活皆有與之對應的物质層面的表现。在中國古代文獻研究活動中，學者也多注意器物、圖像的研究，如《詩》中的草木、鳥獸，《山海經》中的神靈物怪，《禮儀》中的禮器、行禮方位等，學者多畫爲圖像，與文字互相印證，成爲經學研究中的『圖説』類著述。至宋元以後，庶民文化興起，出版業高度發達，版刻印刷益發普及，在普通文獻中也逐漸出現了圖像資料，其中廣泛地涉及植物、動物、日常的物質生產程序與工具、平民教化等多個方面，其中流傳至今者，是我們瞭解古代文化的重要憑藉，通過這些圖文並茂的文本，讀者可以獲得對古代文化生動而直觀的感知。爲了方便讀者閱讀，我們將古代文獻中有關圖像、版畫、彩色套印本等文獻輯爲叢刊正式出版。

本編選目兼顧文獻學、古代美術、考古、社會史等多個種類，範圍廣泛，版本選擇也兼顧了古代東亞地區漢文化圈的範圍。圖像在古代社會生活中的一大作用爲促進平民教化，即古人所謂的『圖像古昔，以當箴規』，（語出何晏《景福殿賦》）明清以來，民間勸善之書，如《陰騭文》《閨范》等，皆有圖解，其中所宣揚的古代道德意識中的部分條目固然爲我們所不取，甚至應該是批判的對象，但其中多有精美的版畫，除了作爲古代美術史文獻以外，也可由此考見古代一般平民的倫理意識，實爲社會史研究的重要材料。

本編擬目涉及多種類型的文獻，茲輯爲叢刊，然亦以單種別行為主，只有部分社會史性質的文本，因爲篇卷無多，若獨立成册則面臨裝幀等方面的困難，則取同類文本合爲一册。文獻卷首都新編了目録以便檢索，但爲了避免與書中内容大量重複，無謂地增加篇幅，有部分新編目録較原書目録有所簡略，也有部分文本性質特殊，原書中本無卷次目録之類，則約舉其要，新擬條目，其擬議未必全然恰當。所有文獻皆影印，版式色澤，一存古韻。

《金石索》總目錄

十二卷（清）馮雲鵬　馮雲鵷　同輯　清道光十六年跋刊雙桐書屋藏板

第一册

第二册

第三册

第四册

第一册目録

金索　二ノ一　六本

道光元年開鐫

金石索

雙桐書屋藏板

題金索拓本原序

沇州試院見壁間字幅科斗龍鳥諸體悉備書具奧博審為滋陽大令葉軒明府之昆晏海先生所作集軒名進士有治聲洵難兄難弟也現而葉軒出此本相示余惟結繩而後書體代變學者欲知古文舍金石奚據顧石易泐而金可久且崇碑巨碣移搨維

銀自不如金器之易摹宣和博古圖所載皆金器也古金器著錄者多矣然非親見而手搨之則恒不足為據即如一比干銅盤銘也嘯古堂集錄與汝帖所刻迥殊其他可知往嘗見翁宜泉前輩所搨錢譜至於極古刀布極小洋錢字畫人面花紋細入毫芒嘆其精妙今觀馮君此器摹搨之

工殆與相益且考訂精當信而有徵不獨古甓與銘賴以不朽其開益學者亦不少也歐陽子有曰物聚於所好而常得於有力之彊余謂有力非難好古者難耳馮君一游江左而訪得已如是自茲以往游歷益多不盡收天下金石文不止豈特此編已乎因憶余以袁州昌山峽水迅灘多壞舟至崖礙

文字奇古不可復相傳又能讀者
金壇立見余嘗舟過其下以程急未
暇登覽也古博好奇如馮君倘一過
爲其必有以辨之矣
嘉慶二十三年歲在戊寅夏六月
筠谷愚弟辛從益謹跋

古人之精神託諸文字而有裨世用者其氣常與天地相流通出之也有時而精力亦與時相代謝其未出也若常留不微以有待逮於既出微亦及之而其出相踵仍不以微而絕金石刻識之傳流者多或百名少或片語蓋文字之小小者耳而其於拾遺補藝有功於載籍昔之人諄諄言之歐趙引其端洪薛暢其支自爾以還流日益長趣日益博攷據日益確歐趙所見今不盡見也賴歐趙以存今人所見後人未必盡見也則賴今人以存繼此而有所見者相與引續於不替凡志古者皆與有責焉矣古人所為守先聖待後學其意豈越於此乎通州馮君晏海與其弟集軒大

令所輯金石索郵書見示所著錄多前人所未
見又殷殷問余所藏弆將舉以入錄余既嘉馮君
搜覽之勤而弥歎其篤志於古爲不可及也李大令
申耆嘗爲余言曩游粵東閱郎肆見壞銅器纍纍
中有一鼎跛且穿而銘文數十字尚可讀越日擕
泉往贖之則已雜諸敗器投冶矣嗟乎藏而出出
而散理數之常然也有傳之者即散亦何憾斯鼎
何爲而出哉金石尚不能以自壽固如斯夫馮君其
益勉之矣吾年衰晚不能息肩君魯我秦多有
所詣吾雖滯黔閩中屢更寒暑而身已衰病不
能跋涉縱有名勝付之夢想何如君兄弟偕行有
奇共賞雖殘垣斷壁絕壑窮巖亦欣欣然自慶

其遭若哉道光二季七月武進趙懷玉序時年
七十有六
是歲十有二月濟水鄭免書

懷玉私印

趙氏味辛

薈稡金石之刻至今日而極盛以余
所見如青浦王氏偃師武氏山陽
吳氏陽湖孫氏儀徵阮氏平湖朱
氏諸家皆蒐輯繁富考据精審覽
者如入琳宮而觀海藏矣近又得馮
晏海先生金石索二編乃歎天地間
奇寶時出不窮而好古績學之士之
所見聞尤日新而不已也金索自鐘

鼎以逮鏡鑑石索自碑碣以逮瓦
甎靡不賅備自三皇以至有元自
中土以至外國靡不綜採陸離斑駁
開卷爛然文隨手自摹寫詳加釐
訂其於青浦諸家不知其孰為後
先要其書洵文海之珠船藝林
之寶鑑矣先生喆弟起家進士
作宰名區先生矻矻窮年人以是

爲大遇君惜吾不謂然天欲以吉金
樂石不朽先生圖不於紆朱懷金爲
先生涵也嗣君子朗館余家久得備
閱先生學行厚素弁言於是乎書
道光甲申小滿節歙鮑勳茂謹叙

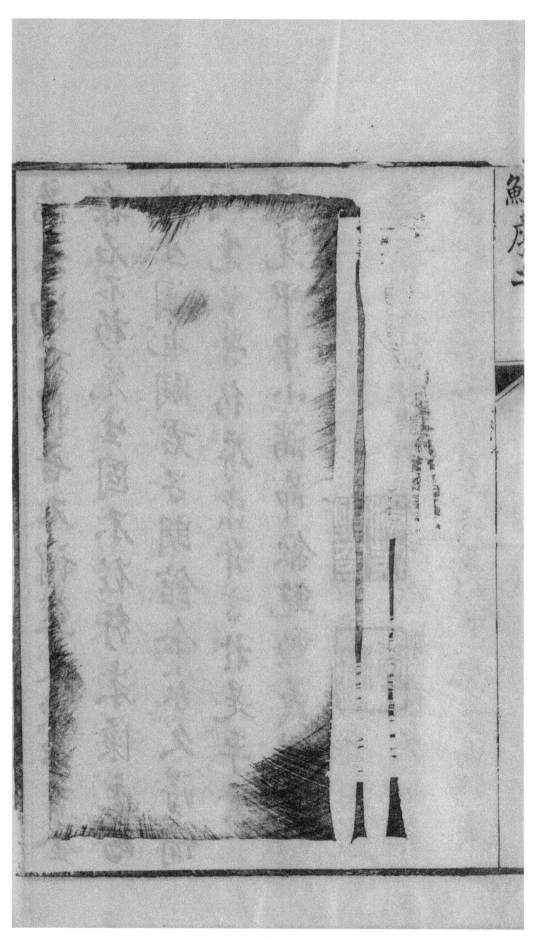

余官江右時即聞馮君集軒令溧陽有善政及來兖州益審其詳既乃叩其所學則曰某之學受於某先宴海某先生平無他好獨嗜金石文字若性命竭數十年心力搜羅考校得金索六卷石索六卷至今猶昕夕以之也窺其意若甚得者然習宴海未

言之尤娓娓且曰吾每夜料量諸事畢必爇燭手校不見跋不已也蓋其所得者深矣夫為其事而無所得者其入之也必不深則其傳之也必不永今馮君兄弟之所得如是其必有以永傳乎柳閬碩亭林先生有言金石碑刻可以考校經史譌誤蓋其傳

常千百年多古文字所賴有心者收
拾之尤賴有識者辨正之也經史之學
榛蕪久矣然則是編之作厥功不其偉
歟道光三年秋七月年愚弟賀長齡
敘

皐稽湯盤孔鼎肇自商周迨夫董薛諸家備載周鼎秦權類皆模範吉金而石墨尚少雖夏禹有岣嶁之碑周宣有岐陽之鼓宣尼有季子之銘後人尚疑信參半大抵三代以前金爲多迨秦斯刻石以来漢世紀頌功德多在樂石梁元帝碑英一書今不可見自歐趙諸家下至吾子行及近代

都穆趙崡輩遞相著錄考據益詳往
往訂經史之闕譌非苟焉已也通州
馮晏海集軒昆季皆好脩博識尤篤
嗜斯事探源溯本其用心致力不啻
寢饋於斯故於游歷所經掇拾剞劂
四方交游又或拓本餽遺齋器商定
集軒旋宰嵫山即漢瑕邱亢父之遺
墟憑弔古蹟網羅浸廣遂相與圖形

寫象心摹手追鉤元索隱閒以題詠
凡有質證發明多前人所未道幾數
十萬言積累寒暑合手釐正勒為金
石索十二卷将以信今貽後承示卒
讀不覺慨然興歎竊謂六書相沿時
代遞嬗曼衍數千百年中間千態萬
趣鈲離踳駁未堪更僕顧古人往矣
僅僅藉簡策流傳復雜以傳寫承譌

鴻都審定在漢獨得中郎後人守祭酒之說斤斤然嚴畫疆界而好奇之輩又多飾辭逞臆動引古人之瓬類誕妄破壞小學放紛將奚賴耶蓋古人之典章制度與夫雅俗風尚於金石文字中求之稍稍得當緣其流傳既古縱不免於沉霾土壤然斷爛破缺之餘茍遇好學深思者罔不藉資

考證至若稱伐樹勳錫命鐘鼎脩身律己垂訓槃匜即砥行立名亦多裨益後之人既重其器又重其文於以生仰止景行之思豈得謂之玩物喪志哉今集軒活泯有聲廉靜為治晏海履道含貞有子成進士將出膺百里之寄三不朽之原正未有艾則金石索一篇為庭誥為治譜胥於是乎

寓又匪僅考證之資云爾是為序

道光丁亥初春福州梁章鉅撰并書

凡物必聚於性之所好與情之所專
又必才足以傾倒一世學足以博極
羣書識足以鑒別千古而後卓然
成一家之言以信今傳後而無疑
晏海先生江左宿儒洽聞強記於探
幽索隱之功爲尤多余耳其名久
丁丑春余守是郡適 先生哲弟集
軒明府以名進士來尹滋邑始獲與

先生亟聆其言論風旨彬彬儒雅益心折其人聘同閱試卷者再且延主講東魯書院多士咸服其公允滋為南北之衝冠蓋往来輪蹄絡繹先生佐其弟為賢令尹公餘輒手一編不輟故其著作等身人所共覩近復以所輯金石索一書見示披覽之下陸離斑駁古意盎然覺周

鼎商彝槃盤在目其間或購之賈肆或得自贈遺或搜羅於深山邃谷之中蔓草荒祠之內大而焰鼎尊彝小而半軌片石凡屬先代所留傳前賢之手澤銘詞足據文獻有徵無不鑪盤具備其考核之精詳論駁之確當實有發前賢之未發為唐宋諸儒拾遺補缺者而又手自勾摹工细肖

不知幾經歲月萃精會神而後成此
不朽之盛業也非其性情之好且專而
才識學三者之過人而何以得此而後
嘆我
考据之學遠過前代而天地之菁英
山川之寶藏方且日出而不窮噫洵
足為宇內之大觀矣　先生令偕集
軒明府蒞任膠東非其行也書以跋

其後即以為贈行之作可也時道光三年歲次癸未七月既望知山東兗州府事長白景慶序并書

金石索序

今使道穆成鴻紀綠提綎
總續閱皆奕究鼻巢摶士
爲入同游化紹結總而沼
度閒元辰則本隨正本正
以不命寅封奈將五量五
權以不審子數柜黍鬼宄
其宅莫號蒼帝之壹禍豈
綴音鑄綬黃靈之籍天下
相與于耕鑿吾卻太海其

識知物或淳閒運開栖棲
辰變化日常永參陷自兮
王發無驚金歐不鼓則未
犧爽象畢常登清齋明堂
丙冊金函下逮純樞谷徧
山川之精上許寶氣騰天
圖書之府宮開文光燭毛
九柯十匠何地留劫後之
灰五典三墳誰不識皇初
之字音非極探奇之樂事

慨思古之幽情哉下及龍
戰元黃紛爭變亂摩挲金
狄閱幾代之絲沙淺泣銅
仙掩荒墟之荊棘火焚晉
庫燼飛周漢之遺賊劫書
陵漏灑鍾王之遺九鼎韜
英亏泗水入會老傳于鹵
洞个宇辛王衛述其事泛
紘繞棲手莫辨其文章塗
高興本之交已蕪故物推

徐序二

蓋勝畫東而外雜者遺文是
足悲焉豈可憶也則有山
左寓公江南傳專名高儀
廣望重機雲與橫古尺以
同量手握知珠而共燭虞
流芳載流古曉于融晨觀
續遺圍綜今憶於森夕殘
歎繡錄宮指元以證有聞
鄉隱殘院呼僕竟不言舊
字據識之末也所顧異見

異聞樂事洵世間所無軼
寢軼食象歐陽之錄通宣
鐵之圖壇博物之志著論
書之意是則大篆小篆而
後雲句傳入而金索石索
一書兒攙襍於其已繁矣
金之難名自古杜苦彫幽
形緣蠡紅窮延中鄉小棧
之異名於獻巡纔之妹新
入非數百歲郭知柏寢之

陳器容七八兮莫辨函好
生物為乾德之潛號太乙
四表巍黃初之紀元本無
二以藍田美玉璽辨先秦
為地邑杜鼓鳴東晉上清
童子形化金錢之與碧雲
鬱入平閣咸陽之南己坐
滄桑屢變款識雜豕亥誤
吉乎名稱姬伯鉞其寶莫
名其器寶其櫝而還其珠

作訓單二語或有化之者
文徵繇見一名須後儒之
辭字非精難校韓法須風
若木石刻流傳者化隱韓
龍跡爲臥權究个央中之
致授莫邏鸞翔郢一字一
金石等搭遜乘或馬遠蠻
貽古清樓有角隳耕牛嗂
過于視融氧下羽陽氏歲
雜采秦齊之乃當元豐二三

老莫解王昭之戲筆是印
雜碑貍枯豹鈞麻抱錦贉
繡褫斷零舶畫卯何易方
不默石鼓已歸來老鬣畱
銘棠若江泠而激向殷家
而必束廣微讀記老一書
自北而來庾子山語韓陵
片石也或遺文於還遷曰
迷古字於窺軌雖敝正渡
河之文絳莫定藏山之業

不我　是湊昆夷沖淦遠
櫟羣聽無或高柔如滄隸
敢不廉衛龍爛之藝氣知
鴻鼎振絢珠之彩自照玆
書流數定般賞心無極歡
嗚能嘯之地詠趣異代之
河山落枯蘇瀾之場情予
者王之禾黍耕耘小豎荷
鉏不必錢塼郵魯大儒載
酒不詢奇字殫數十年之

金石勒十二卷之成書已
爲鑽資之糧則資與纍富
引爲考古之鏡則古人得
生一字金堅密目爭賞片
言鐵鑄巧舌習嚇忽蒙大
番之遥須了賞小言不爲
序儀曉雄一孔讀未十卷
姨剛目柔日之社勞魂目
諂手諂之未及善銅聖錄
敬搜美產于皇輿貽湯盃綴

發空經遺區於蔓艸廬陵
嘆漢物之難得叔重識古
文之不知五至迷難紀人
汲斯之藏史書璀璨炳拔
宛焉之編游未必不要云
珠登泰山而述白練負聲
無乃循言難得發光怪于
出泉湯盤違設自於龜瓌
懷神奇於未文緣守只然
寶鋒蕃章書

時

道光四年歲次甲申嘉平月望日

姻愚弟徐宗幹拜題

北平呂紹奎少菴書篆

自敘

寓内之奇珎備矣而壽世者惟金石匯
壽其器之異壽其文之古也自趙宋來
譚金石家莫顯于歐趙洪婁王劉呂薛
而隸釋隸續並編毎詳于石而略于金
考古愽古諸録又常于金而缺于石嗜
尚不同也鵬兼斯二癖而好爲苟難用
是有金索石索之役而索于舊聞者一
三索于新得者七八焉年來薄游吳越
間見收藏家有款識者輒繪錄之嘉慶
二十年季弟鵷莅仕穀城廿一年以來
仕瑕邱鵬昕夕與偕暇則訪尋古蹟羅

列滿八以相與賞晰瑕邱于兖郡為附
郭邑春秋元命苞曰兖瑞也信也地連
曲阜泰山任城亢父古碑林立彝器會
萃天不愛道地不愛寶可云瑞矣信矣
奚必鉅鼎金船山車澤馬而後謂之祥
苻戢廿五年秋始命畫工繪圖稍=付
梓道光元年四月朔旦日月合璧五星
聯珠直照奎婁分野益忻朕感觸乃鳩
剞劂氏五六人分功效程鳩又苦于酬
應紛沓每至宵深人靜始能握管夜之
所書次日所刻而往來縉紳以及書
院從遊解事之士時以拓本相持贈結

縞紵權遂日積曰多三秊而峻凡三十餘萬言皆手自鈔訂其考証則與季弟眾之裒為十二卷金石別部不相混淸是亦可觀矣雖肰猶有憾儻由齊魯而燕趙而秦晉川蜀跨孟門越汧隴過秦漢之故壤捫褒余之邃谷披沙獲鼎毀蘇求碑所謂刊丸都之山銘不耐之城者夫復何限善手洪氏之說曰得黃金百如視涕唾獲一漢刻津＝肰盱衡擊節輟寢罷食意世間樂事無以右此者是又在四方士仁大人先生惠寄新異匡所不逮擴所未見以謀續編則幸甚

是爲敘
時
道光二年青龍左敦牂霜月之靈書于
東魯書院仰山堂
崇川馮雲鵬晏海識

金索卷首

敬列

純皇帝欽頒 闕里廟廷周范銅器十事謹錄

御製詩一章 併序

釋奠而飭豆籩新型既備登堂而觀車服古澤奚存緊

臚犧象諸尊第款識元和所鑄雖協吉金用享還殊贋鼎

無稽舠辨名溯三代以前何知有漢而學禮景當年之志

亦曰從周昨脩太學落成曾列姬朝雅范惟此昌平故里

靈寶憑焉每徵法物舊章心恒慭若宜陳禮器以煥宮牆擬

俟鑾迴內府檢西京彝鼎將從郵置成數充東國几筵意

在尊

師體尊王之有素守當永世勗永寶之無愆既沛十行篇成

邃古齋藏

八韻

二千年閱古禮罷惜徒言車服鄉輕補鼎彝頗尚存肆筵瞻闕

若由驛致更番後漢徽時降尊周緬意敦穆 如陳几案潔用薦

蘋蘩國學依成例昌平本

聖源徽仲敬

師志益勗作君原庶協崇文願興賢共坐論

罷備從先

辛卯三月臣于敏中奉

勅敬書

木鼎 甲

以下圖俱減小銘依原樣

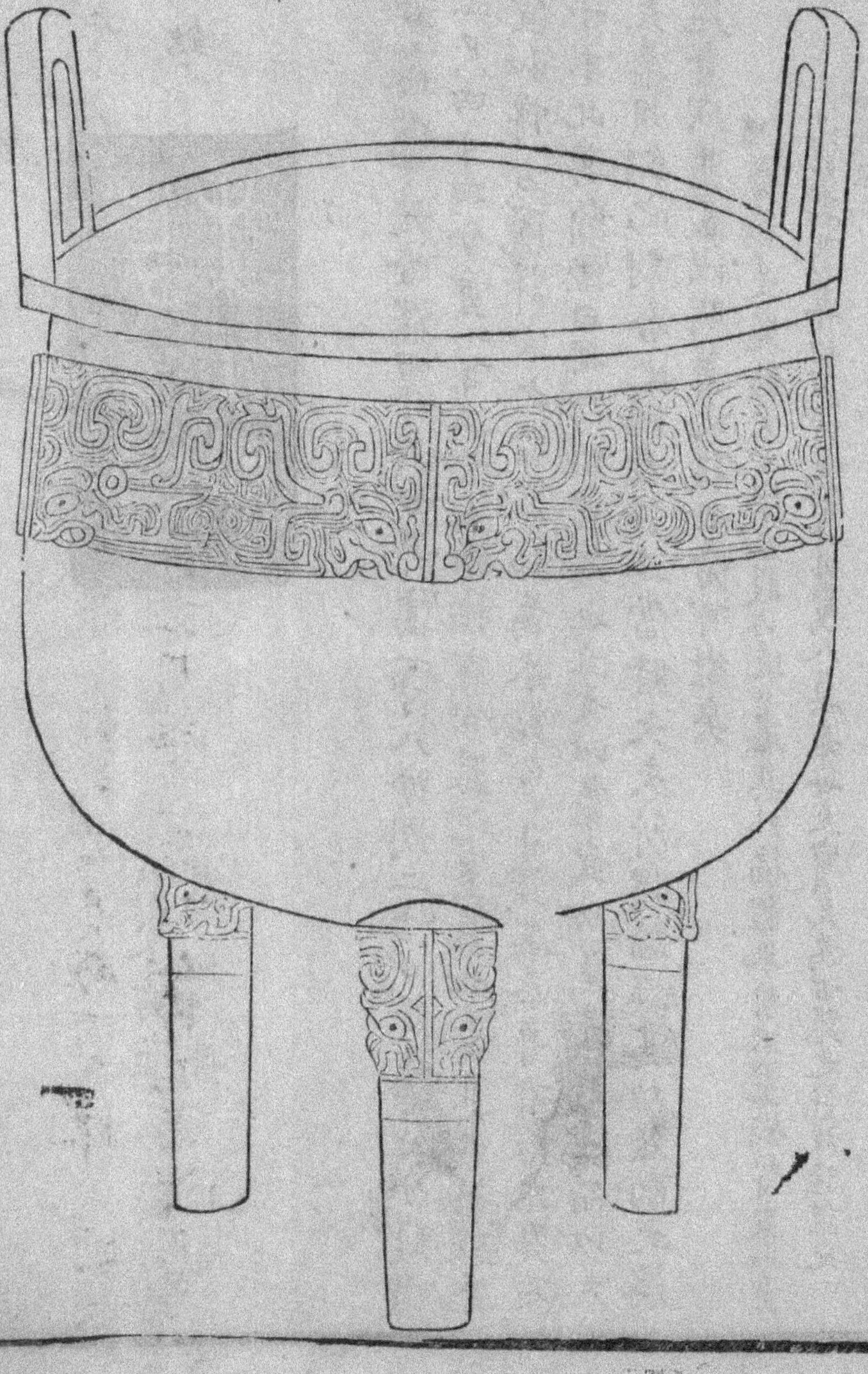

金索 卷首 邃古齋藏

銘

作父考孟
木工冊

右高七寸九分深四寸六分耳高一寸八分闊二寸口徑七寸七分腹圍一尺四寸四分重一百二十五兩按古食器之重莫如鼎其笵形取象宣和博古圖詳言之茲器銘為木銘多自識其名魯有后木楚有子木此其類歟曰冊作昭君賜也立戈以象武功兼是數義而以大夫鼎用銅之制合之則茲彝正當時大夫所謂論譔其功烈酌之祭彝自成其名以明著之後世者可徵矣

鵬敍觀是彝銘文七字在腹內近口處其外偏體朱碧不露銅質朱如重漆碧若如翡翠望之有光奪目驚人眞希世至寶允為古彝之冠故謹誌之

亞尊 乙

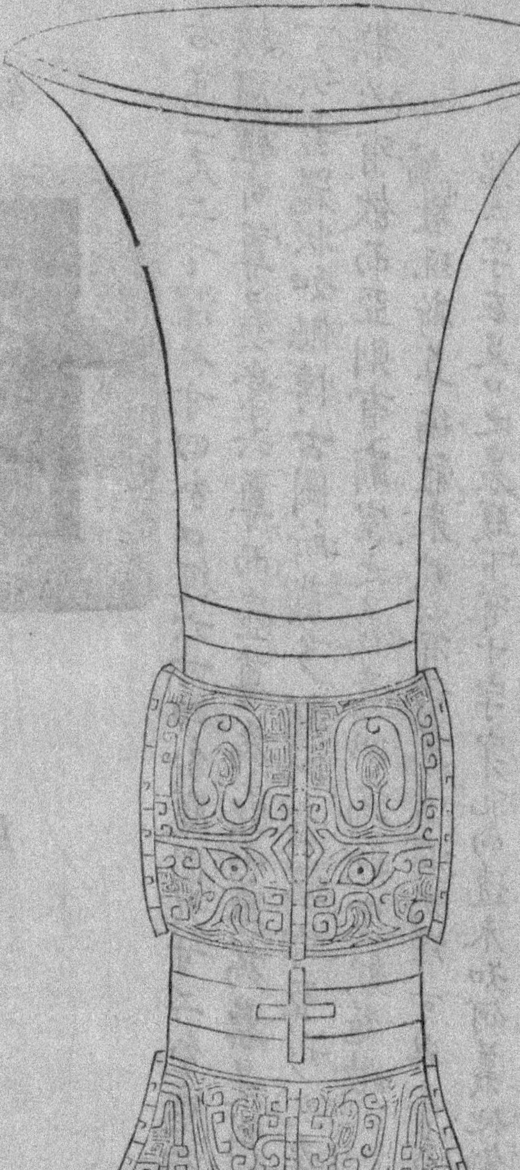

卷首

邃古齋藏

銘

亞弓

右高一尺二寸深七寸四分口徑六寸四分腹圍九寸二分重六十五兩

按周禮司尊彝掌六尊而壺尊為壺山尊為罍是形製迥不一矣茲器狀如觚博古圖所載多類此者銘作亞形又為弓古者射必有飲而亞則有廟室之義意此為射宮飲器歟

鵬敬玩斯尊徧體朱紫亦有結翠溫潤光澤可與木畏相伯仲銘二字在足口之裏腹下有十字穿孔兩透未知何義他觚亦每有此制

犧尊 丙 無銘字

右高七寸二分深三寸口徑二寸一分身長一尺一寸三分濶三寸九分重九十九兩按明堂位犧象周尊也魯頌犧尊將將注言有沙飾也傳謂飾以翡翠阮諶禮圖又云飾以牛惟王肅註禮謂犧尊全刻牛形鑿背為尊愽古畧載二器以證其言無不脗合茲器形製與愽古圖同則知王肅之可據正不獨魯郡所見齊子尾送女犧尊為然也

鳴謹玩是器色備紫翠不施刻鏤天然渾古宛似全牛非秦漢以下所能為者背上穴空受酒其口有轉捩處有鈎釘想先有平蓋而失之

伯
彝
丁

卷首

窖古金藏

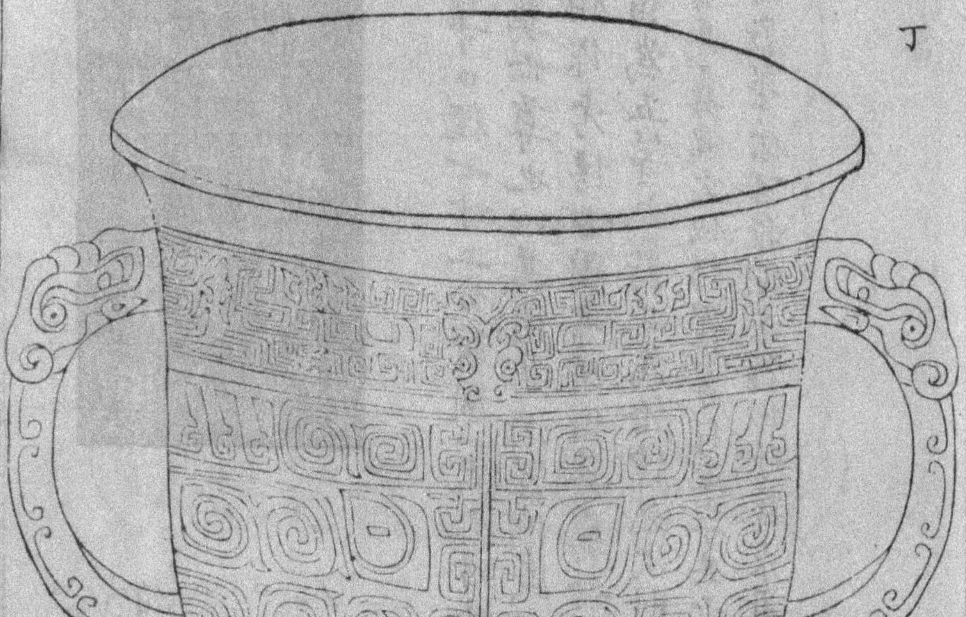

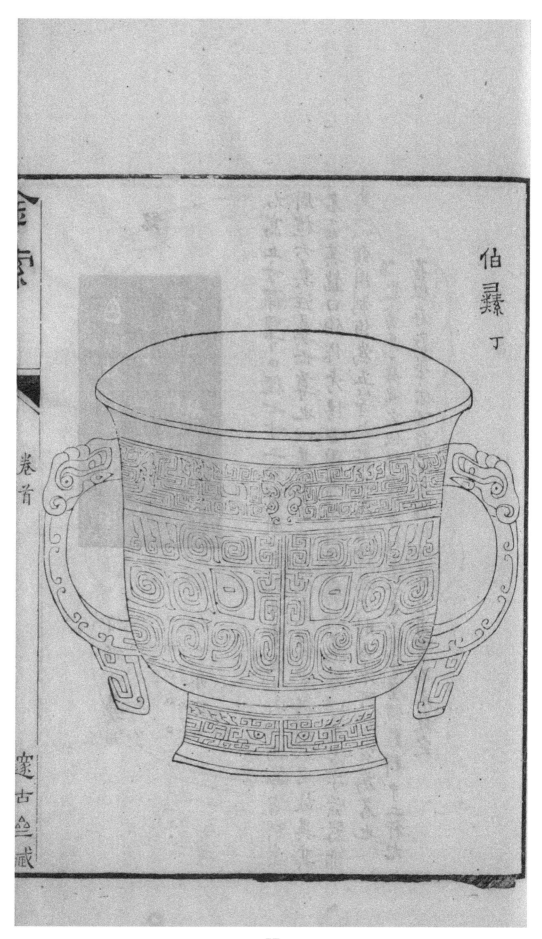

銘

伯作○彝用
○○○○○
○○○○○
人○永○○

右高五寸深四寸口徑七寸二分腹圍一尺九寸重五十六兩兩耳有珥案周禮六彝注彝亦尊也以其同是酒器但盛鬱鬯與酒不同故異其名茲其銘曰伯作考博古圖有周伯英彝對彝皆以為名字茲器亦其類顧周制伯為五等之爵又為伯仲之次則亦未可槩定為名也

鳴敬審是彝銘文似作四行每行五字共二十字磨滅難辨中二行尤甚但存數筆不可推測末行似子孫永用寶而未敢定

冊卣戊

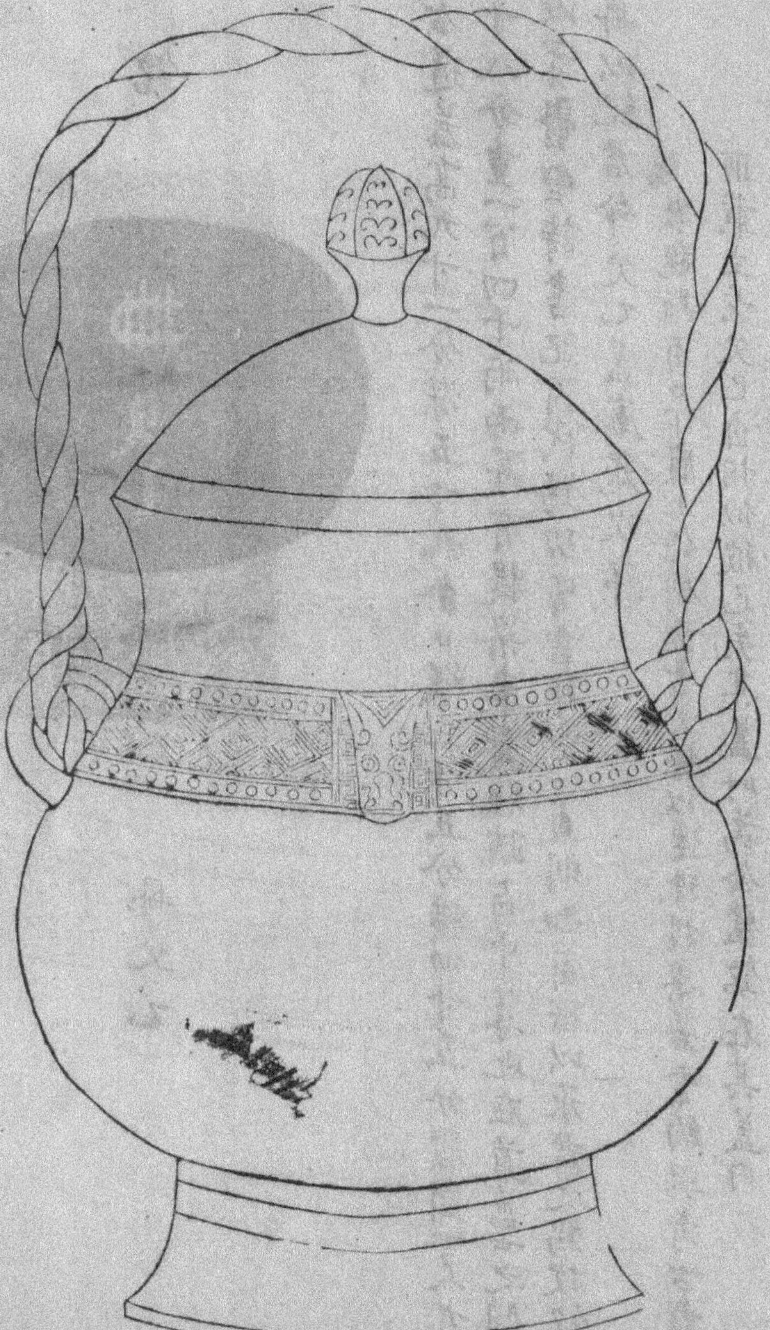

銘

冊父乙

右通蓋高九寸一分深五寸九分口縱三寸五分橫四寸五分腹圍一尺九寸八分重一百四十兩兩耳有提梁案爾雅疏卣中尊也在尊罍之間以寶豐堂詩書紀周代錫功皆言秬鬯一卣則知卣所以承君之錫故銘冊以紀君命父乙蓋廟號次序

鴻敬觀斯卣口下腹上作斜方雷文緣以連珠提梁若索綯與考古圖所載立戈父已卣相似彼已失其蓋此爲全璧銘在其蓋內

蟠夔敦 己

無銘字

右通蓋高七寸二分深三寸八分口徑六寸腹圍二尺三寸八分重一百三十八兩兩耳有珥案禮記明堂位有虞氏之兩敦鄭康成云制之異同未聞周禮玉府共玉敦儀禮少牢禮主婦執一金敦黍其見於三禮者如此是知敦制原無一定博古圖所云制作不同形範不同者是也禮圖乃謂鏤龜為蓋繪形赤中驗之茲範與博古圖所載則彼說未足為憑矣

寶簠 庚

銘

寶自作
簋其子子
孫孫永寶用

右高三寸深二寸一分口縱七寸橫八寸四分重八十五兩獸耳案周禮舍人共簠簋注方曰簠又公食大夫禮進稻粱者以簠禮家以簠為刻木為之外方而內圓而博古圖以為出於冶鑄證以當時所見如周𢦏邦簠之類銘載粲然豈刻木者所能彷彿茲器形制正與周𢦏邦簠同足驗所言之不謬

鵬敬審是銘作字下尚有泐文一字殆不可考

夔鳳豆　辛

無銘字

右通蓋高七寸八分深三寸口徑五寸二分腹圍一尺八寸四分重一百一十一兩金銀錯案爾雅木豆謂之豆然明堂位有楬豆玉豆獻豆考工記旊人瓦豆則知豆不專以木博古圖載銅豆四器以證昔人於彝器未始不用銅而禮家仍泥木為豆其亦未嘗目覩而沿襲舊說耳

鵷敬觀是豆有蓋器上有兩圜圈作耳與博古圖所載周魚豆疑生豆蟠虺豆諸器形制不同與漢雷紋豆大畧相似然此作夔鳳之飾以金銀片鑲嵌寶貴耀目蓋周器而沿商制非漢人所能為者

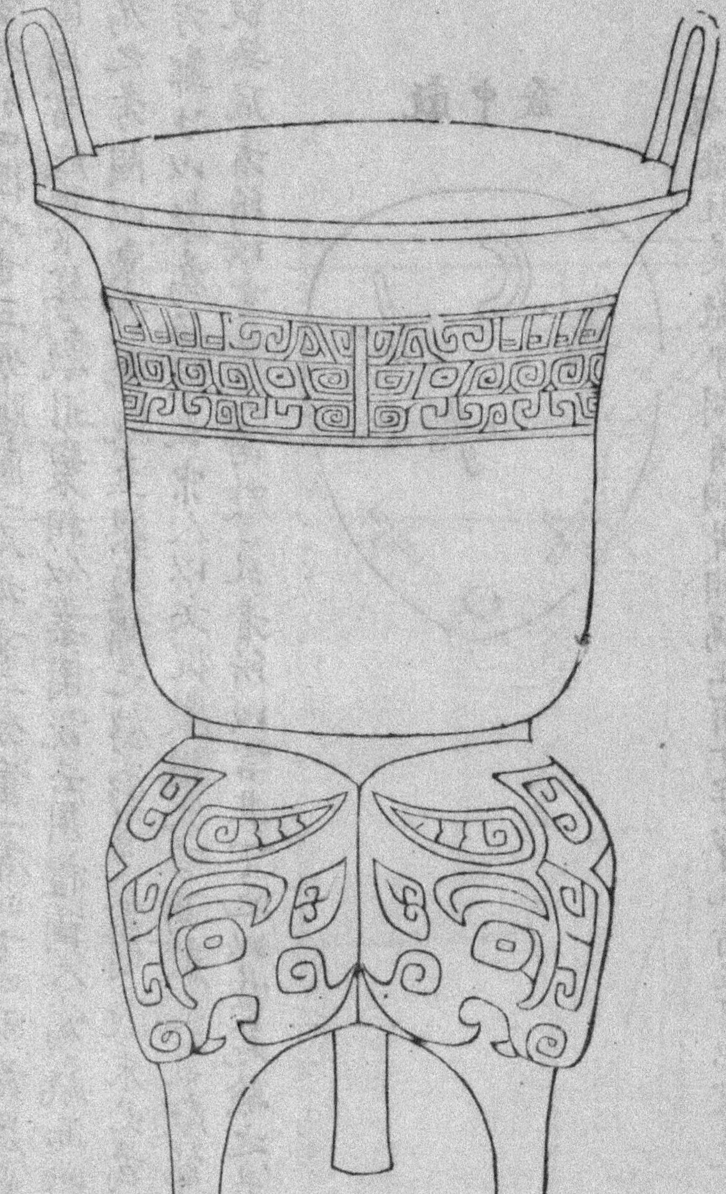

饕餮甗 壬

無銘字

卷首

遂古齋藏

右高一尺三分深自口至鬲五寸一分自鬲至底三寸四分耳高二寸濶一寸九分口徑八寸三分腹圍一尺九寸二分重一百四十四兩兹罷與博古圖周雷紋饕餮甗形製相似案圖說云周禮陶人為甗而此悉以銅為之考闕以東謂之甗至梁乃謂之鉹鉹從金則甗未必為陶器又考鄭注以甗為無底甑宋人以文從獻從瓦言鬲獻其氣甗能受焉盖甑無底者所以言其上鬲獻氣者所以言其下也以兹罷驗之溢信

甗中蔽

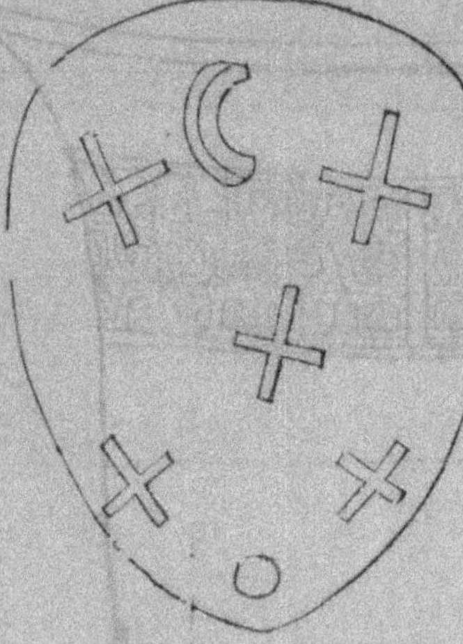

鳴敬玩是甗中間有銅片相隔上有十字穿孔者五可以獻氣又有闕紐啓閉考古圖所謂疏底蔽也說見單槼從彝第五器中謹補圖於後

四足鬲 癸 無銘字

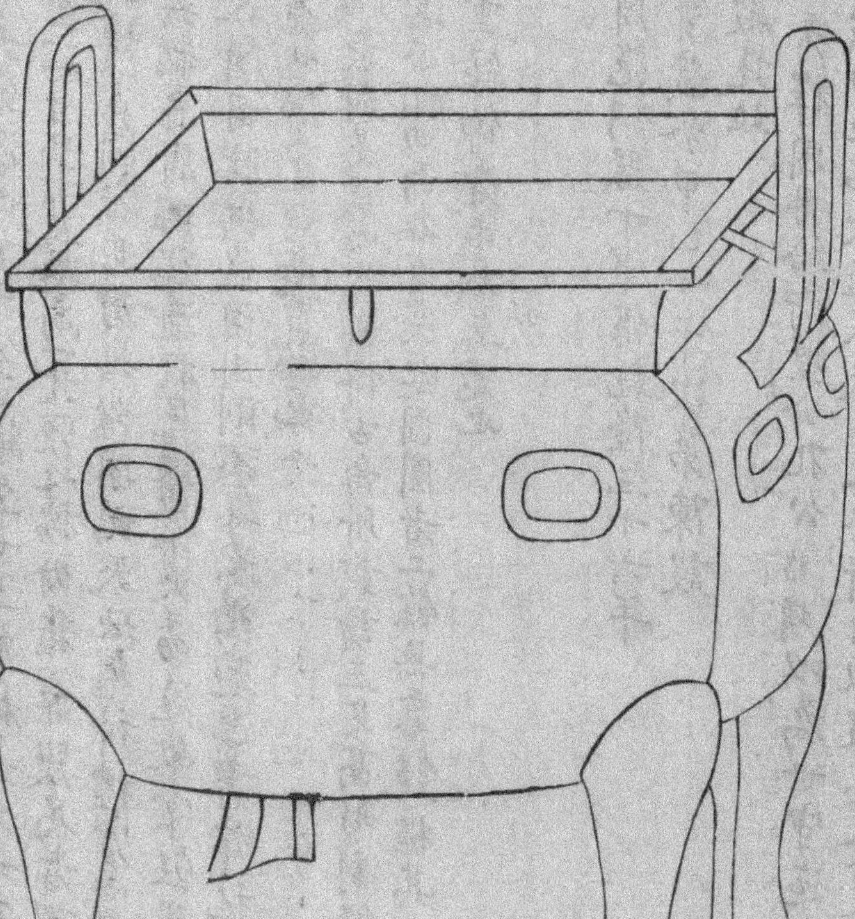

金索 卷首 邃古齋藏

右高六寸六分深四寸六分口縱五寸二分橫六寸六分腹圍二尺五寸二分重一百五十五兩兩耳四足按爾雅鼎款足者謂之鬲索隱曰款空也博古圖言其用與鼎同祀天地鬼神禮賓客必以鼎常飪則以鬲其制自腹所容通於足取爨火易達故常飪用之又考周禮鬲為陶人所司眡與鼎同用則不專為陶罷漢書郊祀志禹收九牧之金鑄鼎其空足曰鬲可證也

鵷敬觀是器四足與博古圖所載諸三足鬲形制雖異款足則同其正側四面各有突起圓圈者二餘無藻飾極其古素有繪作三重緣飾者未見真罷也

右周范銅器十事係乾隆三十六年

欽頒內府寶藏分甲乙十干次第陳設

至聖殿廷並

御製詩章考釋圖冊給衍聖公孔公昭煥以為世守迄今已六十餘年敬藏內庫如故惟春秋二大祭請出陳設其冬夏私祭亦不敢陳

所以重

國典謹守藏也鵬於嘉慶二十一年初至滋陽時逢丁祭日即至曲阜

獲瞻十罍竊歎其神彩鷩人不敢逼視續見潘氏縣志所刻雖

云遵依啚冊而鏤文不類且以敦為鼎以鼎為敦以卣為尊以彝

為卣以豆為彝以尊為豆顛倒錯亂人無知者心滋懼焉每欲修改

而力有未逮今羈棲曲邑乃請于治山上公慶鎔於丁祭後暫將

十罍存諸念典堂中兩日得以細意觀摹實係目所未睹其古厚

喬皇之氣更在太學所藏十罍以上足以仰見

高廟尊禮

素王之至意亘古未有於是手拓其銘選工繪啚悉遵原式又敬錄

御製詩及考釋原文從山左金石志之例冠於金石索之首俾得遠邇流

覩不至貽誤簡末綴以所見以傳實蹟紀榮幸焉

道光十二年歲次壬辰閏重陽日小臣雲鵬謹誌

金石索總目

金索一

紫琅馮雲鵬晏海氏　雲鵷集軒氏同輯

鐘鼎之屬

泰古之世啜土塯飯土形而已無所謂鐘鳴鼎食也無所謂爵鹿相梪也三代而後曰趨于文范金鑄辭可欽可寶惟是歲遠器淪索不多得就邇日所獲與所見者而手摹之亦觥柄可觀自商而下凡敦盤爵洗之類得數十事皆從鐘鼎之屬

商斧木爵

以下三爵曼海自藏
器象大小悉準原式

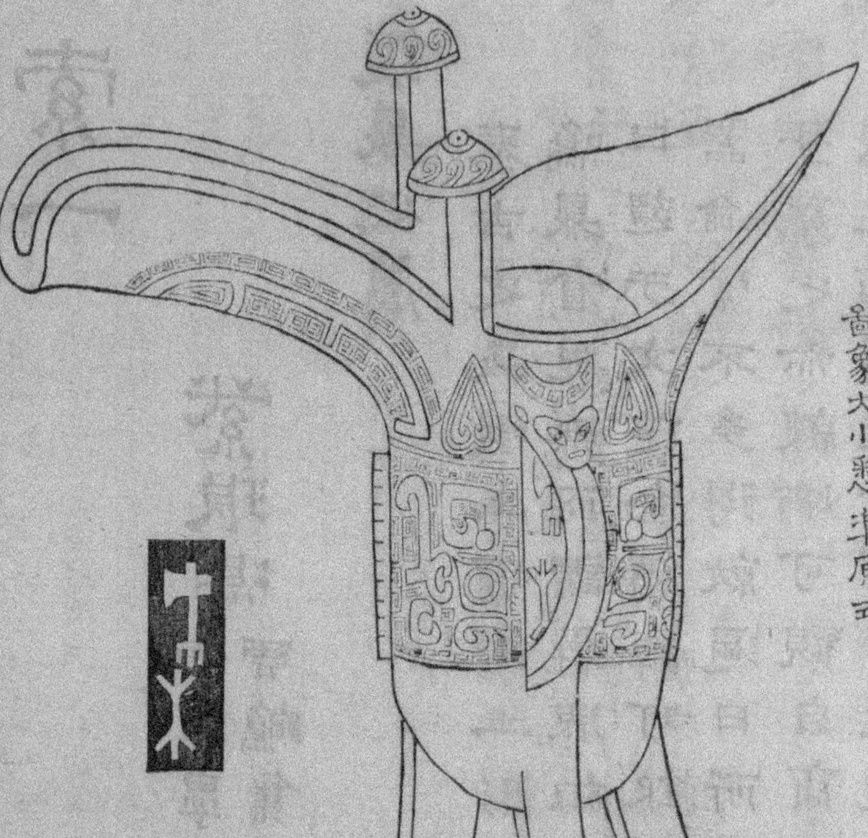

斧木形

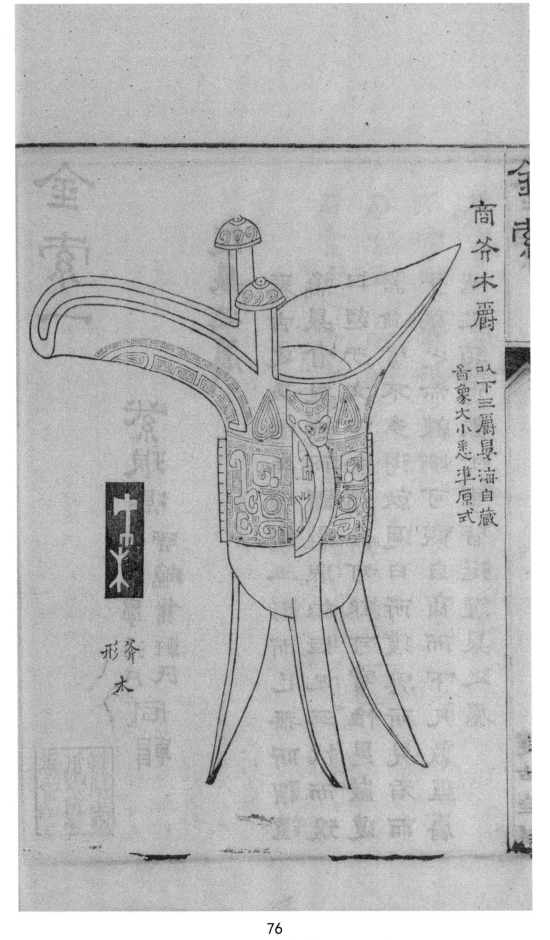

右商爵一以漢建初尺度之連柱高八寸八分口徑長七寸六分闊三
寸三分重今庫砝二十四兩三錢兩柱三足有流有鋈銘二字曰斧木在其
鋈之內鵬于嘉慶二十一年夏得之阜陵按商罍有斧爵有木觚此与
相佀亦商制也博古錄云爵之字通於雀前若噣後若尾兩柱為耳足
脩而銳若戈形然求之禮圖則刻木作雀形背負琖是漢儒臆說使覩此
三代之罍豈復有此陋說又云天子之服十二章黼作斧形取其有斷
惟有斷則不流于沈湎亦飲者之戒也今此爵銘斧下有木佀不專于戒
飲者木從斧則成器詩云伐柯如何匪斧不克又云伐柯伐柯其則不
遠則斧木之義大矣為之贊曰

撫茲飲器游神太初象形篆古雲雷與俱銘萬二鈔 斧爵木
觚如夏四璉方殷六瑚紫碧凝重金銀錯餗闇肰典重能勿寶
諸

雲鵬

商癸父爵

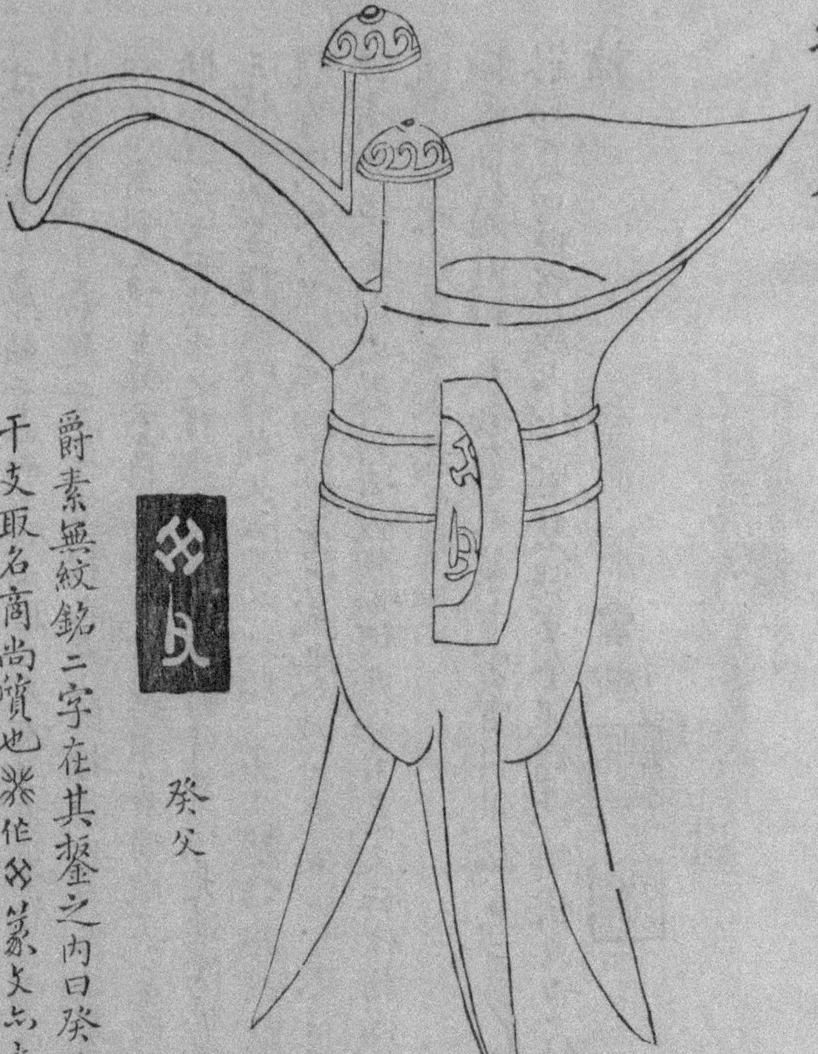

癸父

爵素無紋銘二字在其鋬之内曰癸父干支取名商尚質也癸作癸篆文亦古

商父庚爵

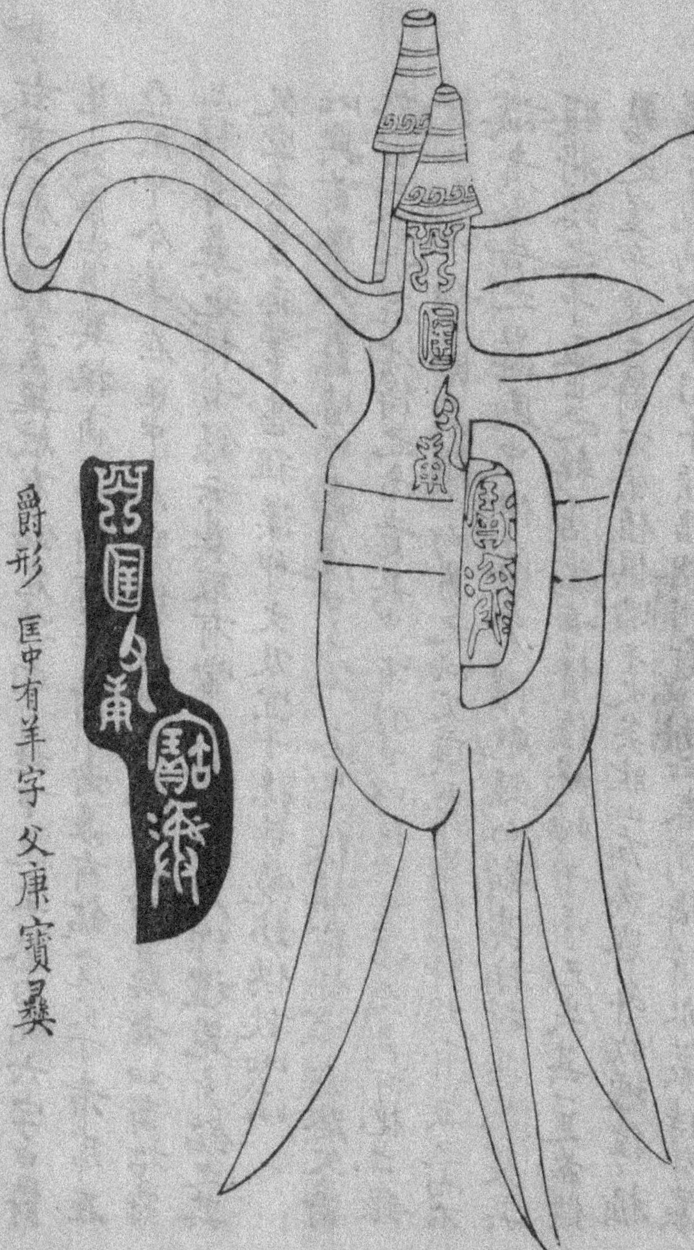

爵形　匡中有羊字　父庚寶彝

遼古堂藏

右商爵一體素無紋有銘在其面自柱下迤至鋬內凡六字曰爵羊父庚寶彝按商器爵有作爵形者鼎有銘虎父丁者虎在亞形中今羊在匡中未審何義此爵也而云寶彝者如商招爵亦稱尊彝也博古録云彝取有常而無變商人作禮器多銘之其父字未畫垂筆甚粗漢印文及宜子孫等鏡銘俱效此法

此與前癸父爵皆于嘉慶廿五年冬先後購於任城者癸父爵新出土金泥混沌得之者意其中有銀日以柴火熏燒之冀可化出銀汁二兩予知〻即以銀二兩易之此父庚爵朱綠鮮明有藏之而不識者或告之曰此廟中供器其人懼慨錘而斷其柱折其足裂其腹將鎔之予亟止之轉居為奇貨後終歸于予已失其一足為修整之嗟乎使二爵不余值俱燬于火矣肰山左為齊魯故墟往〻掘得古器俱毀于俗手頃晤胡明府世琦云春間攝沂水篆時有農民畊出古鐘磬各十二枚其人輒病疑其祟也碎其磬而沈之未愈又欲碎其鐘有止之者令出售〻諸富戶〻求百錢一鐘不得乃鬻諸莒州為小兒玩具有江南估客得一枚貨于蘇市有知之者云此周齊侯鎛鐘也索值千金矣餘十一枚不知所往惜哉

商父辛爵二器

謝龍門司馬藏

二器形制如一字畫少異

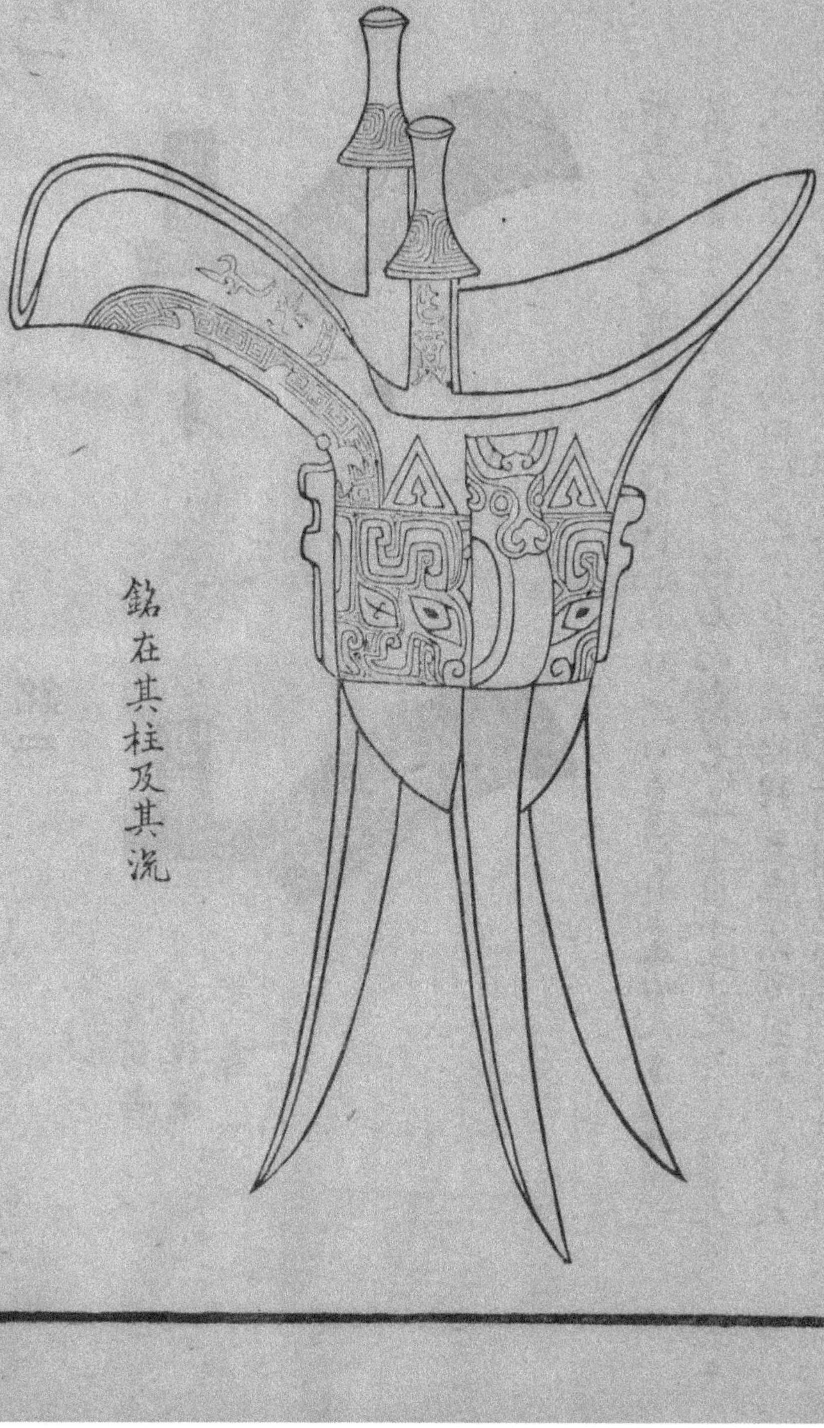

銘在其柱及其流

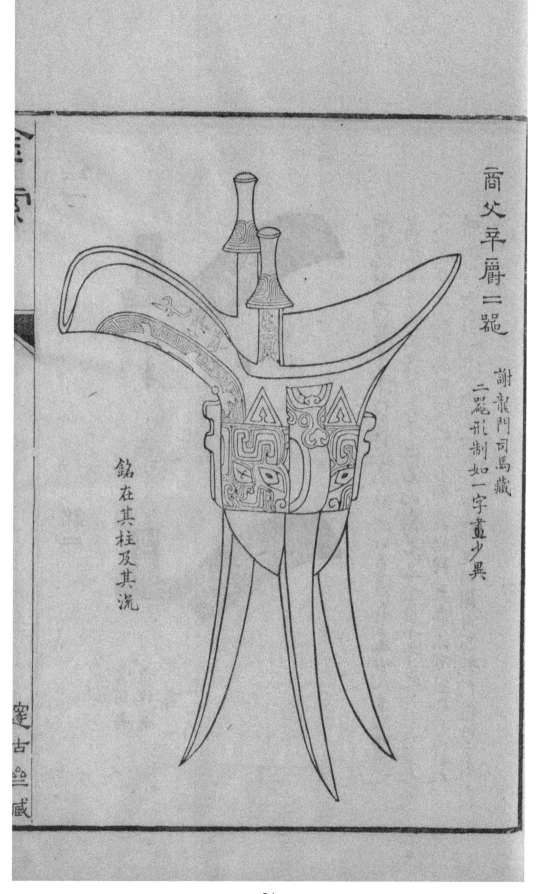

銘一

作尊

父辛舟

銘二

文同上惟作字反書

此主祀者爲其父辛作爵也而銘之曰尊曰舟蓋古人多通用之商之臣子非必盡用天干取名而爵名每不出十干之外蓋商人亦有謚法或取其伯仲之次否即其昭穆之序未可定也長山縣人畊地得两爵一卣一鬲售于應城市肆沈州謝司馬龍門獲此二爵可云合璧

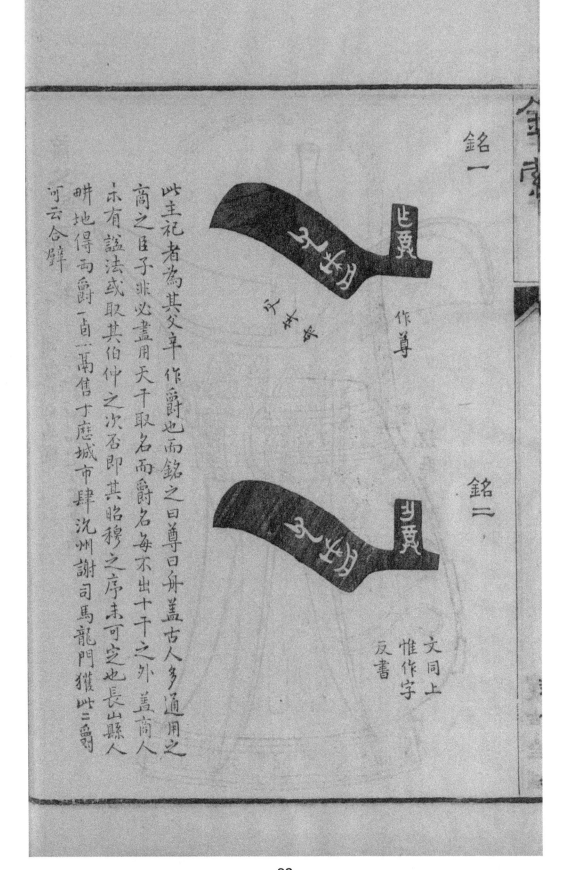

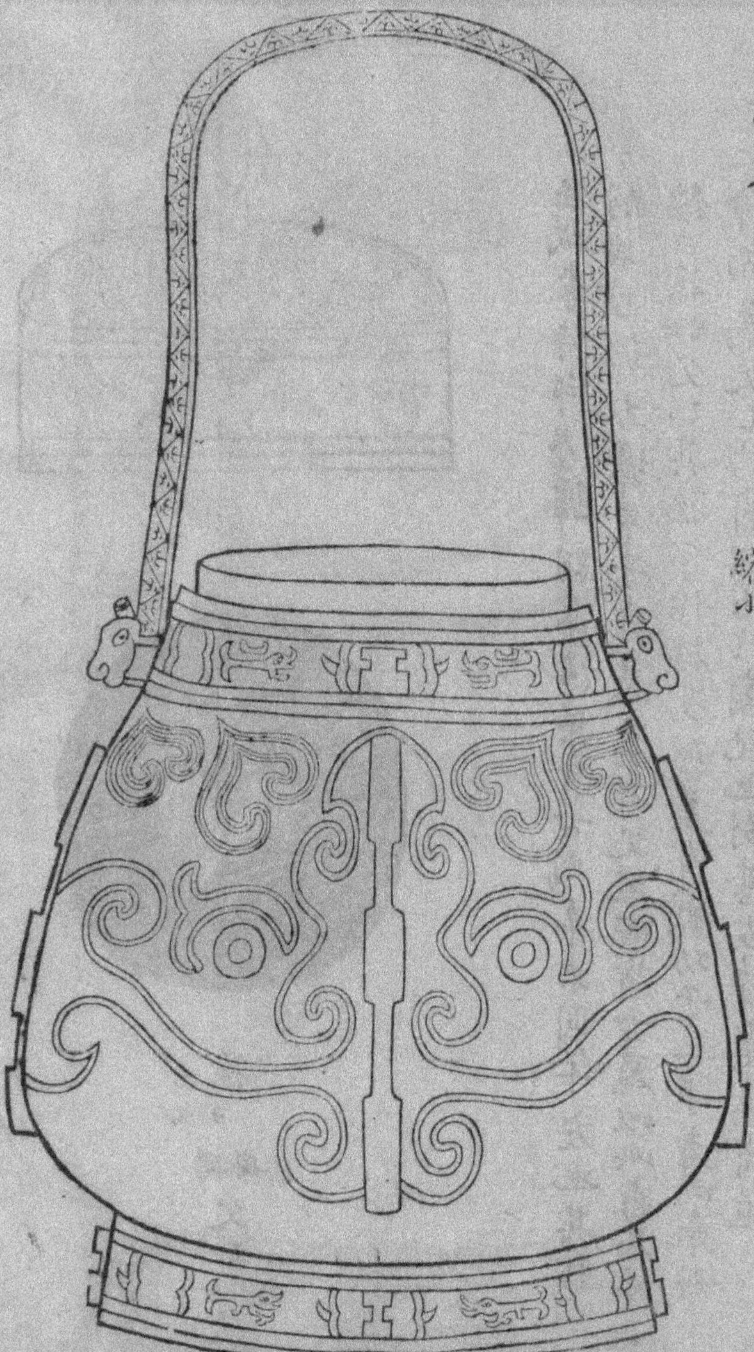

商雙冊父乙卣

任城李杏堳藏 縮小

蓋 縮小

銘 底蓋同文

孫持戈形 冊冊 父乙

任城李侍御瑩號朗亭博學耆古鶴辛未同年友也其喆嗣聯壇號杏墀甲子孝廉亦大有父風所藏古器以此卣為冠銘曰孫冊冊父乙其孫字作持戈形蓋有戰功于王事者兩奉冊命而為父乙作卣以用於廟祀也制甚古質寔屬商器

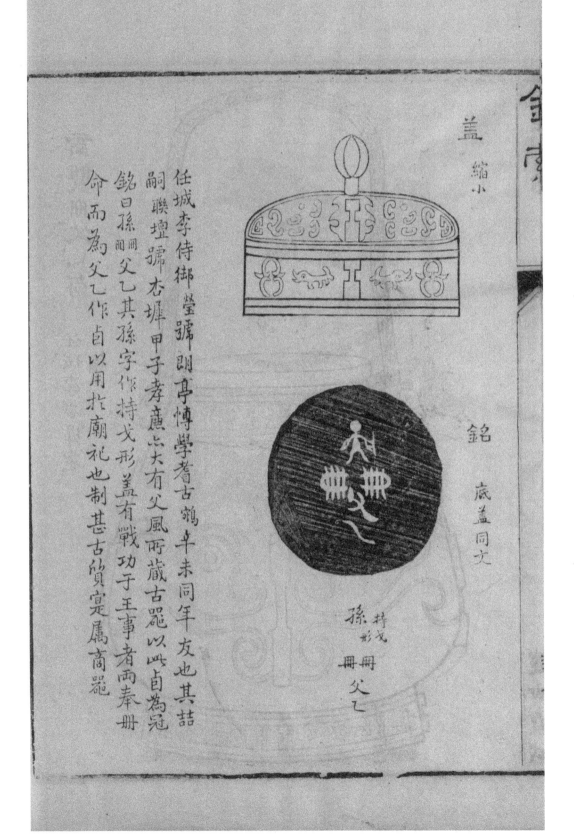

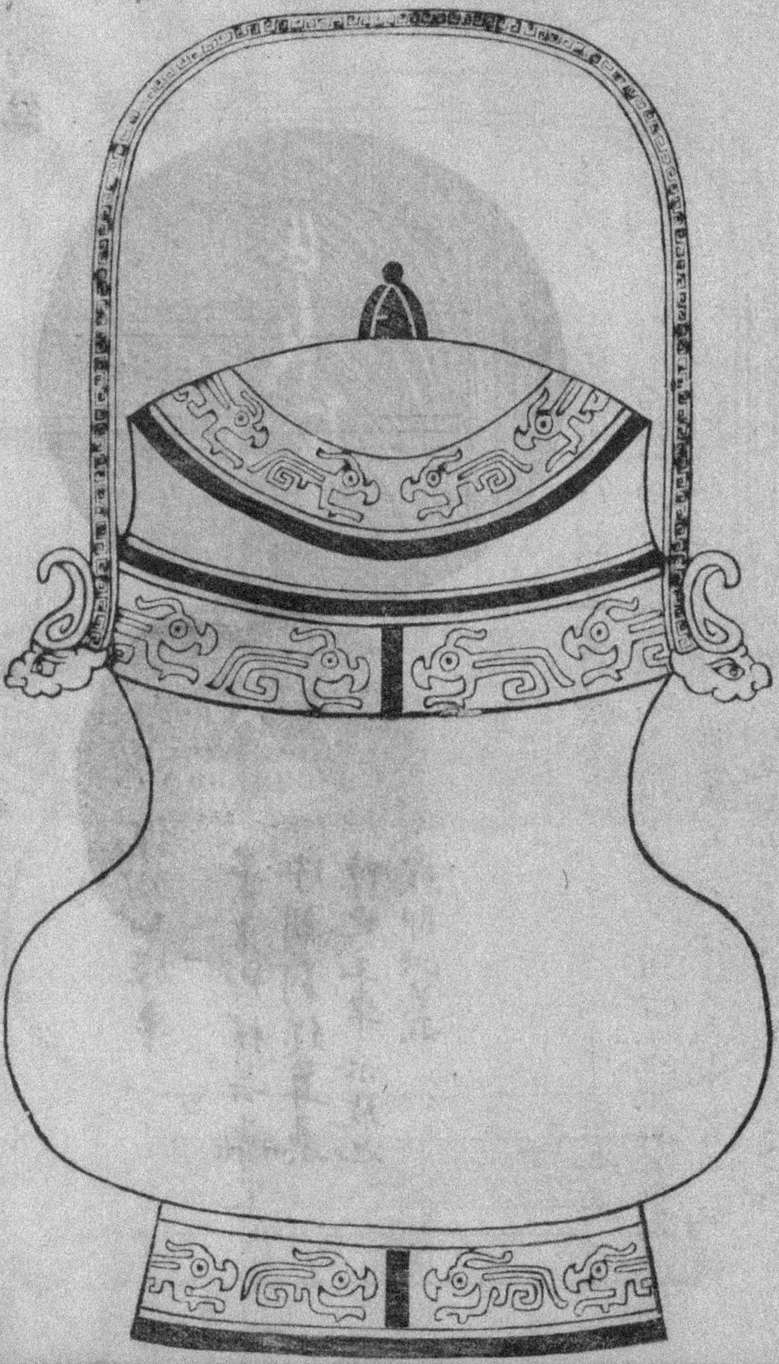

父乙旅車卣

漢陽葉東卿藏 縮本

從古堂藏

銘

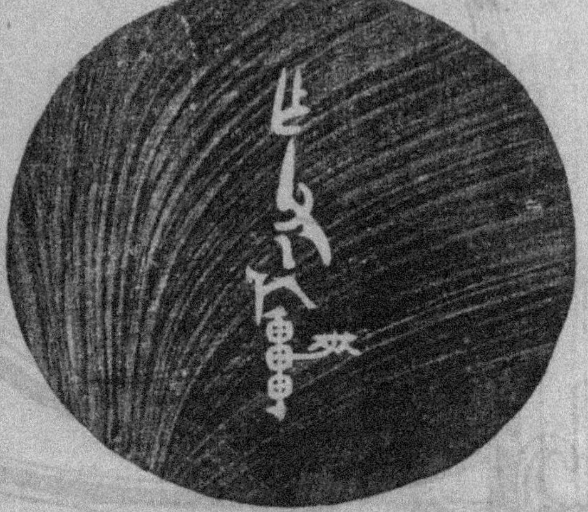

作父乙旅車

葉東卿釋云曾子問别作尊彝陳之主車示敬也彧即此義

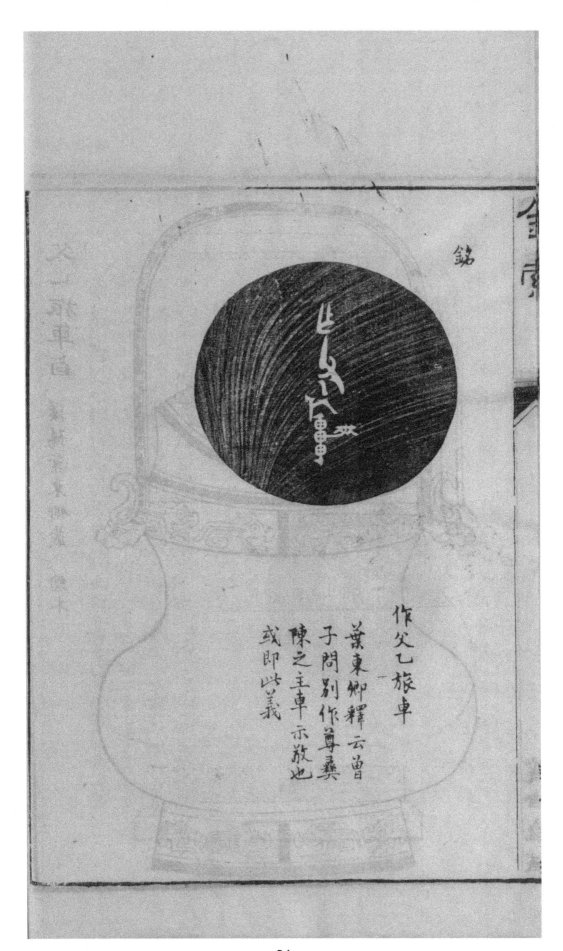

商大己卣

晏海藏

啚減小

蓋銘

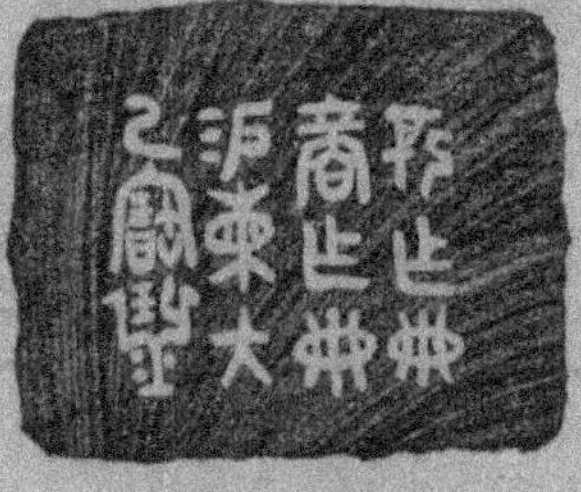

般作冊
商作冊
錫東大
巳寶鬲

器連柄通高漢尺一尺三寸六分方而匾其腹廣徑七寸八分直徑六寸一分重今秤九斤銘十二字蓋器如一此其蓋銘口徑準此重言般商者如詩云般商之旅及文王曰咨〻女般商之意東字博古圖釋練

父辛卣

縮本

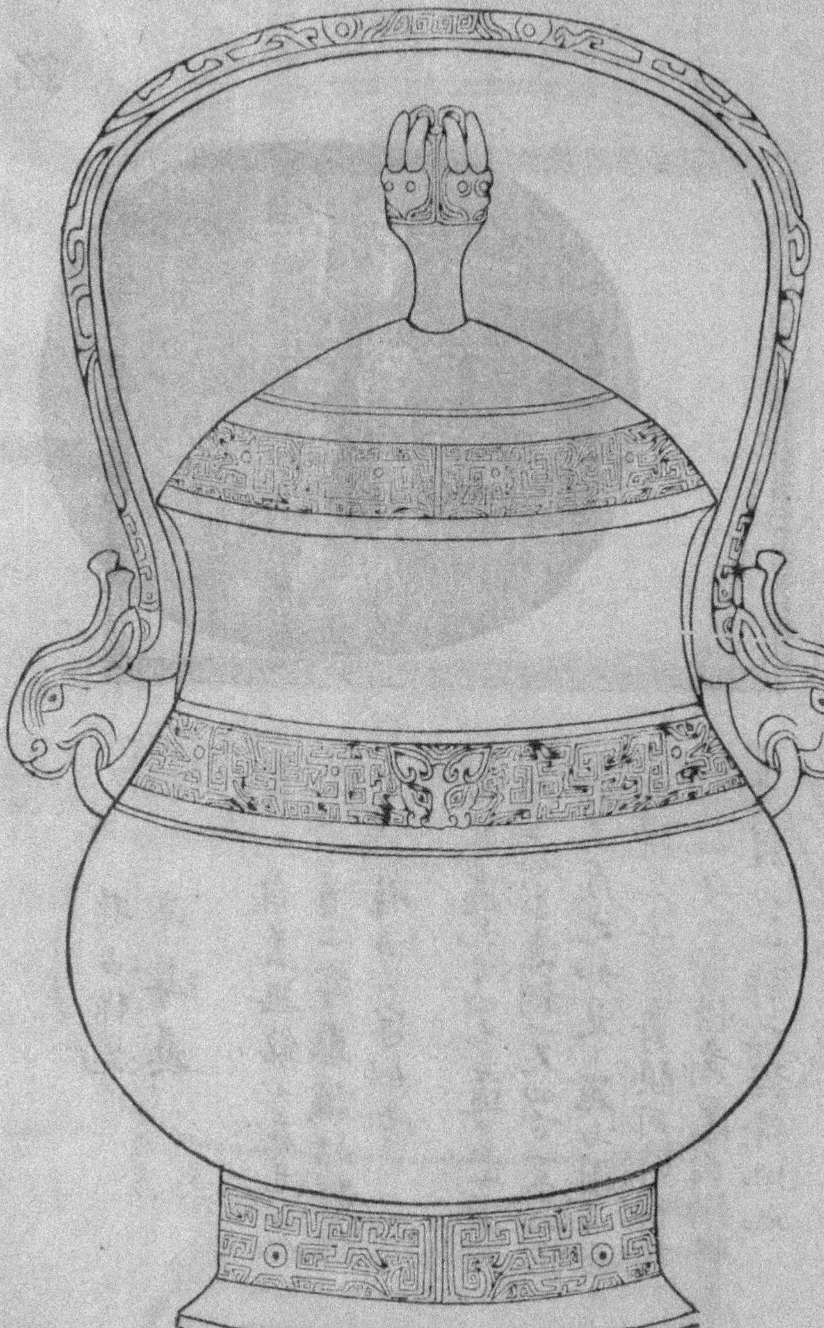

邃古堂藏

銘

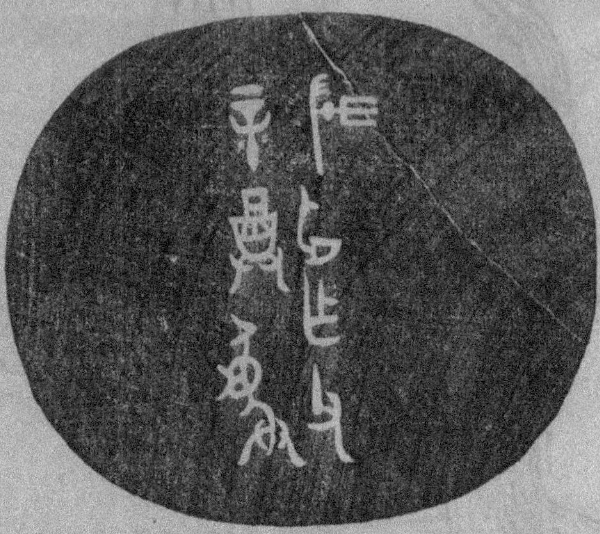

孫占作父
辛尊彝

卣蓋無銘銘在其罍首二字難識姑釋作孫占二字似孝

右罍高九寸四分通蓋高一尺二寸七分連柄一尺四寸一分以建初尺度之如是是罍與謝司馬所得父辛二爵俱同時出於長山縣田野惜為農民鋤破其腹長山齊之於陵地也

周子孫卣

晏海藏
畣減小

邃古齋藏

蓋銘

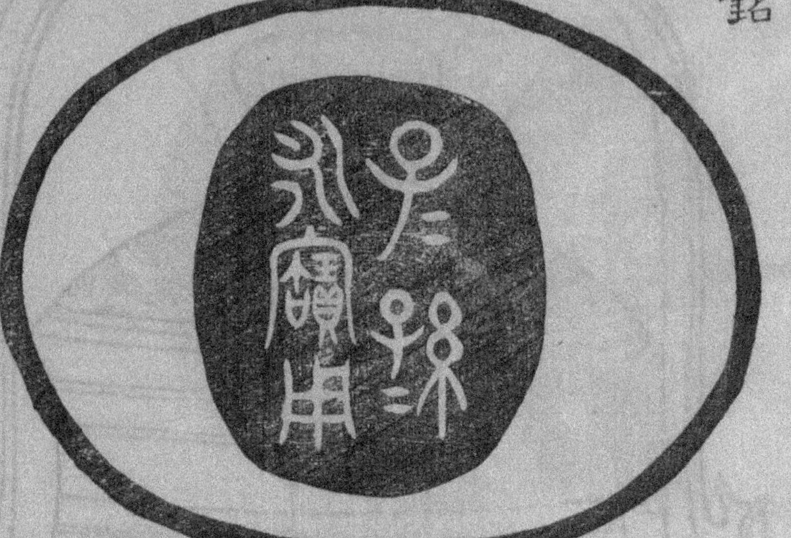

子〻孫〻
永寶用

罍連柄通高漢尺
一尺四寸一分橢貟而
匾腹廣徑九寸直徑
七寸重今秤七斤有半
蓋底二銘如一此其蓋
銘也蓋之貟口準此
其罍内外殷紅淺紫
濃緑淺碧若九色斒瓓
其翠珠如灑真昔
人所云潑翠者詢
足玩也鵬得之章邱

商魚觚

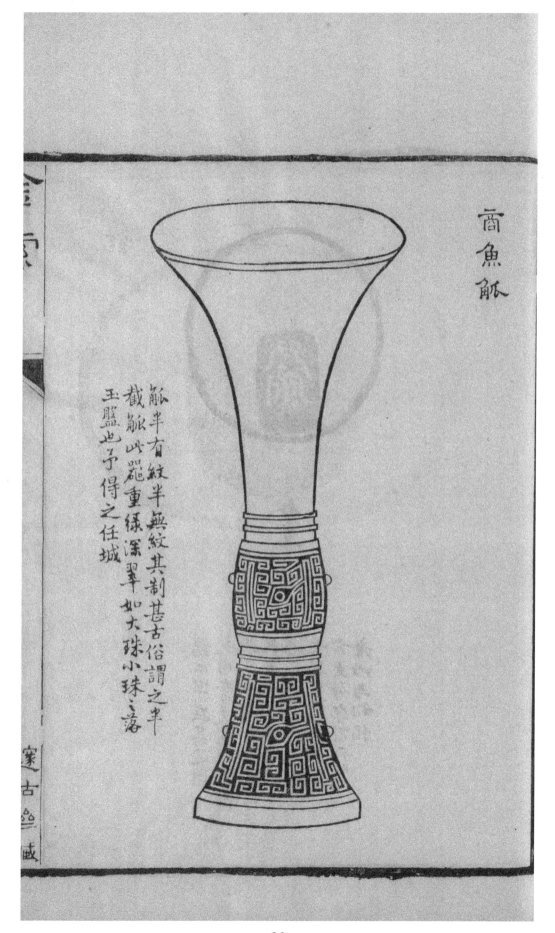

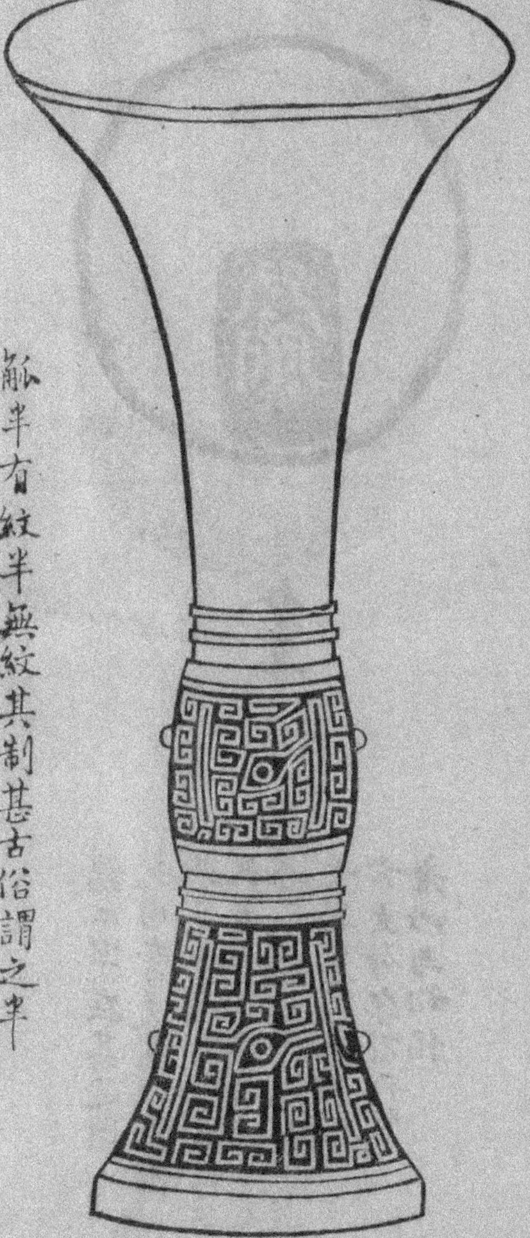

觚半有紋半無紋其制甚古俗謂之半截觚此器重綠深翠如大珠小珠之落玉盤也予得之任城

銘

命魚

銘二字在其足圈之內旁蓋其底不與足平尚有空處也魚者人目之名此奉命而作觚者文甚簡必商制也古文命字有作令者此与相佀

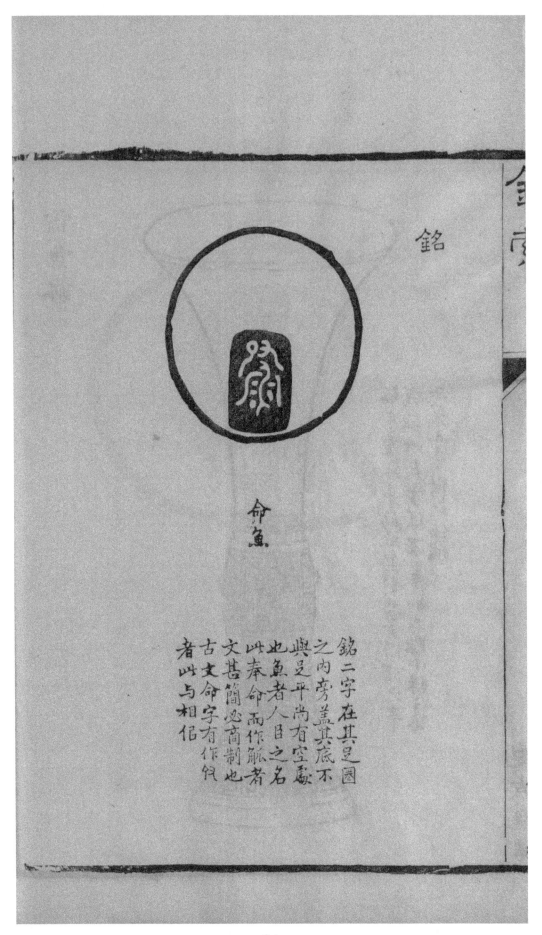

商虁觚

塚古緣藏

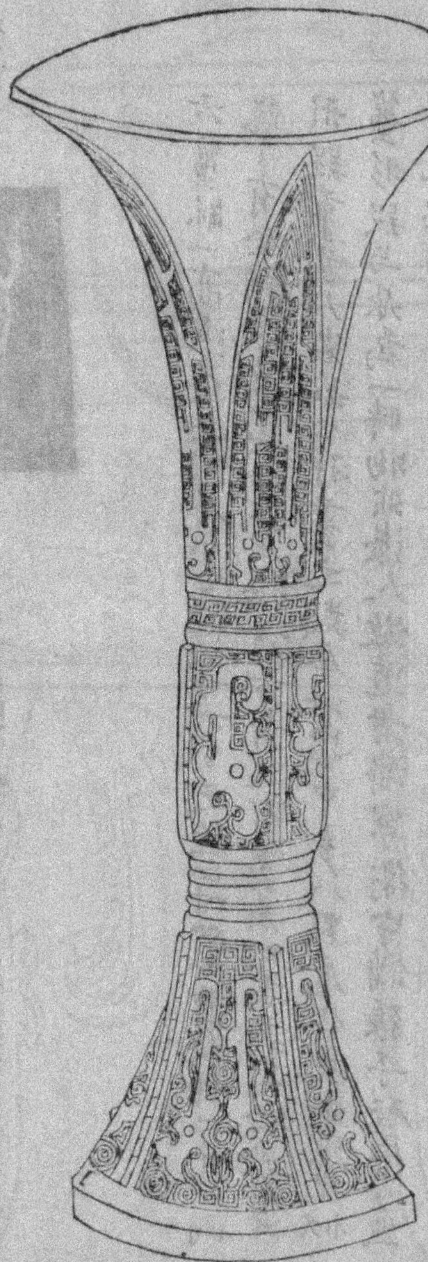

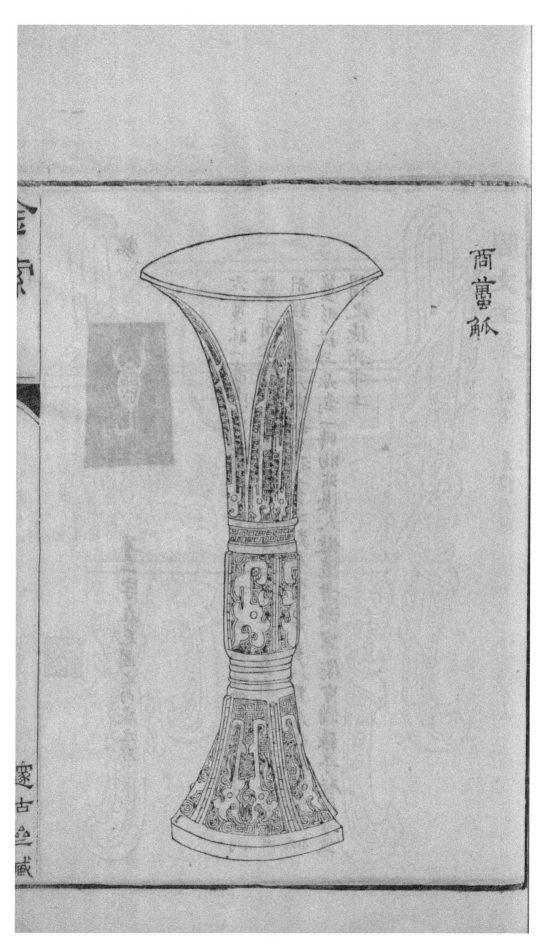

銘

蠆一字在足圈之内底之外

右蠆觚一高漢尺一尺一寸七分口徑六寸六分足徑四寸四分重今秤二斤十兩隱隱有金錯痕銘一字曰蠆按考古圖收有蠆鼎以為其字全象蠆形疑蠆為人名如公孫蠆之類今此字中多八點尾作尖鈎則更似蠆形疑与鼎為一時物非後人倣造者濟寧衛守備張子啓周夢熊得之德州市上

金索

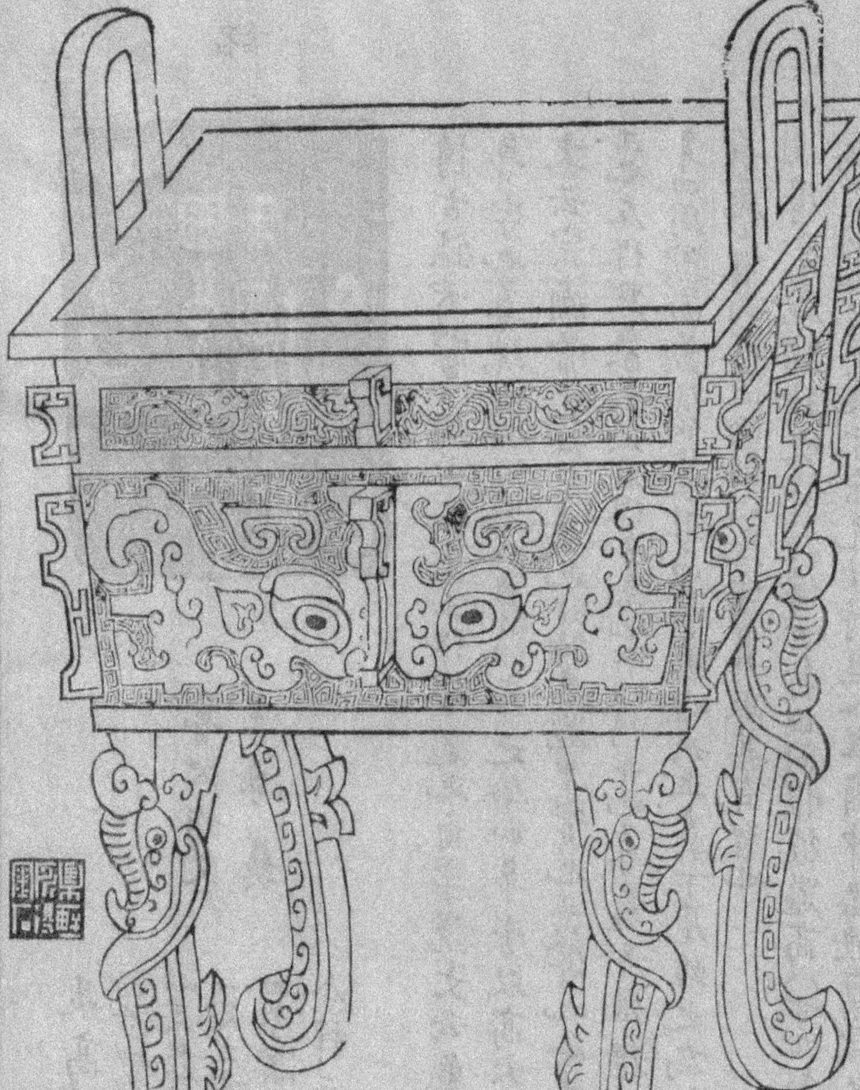

周文王鼎

縮本　集軒所藏

邃古齋藏

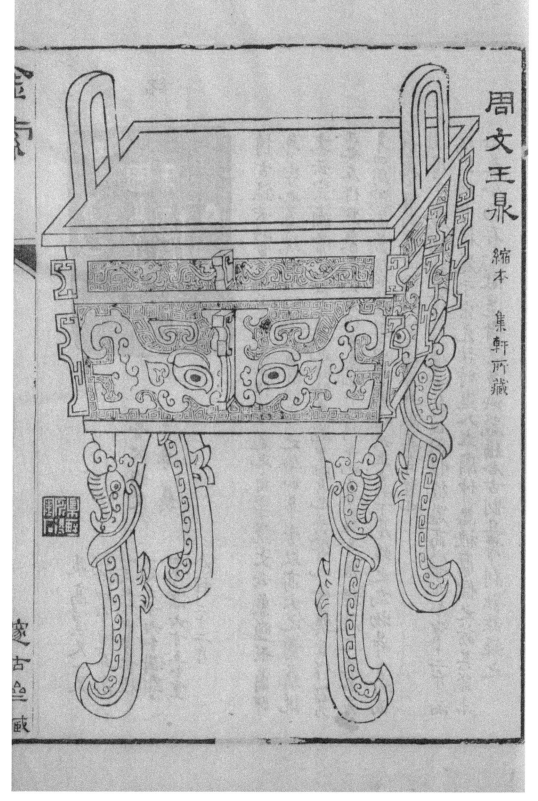

鼎高漢尺一尺四寸四分連耳高一尺七寸四分長徑一尺二寸六分濶九寸四分深六寸五分重今秤二十二斤

魯公作文

王尊彝

銘

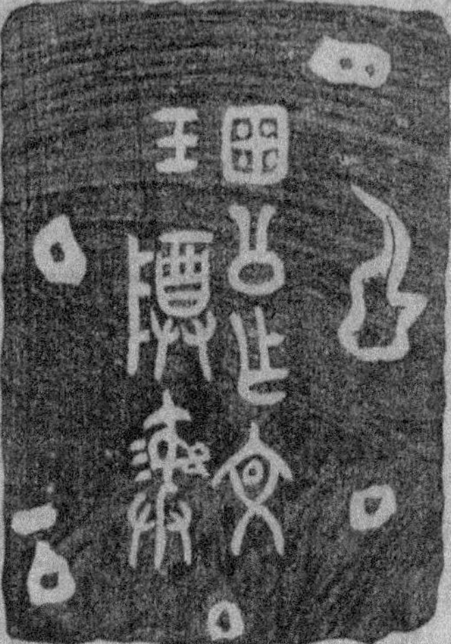

博古錄云此魯周公為文王作祭器也鹵字說文云象盧形鹵即魯字也尊說文云酒器从酋廾以奉之今加阜旁取高大之意彝說文云宗廟常器从糸綦也廾持米器中實也彑聲也今彝首作彑乃王也左作點象米形右作8糸也下作廾廾也尊彝者舉禮器之總名鼎身四周獸面蓋饕餮形四足象蜼形上鼻下尾蜼之為物昂鼻而長尾尾有兩歧遇雨則以尾塞鼻取其有智也

鷄得是器銘款文飾與博古圖正同惟彼器高八寸九分重十二斤三兩為不同耳彼器于宋元祐時進入太廟仲忽被腐儒之謗其器未必至今尚存今倣造者甚多此器猶合古制且帶剝蝕故錄之

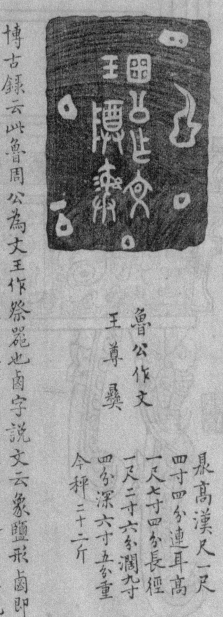

周無專鼎

在鎮江焦山寺鼎高一尺三寸二分口徑一尺四寸八分腹徑一尺五寸八分深八寸二分耳高二寸闊四寸二分足六寸七分

按此鼎緣外飾以蟠夔腹間以鱗次與伯頵鼎相似

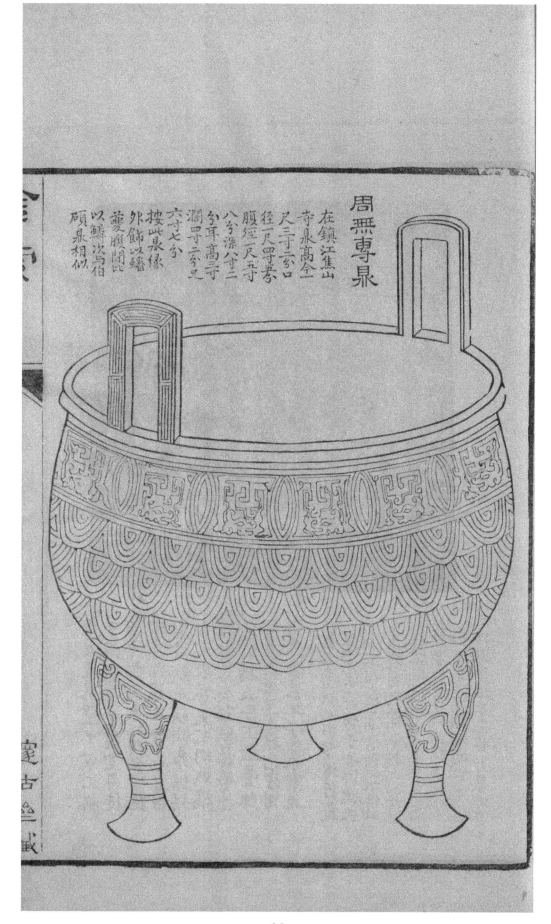

鼎銘 在腹內近口處直下

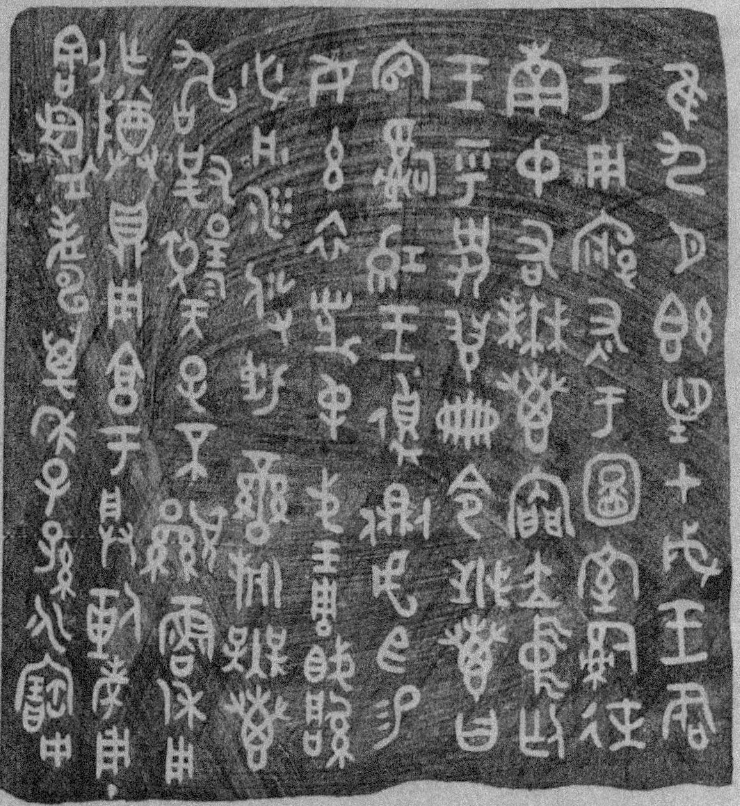

惟九月既望甲戌王格
于周廟烝于圖室司徒
南仲右無專入門立中廷
王呼史習冊命無專曰
官司紅王頗側弗作錫
女元衣帶東戈琱戟縞
緙彤矢鋈勒鑾旂無專
敢對揚天子丕顯魯休
作尊鼎用享于朕列考用
匄眉壽萬年子孫永寶用

鼎在焦山銘九十四字僧行載
焦山志云鼎傳于吾鄉魏氏
分宜相嚴嵩當國以不得此
鼎將罪之嵩敗魏氏子孫
終不保送焦山鵰于癸酉冬
在焦山曾見此鼎闇然渾古
今曲阜張潤浦明府自京
江取得拓本見貽即摹刻之

周遣叔鼎

吳海自藏高減小一寸

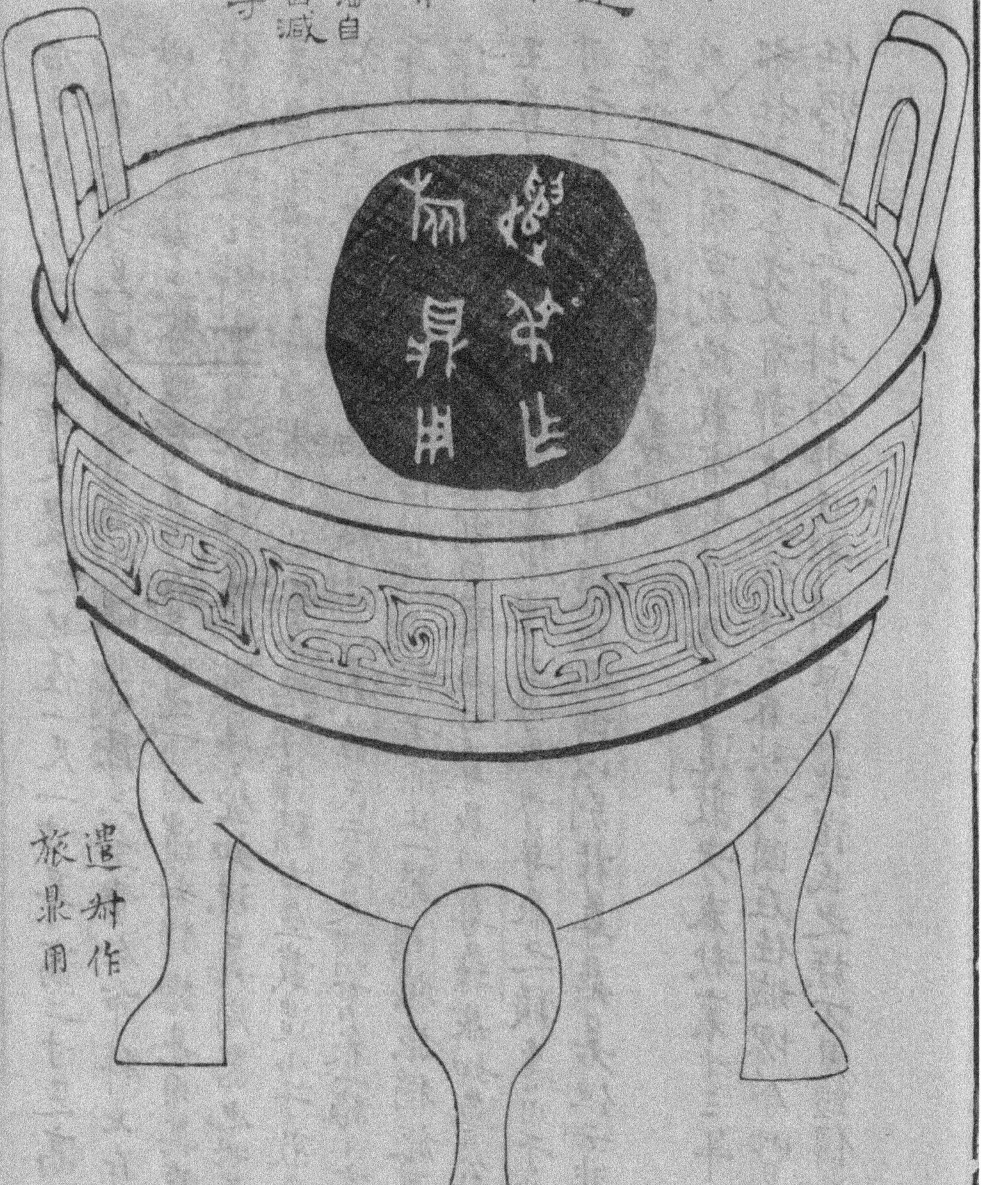

遣叔作旅鼎用

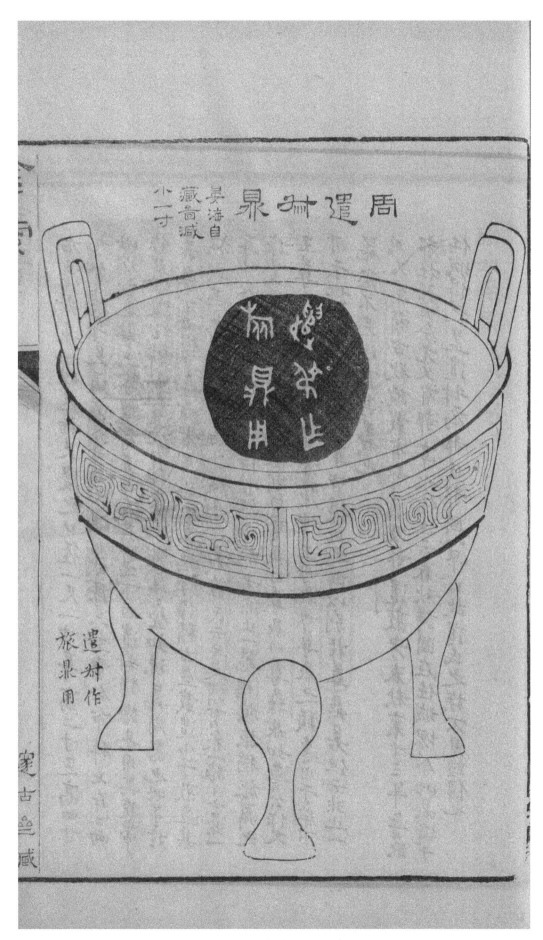

右遺尌鼎一以建初尺度之口徑一尺一寸耳高二寸足高四寸九分連耳足通高九寸九分深五寸厚六分重今市秤七斤三兩此縮刻也銘六字雙行直下在其口之下曰遺尌作旅鼎用其腹帶作盤夔之飾制甚古朴朱緑斑厚疊如珠眞周器也此予於嘉慶丁丑得之任城者遺尌之名無考惟積古齋載遺小子敦豈其族與其鼎稱旅鼎與伯貞旅鼎同義薛氏云昔人謂有衆曰旅旅之言非一耳又孟皇父作旅匜博古錄云旅者非止一器鵬按旅猶旅鬳之旅蓋為其祖若考作鼎則曰寶鼎曰尊鼎曰尊彝鼎如魯公作文王尊彝伯碩父作皇考犀仲王母乳母尊鼎之類專用于祭不用于旅若旅鼎則燕享皆得用之所以別於尊鼎若但云非止一器恐不足以盡其義也

鵬又案積古款識載有邿鼎及邿遣敦考春秋襄十三年魯取邿杜預云今亢父有邿亭水經注云春秋詩國在任城堺今此鼎適于任城得之蓋遺尌為邿臣邿國小早亡故遺氏之族不見經傳也

周太師鼎

式依様

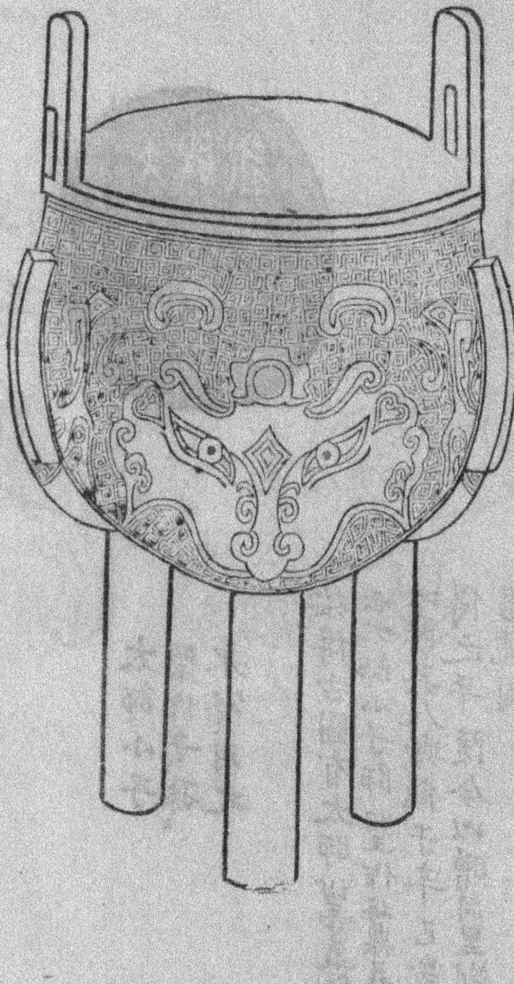

邃古坐藏

銘

太師小子
望作子〻孫〻
永寶用之

按博古圖有太師望簋銘
云太師小子師望作將鼎彝
此即其人歟鶏于辛巳歲
得之平陵令以贈同里劉
君曉園

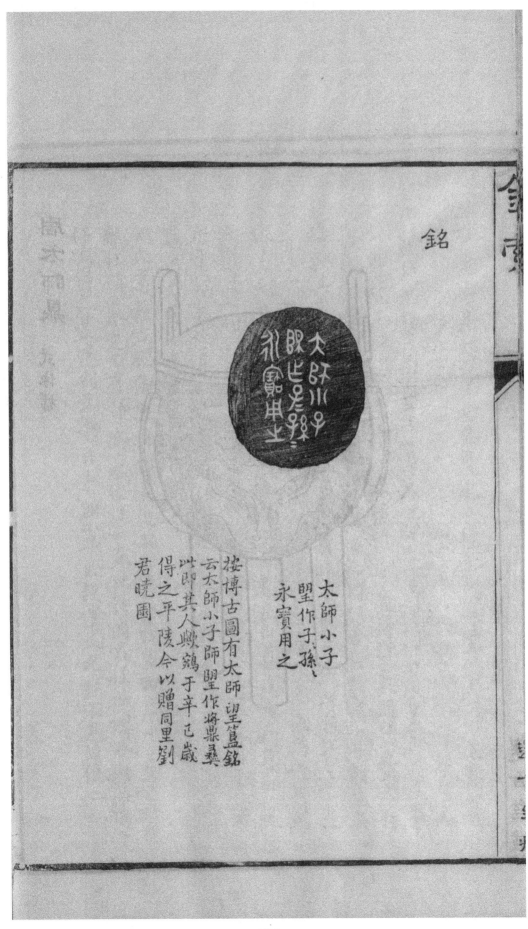

周父丁鼎

晏海藏
式依樣

銘

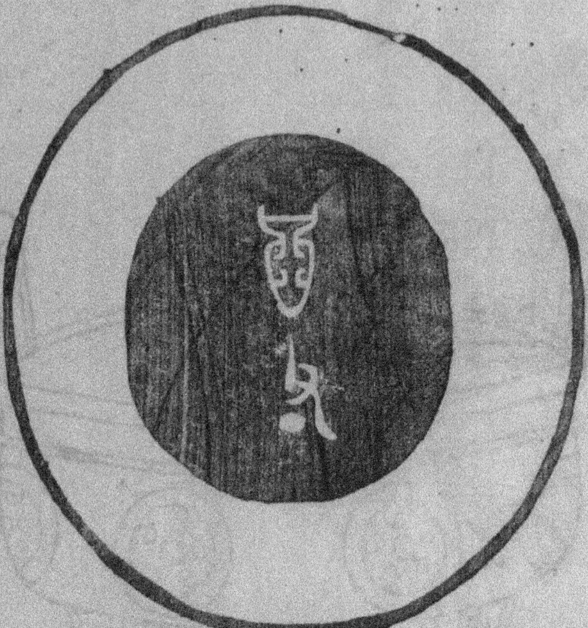

尊 父丁

尊彝乃古罍之通名此鼎而言尊古人質也尊字古文作奠又有諸作自者此亦尊諸

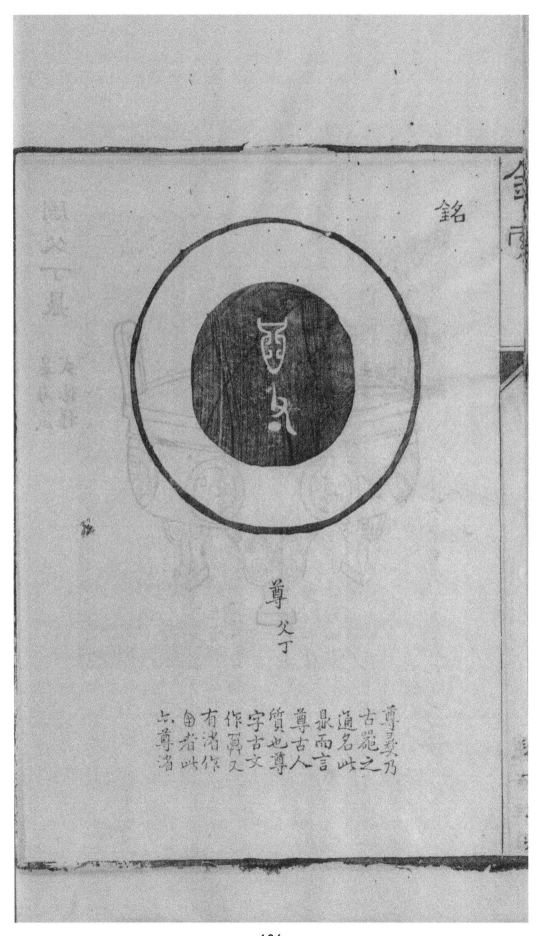

周叔夜鼎銘

叔夜鑄其饙鼎以征以行用鬺用鬻用蘄眉壽無疆

此即八士中叔夜之鼎饙飪也鬺鬻也鬻即羹

太祝鼎銘

太祝禽鼎

此芸臺先生所藏蓋太祝用以薦禽獸之鼎也

邃古堂藏

魚冶妊鼎銘

魚冶妊作虢
妃魚母賸子子
孫孫永寶用

妊即詩称太任之
任薛國姓也魚宗
司馬子魚之後為
魚氏賸送也

陽鼎銘

陽作寶
鼎孫子寶
其萬年

以程彝齋關中拓本

商己舉彝

減小　晏海藏

銘

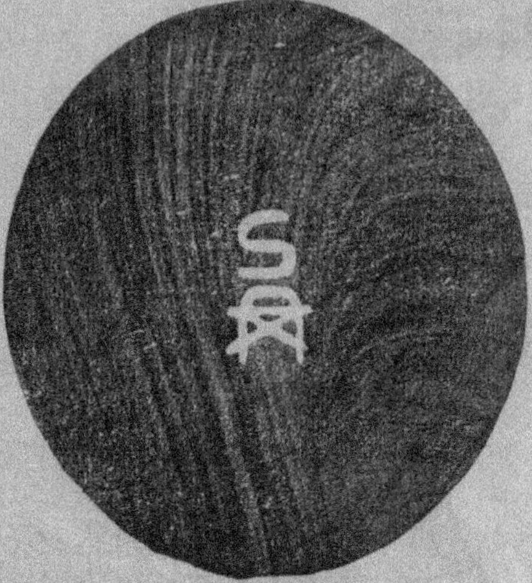

己舉

罍高漢尺五寸一分口徑五寸通兩耳濶八寸八分銘己舉二字在其腹考商爵往往有己舉癸舉主人舉彝鼎亦通用之此罍剝蝕殊甚而渾古可珍寔屬商制其口緣中負畣飾以金四鳳飾以銀其足緣八蛟飾以銀兩耳則金銀間之今人率以鑲嵌為商罍不知有宗嵌之别須合其形製字畫觀之乃可定耳

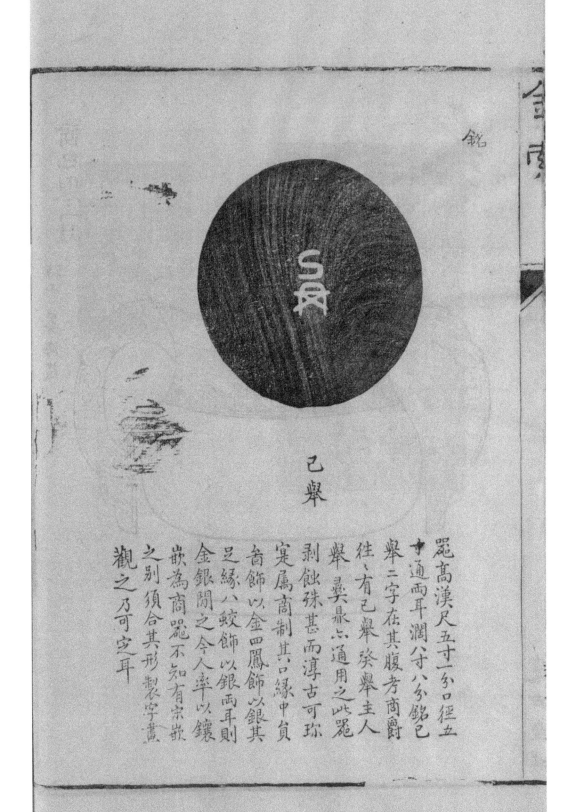

金索

周伯彝

晏海藏

畬依樣

邃古亝藏

銘

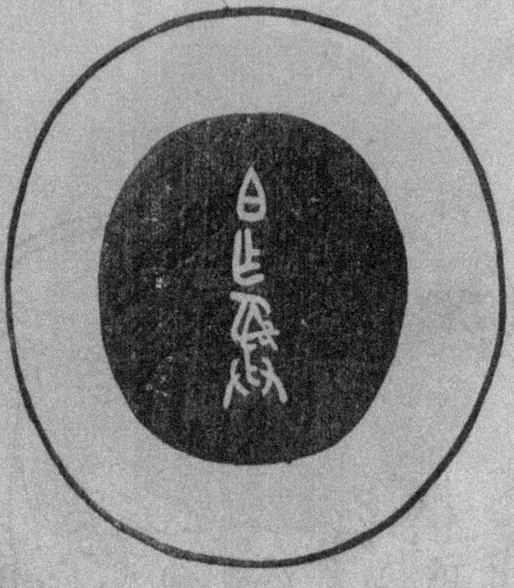

伯作彝

有鼏無蓋其伯之上下無字未知何伯此彝甚小而倣造多偽此尚古質銘在其腹内

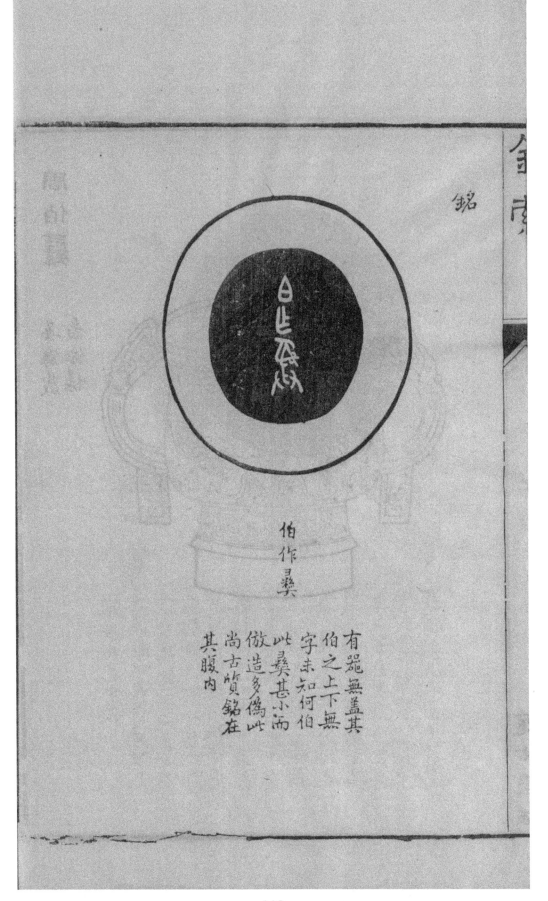

周伯彝

孔伯海儲公藏

伯作寶彝

彝字筆畫不全蓋泐文也字在其腹

邃古齋藏

彝圖

此彝形制甚古色亦斑斕腹外俱作斜方文有乳突出兩耳作虎首形與考古圖所載虎彝博古圖所載乳彝相似真周器也壬辰春暮有自任城來售者予極愛之而力不能得孔伯海儲公以百緡得之裝飾俱佳可為閭里增一寶玩矣

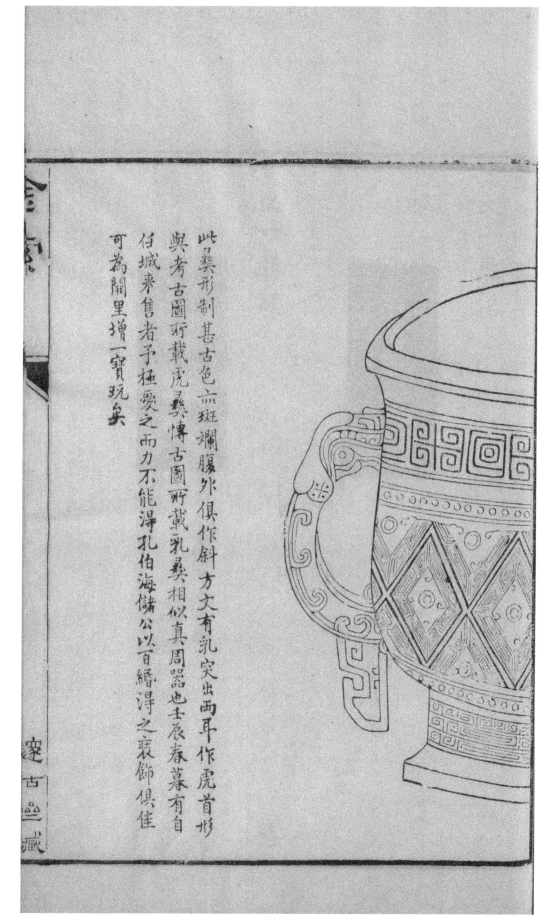

又一彝銘

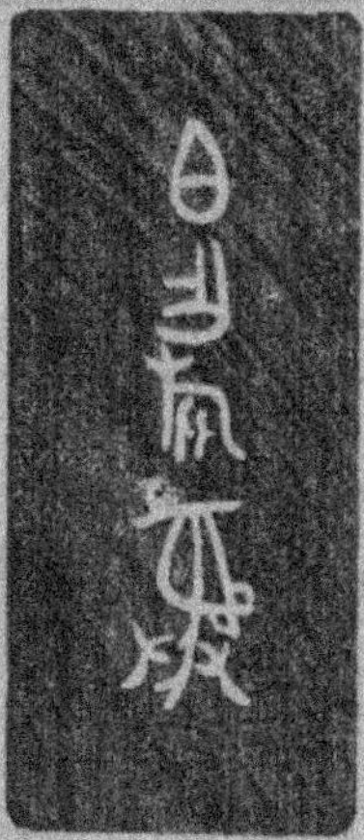

伯作旅彝

此陳秋堂拓本

又一彝銘

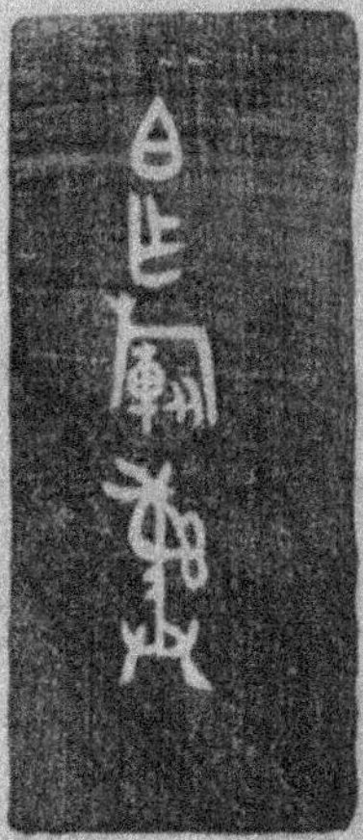

伯作旅彝

此余鍈香拓本

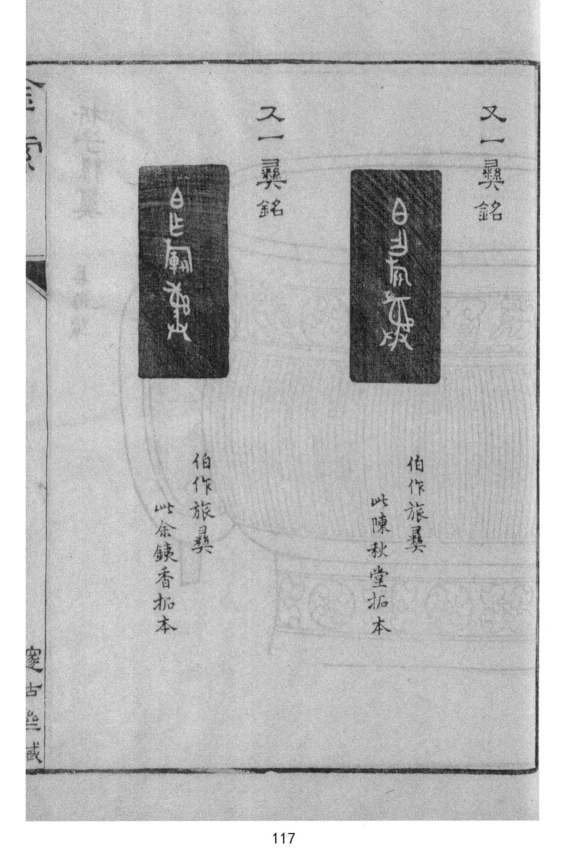

析子孫彝

晏海藏

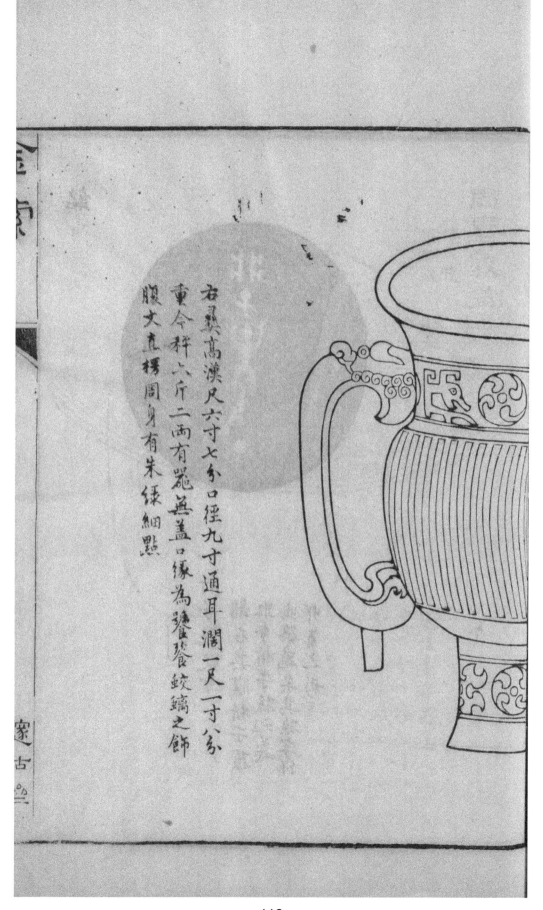

右彝高漢尺六寸七分口徑九寸通耳濶一尺一寸八分
重今秤六斤二兩有罷無蓋口緣為饕餮蛟螭之飾
腹文直楞周身有朱綠細點

銘

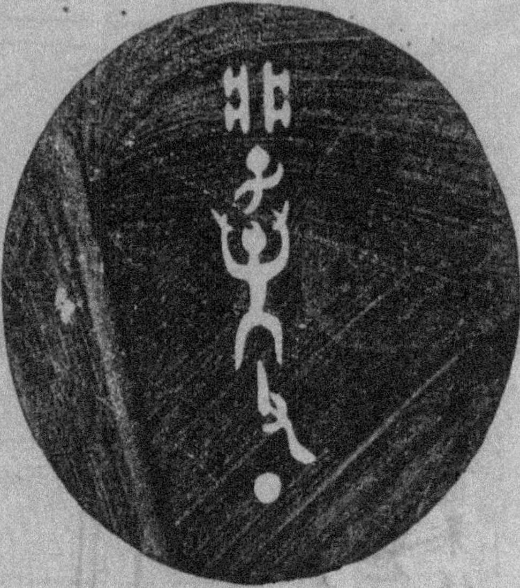

析子孫父丁

銘在其腹析子孫取分析子孫之義非祭器矣其孫字作丱角之形

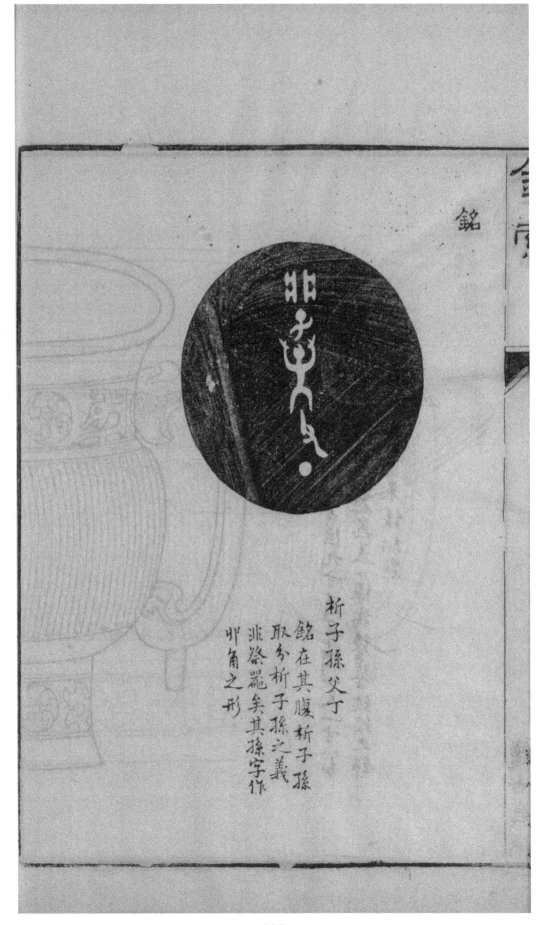

周壽敦盖

依原樣
集軒藏

器惟盖存高漢尺二寸二分口径七寸八分重今庫砝十八两六錢三分以古爵容一升量之此可容一升八合以漢斤約之此可重三斤許銘十三字在其内其外作盟螭之飾古色黝碧眞周器也舊為曲阜顏氏所藏今隸集軒

蓋銘

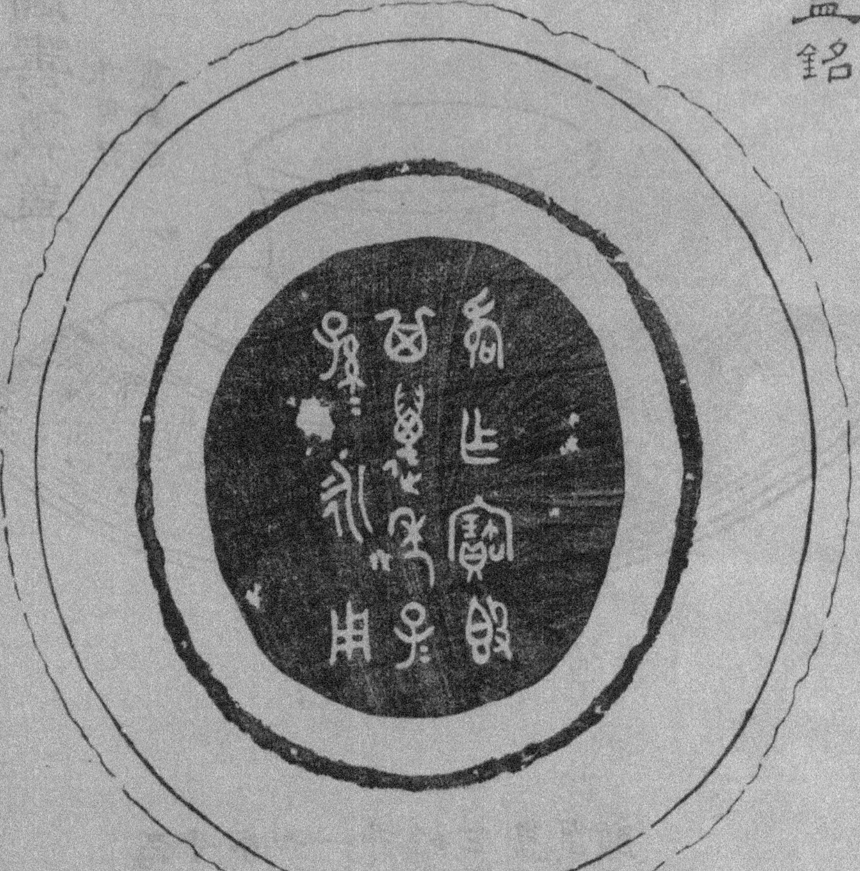

壽作寶敦

其萬年子〻

孫〻永用

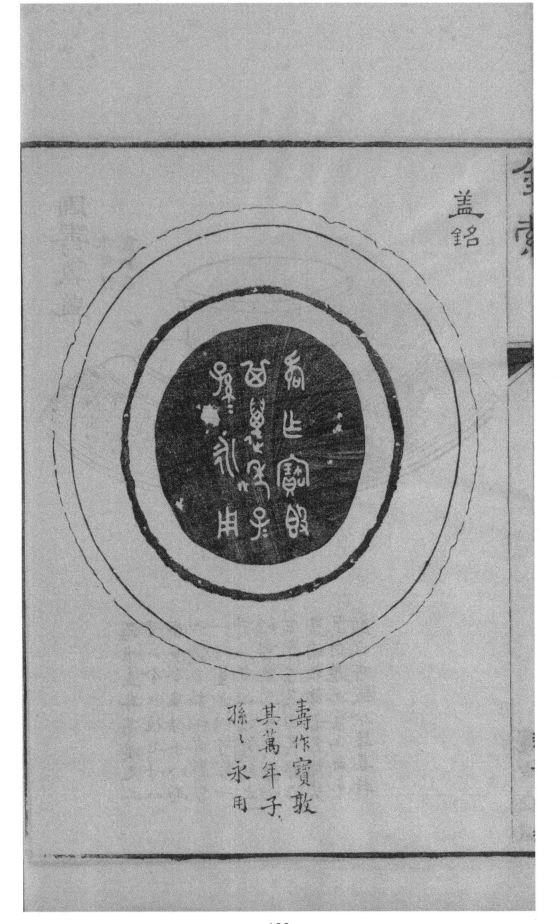

敦之為制上古用瓦中古用金明堂位曰有虞氏之兩敦其形制不傳小宰職曰主婦執一金敦黍則敦盛黍稷與簋同用矣亦或飾以玉可盛牲血為尸盟者所執所謂珠槃玉敦是也此惟蓋存鶴於嘉慶二十一年秋得之嶧昜按其形式與仲駒敦蓋相佀而差小亦周器也積古款識亦載是銘其壽字釋作司蓋從拓本摹入者此從真器摹刻依桂明府馥顏明府崇槼說釋作壽蓋壽自為敦傳之子孫者

周追敦

晏海自藏

高減三寸

此敦形製與周毁敦相侶博古録所謂哆口圜足之下連方座者也兩耳爲龍飾以漢尺量之口徑一尺一寸四分高六寸七分連座高一尺二寸三分連耳高一尺四寸五分兩耳闊横一尺八寸九分方座濶一尺二寸二分高五寸六分四如一以周爵量之容三十二升重今秤二十五斤

寶古堂藏

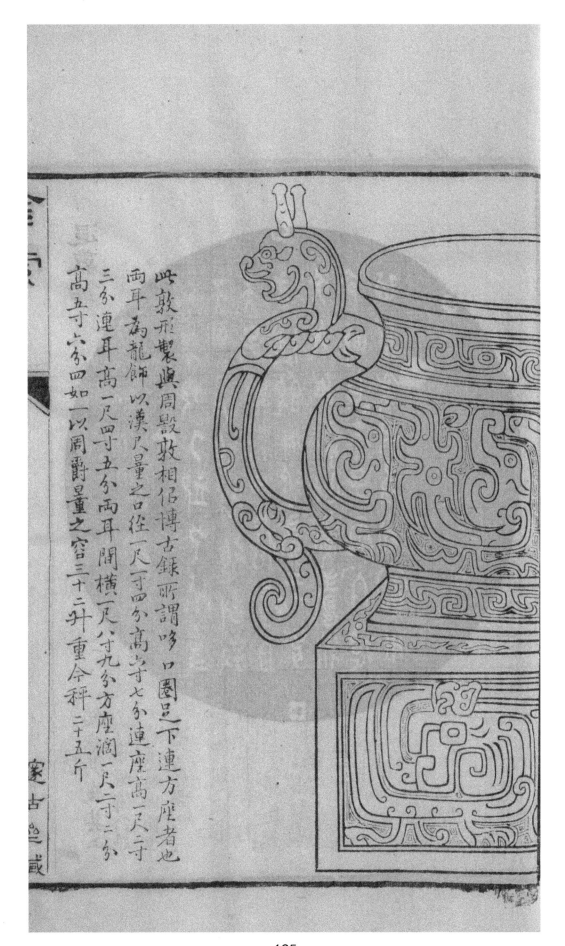

追敦銘

銘在其腹其上下左右有釘眼六蓋所以間寸方座者

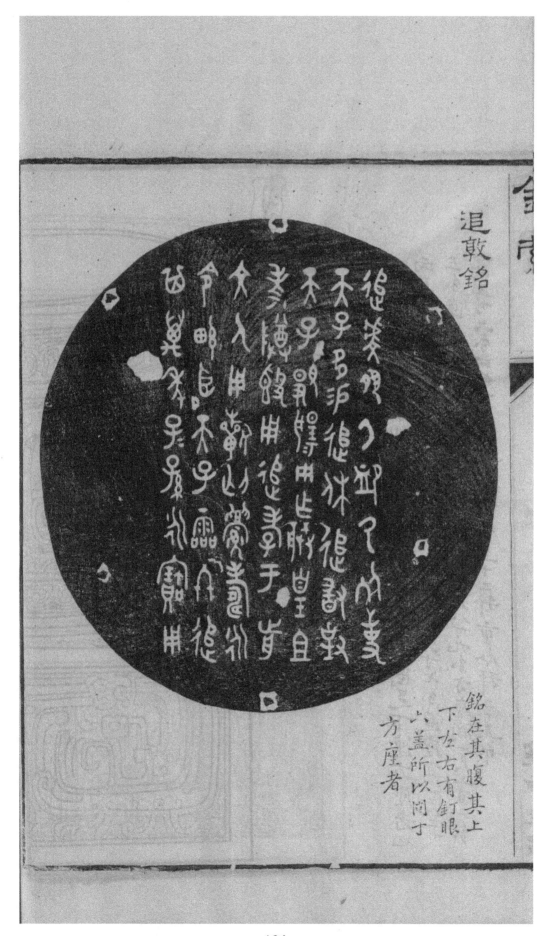

追虔夙夕卹乃死事
天子多錫追休追敢對
天子顯揚用作朕皇祖
孝尊敦用追孝于前
文人用蘄即祈丏眉壽永
令畯臣天子霝即令終追
其萬年子子孫永寶用

此追敦銘五十九字已錄入積古齋款識蓋據陳秋堂拓本其款篆為凝綠所掩今就本器臨之故少缺篆實無二器也芸臺先生云追王臣名卹死事者卹戰陳死事者之後禮有春饗食孫子之文左襄二十七年傳齊師將興陳成子屬孫子三日朝齊侯鑄鐘亦云卹乃死事是也鶴愛此敦下連方座制度凝重其文辭醇正無古僻不可讀之字在周器中為難得者此與邿敦同售彼器朱綠可觀為斌備卿觀察所擇此敦内緣而外闇然故為鶴所得耳

周[illegible]臨敦

集軒藏器
啚準原式

此敦與周宰辟父三敦形制文飾相似口圜弇上兩耳有珥二足皆作獸首口徑漢尺八寸有半寸連耳廣一尺三寸七分高六寸八分深四寸八分容一斗八爵重今秤六斤八兩此鶴于嘉慶廿三年得于任城者

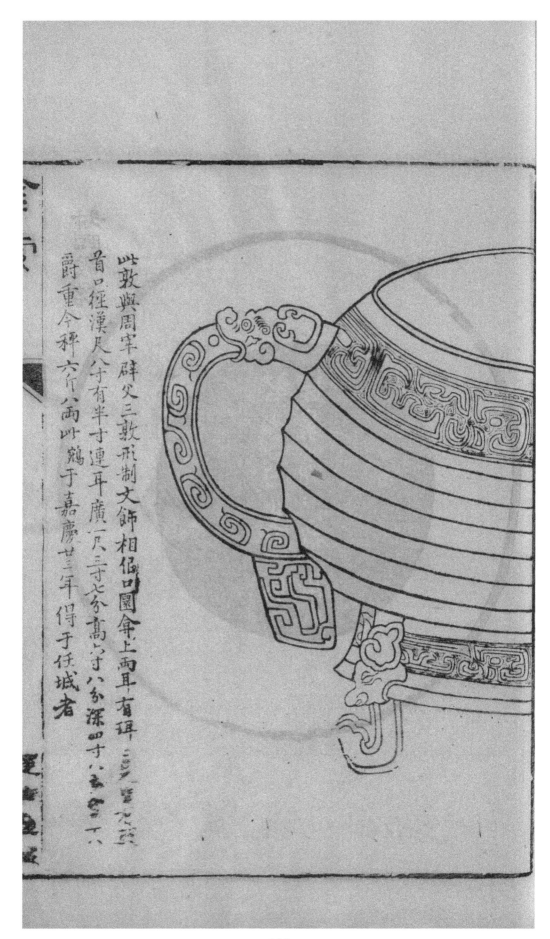

射臨敦銘

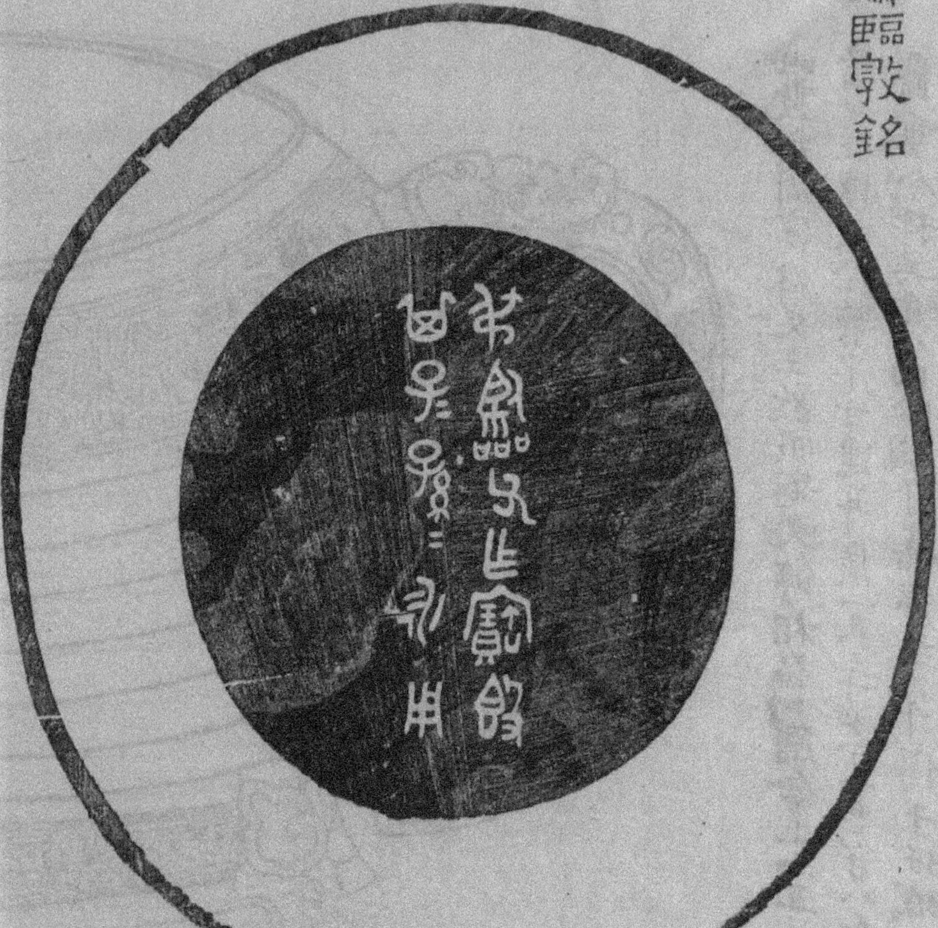

尌臨父作寶敦

其子〻孫〻永用

右銘文十一字重文二在敦之腹鶴按尌臨父爵里無考敦言其字不舉其氏蓋如尌邦父簋之類臨字三口平列在底与師億敦中臨字畧相佀其制作圓容銘字平正殆周末時物也

集軒明府得壽敦盖於嵫陽得尌臨敦于任城因顏其藏書室曰寶敦山房今觀二器古味渊然洵足寶也

道光元年上巳日嘉興揚大受觀記

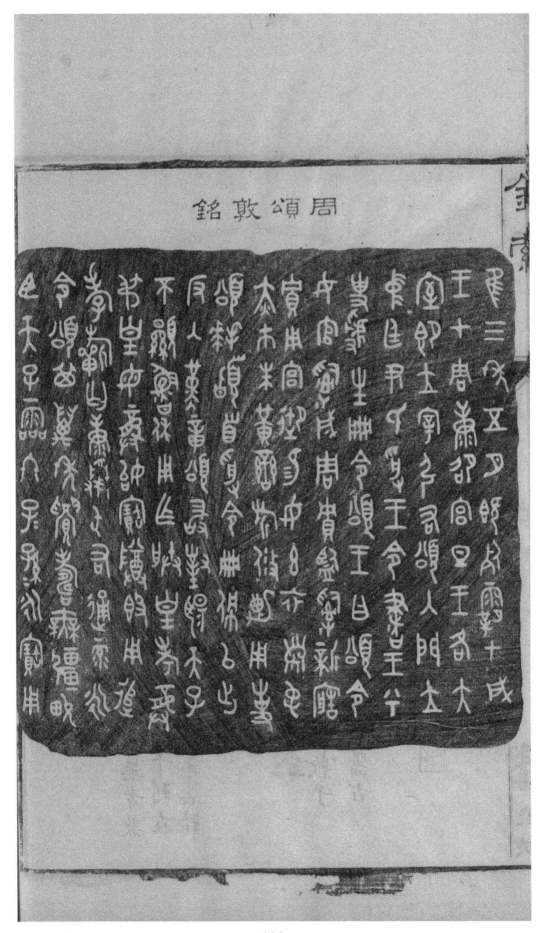

周頌敦銘

惟三年五月既死霸甲戌
王在周康卲宮旦王格太
室即位宰宏右頌入門立
中廷尹氏受王命書王呼
史虢生冊命頌王曰頌命
汝官司成周賣監司新廟
責用宮御錫汝元衣帶束
赤芾朱黃鑾旂鋚勒用事
頌拜稽首受命冊佩以出
反入覲章頌敢對揚天子
丕顯魯休用作朕皇考龔
叔皇母龔姒寶尊敦用追
孝蘄丐康寧純佑通祿永
命頌其萬年眉壽無疆畯
臣天子令終子子孫孫永寶用

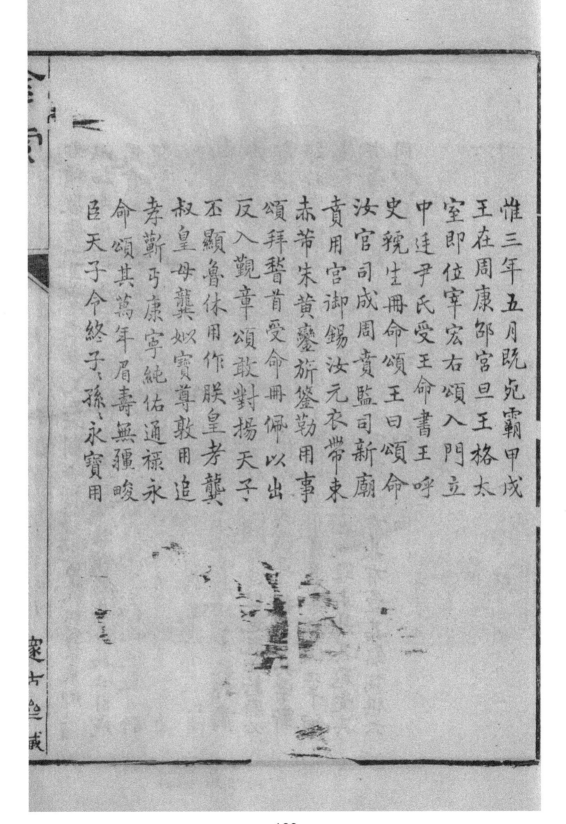

右頌敦銘一百五十字重文二此劉吉甫喜海所藏器葉東卿志詵以拓本寄予者積古欵識亦刻是銘鵬按頌周臣名其云司成周貴監司新廟貴用宮御者蓋掌司成周虎賁之屬更監司新廟𢊁貴之屬得以用宮御也若非廟中頌安得用宮御乎頌之鼎云貴廿家其貴作𧶠可見矣貴為王之衛士周禮有虎賁氏旅賁氏書稱虎賁綴衣又百尹御事每連而及之也廟字篆文作𢊁右旁从舟今舟在左而渻其阜之下故作[舟廟]非造字也既立新廟必有衛士有寺御之屬王蓋命頌得以司其職耳龏即共字龏即祈字鑑勤見石鼓文康寧純佑俱見周書其寧字似比干銅盤文但筆畫有缺泐處不敢定為𡨦字也鵬雖未見其器愛其古藻動人故摹錄之夫頌也有敦復有鼎有壺其銘詞俱大同而小異頌亦好大喜功之士歟

郜遣敦

郜遣作寶敦
用追孝于其
父母用錫永
壽子〻孫〻永寶
用享

郜即詩說文
云附庸國詳
遣𣪘鼎長白
斌備卿先生
觀察克沂時
得之曲阜子
得拓本未見
其器牛叶商
茂才云器有
三足底蓋同銘

邿季敦

寺季故公
作寶敦子〻
孫〻永寶用享

積古欵識云寺即
邿之渻邿爲魯
所取邿季殆亡國
寓公故曰故公也

遣小子敦

遣小子韎以
其友作柖男
王姬將鼎彝

遣氏郡國之
族已載遣叔
鼎積古款識
云小子父在之
稱韎其名以
與也柖男王姬
之配此器在平
湖

孟姜敦

器在洪洞縣衛氏畫減小

銘

叔孫父作孟
姜尊敦綰綽
眉壽永令彌
生萬年無疆子子
孫永寶用享

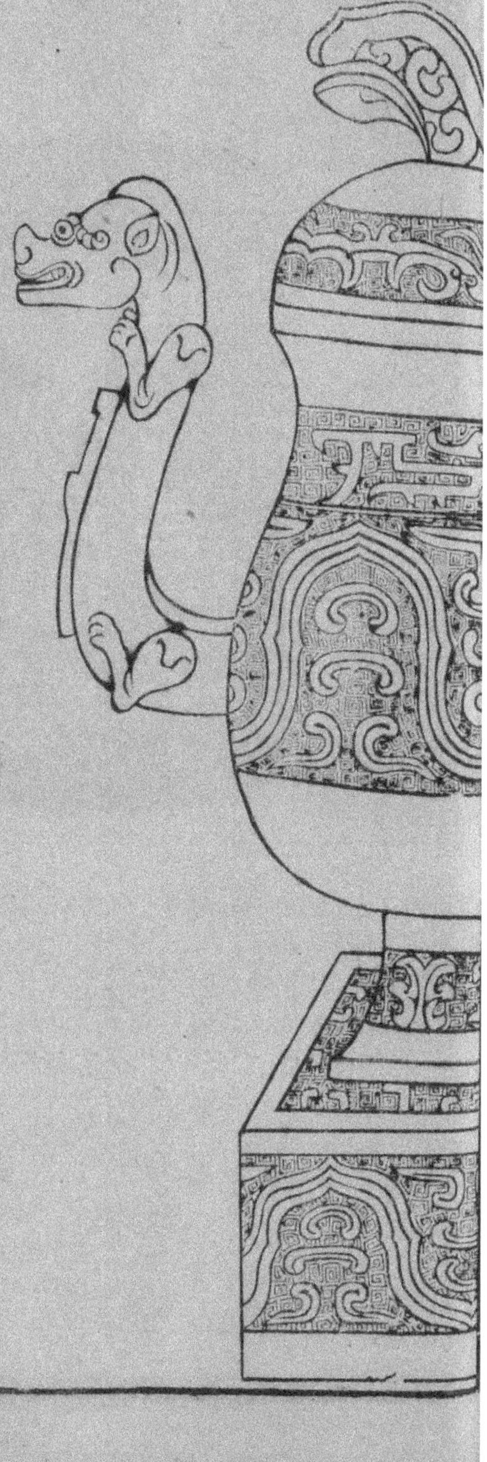

盉姜敦收入愽古斋者形制佀對臨敦有足無座今此器乃下連方座而無足較追敦狹而高器蓋銘詞与愽古斋相同而篆法殊異器是倣造但青翠满器亦千餘年不能致此積古欵識刻作綰綽眉壽敦實予門生衛肇榮所藏盉姜敦也

周蘇公敦

孔荃溪方伯藏

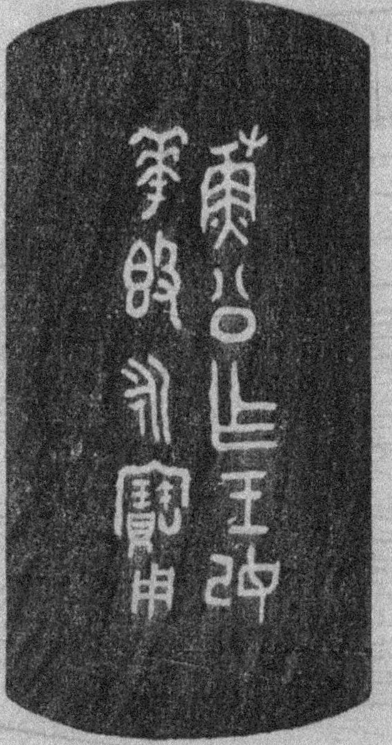

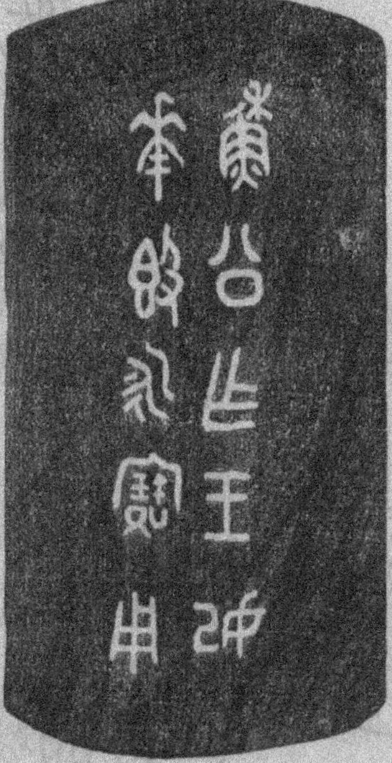

蓋銘

蘇公作王妃
𩞁敦永寶用

器銘

與蓋銘同
字畫小異

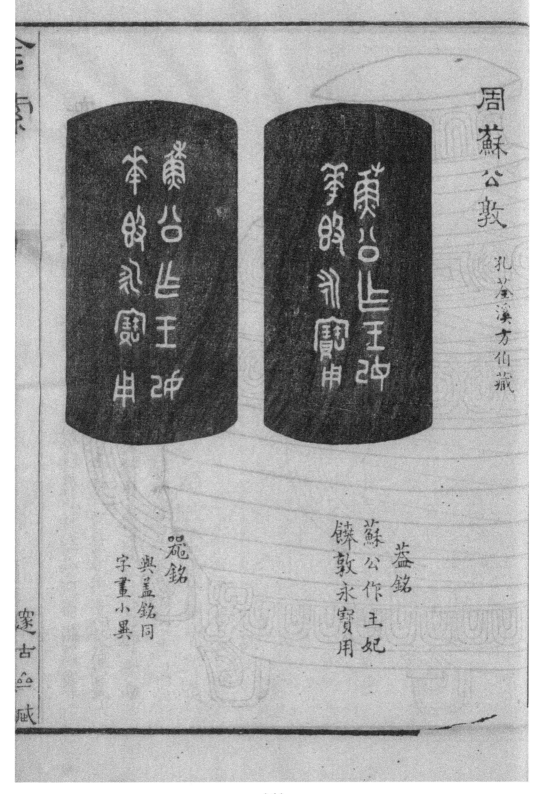

敦圖 準原式

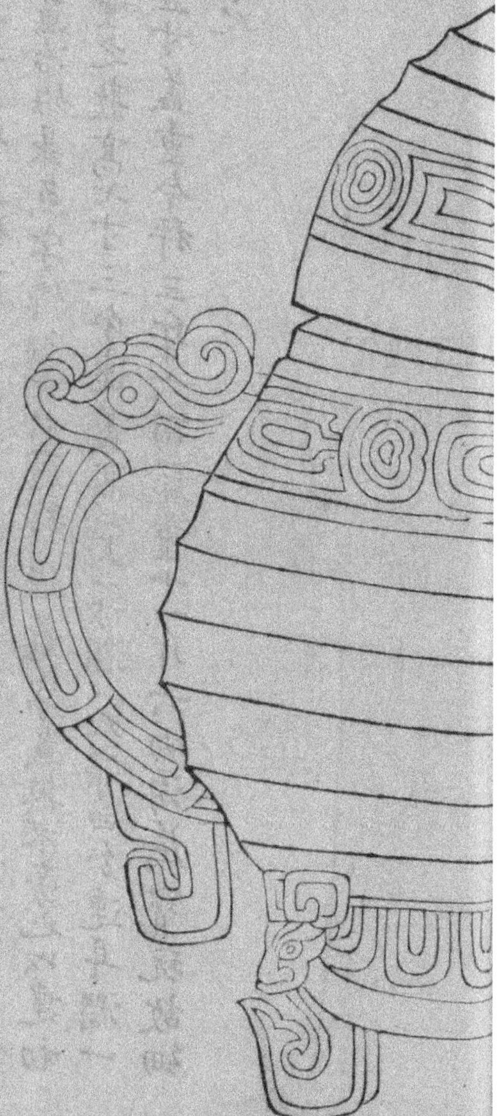

此器係孔荃溪方伯廉訪關中時所得器蓋俱全銅質粹美
古色斑斕字畫渾厚閒有為重綠凝蓋處可以意測之其銘云
蘇公作王妃鋒敦永寶用按詩何人斯小序云暴公為卿士而
譖蘇公傳云暴蘇皆畿內國名正義曰蘇忿生之後春秋傳載
武王克商使諸侯撫封蘇忿生以溫為司寇杜注今河內溫縣是

蘇稱子此云公者蓋子爵而為三公也今此罍云蘇公作王妃
餗敦必蘇公有女為王妃故作此敦以媵之也蘇公在武王時
為司寇封國於温至春秋時以陽樊温原攢茅賜晉侯則温非
蘇有蘇亦不得稱公此敦當屬西周時物其云餗敦者說文餗
府文切滫飯也亦作饙詩泂酌云可以饙饎爾雅云饙餾稔也孫炎
曰蒸之曰饙均之曰餾考古器有叔夜鼎其𩝣君餗簋戲伯餗
盨印仲餗盦文俱作餗或作餗此乃作㚔去其食旁古文從
省其實一也蓋銘蘇作穌罍作穌均屬渻文可見積古款識
載魚治妊鼎魚字作𩵋亦應釋作蘇字魚無木旁也以建初
尺量之敦高七寸三分連蓋高一尺一寸濶一尺一寸四分連耳濶一
尺五寸蓋重今秤三斤六兩罍重十一斤六兩洵屬寶玩故細
考之

金索

周齊侯鎛鐘

從博古圖縮本

邃古齋藏

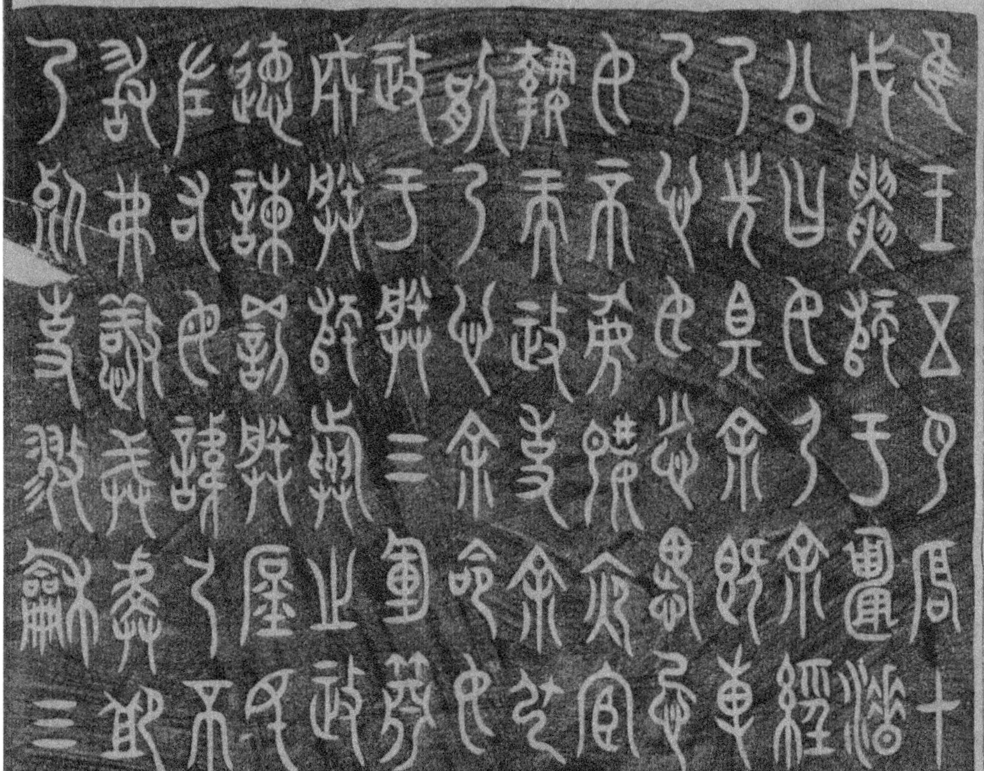

惟王五月辰在
戊寅師于淄陲
公曰汝及余經
乃先祖余既敷
乃心汝小心畏忌
汝不墜夙夜宦
執而政事余宏
猒乃心余命汝
政于朕三軍肅
成朕師旟之政
德諫罰朕庶民
左右毋諱及不
敢弗敬戒虔卹
乃死事繇和三

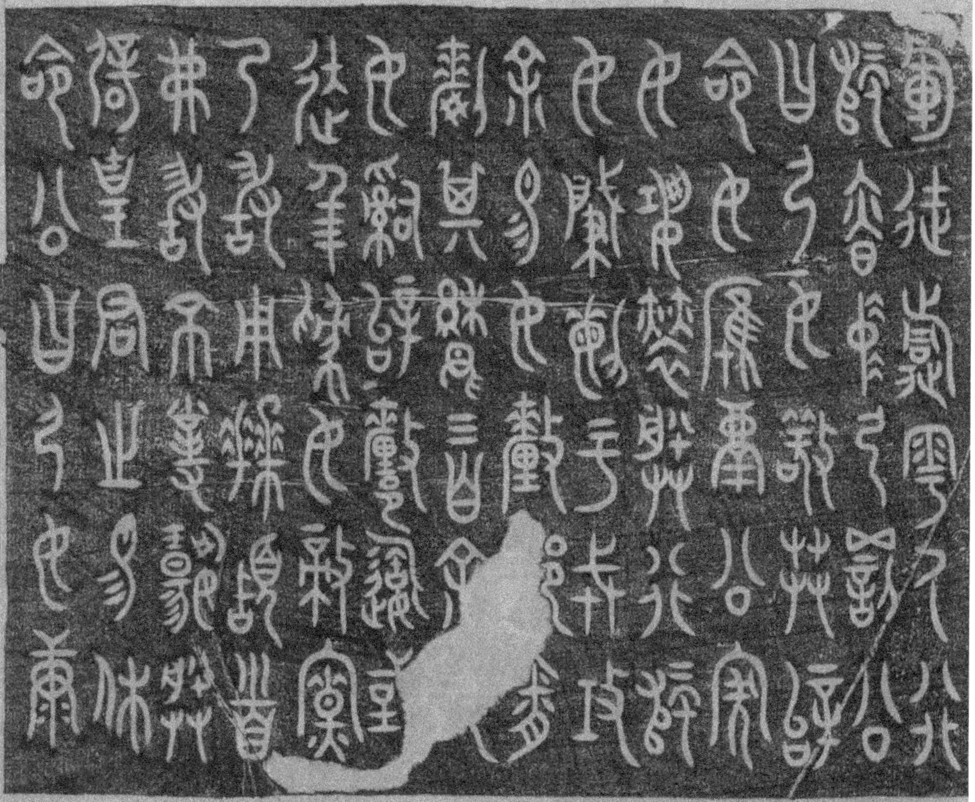

軍徒𢓊雩乃行
師慎中乃罰公
曰及汝敬共辭
命汝應鬲（器即格）公家
汝𢘅恪朕行師
汝肇敏于戎攻
余錫汝釐都𦣞
爵其縣三百余命
汝司辝釐造國
徒三千為汝敵寮
乃敢用拜稽首
弗敢不對揚朕
辟皇君之錫休
命公曰及汝康

邃古㞢藏

能乃有事𦍒乃
敵寮余用登純
厚乃命汝及毋
曰余𡥈汝敷余
于艱卹虔卹不
易左右余一人余
命汝緘差饗為
大事繼命于外
內之事中敷盟(明)
刑汝以敷戒公
家應卹余于盟
卹汝以卹余朕
身余錫汝車馬
戎兵釐僕三百有

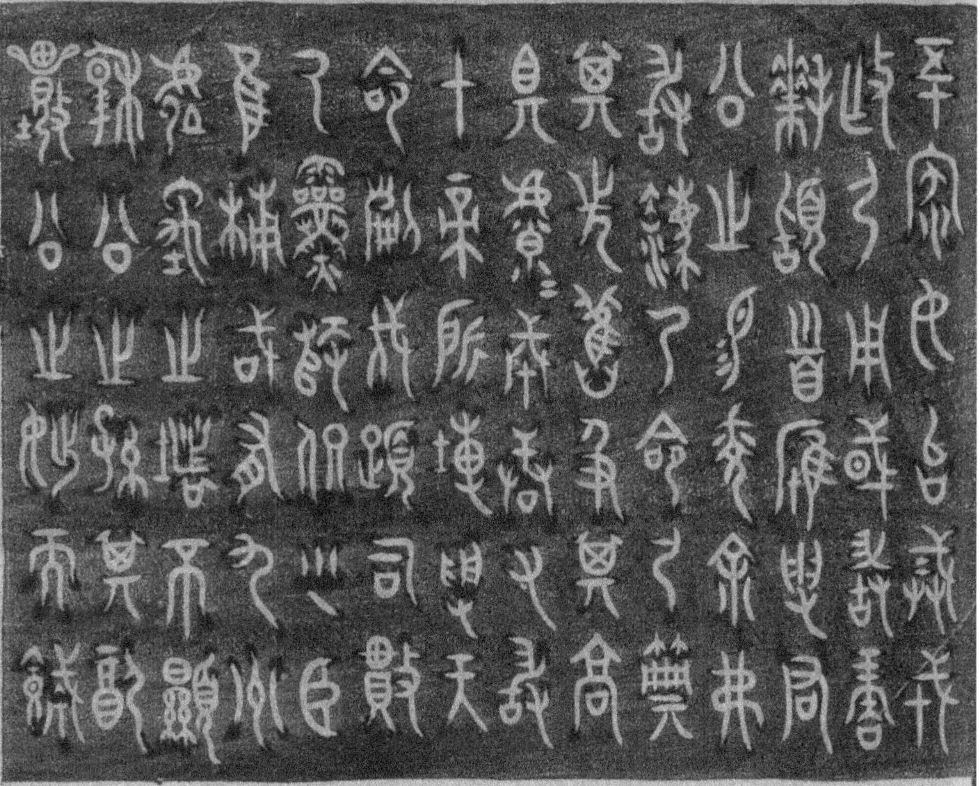

幸家汝以戒戎
作及用或敢再
拜稽首應受君
公之錫光余弟
敢廢乃命及典
其先舊及其高
祖虩虩成唐又敢
在帝所敷受天
命剪伐履司敳
乃靈師伿小臣
惟輔咸有九州
處禹之都不顯
穆公之孫其配
襄公之妣而鍼

公之女雩生叔及
是辟于齊侯之
所是小心龔齊靈
力若虎謹恪其
政事乃共于公
所敎擇吉金鈇
鎬鏷鋁用作鑄
其寶鎛用享于
其皇祖皇妣皇
母皇考用祈眉
壽令命難老不
顯皇祖其作福
元孫其萬福純
魯和協而有事

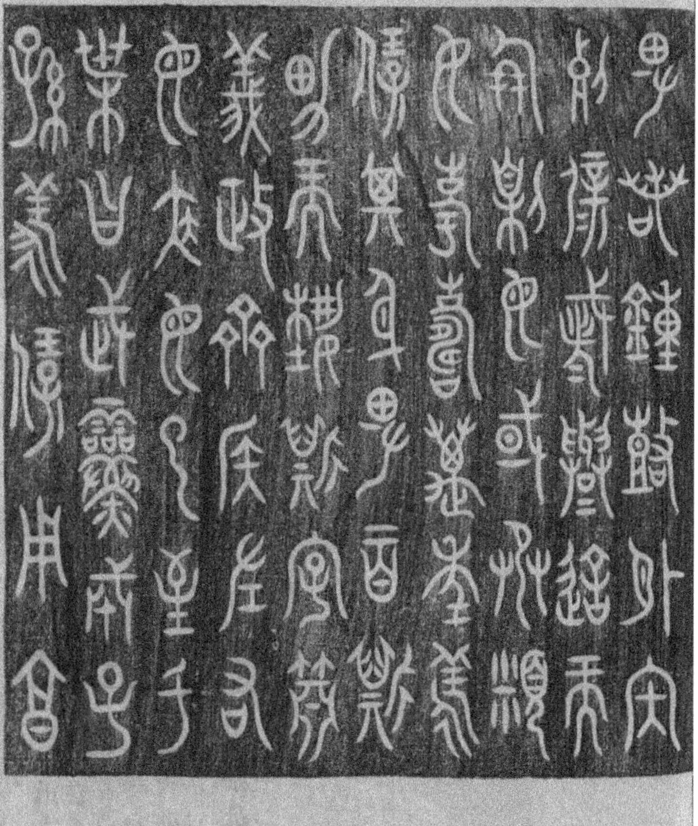

俾若鐘鼓外内
列辟都：俞：造丕
朋臯毋或承類
汝考壽萬年永
保其身俾百斯
男而埶斯字肅
義政齊侯左右
毋泰毋已至于
葉曰武靈成子
孫永保用享

此齊臣名及者顯揚君命銘著功烈而作是鎛鐘也玩其銘詞稱公曰汝及又曰乃命汝及可見愽古啚以為或受賜者非盖以及用或敢誤作及用或敢故翻本俱沿其非而不察也是鐘據啚錄高一尺七寸五分鈕高二寸一分重一百五十二斤八兩銘四百九十二字可云巨制又其文詞宏麗可

為周鐘之冠鵬極愛其銘詞未獲親見拓本每苦其字畫沿誤又為註釋不清所掩姑就博古及款識校對摘其錯悞以順文義餘不能盡悉也

正誤

公曰汝及至大重修博古悞作汝反郇乃死事適敦亦有此文薛氏悞作郇故毋曰余小子俱悞作毋盟刑薛氏誤作溫刑剪伐俱作刻伐恐非或敢薛氏是博古作或敢非散博古作敗非薛釋作貫或疑是勤字師𢦏𢦏疑即枳字逸周書大人枳維卿、枳維大夫薛作保字非少臣即小臣九州博古云齊之封域有所謂臨淄東萊渤海高密膠東大山樂安濟南平原蓋九州也按此係後世之名或指五侯九伯言虁公蠆亦不似虁字姑從薛氏作虁博古以為𠧞公則非也𩚴公疑即成公𡛷疑即出字出甥也左傳陳厲公蔡出也薛作姃非雩薛作粤非外內列辟博古薛氏俱作閒闢非別一鐘釋作停詞更非毋泰毋已毋母二字古文相似博古及薛氏俱作毋柰毋已大不合千葉猶千世銘亦有稱萬葉者博古薛氏俱作子葉恐非

紀侯鐘

歙吳氏藏

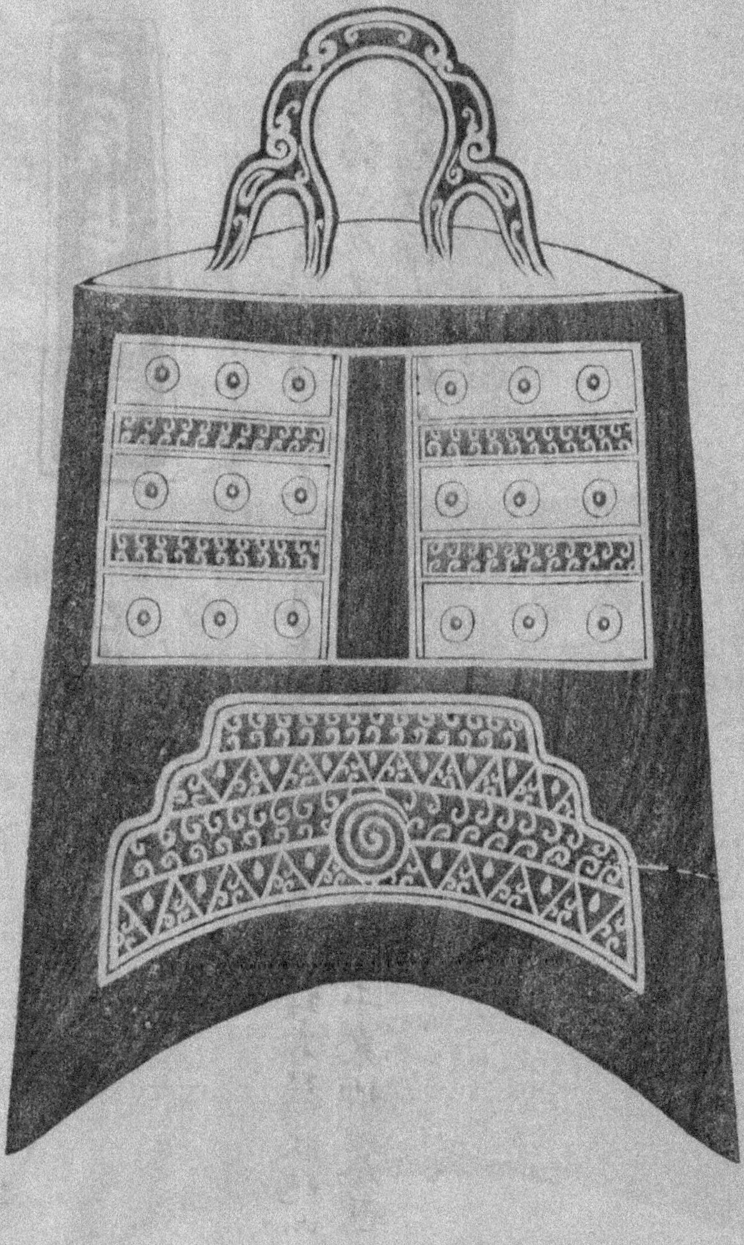

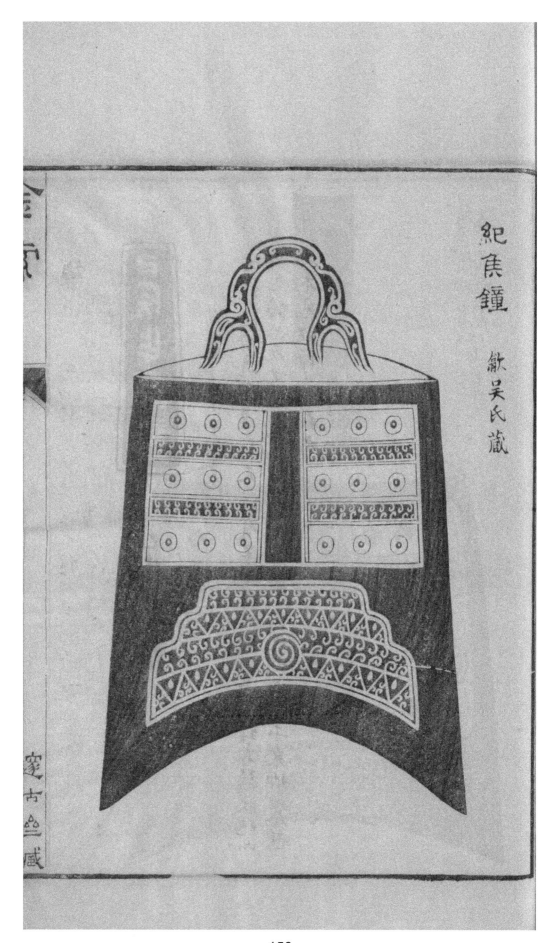

銘

己侯作寶鐘

右鐘連鈕通高漢尺一尺二寸有半寸其形制似與周鐘不類然紀亦作己鐘亦反書與紀侯虎鐘絕肖固一國之制也葉子東卿以全形拓本見貽即摹刻之

鄭邢叔綏賓鐘

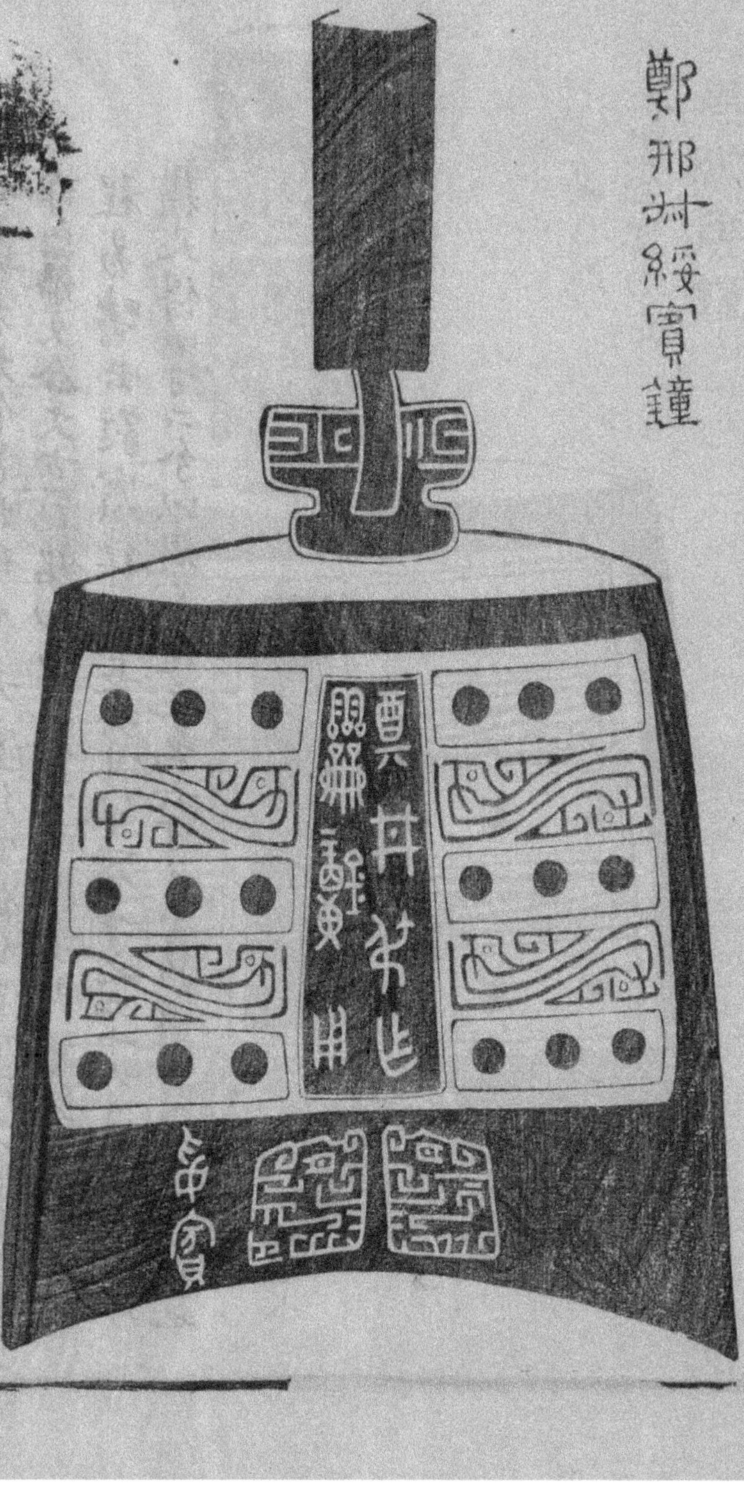

鄭邢叔作
靈和鐘用
妥賓

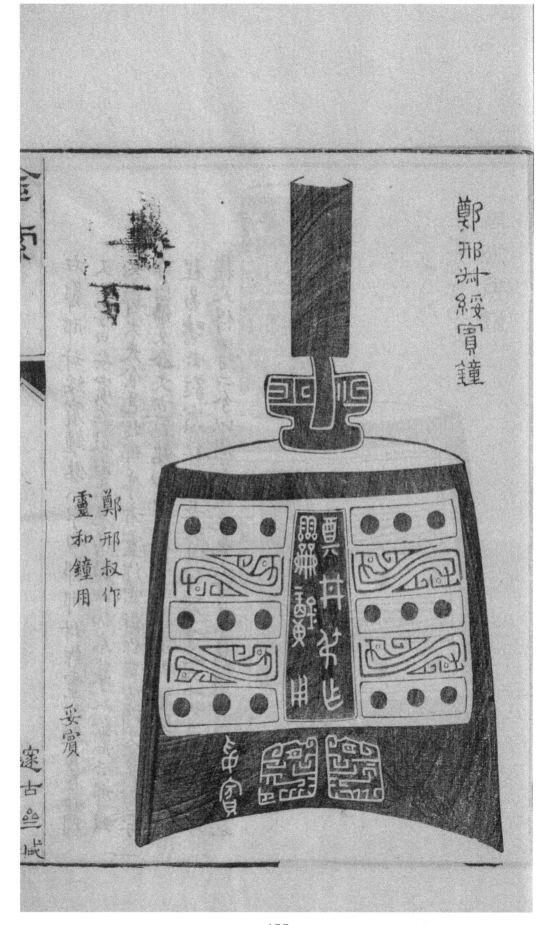

右鄭邢尗綏賓鐘銘八字曰鄭邢尗作靈和鐘用在鉦間又二字曰妥賓在鼓右未見其器从枷木摹入金石云邢尗必鄭大夫食邑於邢亭者靈作霝龢作龠古渻文靈龢二字作霝龢又合文古器銘如西夏小子之例妥即綏綏賓即蕤賓程易疇云蕤賓律管長六寸八十一分寸之二十六是鐘度以今裁尺得四寸二分以周尺通之為六寸三分弱適符蕤賓律度也

金索

周紀侯鐘
諸城劉氏藏
依原樣

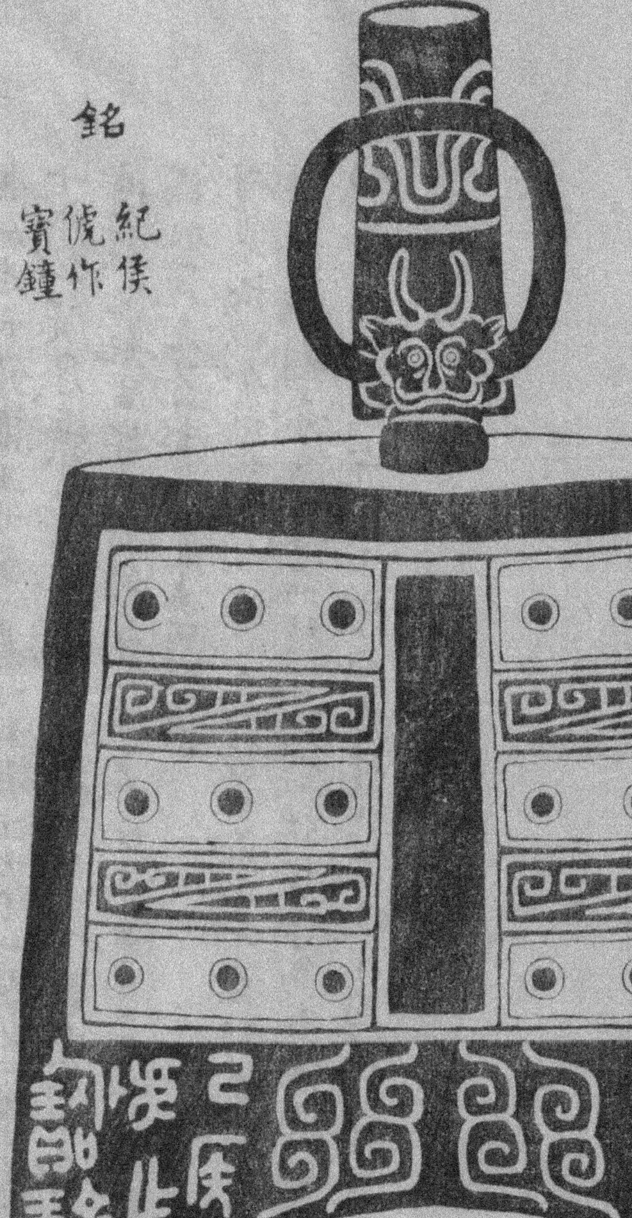

銘
紀侯虓作寶鐘

邃古亝藏

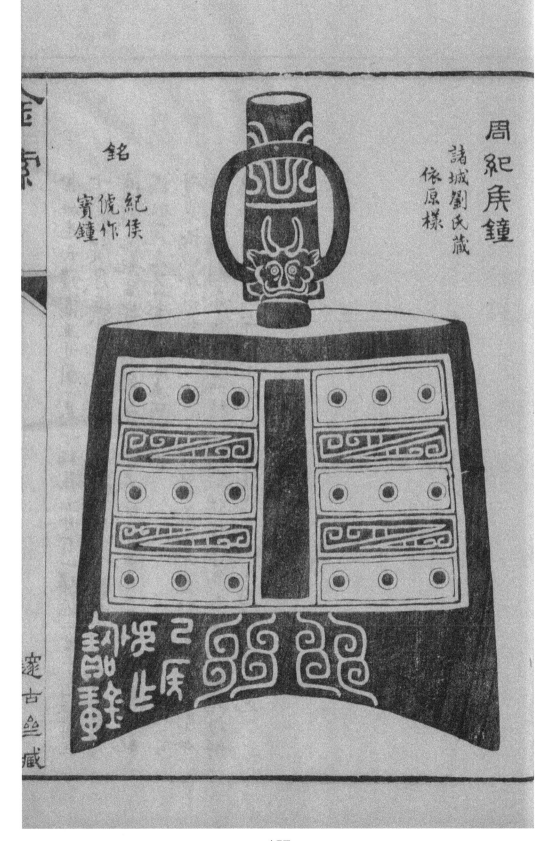

金石志云鐘高五寸圍一尺一寸柄長五寸有一環徑一寸二分腹有三十六乳質厚五分壽光人得之于紀侯臺下銘六字曰己侯虎作寶鐘己紀古字通用鐘字反齊乘云壽光南三十里春秋時紀國此器在益都舉人李　廓家

葉東卿以全形拓本見寄云此鐘向藏山左益都李孝廉廓今歸諸城劉孝廉喜海積古款識謂虎字尚有偏傍剝蝕難辨說諦審其文旁即亻字與虘俿尺之俿字同乃紀侯名也

周徐王子龢鍾

孔荃溪方伯藏

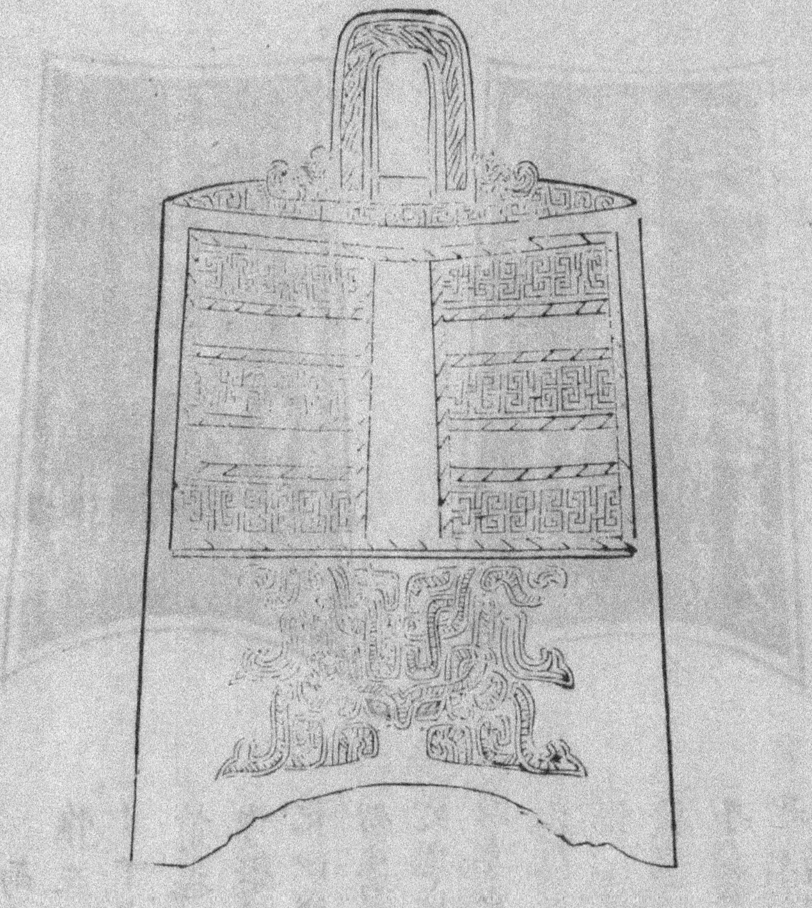

此鍾形製較小頂無甬而有方鈕與博古圖所載周宋公成之誙鍾前數器大畧相似而無枚

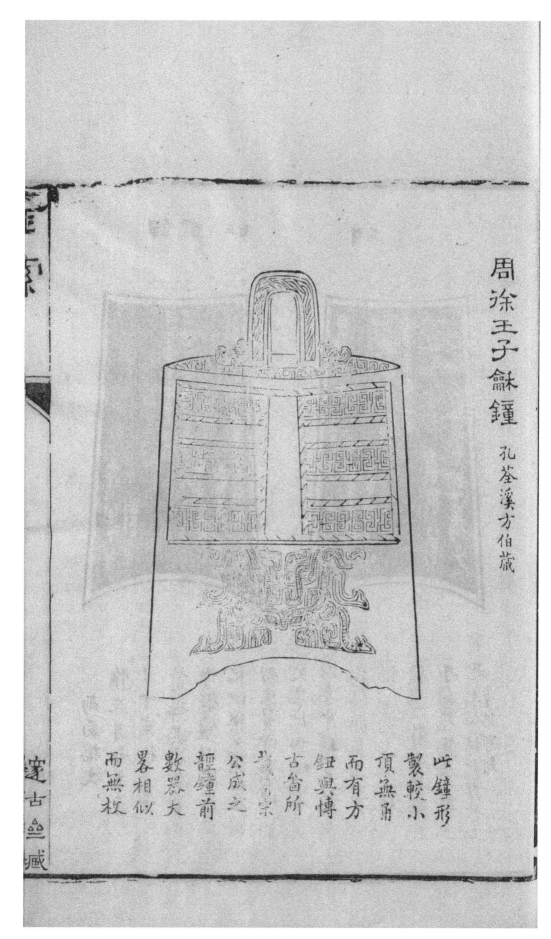

鍾銘 正面

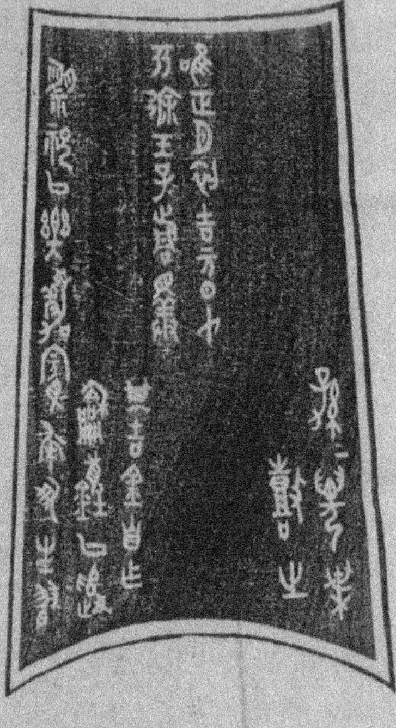

背面

兩面揔文

惟正月初吉元日丁亥徐王子前擇其吉金自作龢鐘以追祭祀以樂嘉賓及朋生習宜魚以父兄庶士以客以喜中懸且鍚元鳴孔皇其音悠悠霝于四方韹韹熙熙眉壽無諆子子孫孫萬葉鼓之

鍚即揚韹即喤諆即期

銘詞自鉦間起下行至鼓之左轉至背面鼓右上行鉦間又下
及鼓之左轉至正面鼓右而止共七十一字重文五字。係鑿文
有古秀之致其筆畫變異間有剥蝕亦復難辨以它器及湨
叅考文辭乃備殆春秋時制也作者為徐王子前徐係顓頊
之後春秋時徐偃王假行仁義為楚文王所滅此王子者或其
嗣歟銘詞大致與薛氏款識所載許子鐘相似其云正月初
吉丁亥及擇其吉金以樂嘉賓中𡠗且揚元鳴孔煌眉壽無
諆等語皆與之合惟揚作䬗悠作𢡟敷作韹字俱從音匑
古所未見耳其朋生二字見格伯簋猶詩言友生也其兄字作
祉見分寧鐘此段三易韻士與喜叶揚與煌叶熙與期叶薛
氏釋熙為越猶未之深究也此亦荃溪方伯在長安所得不及
蘇敦之渟古而字畫間亦有重緑凝結當非近人所能仿造
者故竝傳之

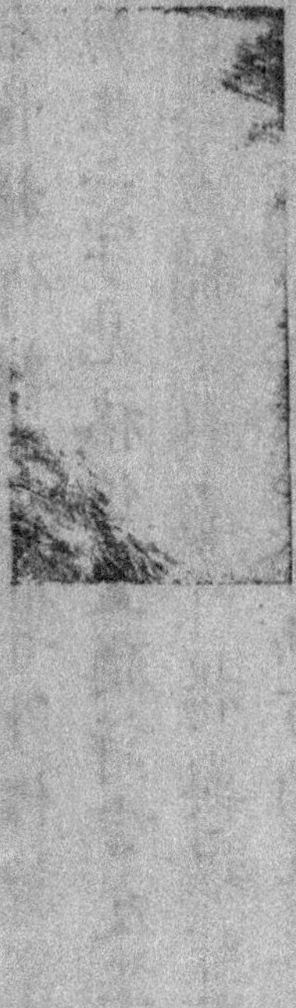

周楚公鐘

宋王復齋拓本欵識

册末又有北宋石國佐拓本題曰政和三年武昌太平湖所進

市。。孫子其永寶

。。。公。其萬年中壽

夜雨雷金鼓名曰。。八克

惟八月丁已楚公。自作

丁巳吴侃叔釋作甲己良是又公下字舊

欵墨釋作逆謂即狂字𪄠按楚蠻熊之

子曰熊麗孫曰熊狂𦤎字上似二角下似鹿足

或即是麗字之渻此商末周初之器文多奇古

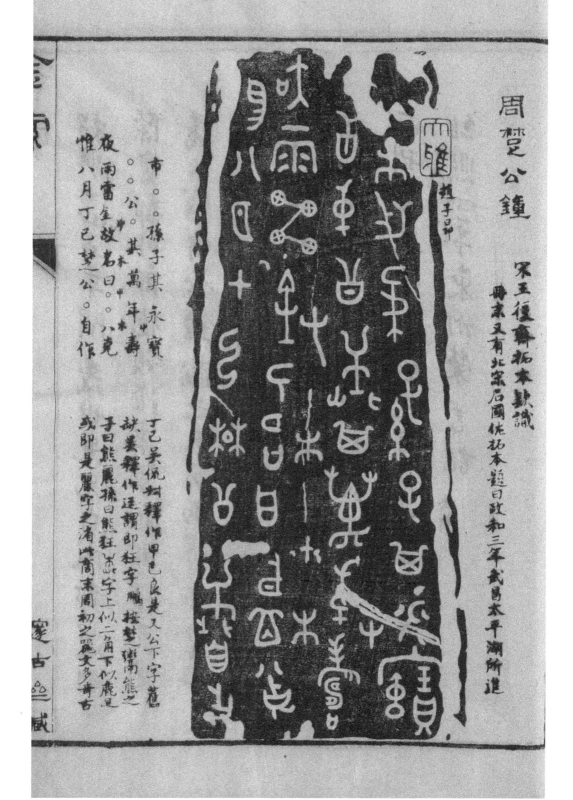

紹興十四五年間 茂世先兄自成都運判
除倉部外郎總領淮東軍餉邵澤民見
屬云我有雷鍾藏之久矣兩得秦會之
書見取慶不可留為我達之會之償以
三千緡鍾高二尺有畸紐上坐一騾兕蓋
雷神也五色相宣銘在鍾裏今諸處
所刊戚其雲仍對之可見後四十八年當
紹熙四年東州榮芑記 次新

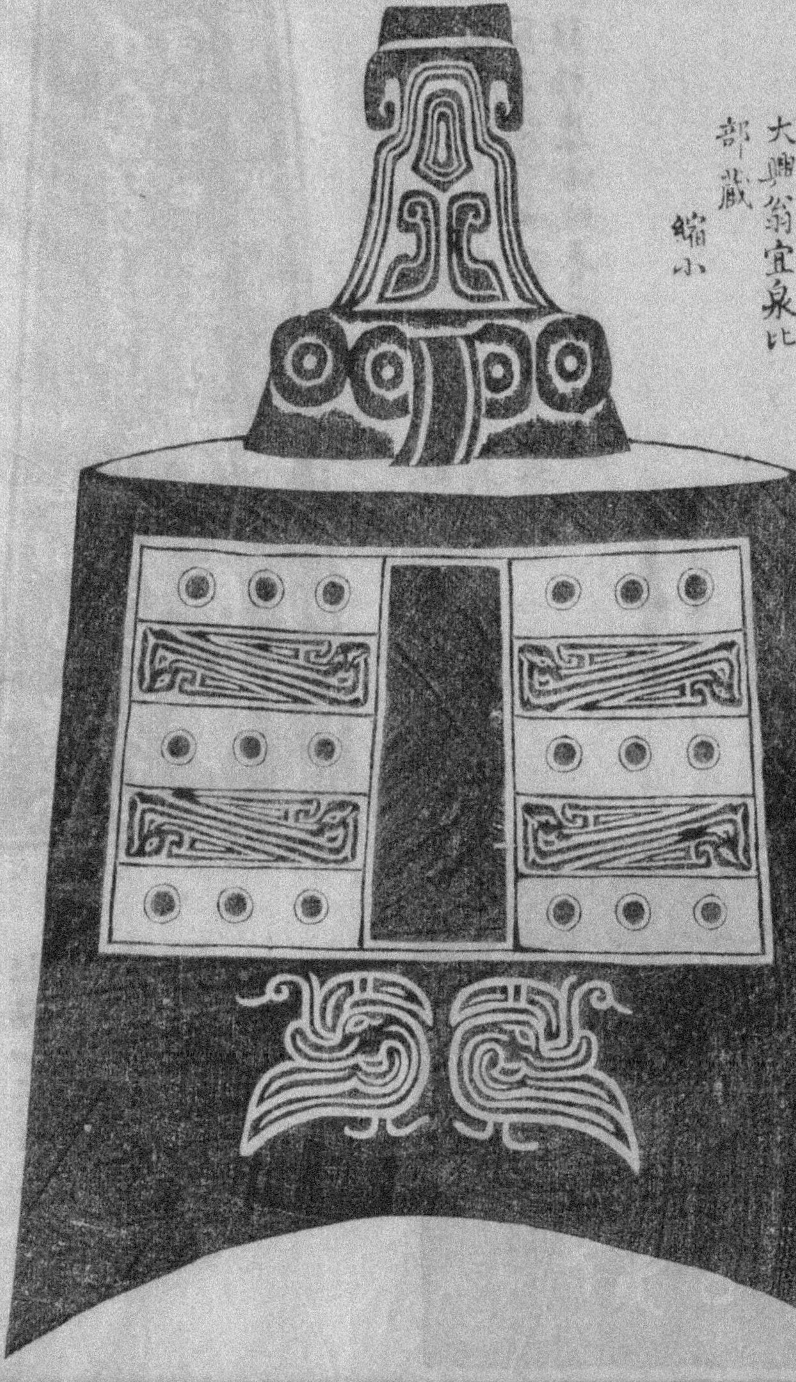

周寶林鐘

大興翁宜泉比部藏

縮小

銘

作朕皇考叔
氏寶荅鐘用喜侃皇考其
嚴在上豈、㚇、降余魯多福無
疆惟康右純魯用廣啟土

○身和于永
○○父其眉
○○萬年子、
孫永寶用享
于宗

鉦銘如其鉦之大

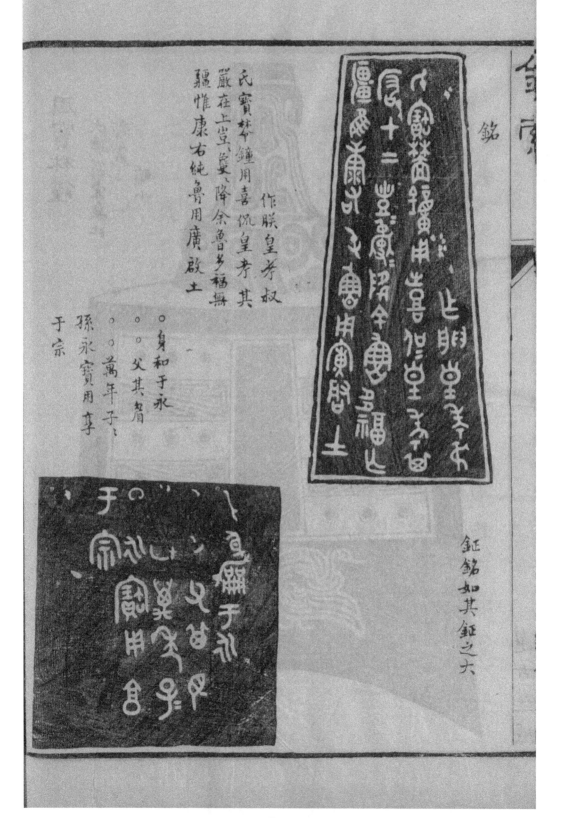

此翁宜泉比部藏器葉東卿善于鏃拓以全圖見寄自甬至銑高建初尺二尺一寸有奇銘在鉦間及其鼓左鉦第一行泐其半積古款識亦載是器以為叔丁鐘今以長白素孟詹方伯藏鐘證之方知丼字下乃氏字非丁字也棽鐘即林鐘侃樂也義同衎詩衎我烈祖是也嚴在上翼在下見虢丼鐘此作厰𣺋文耳𠭯字丑若反見司馬相如大人賦石鼓文亦有此字積古無釋為能字未確又福下𥚚上脫去亡字用廣啟土釋作用寅啓士亦未洽茲併將孟詹方伯鐘銘刻于次可以互參

鵬又棲林卣字或是林夷二字合文如靈和鐘作𨰻鍾之類考古圖載遲父鐘有棽卣字呂氏釋為林夷二字但云其聲甚下今不可考此鐘作棽卣與之相似當亦是林夷相合不得為棽字也史律書林鐘律長五寸七分夷鐘長六寸一分其間相距止四分其清濁亦不相懸疑二律皆可用此鐘也姑以俟考

又一器

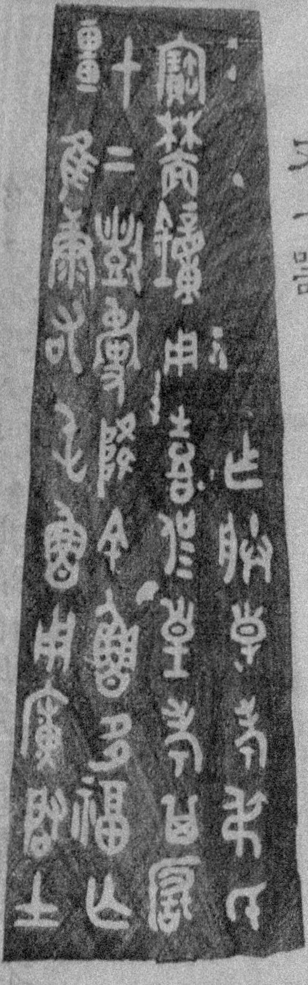

此素孟詹方伯訥所藏鐘余鏄香具以拓文貽贈者釋文同前

楚公鎛鐘銘

楚公□自作寶大
鎛鐘孫子其永寶

積古款識云公下一字是楚公名不可識大下一字蓋專字疑鎛之省文此与夜雨雷鍾篆文相類奇古雄深与它國迥別當在未稱王時也

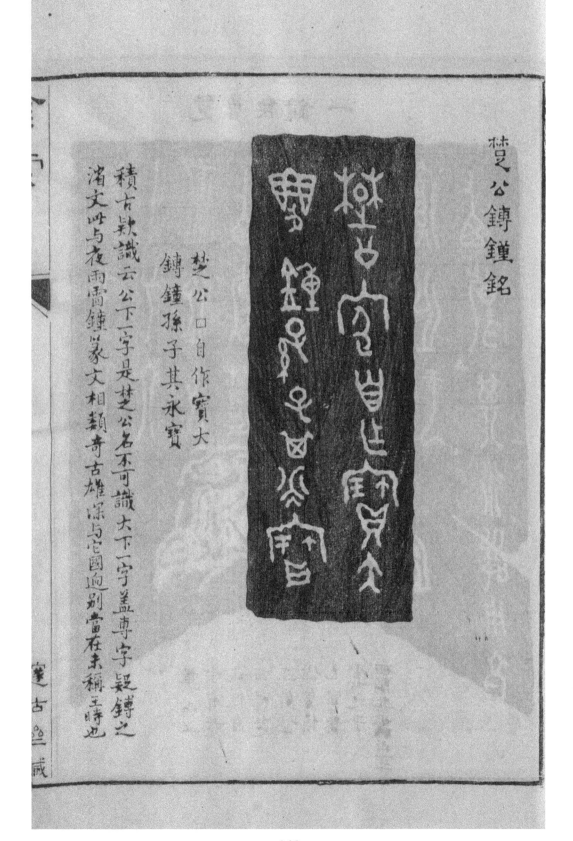

楚曾侯鐘一

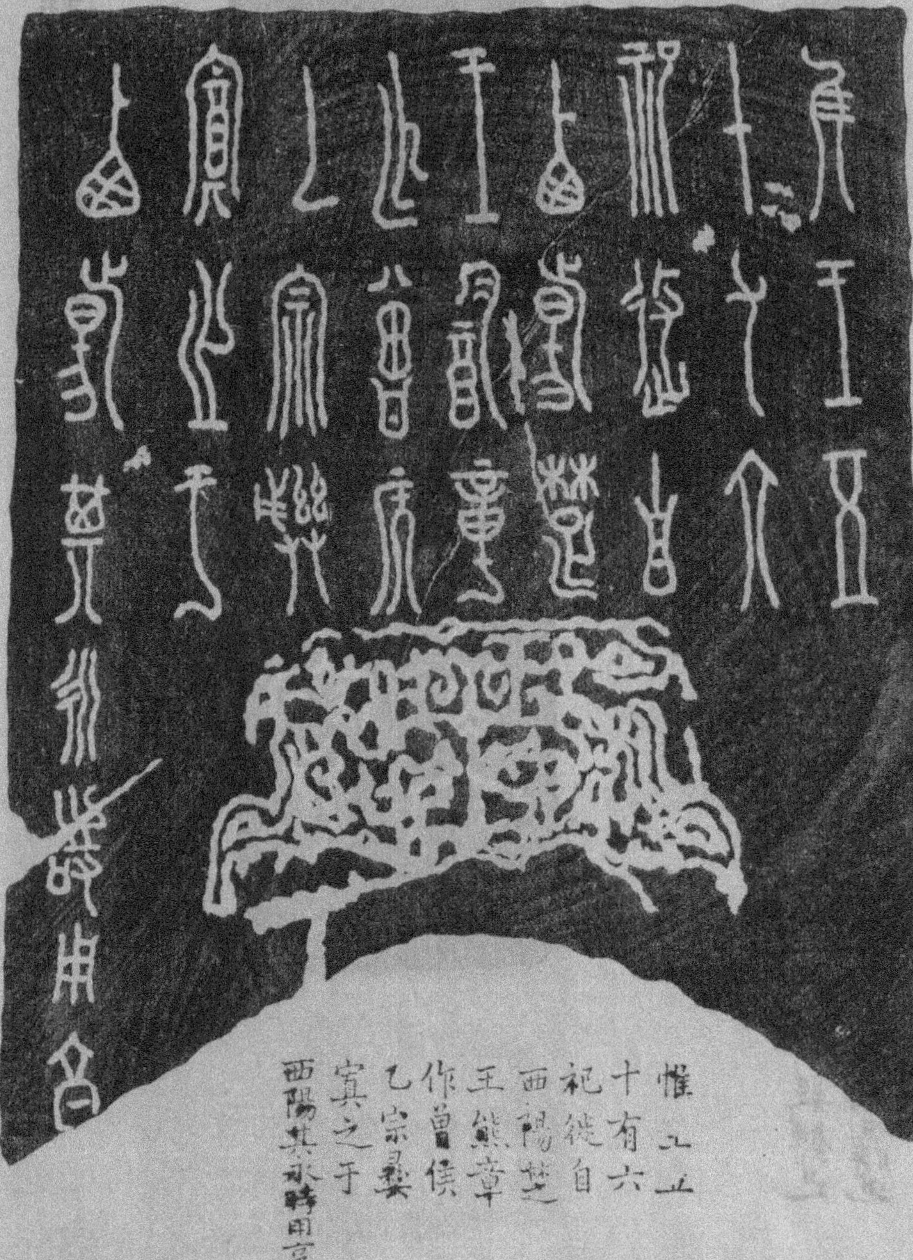

惟王五十有六祀徙自西陽楚王熊章作曾侯乙宗彝寘之于西陽其永時用享

背面

薛氏欵識云曾侯二鐘皆得之安陸前一鼎藏方城范氏古器物銘云唯王五十六祀楚王酓章楼之惟惠王在位五十七年此鐘為惠王作無疑前一鐘背有一穆字而商字後一鐘背有卜羿反宮反五字其義未曉恐宮商通二鐘所中之聲律耳

酓章錢獻之釋作熊章甚合

楚曾侯鐘二

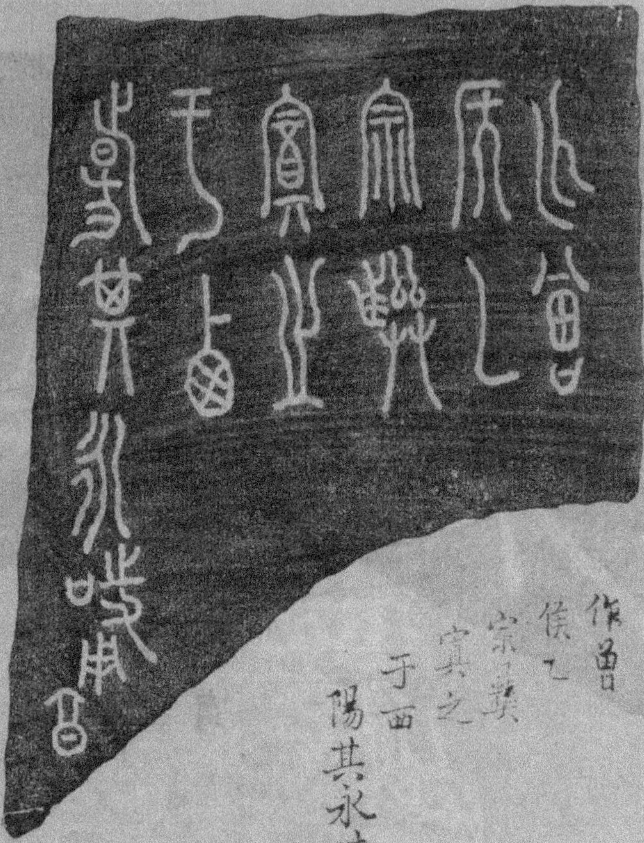

作曾侯乙宗彝寘之于西陽其永時用享

背面

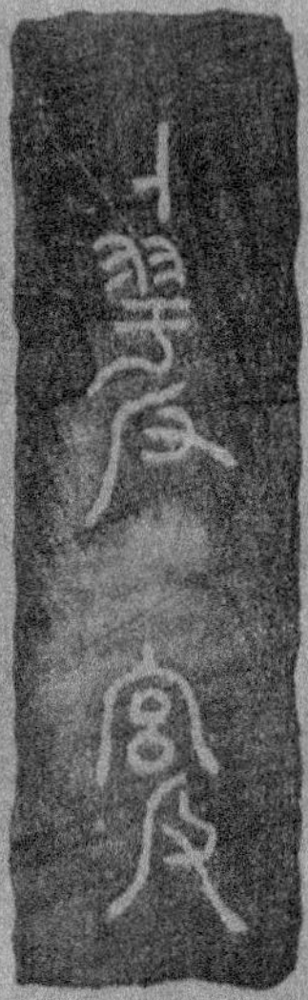

卜翆反　宮反

鵬按卜翆疑即半羽之意反復也

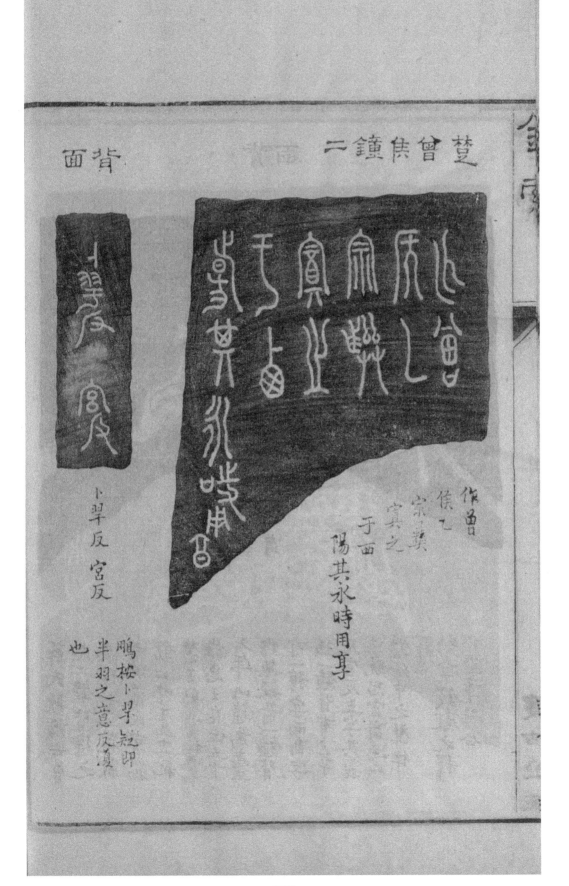

周五同
蔣伯生
明府藏
縮刻

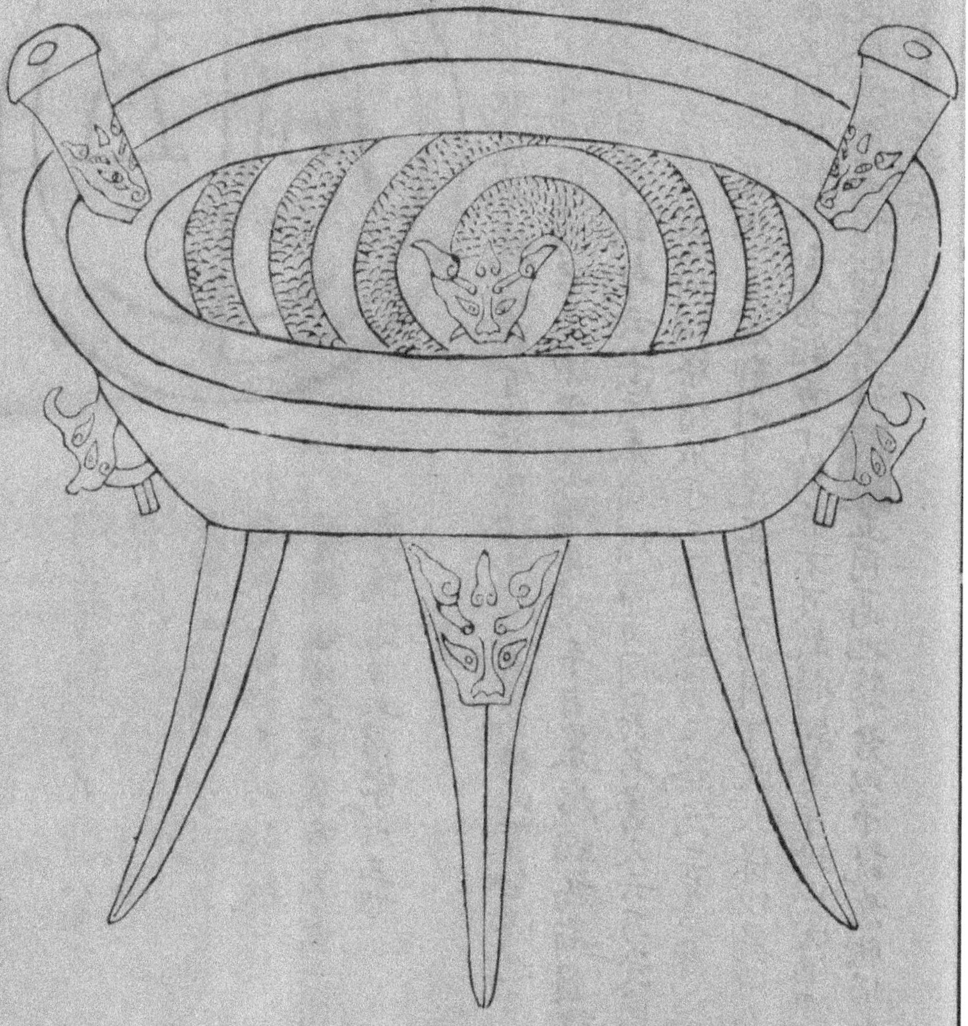

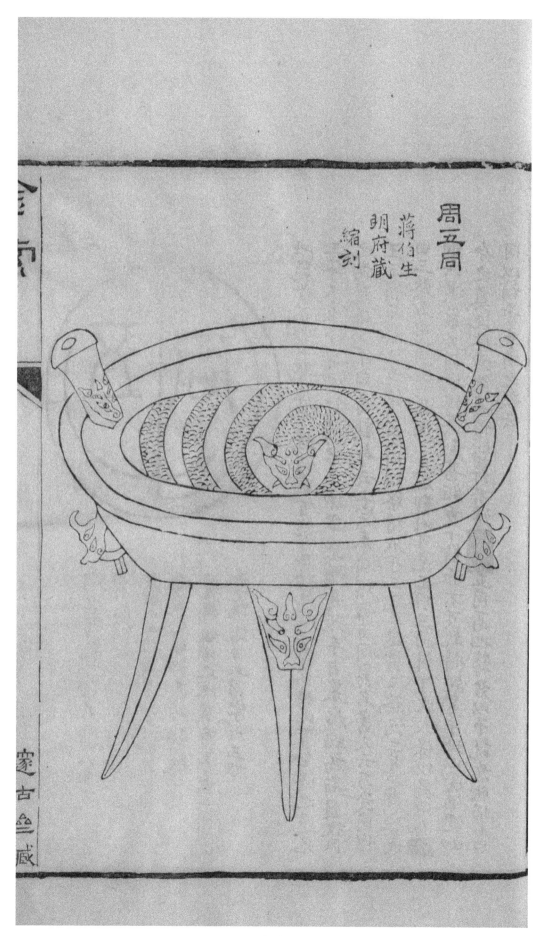

底文

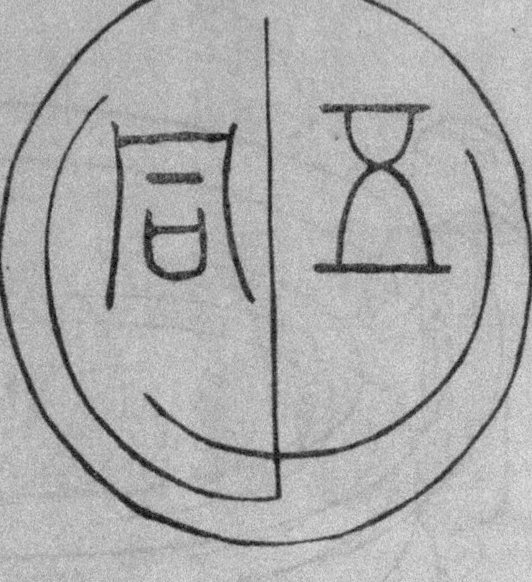

同口徑建初尺一尺九寸八分高四寸深三寸六分柱高二寸八分足高七寸通高一尺三寸六分柱及耳足皆作夔首飾腹中作夔龍蟠曲之狀底有篆文二字陽識曰五同字大三寸

此器舊藏黄縣庫中抵銀數百蔣君伯生攝黄篆時以百金得之道光三年冬至予冒雪訪蔣君于泲寧求觀是器手自摹拓縮為斯圖攷同之為器惟見于周書顧命云上宗奉同瑁傳曰同爵名書又云乃受同瑁王三宿三祭三咤傳曰受同以祭禮成于三王三進爵三祭酒三奠爵正義曰三祭各用一同非一器而三反也觀此可見王同三同併下文太保以異同而[redacted]則此其第五同歟但其制甚鉅重十餘斤不可執持疑置于地以受酒灑如今之奠池然者故其形似爵不得[redacted]五同禹也蔣君以予說為然仍名曰同以補考古圖之缺云

漢高廟鼎 從博古圖縮本

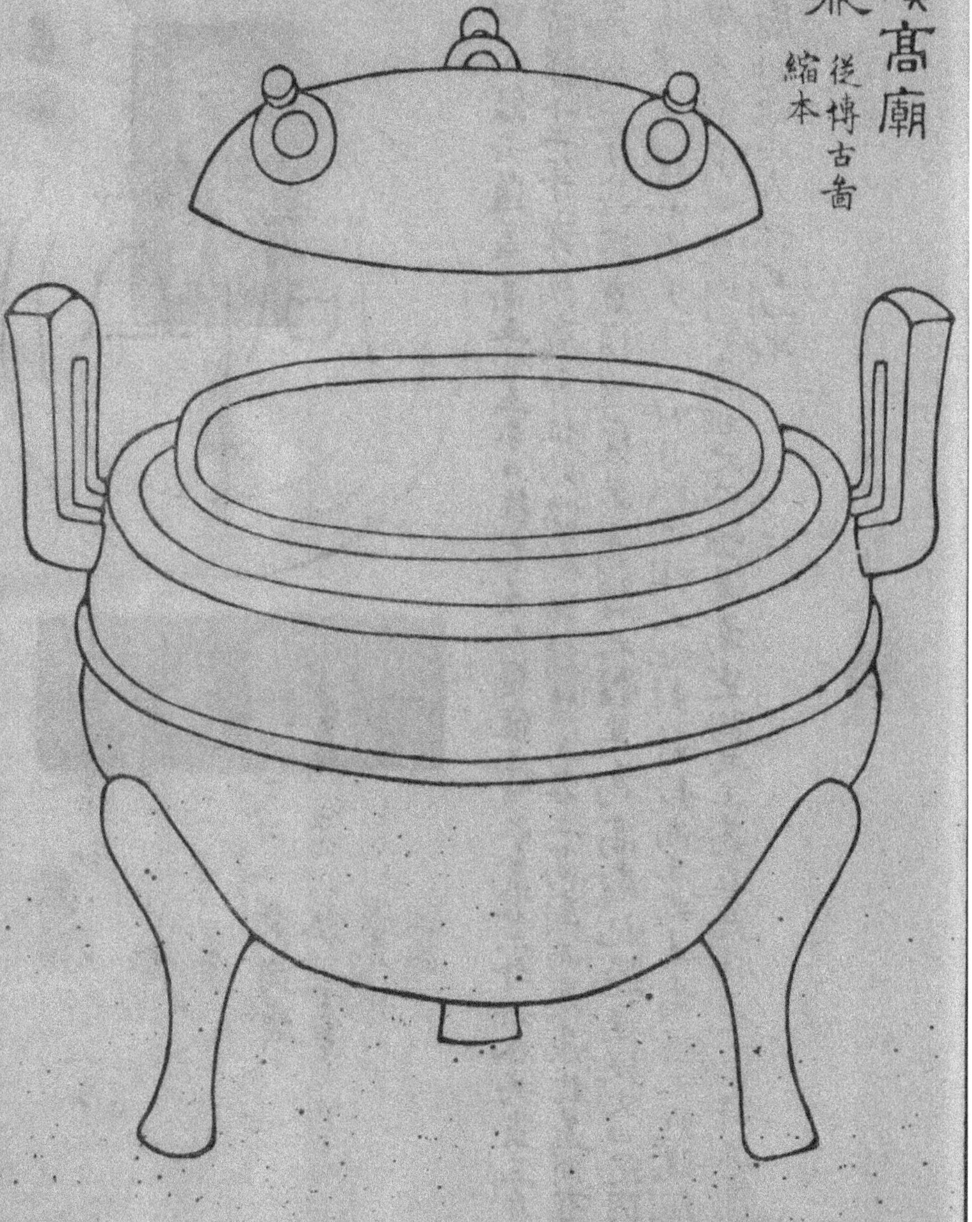

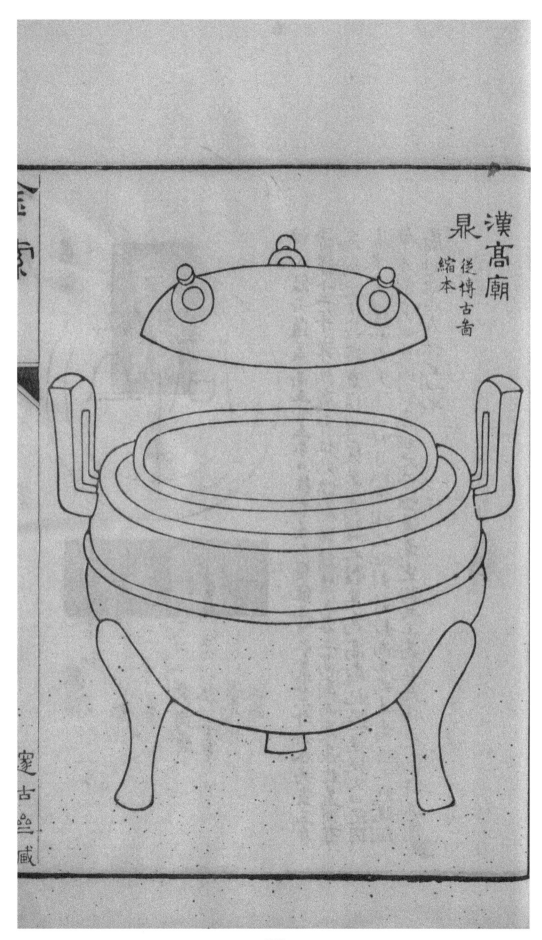

蓋銘

高廟

器銘

都
倉
定陶廟
容一斗并
重九斤
二兩

愽古錄云通蓋高五寸五分口徑四寸五分腹徑五寸六分容二升六合共重三斤孝漢十二年孝惠帝即位始詔郡國諸侯王各立高廟而是鼎於蓋間有高廟二字其字畫復有變篆為隸之體其為高廟祀器無疑又曰定陶廟者蓋漢初有天下旌功臣以定陶之地封彭越而王之是為梁王越既叛命乃削其地更以封高祖之子恢是為定陶共王其在惠帝之初許立高廟此鼎正在恢之世也

漢孝成廟鼎

鼎通蓋高八寸一分耳高二寸八分口徑六寸二分腹徑七寸二分容七升九合重共九斤質素無文從博古縮本

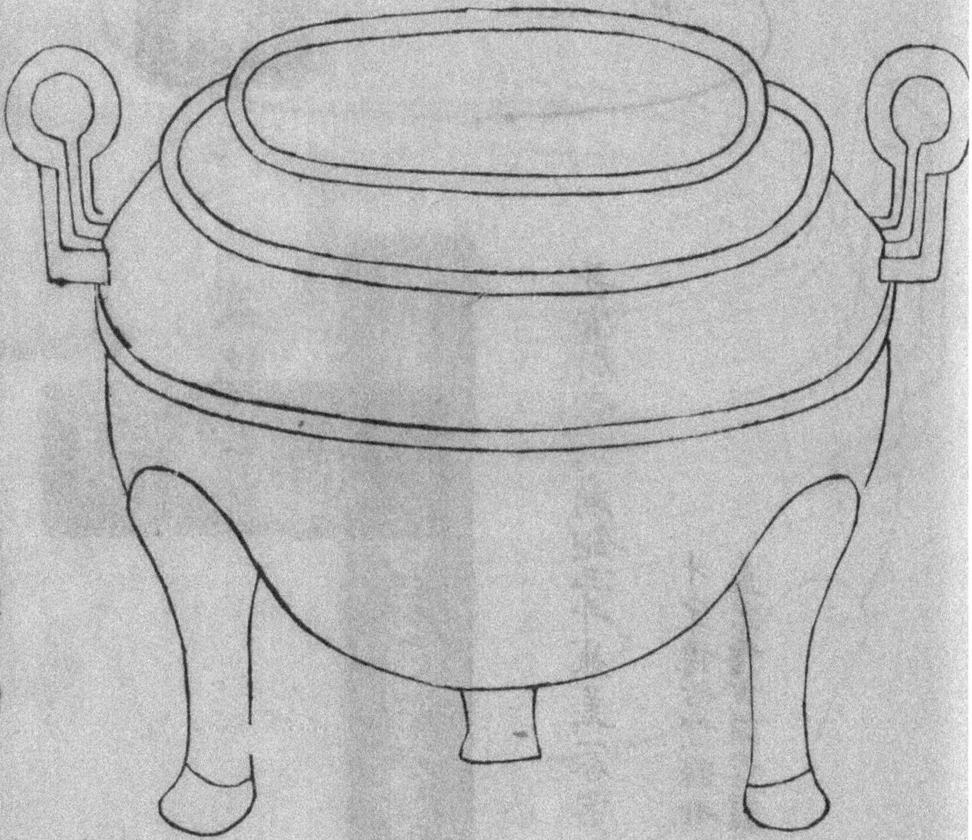

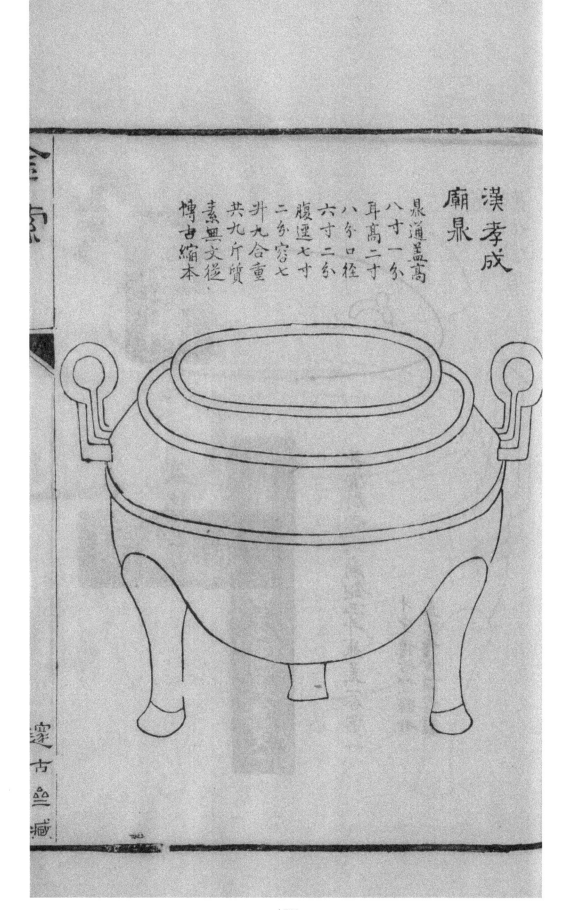

鼎盖

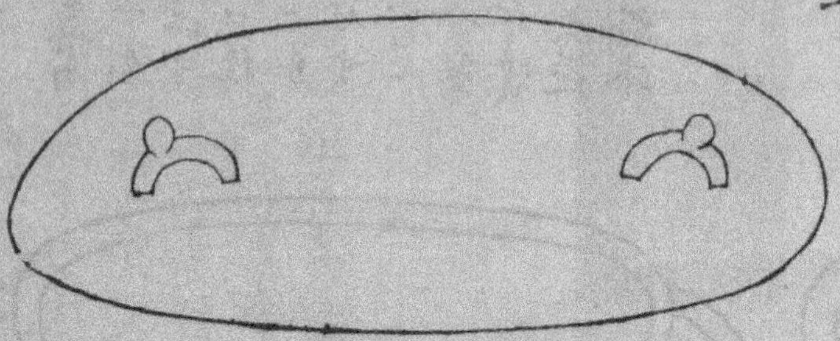

盖銘

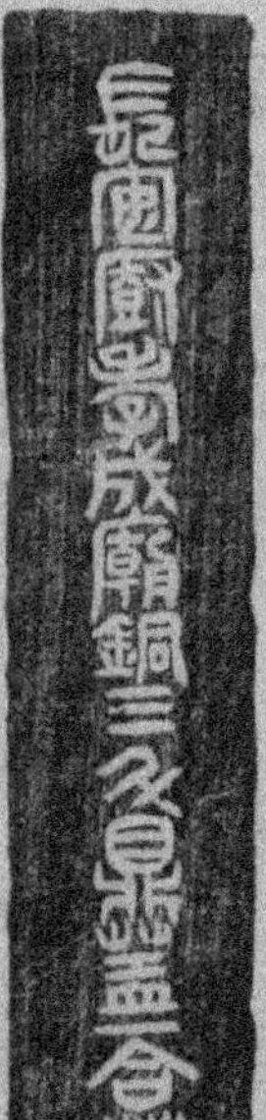

長安廚孝成廟銅三斗鼎盖一合第一

斗字博古誤釋卅
盖字博古誤作喆

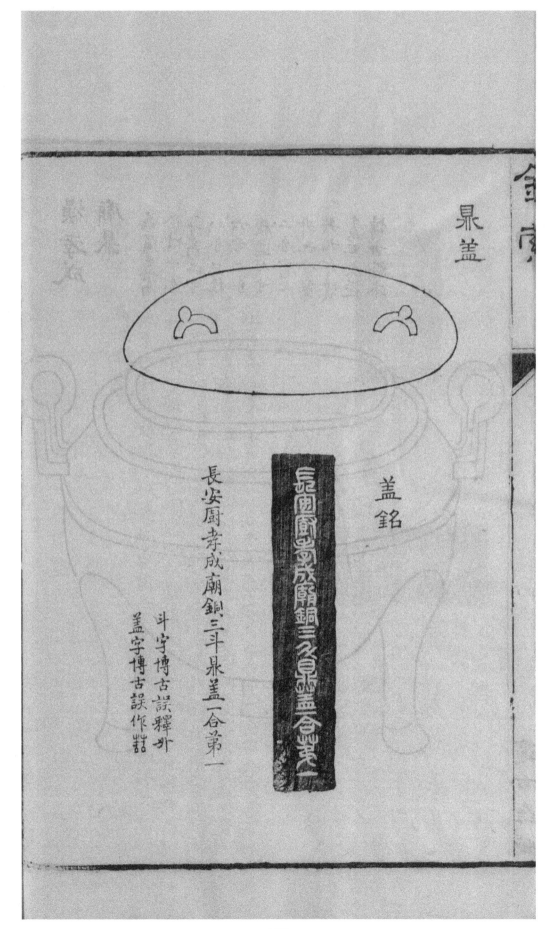

濼汾陰宮鼎
从博古畫

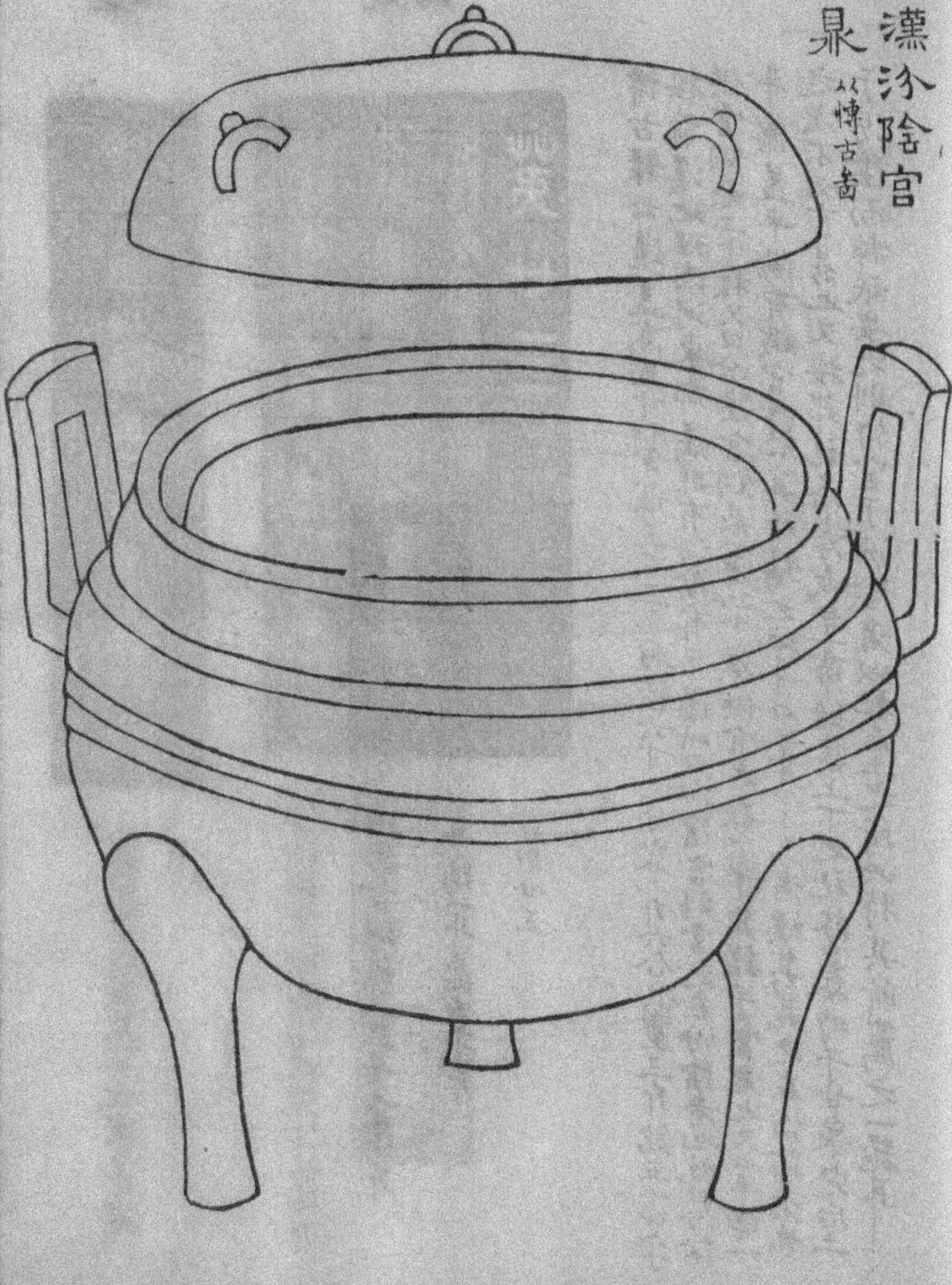

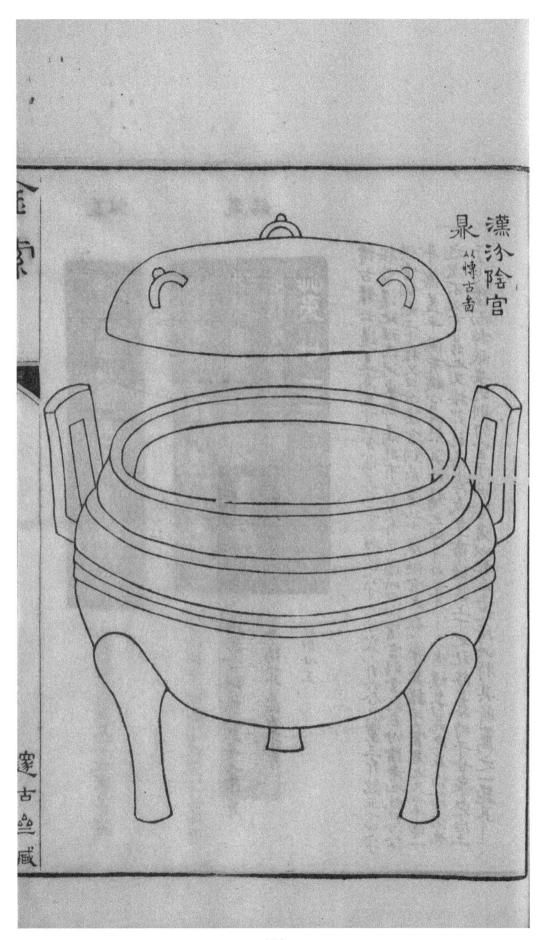

蓋銘

汾陰供官銅鼎蓋十枚重三斤八両

器銘

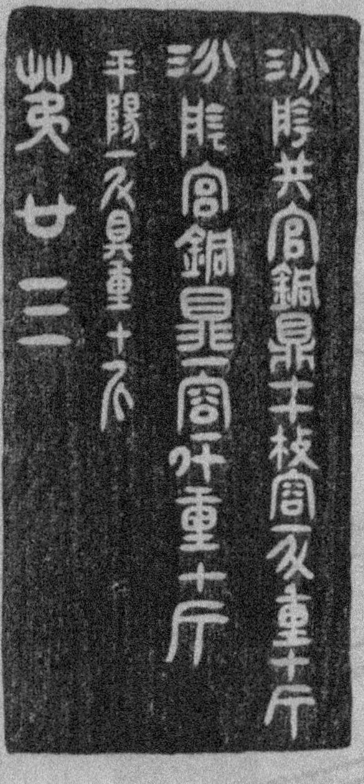

汾陰供官銅鼎十枚容一斗重十斤

汾陰宫銅鼎一容一斗重十斤

平陽一斗鼎重十斤

第廿三

愽古録云通盖髙五寸八分深三寸三分腹径六寸三分容二升六合共重三斤銘五十四字按前漢地理志河東郡屬縣有汾陰有平陽此曰汾陰宫則宫之在汾陰者也既曰汾陰供官銅鼎二十枚又曰汾陰宫銅鼎一者二十舉供官之數一舉其隸于宫者也又曰平陽一斗鼎盖平陽有鐵官此紀其所鑄之地耳曰第二十三者總其器之在汾陰者為之次不必言县也又按郊祀志孝武皇帝始建上下之祀営泰畤于甘泉定后土于汾陰而神祇安之則作宫于汾陰者以祀后土之所此特其所薦之一器耳

漢好時鼎

一 從博古圖稍減小

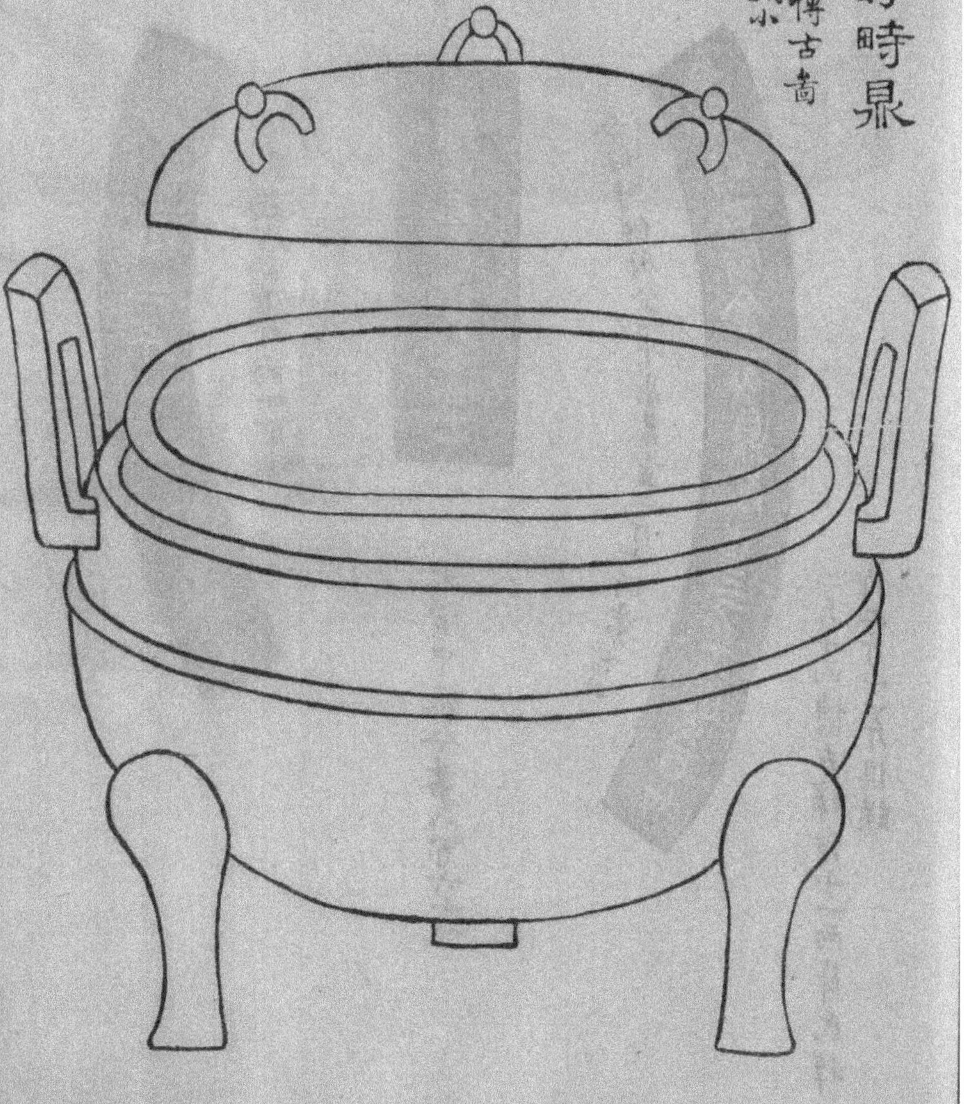

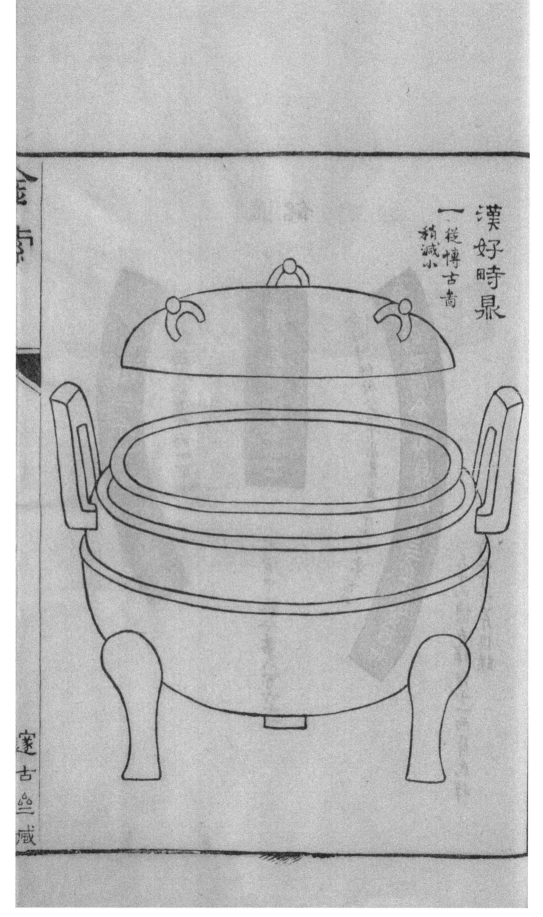

蓋銘

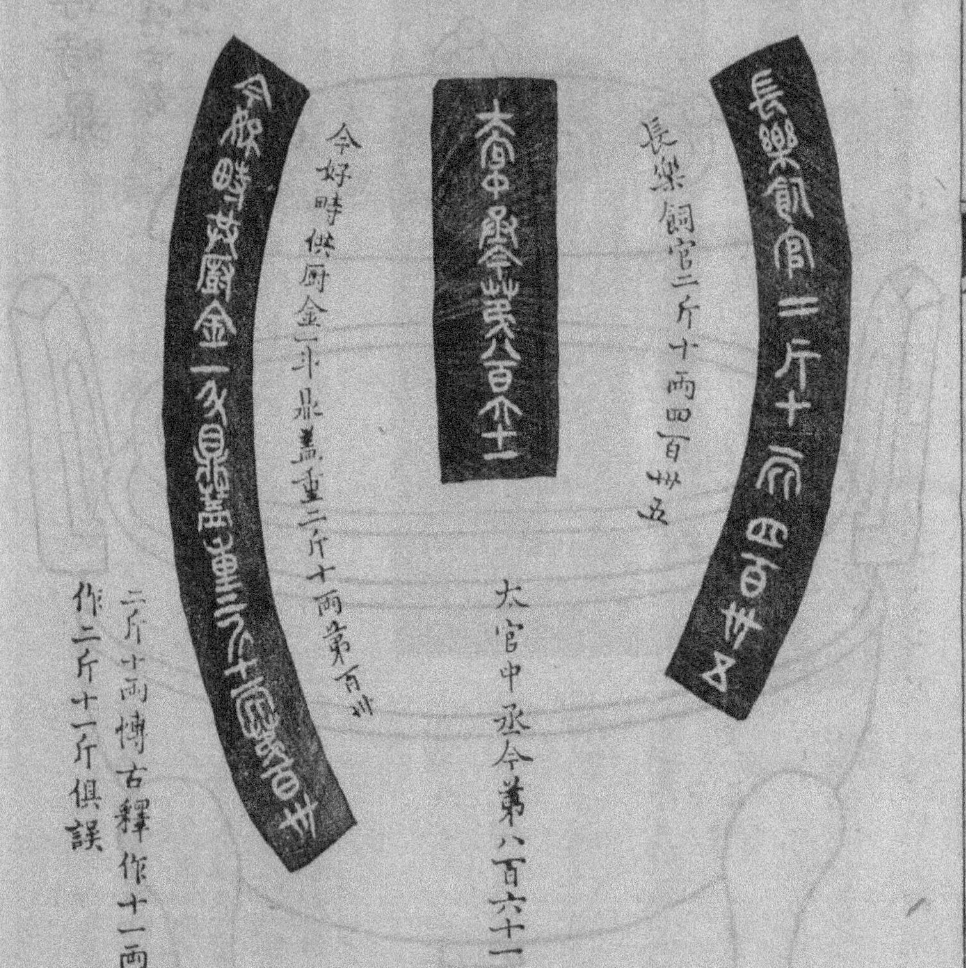

長樂銅官二斤十兩四百卅五

太官中丞令第八百六十一

今好時供廚金一斗鼎蓋重二斤十兩第百卅

二斤十兩博古釋作十一兩薛氏釋作二斤十一斤俱誤

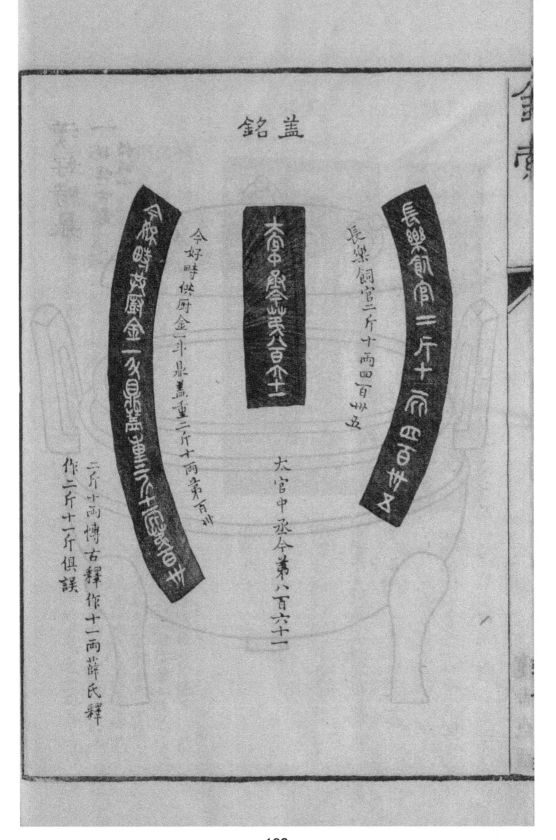

器銘

好時
共廚
銅鼎
容九
升重
九斤
一兩
山

愽古録云通蓋高五寸口徑四寸八分腹連五寸六分深三寸一分容二升六合共重四斤按時封土也冢而祀之昔秦襄以攻西戎始祠少昊作西時秦文夢黄蛇止于鄜為鄜時秦宣于渭南祠青帝曰密時秦靈于吳陽祠黄帝曰上時祠炎帝曰下時及始皇東游歴祀嶽瀆山川遂祠八神一曰天主二

曰地主三曰兵主四曰陰主五曰陽主六曰月主七曰日主八曰時主而地主之祠蓋在泰山之下梁父之地以天好陰祠之必於高山之下故又謂之好時漢祖有天下覩雍之四時曰吾聞天有五帝而四何也蓋是秦襄有白帝之時文有黃帝之時宣有青帝之時靈復有黃帝炎帝之時而獨無黑帝之時也又曰吾知之矣待吾而具五也乃祠黑帝于是後世咸有五時之祠至武帝幸五時獲白麟曰旌其年為元狩則好時起于秦而事于漢也是鼎乃好時共廚之器而形制則漢物又其銘曰長樂飼宮長樂者漢宮也昔樗里子葬渭南其治時語人曰吾墓後百歲當有天子之宮夾其左右後漢興而長樂宮乃在其墓東則長樂飼官乃漢官名豈官以祠神于古實不廢也

好時鼎二

從考古圖摹本

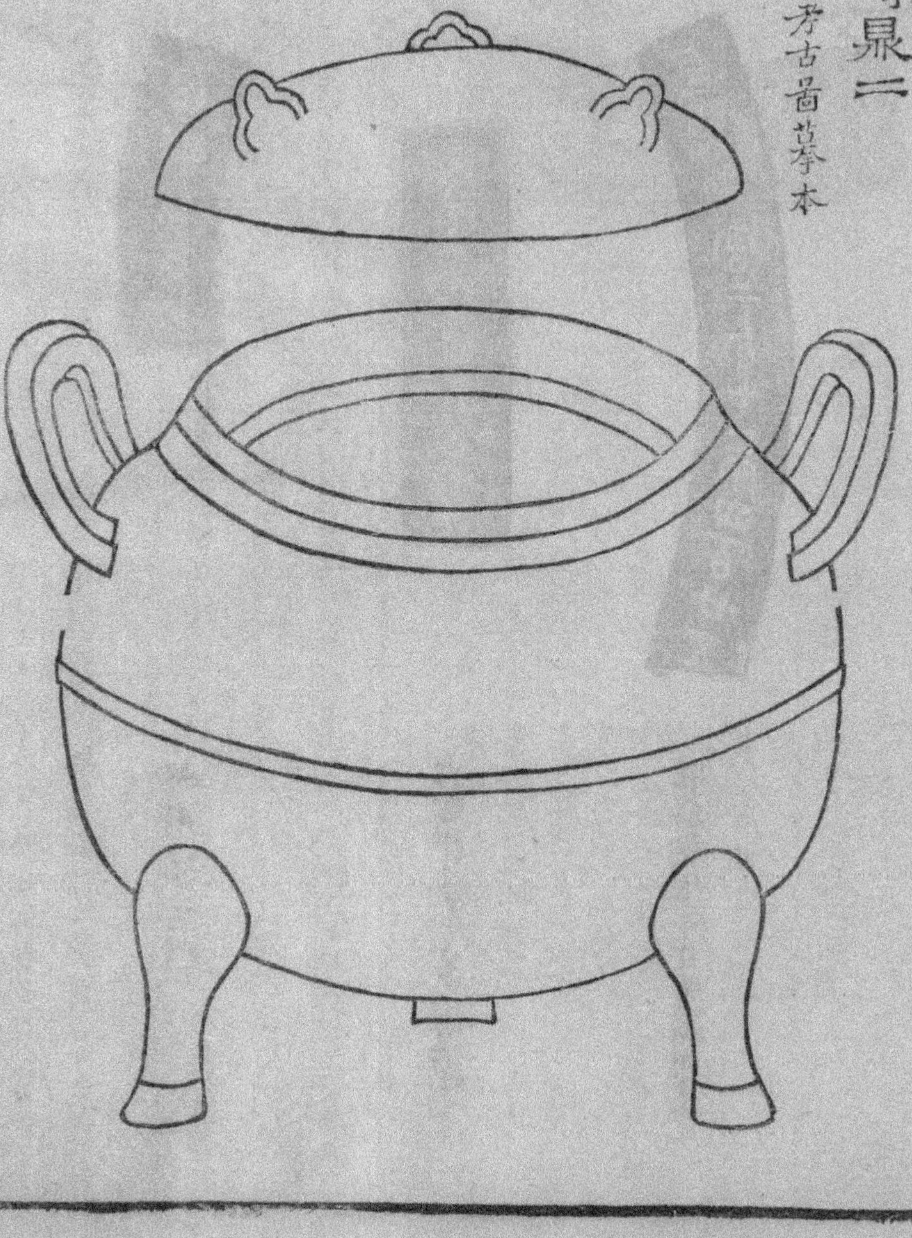

蓋銘

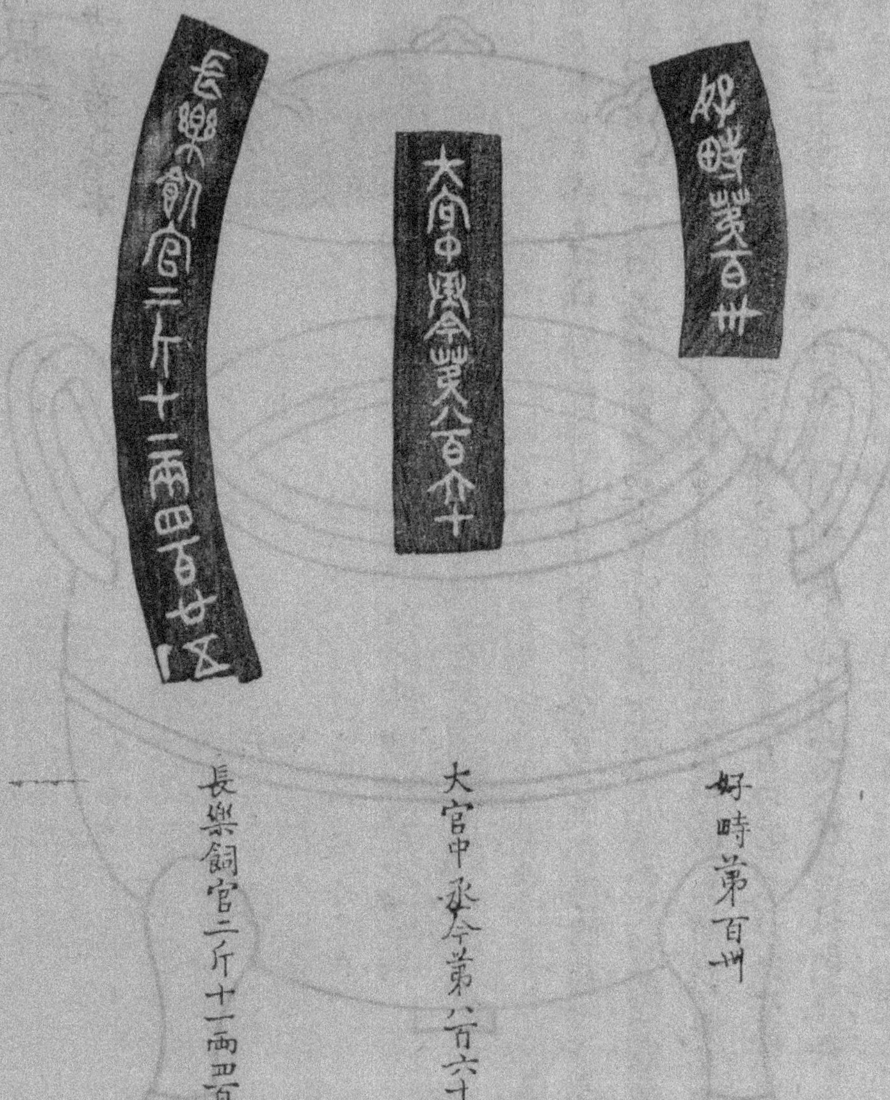

好時第百卅

大官中丞令第八百六十

長樂飼官二斤十一兩四百廿九

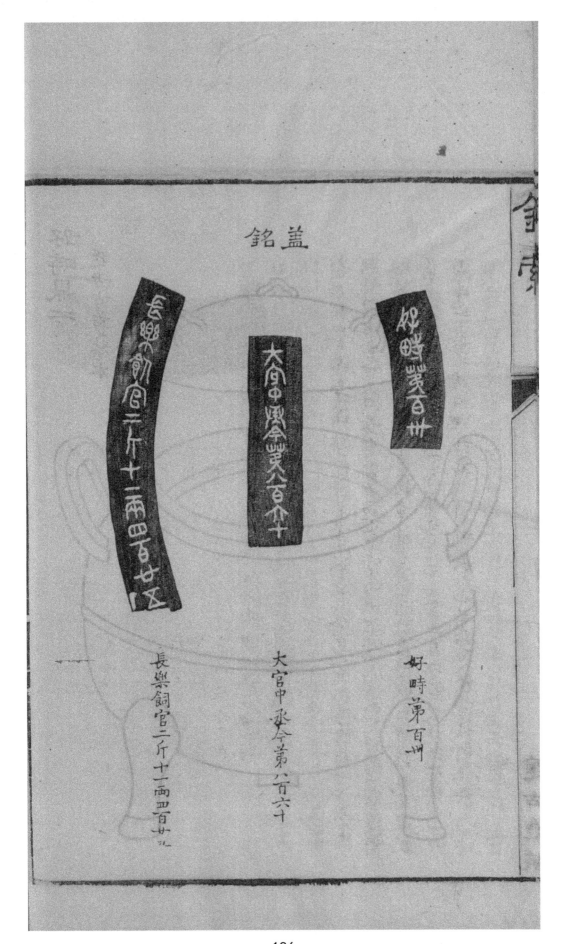

器銘

好時
供廚
銅鼎
容九
升重
九斤
一兩

山

此鼎藏廬江李氏与博古所載自是二器故蓋銘不同此器銘則無異惟彼作容九升此作九斗然大小相若不應升斗懸殊若是恐呂氏之訛鵬仍從前鼎改作九升

考古圖云右高五寸深三寸徑五寸有半容三升一合重三斤六兩文曰好時共廚鼎又曰好時第百卅又曰長樂飼官四百卅五又曰太官第八百六十好時在雍東秦以東郊祀上帝長樂未央建章皆在長安太官從帝行幸移用其器次第不一皆刻以記之此器刻云重九斤一兩今重三斤六兩蓋今六兩當漢之一斤与車宮鼎之法同 鵬按銘非一時刻其加今第八百六十者後所記也

好時鼎三

器銘

好時
共廚
銅鼎
第十
八斤
一兩

銘十二字在器腹近口處此從桂氏所藏真拓本摹入其形制未詳想與前二鼎不相遠也

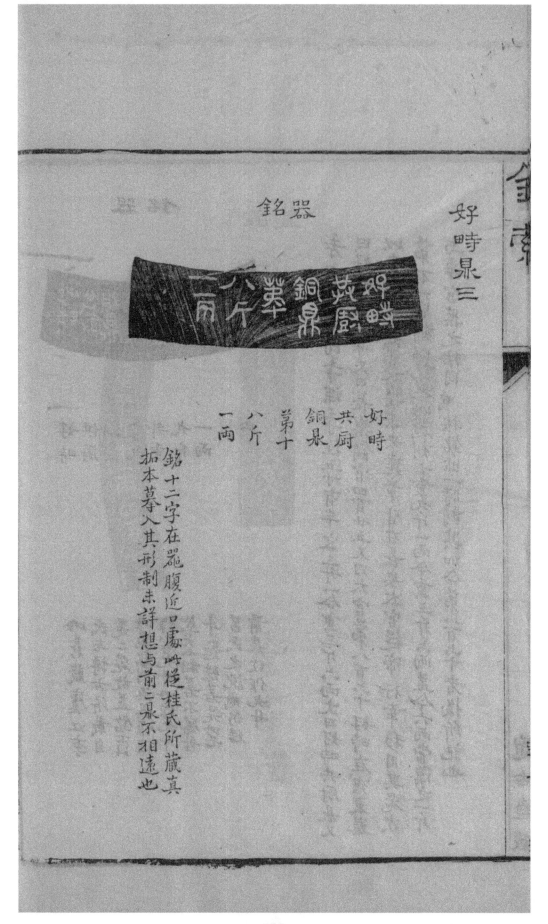

漢陶陵鼎銘 在焦山

蓋銘

隃麋陶陵共廚銅斗鼎蓋重十一斤

積古款識云此定陶恭王陵廟之鼎也隃麋汧二縣屬右扶風蓋二邑合供器哀帝二年封定陶共王為共皇帝此鼎元所得于嘉慶七年秋送焦山配周鼎

器銘

隃麋陶陵共厨銅鼎一合容一斗并[illegible]重十斤

鵬于嘉慶十九年秋登焦山寺欲拓此鼎而未之暇心常憶之茲值京江張潤浦明府變來攜曲阜篆予言及此潤浦好古士也即屬書寺僧拓寄此紙始知鼎銘二行本一行直下刻于鼎之近口處字係鑿文其小字橫貫于大字中間甚有異致

漢百乳鼎盖

尚依原様

此盖頂作三環飾以百乳間以靁文盖内滿綠如翡翠購于任城得之殆漢物也惜其器不存姑尚此盖誌之

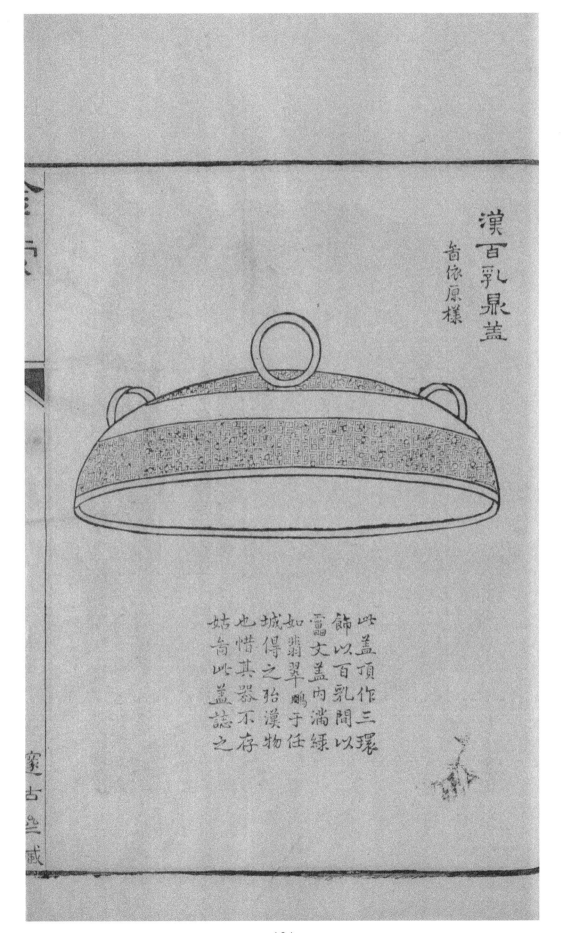

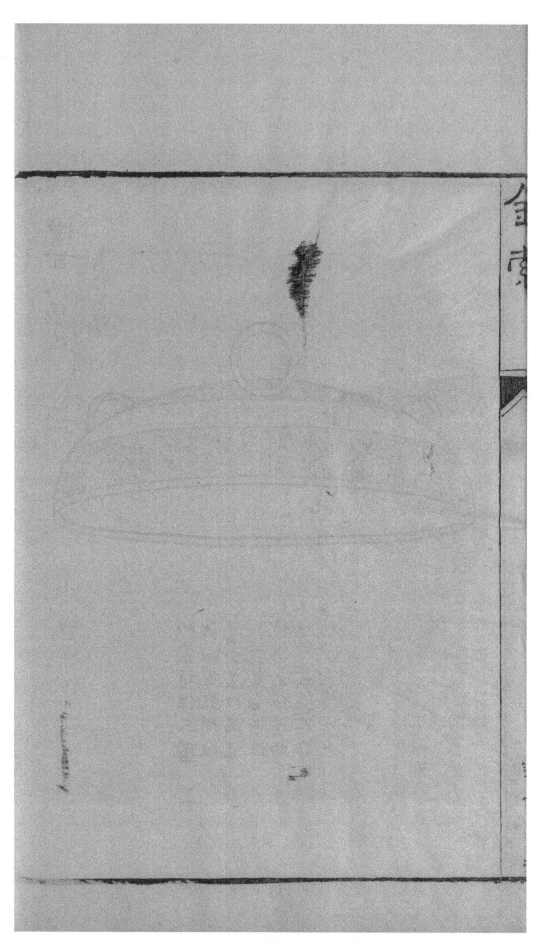

宋牛鼎銘

惟甲午
八月丙
寅帝若
稽古肇
作宗罷
審眂象
作牛鼎
格于太
室迨用
享億寧
神休惟
帝時寶
萬世其
永賴

舊本宗誤釋宗眂
誤釋厥迨誤釋從

邃古齋藏

在京畿豐潤縣文廟據汪師韓韓門學綴引曹鼎辨文云鼎重五十斤高一尺二寸五分径尺有六寸耳高三寸三足具牛首形銘四十一字在鼎内凹字孝元初陳世崇隨隱漫錄載紹興初有獻鼎于行都上賜白金三千兩賜杭州吴山三茅觀鼎高一尺三寸兩耳旁出三足皆具牛首形鼎外周環紋如篆籀内篆銘曰維甲午八月丙寅帝若稽古肇宗鼎審厥象作牛鼎格于太室迓用享億萬寧神休維帝時寶萬世其永賴乃五代宋孝武帝孝建元年八月二日肇作以享太室者鼎銘与此銘稍有增减亦共四十一字但武帝時未立明堂未有太室且孝建時亦無甲午惟北宋得三甲午此盖徽宗之政和四年其丙寅則八月之二十三四日也其時詔求天下古器更制尊爵鼎彝之屬明堂之建雖降詔于政和五年而鼎或先鑄于四年是則紹興所獻亦北宋而非五代之宋矣 鵬按此辨甚明惟銘中宋字或釋作宗其審眡之眡目旁氏本無難識乃俱釋作厥字迓字从乇下是亦無難識乃俱釋作從不知肇作宋器迓用享億猶詩言肇禋迓用有成也若作從用何解沿誤相傳萃編亦因之今正其失

元大德簋

銘

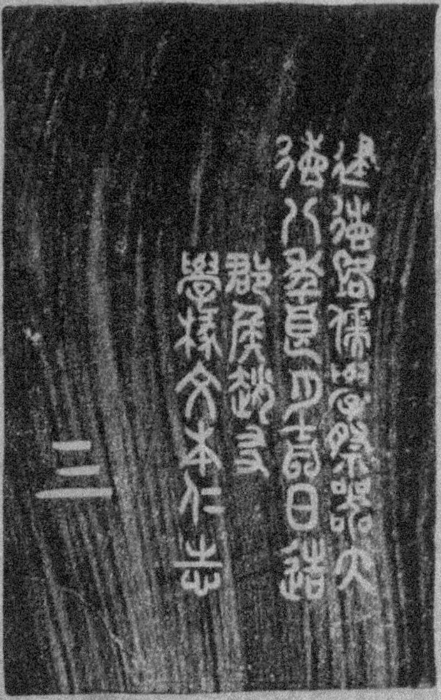

建德路儒學祭器大
德八年良月吉日造
郡庠趙友
學掾文本仁志
三

此簋于濟寧市上見之高漢尺三寸八分口徑長八寸九分廣七寸六分銘共二十七字建德路在唐為睦州宋為建德軍元至元十四年改建德路其領縣則建德淳安遂安桐廬分水壽昌也末有三字蓋記所造簋之數簋盛黍稷其緣邊以蟬為飾取其居高而飲清也

元天歷薑

藏南通州周左池家

惟天歷庚午二月
龍興路醫學
教授劉則行

天歷庚午元文宗圖帖睦爾之三年也龍興路在江西元至元二十年改隆興府為龍興路領六縣二州則南昌新建進賢奉新靖安武寧富州寧州也醫學教授唐已有之謂之藥醫博士正八品掌以醫術教授諸生元百官志有醫學提舉司掌考較諸路醫生課義則醫亦綦重矣

簠圖
縮刻

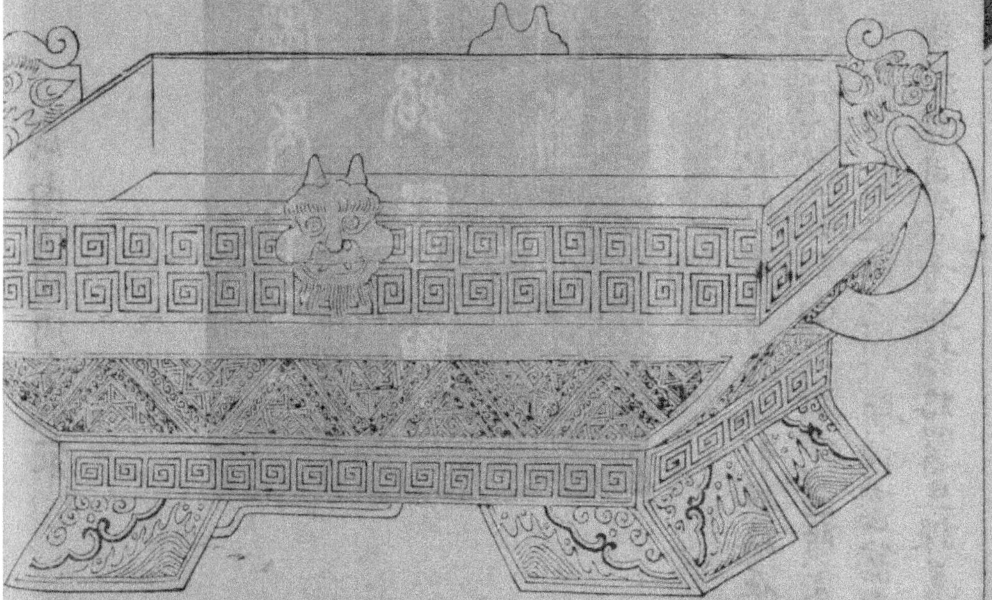

此簠失其蓋惟罷存焉以建初尺量之自獸首至足通高五寸連兩耳長一尺三寸八分濶九寸二分深二寸八分重今秤五斤二兩此鵬幼年習見于愛蓮書屋者今內弟優貢生周子左池瑤猶傳守之銘文作惟大歷然唐代宗之大歷十四年內不逢庚午且無龍興路當是元之天歷無疑爲補其上畫焉夫醫學教授徵貞耳而能以簠傳且形式有合于周制則其人必有不可沒者 鵬羈栖山左而故鄉藏物轉不得見迺廣書其家借出此簠摹刻之以列于鐘鼎之末

道光元年四月朔日鏤
板于嵫陽署齋怡時日月合
璧五星聯珠記之

金索二

戈戟　量度

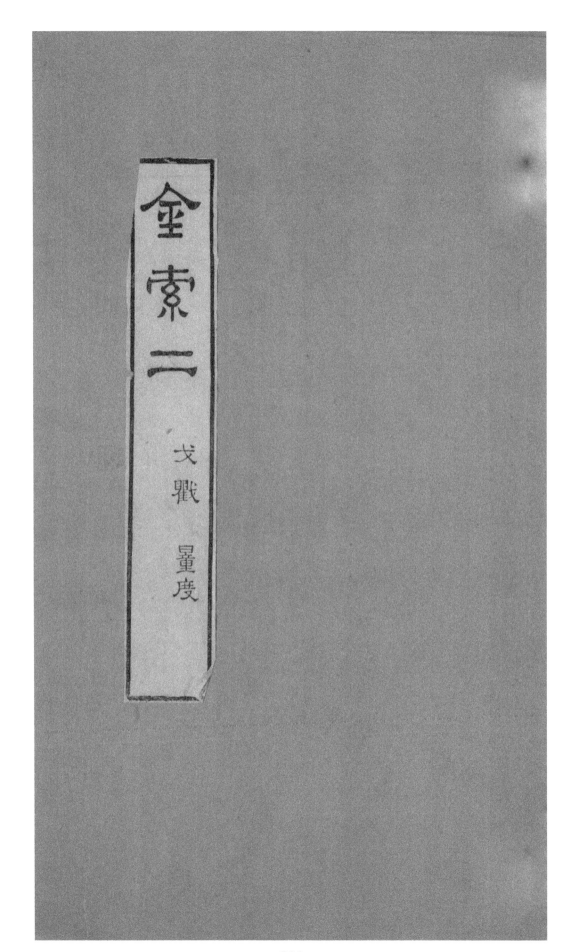

金索二

紫琅馮雲鵬晏海氏
雲鵷集軒氏 同輯

戈瞿之屬

周禮句兵刺兵形制不傳肰稱戈立釾武備所重惟古人以銅爲之不佀後人用鐵蓋耀武之中猶寓不嗜殺人之意爲茲取其有欵識者畬而錄之藉以想見古制所謂折戟沈沙銕未銷自將磨洗認前朝也凡一弩一鏃皆得例載从戈瞿之屬

金索 邃古齋藏

商癸鑺

癸

一面　亞文中　虎形

一面　亞文中　子執旗形　足跡形　蛇形

鑺者三鋒矛詳下注款有亞文自兩
商罍癸其名也虎形取其威也旗形
取結隊也蛇形取利刺也款識亦有此
罍其字左右不同茲从吉金圖摹之

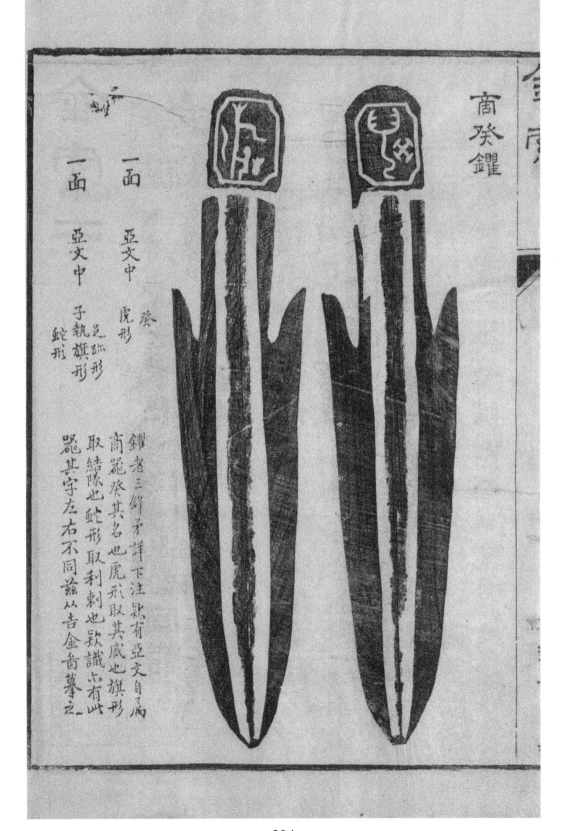

商象形馬戈戟

阮芸臺制軍藏

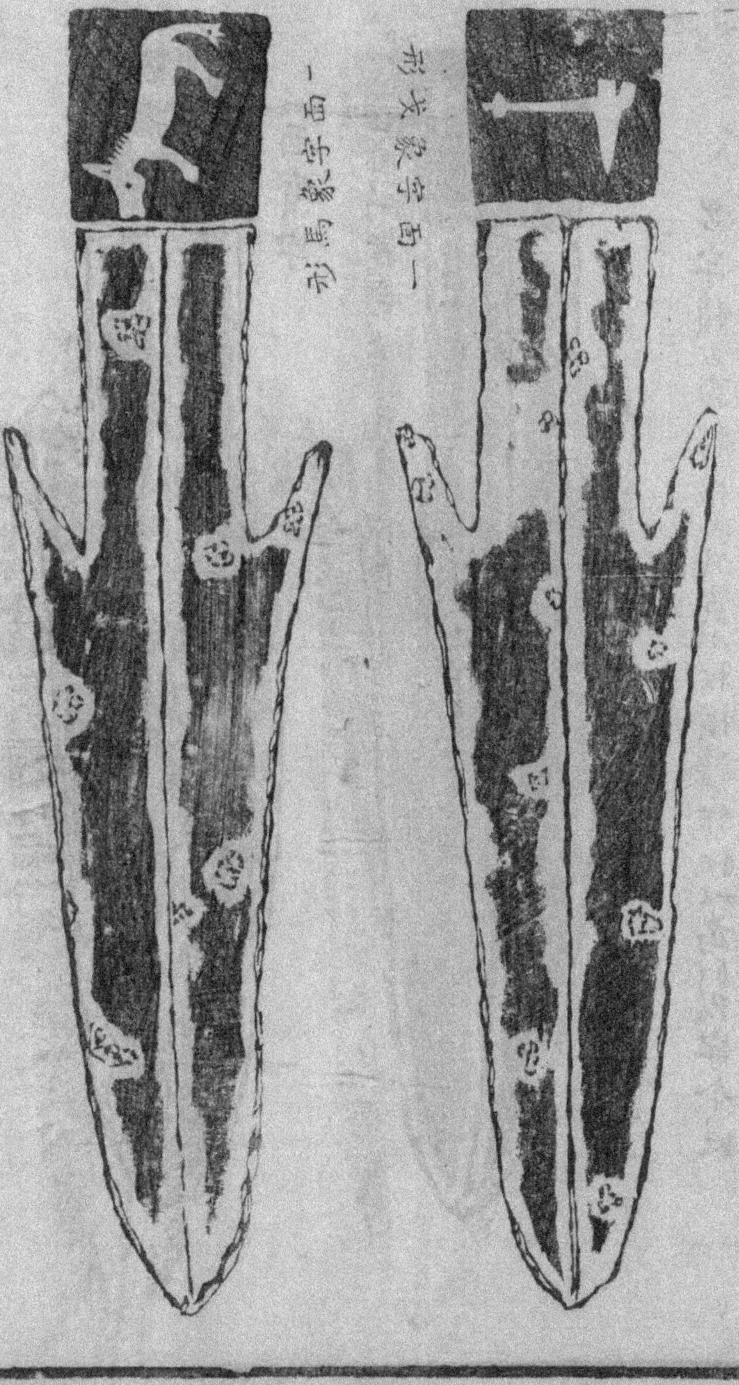

形戈象字而一

一曲字象自作

積古齋作馬文句兵云面銘馬形項有鬣尾有三歧背銘即此器形安柲如立戈象此器如戈橫援之本不爲内而爲銎上下相穿以安柲銘在銎長出處

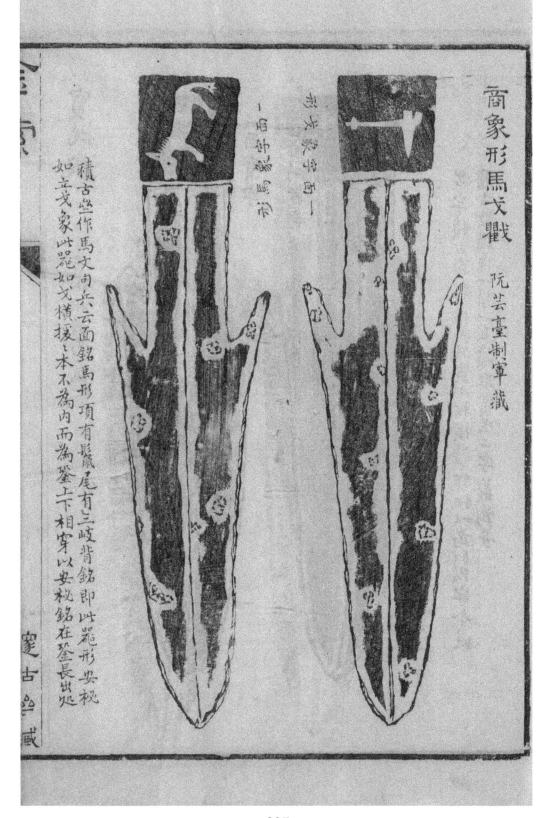

寶戈戳

黄小松司馬藏

一面寶字

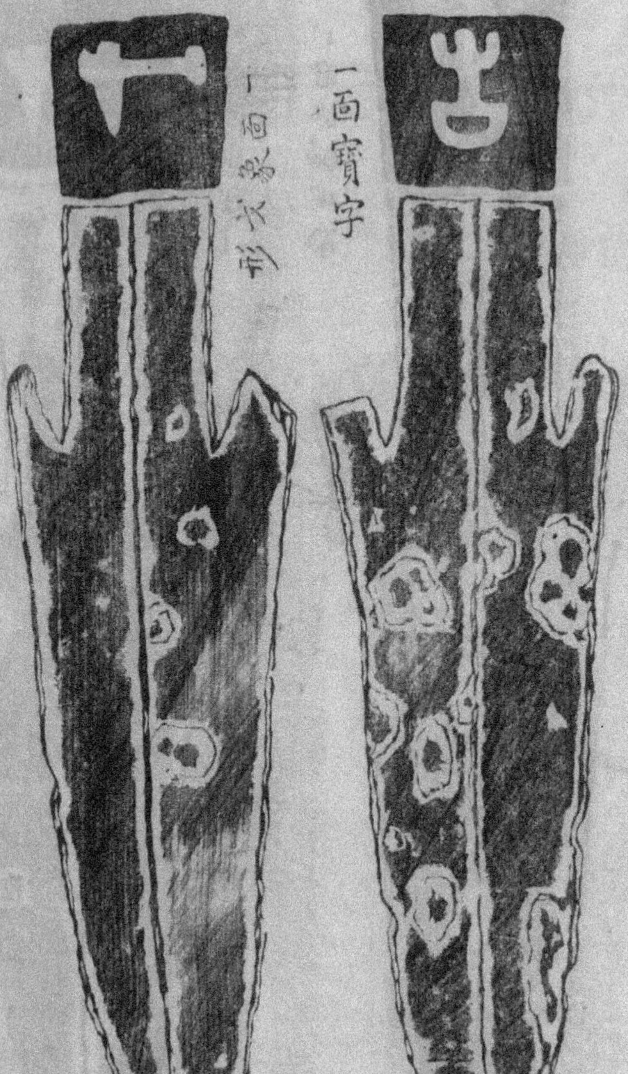

古字積古齋釋作寶黄小松横讀作卄以為似戊字今從

積古款識作一横一直讀取寶戈二字義為長

周單癸鑺

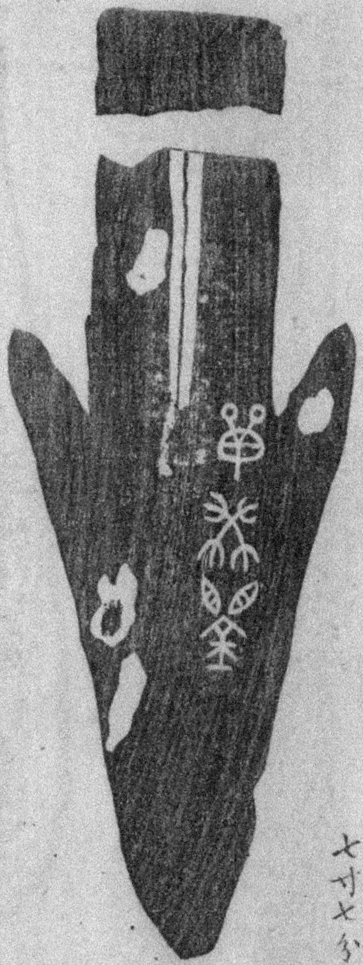

單癸瞿

說文鑺兵器也廣韻戟屬或作戵茲从瞿古法渻文器長建初尺七寸七分强

嶋按瞿即戵也書顧命篇一人冕執戵即此之謂薛氏款識等書無道及者茲據桂未谷拓本摹入寔屬周器考款識及博古圖載單癸卣云單冏作父癸卣毀即此人且篆法亦相類薛氏云癸於單族是其宗也今錄此鑺可補金石諸書之缺

鶴按周書鄭康成注云瞿蓋今三鋒矛觀此可知其狀矣

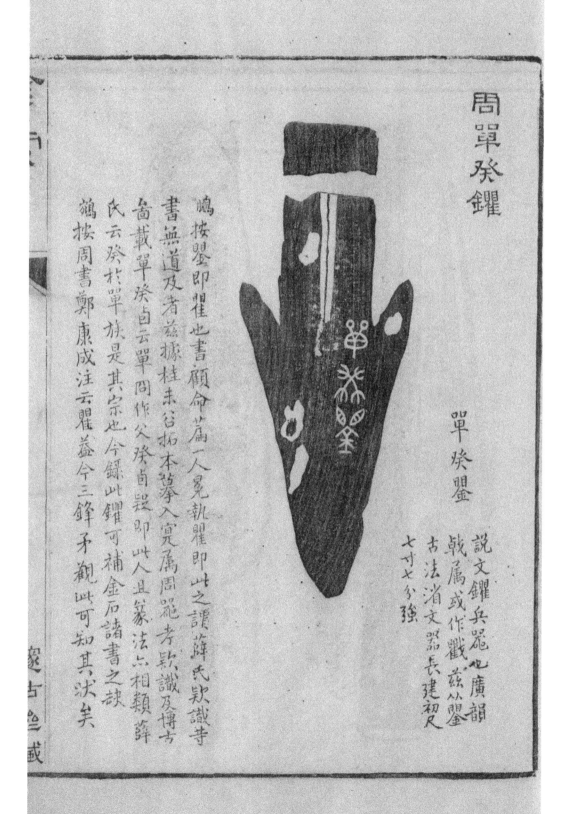

古戵

依原樣無銘字

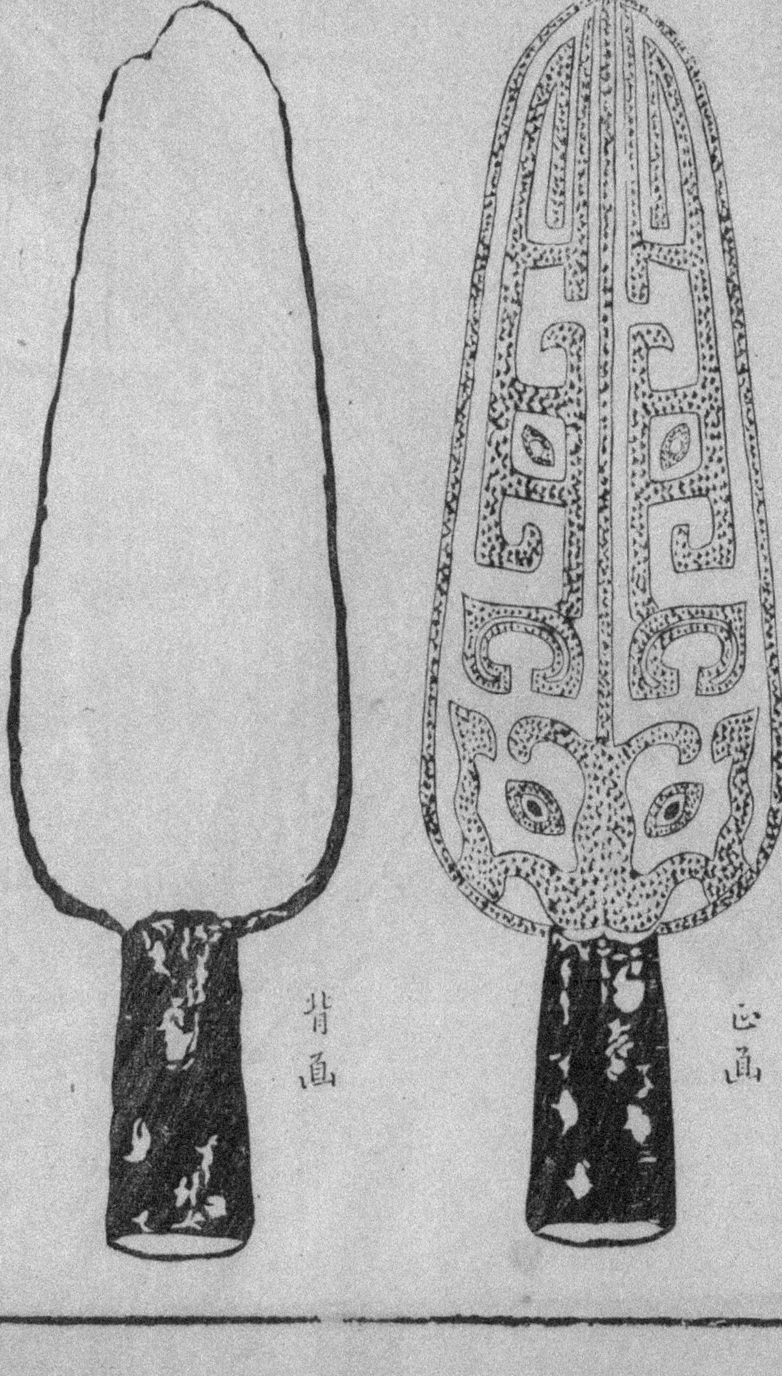

此器甚古見于孔葓浦家面三稜而背凹或以爲農具桂未谷云此亦古鑺也

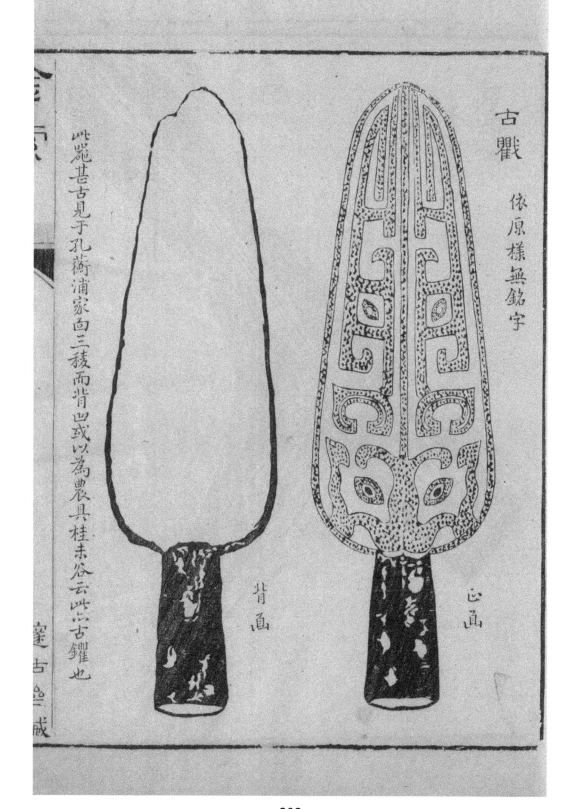

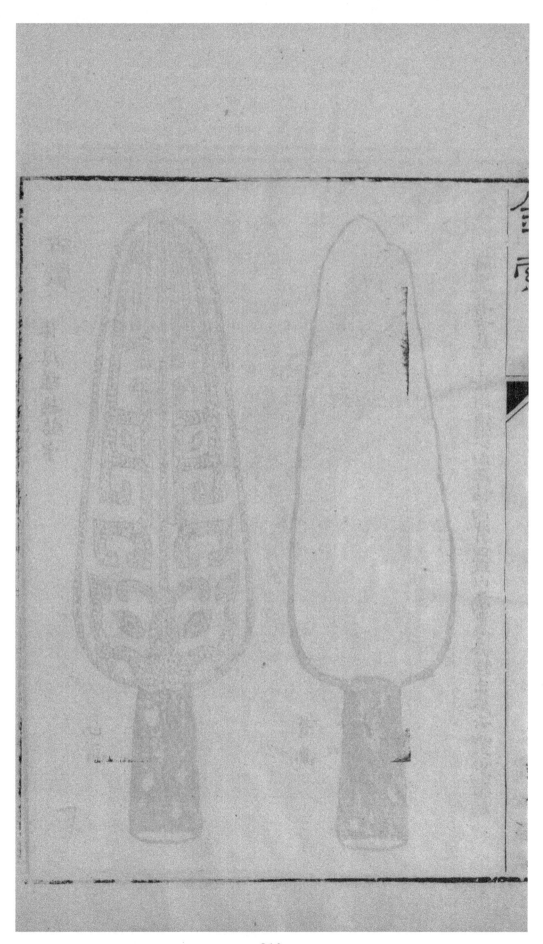

商琱戈

漢陽葉東卿藏

正面

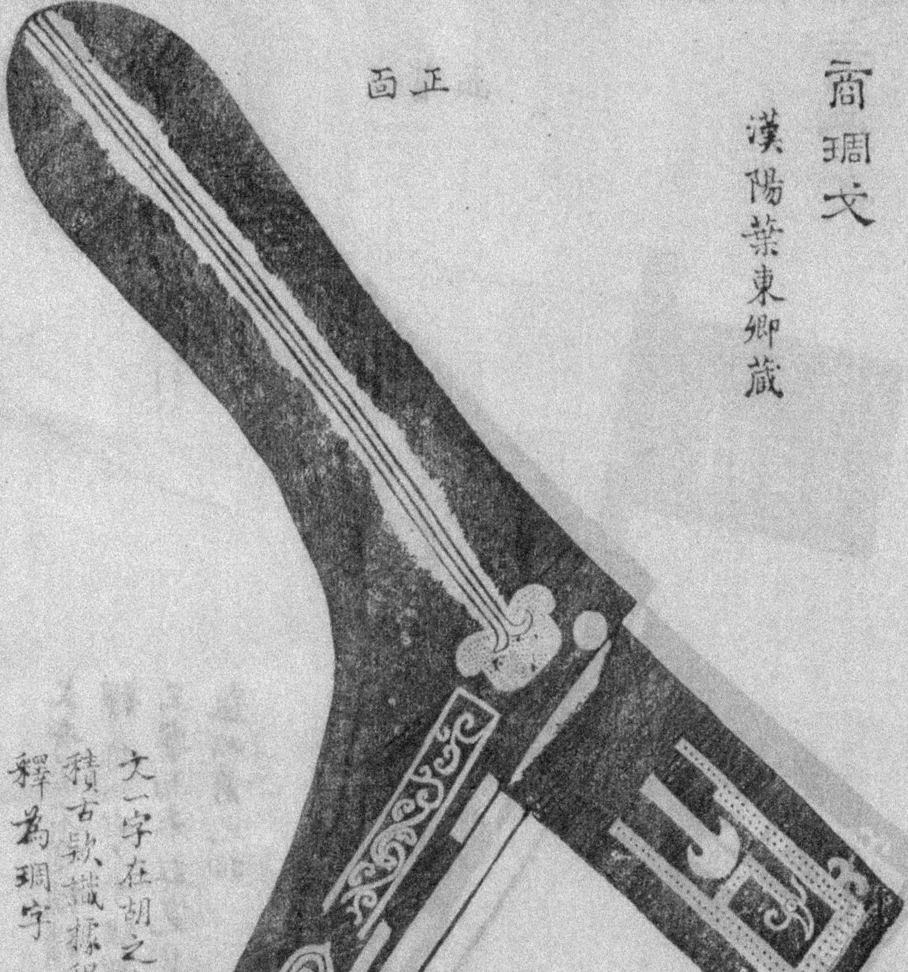

文一字在胡之末積古款識據程易疇釋爲琱字

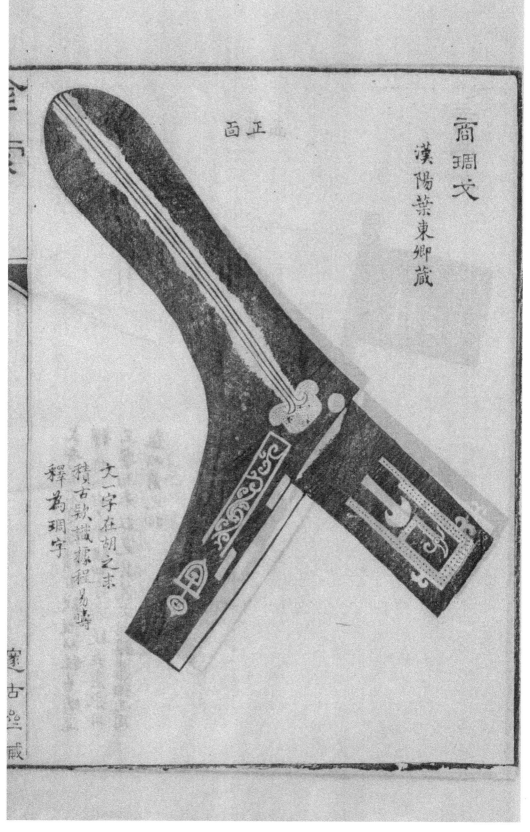

背面

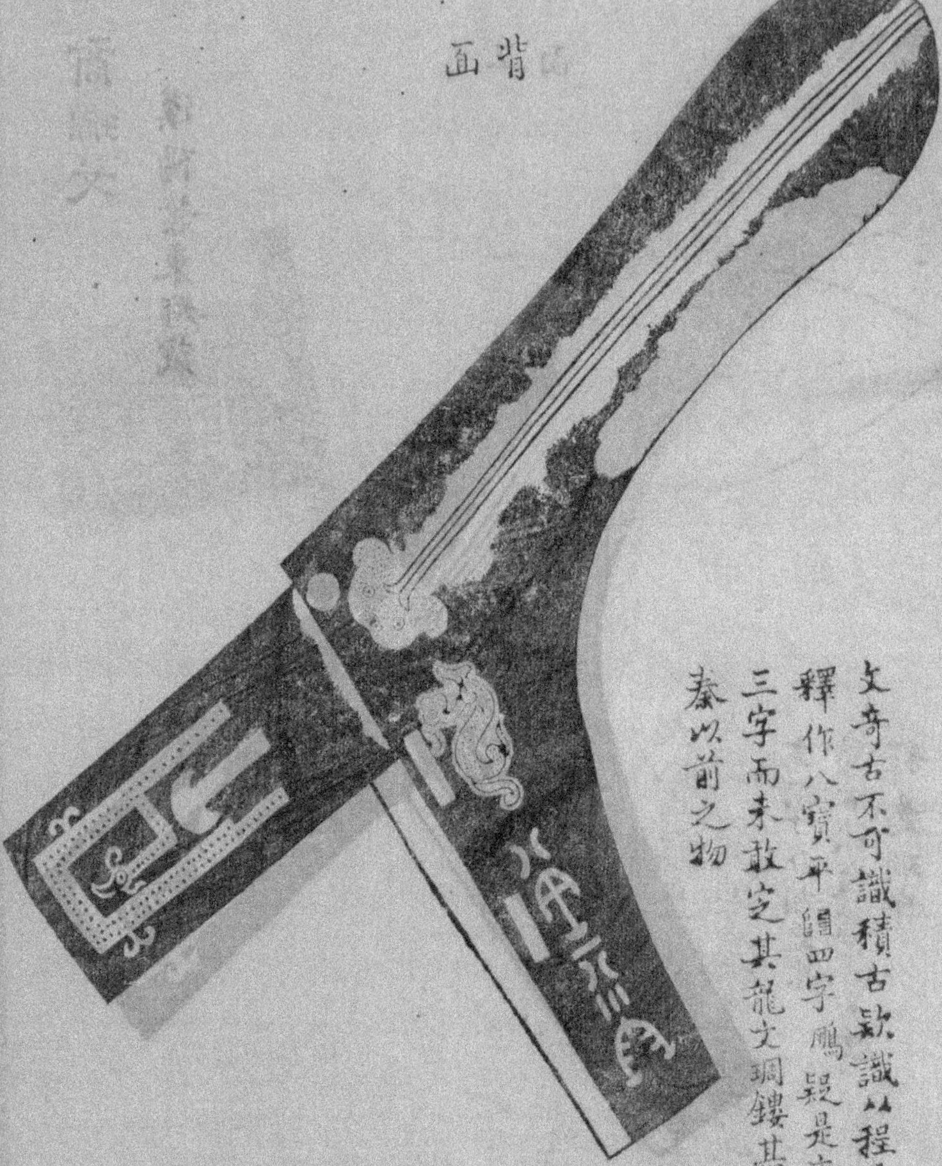

文奇古不可識積古款識以程易疇說釋作八寶平鍚四字鵰疑是庚永用三字而未敢定其龍文琱鏤甚細必周秦以前之物

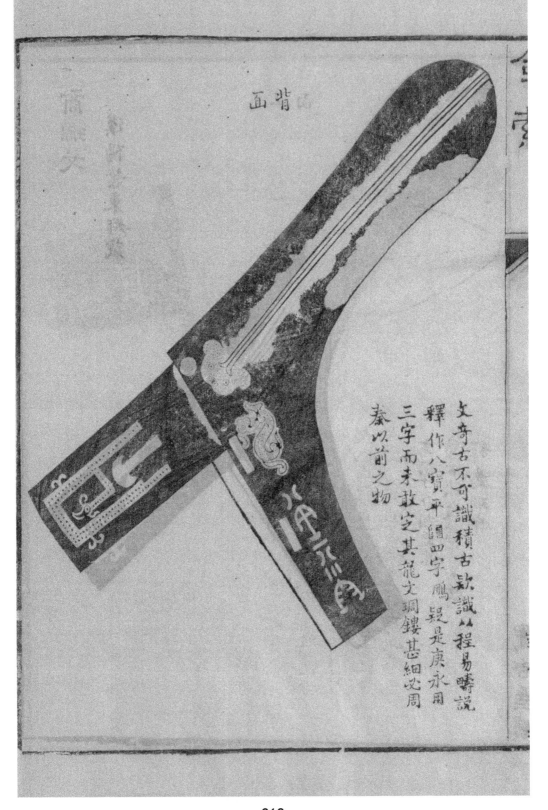

商舟戈

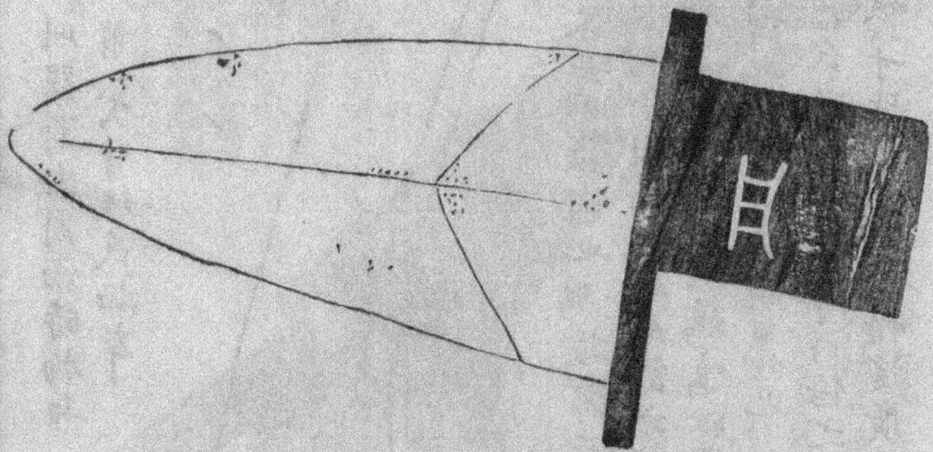

此器似戈似戟、無胡戈之胡不如是之短與考工記不合疑商時戈也內銘止一舟字蓋人名古之舟與周通用鼎彝中每有此名

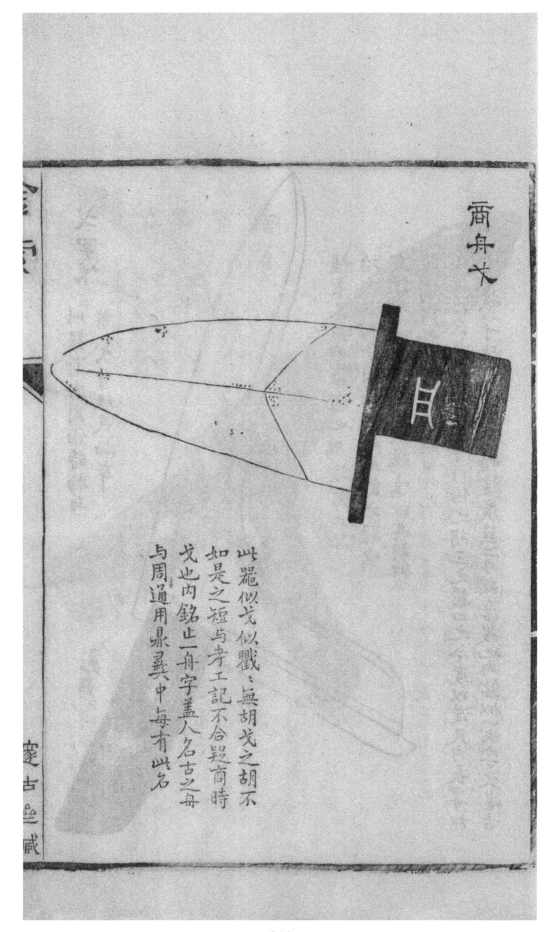

戈字戈

此疑商末周初時物与
前一戈皆桂氏拓本

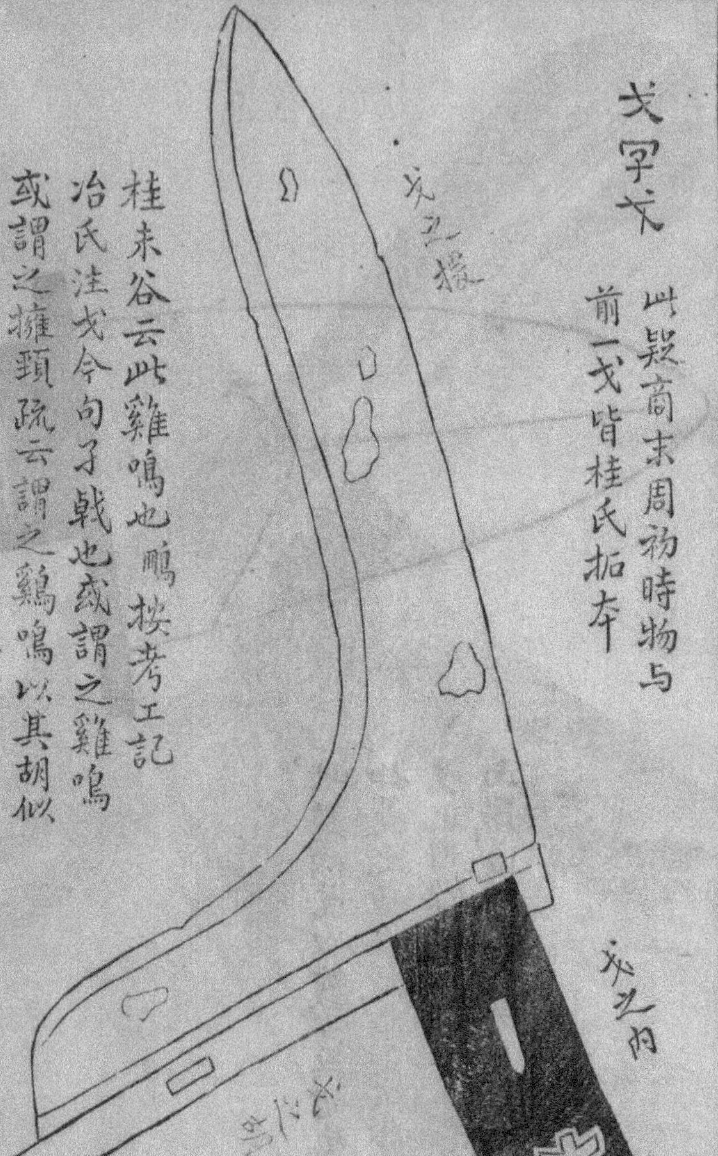

桂未谷云此雞鳴也鳴 按考工記
冶氏注戈今句孑戟也或謂之雞鳴
或謂之擁頸疏云謂之鷄鳴以其胡似
鷄鳴謂之擁頸以其胡曲故也
又按冶氏之制戈廣二寸内倍之胡三之援四之今度以漢尺内長四寸胡
六寸援八寸皆不相懸遠惟援廣無二寸或磨殺也内銘似一戈字文甚古

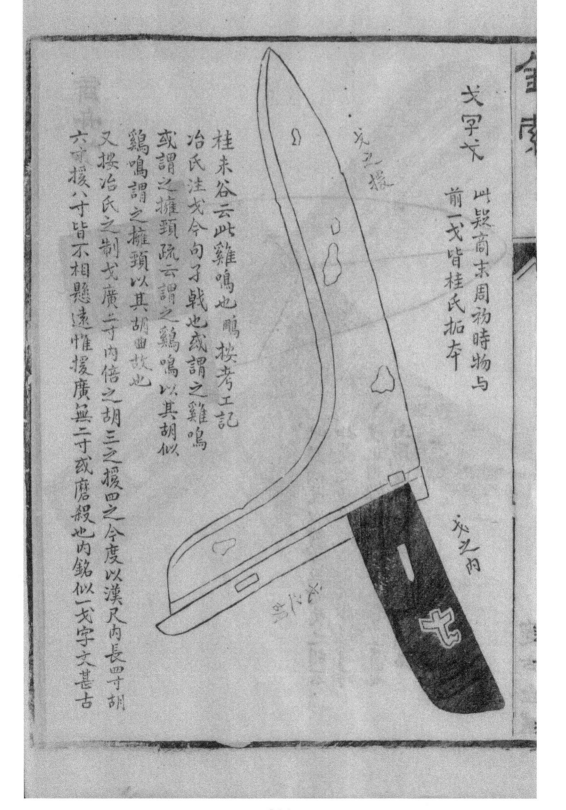

周羊子戈

曲阜顏氏得之周公廟側東土中今藏馮氏

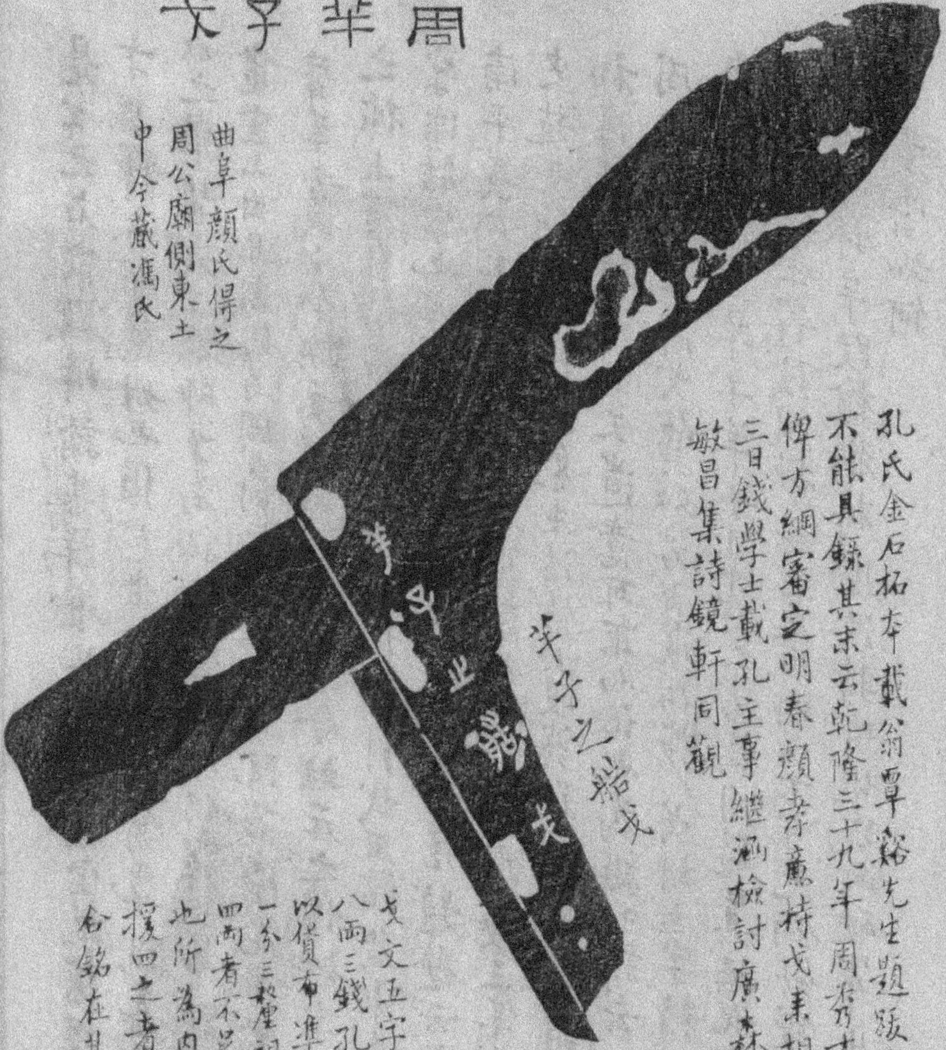

孔氏金石拓本載翁覃谿先生題跋是戈甚詳不能具錄其末云乾隆三十九年周芬才拓其文俾方綱審定明春顏孝廉持戈來相眎三月廿三日錢學士載孔主事繼涵檢討廣森馮孝廉敏昌集詩鏡軒同觀

戈文五字重今庫平八兩三錢孔戶部繼涵以貨布準之爲十八兩一分三釐視三埒爲一斤四兩者不足十之一固久故也所爲内倍之胡三之援四之者皆與考工記合銘在其胡

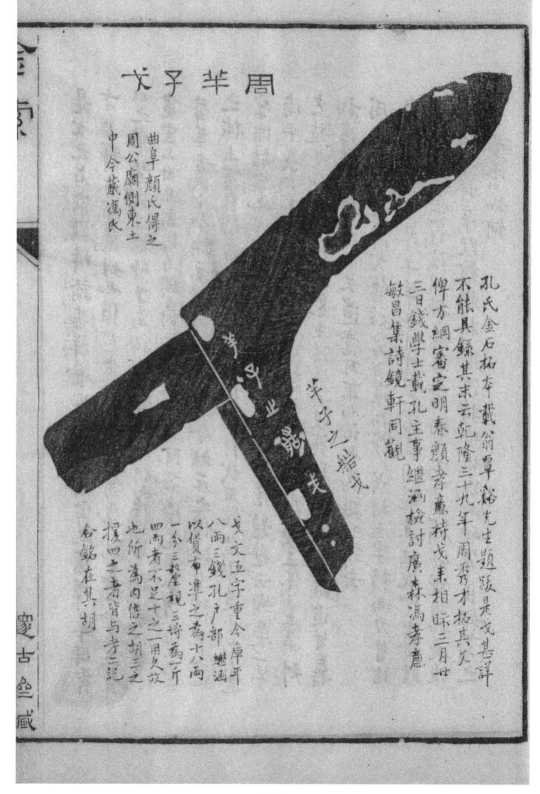

是戈之名竅頭䎴論甚詳唯芉字迄無定說舊釋羊周秀
才榘釋𠂤芉楚姓也張芑堂金石契及翁覃谿先生金石記皆
从之舉楚武王授師子焉記朱學士筠仍釋𠂤羊謂芉從羋
晝宜上出且國姓與國爵無連及之文阮芸臺先生金石志从之曰
晉羊舌氏之分族為解詞各有見今並存之惟艁字釋古文造
之據未有引證者桂廣文未谷札樸引武王銘造矛造矛六系造
字作艁字也鵬按濟南府神通寺之千佛崖題壁云顯慶二年
南平長公主為太宗文皇帝敬艁象一軀顯慶三年一青州刺
史趙王福敬艁弥陁象主清信女段婆敬艁一軀之類造皆作艁
初唐時人猶見古文遺意可取而證也為綴以詩云
周公廟側得周戈質如碧玉痕如莎戈胡五字精而力曾經
歎賞名人多芉子羊子且莫定審為周賦眞無詠空山齋頭
見此物為余羅致相抄摩頁后珂戈不可見鍋鉚鏝胡如飛梭
拾得哥舒半段槍猶將磨洗時吟哦況此硬軍出姬世戈之
寶貴當如何

邾太師戈

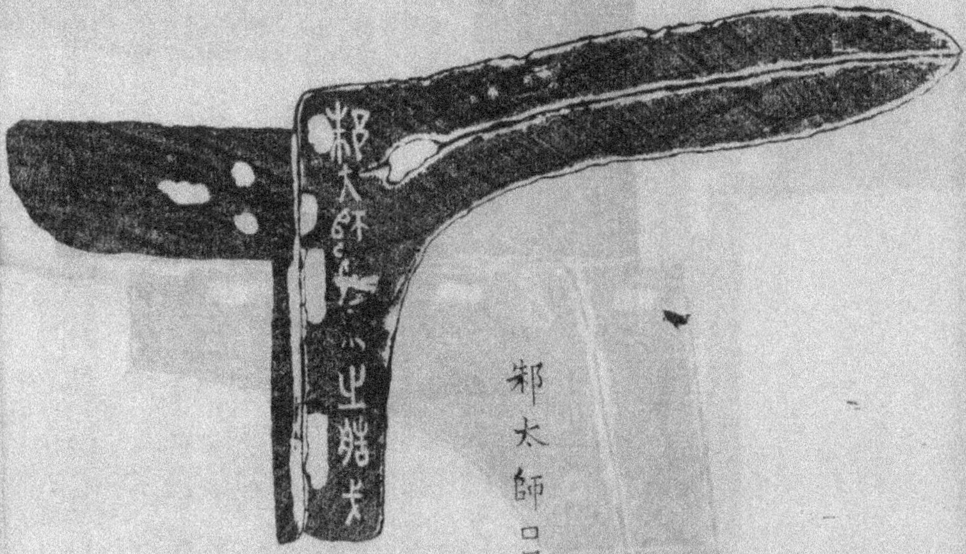

邾太師呂之艁戈

戈銘八字在其胡磨泐二字蓋其名也此黄小松司馬藏

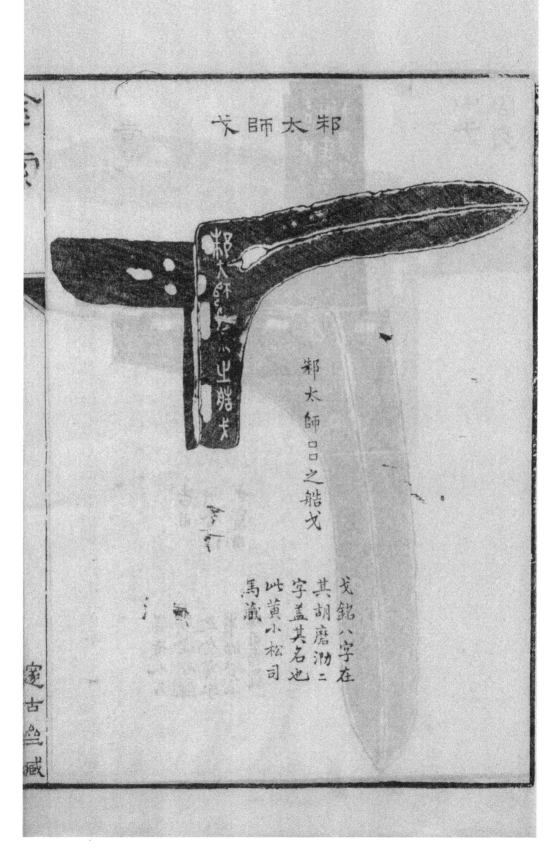

吉戈

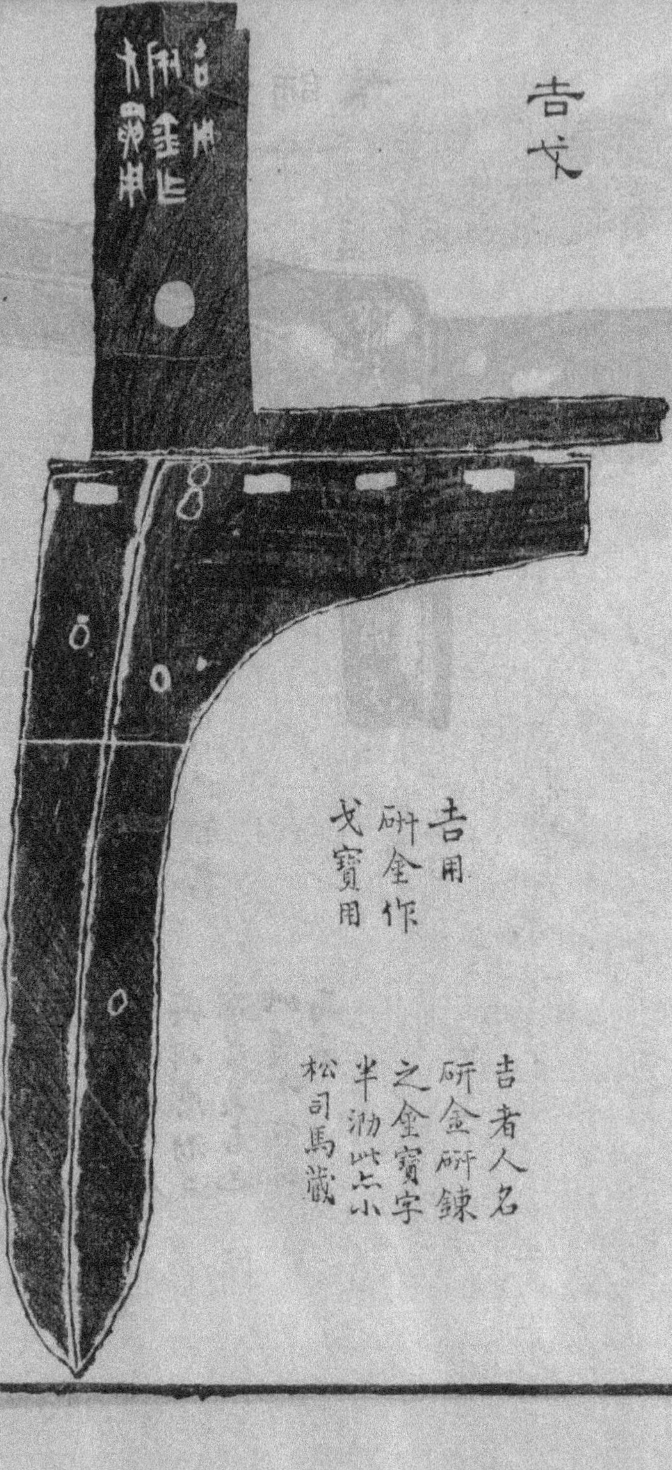

吉用
研金作
戈寶用

吉者人名
研金研鍊
之金寶字
半泐此亦小
松司馬藏

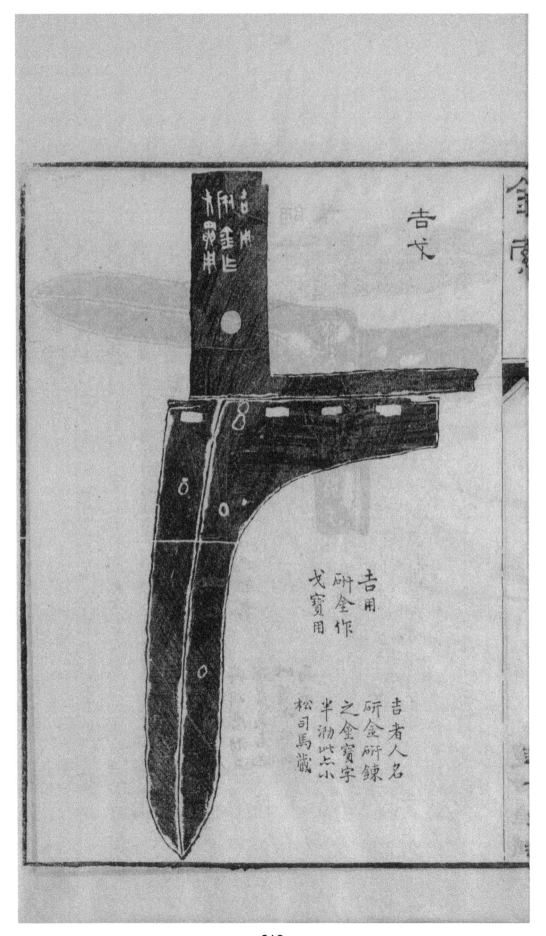

周良山戈

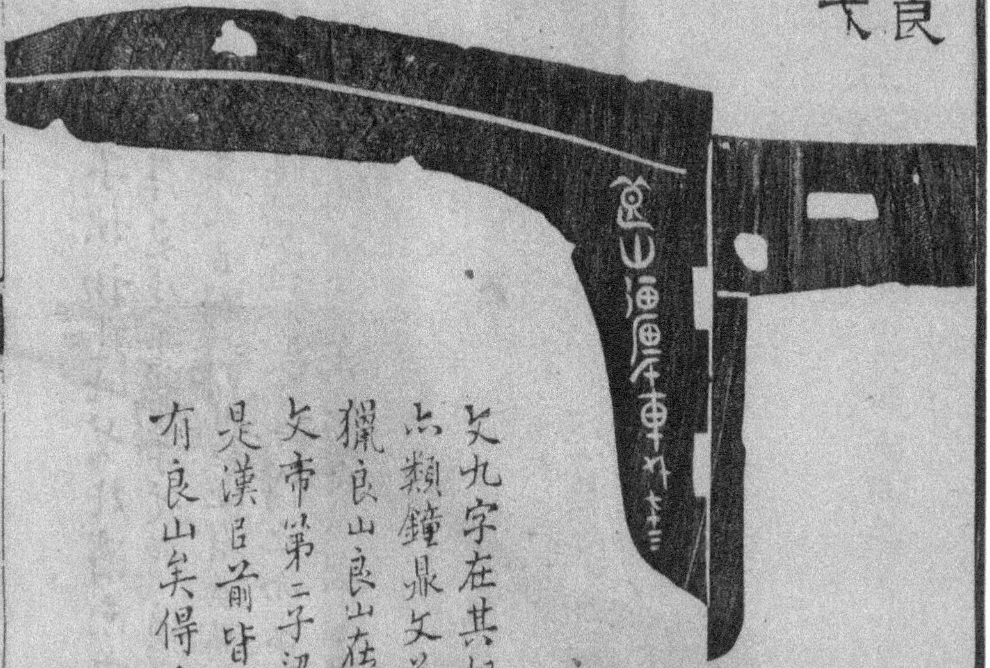

良山𤰞千車戈 六十三

文九字在其胡与竿子戈形製正同其篆亦類鐘鼎文蓋周制也按史記孝王北獵良山良山在壽良縣即今之壽張縣曰漢文帝第二子梁孝王田獵于此改名梁山是漢以前皆稱良山今知有梁山泊而不知有良山矣得是戈可以正之

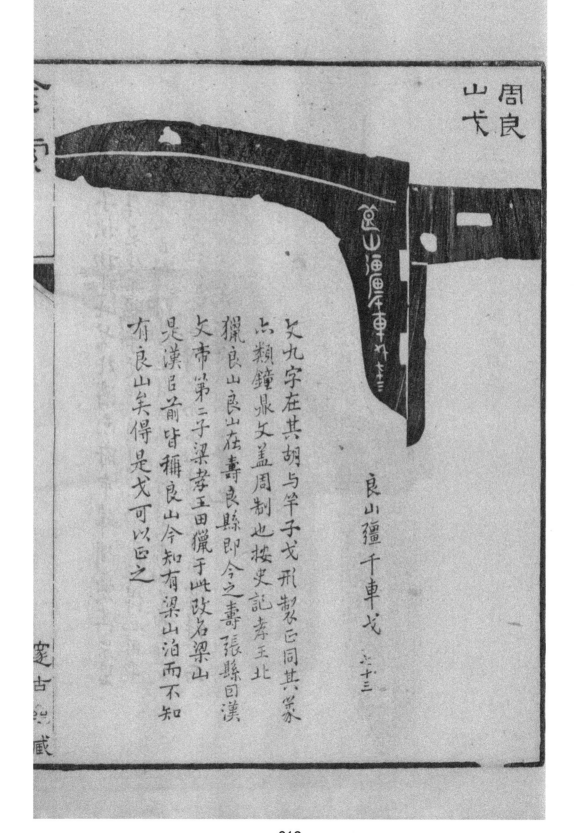

丙子秋初見此戈於濟南府市肆間愛其朱碧凝厚更生于芉子戈價須白銀一觔未能得也回寓拓其文己歸、明日、遂有滋陽之行此戈未知屬于誰氏心甚憶之然它人得之而未必傳之予未嘗得之而轉為傳之未始非此戈之幸也

周在陰戈

黄小松司馬得之虞山

在陰戟

内孔下有花紋亦古異

右戈内長建初尺三寸二分弱胡長三寸八分強援長五寸五分所謂内三之援五之者与周制合亦周戈也惟胡末平故稍短耳小松司馬自釋其銘曰平陰寶鴨按在字上有泐文非平字戚乃戟字非寶字戈而曰戟制相似也

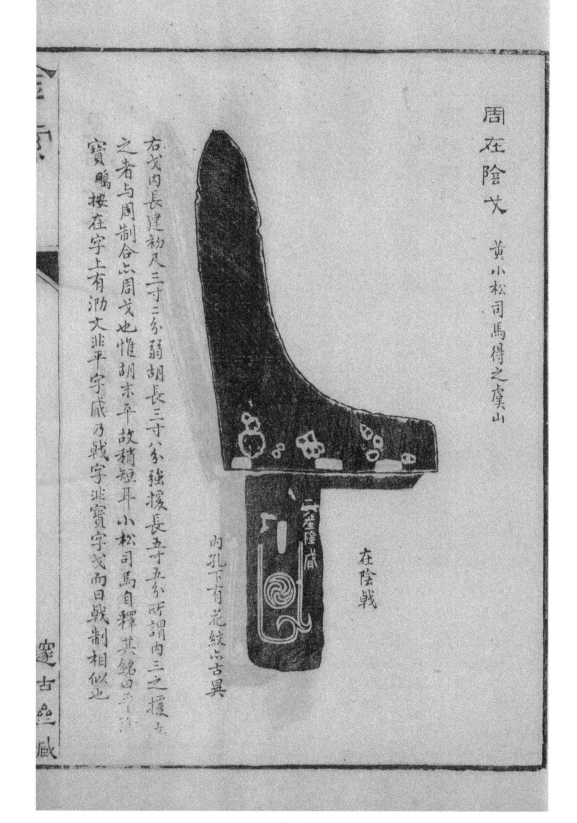

雙鉤文戈

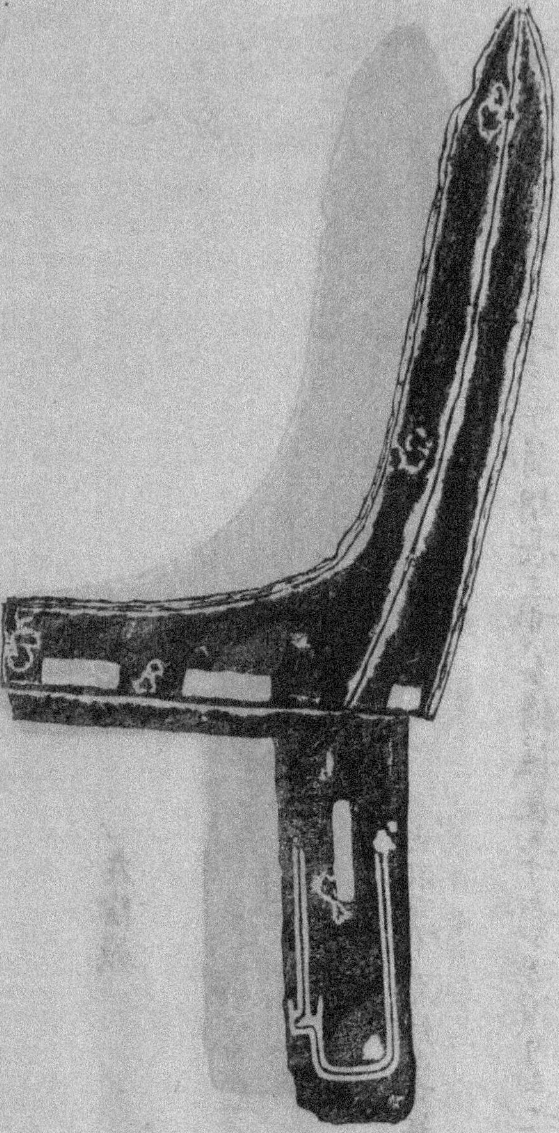

此福山明府如臯韋直齋寅所貽戈〻無銘字而丹翠錯落其內有雙鉤文如前戈

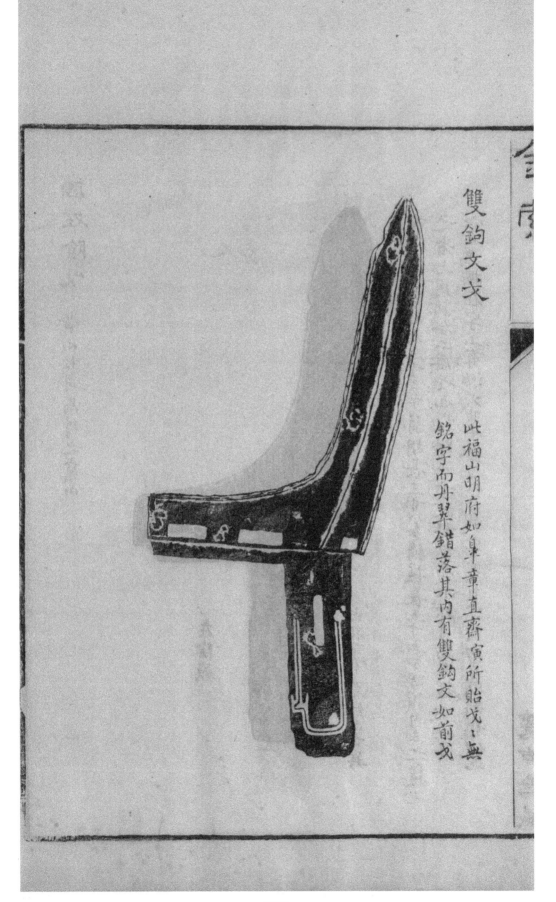

高陽左戈一

曲阜顔心齋藏

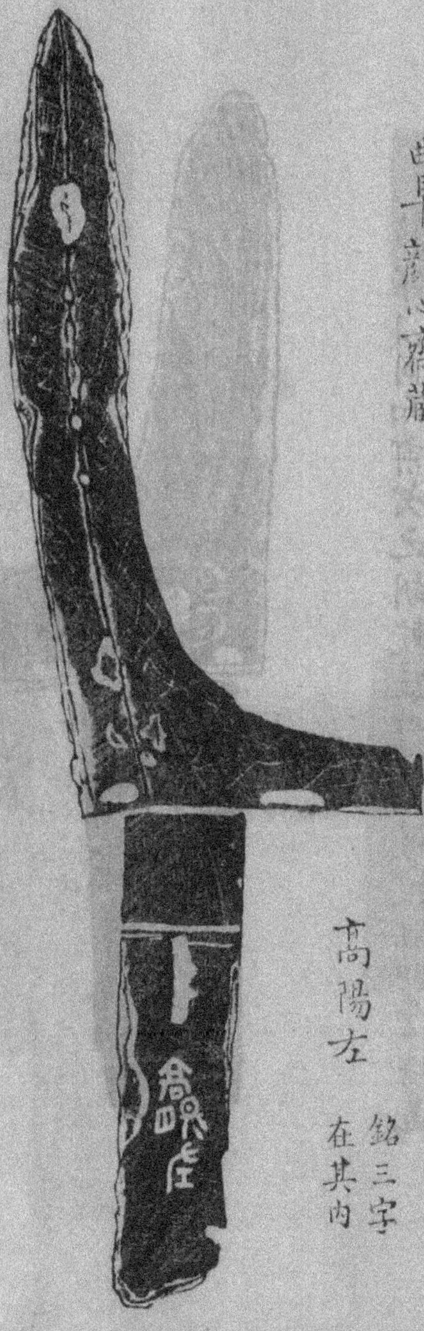

高陽左

銘三字在其内

此高陽所造戈或古高陽氏之後人也陽從日旁古字通用如書洪範時暘若漢五行志作時陽若其稱左者古諸侯行有二執戈者在前此其在左者所執否則左軍之戈阮芸臺先生論之甚詳

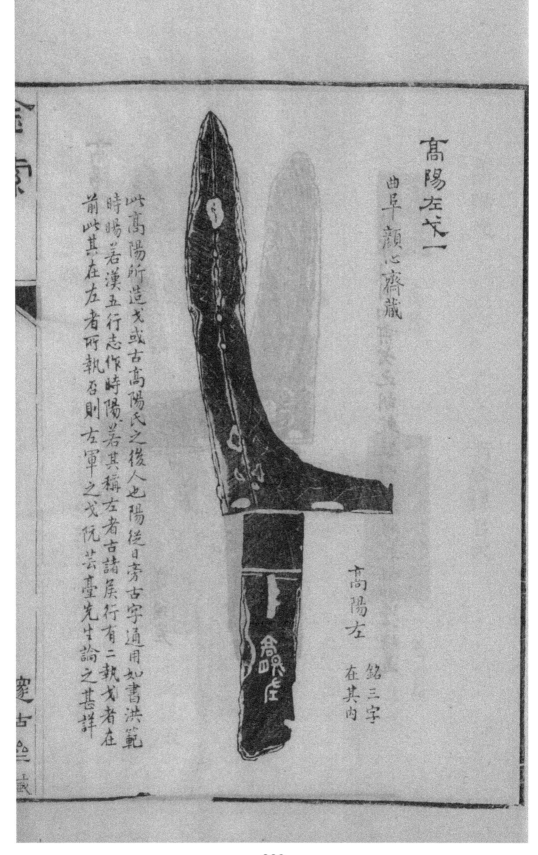

高陽左戈二

漢陽葉東卿藏

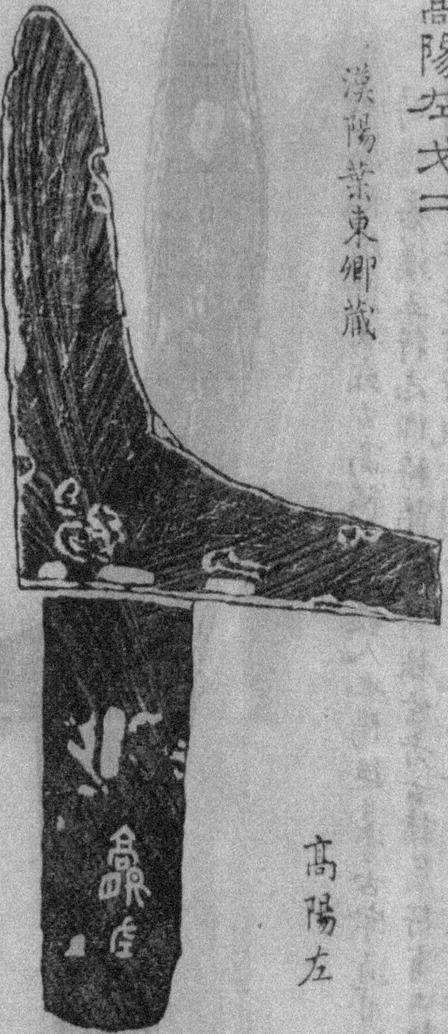

高陽左

銘字相同而前戈之胡較短此戈之援較短知非一時造

高陽戈

高陽

夒戈

戈之夒

三字橫書左讀疑在其胡

衛公孫呂戈

衛公孫呂之告戈

告即造字之渻

敔戈

敔之造戟

此海寧吳槎客所藏戈

戈而曰戟說文戈平頭戟也

邃古齋藏

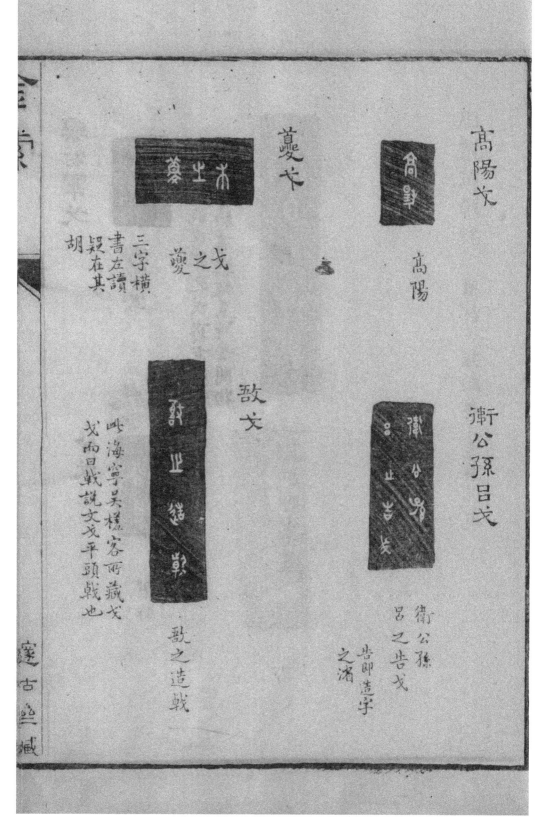

欒左軍文

欒左軍

此欒氏左軍之戈齊有欒施
晉有欒書欒枝蓋齊晉間物

公文

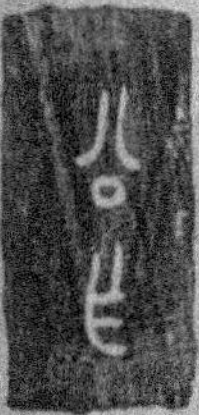

公 作

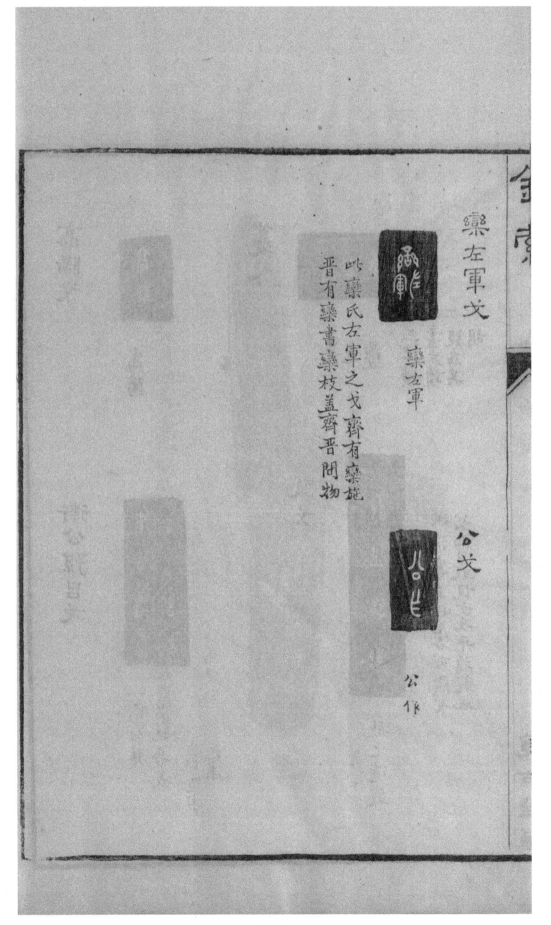

周龍伯戟銘

從積古款識摹入未見其器

龍伯作奔戟

款識云此旅賁氏所執之戟故曰奔戟漢百官公卿表更名虎賁郎注云賁与奔同言如猛獸之奔鵰按今工匠所同大斧俗亦稱奔斧觀此知奔之命名久矣

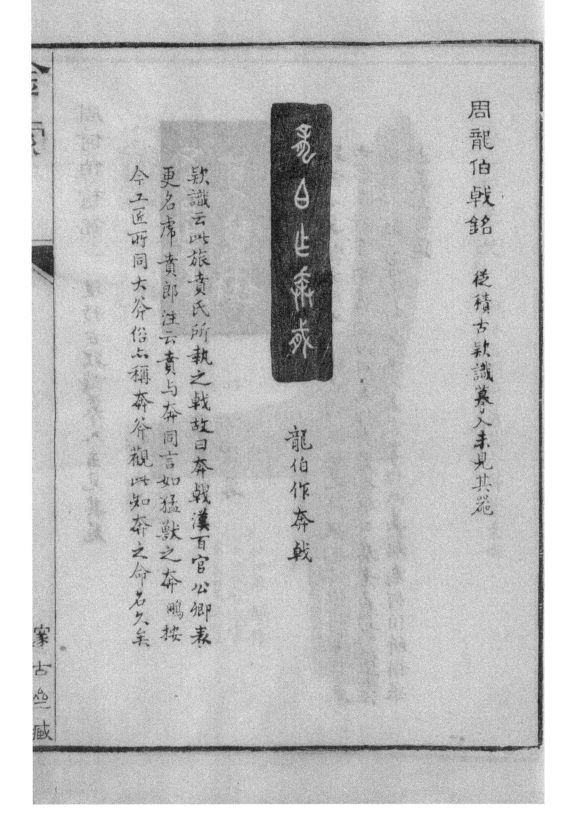

周何伯槍銘

從積古款識摹入未見其器

𦊁作彝

可伯爯

款識云𦊁說文网也可何之省爯稱之省舉也可伯稱𦊁作彝六字左行言舉羅網以田爰作兵器也槍曰彝者彝訓法言法器也鵬疑六字右行𦊁為人名言𦊁作此美銘為何伯所稱舉也義亦可通

秦廿三年戈

桂未谷明府舊藏今歸葉東卿

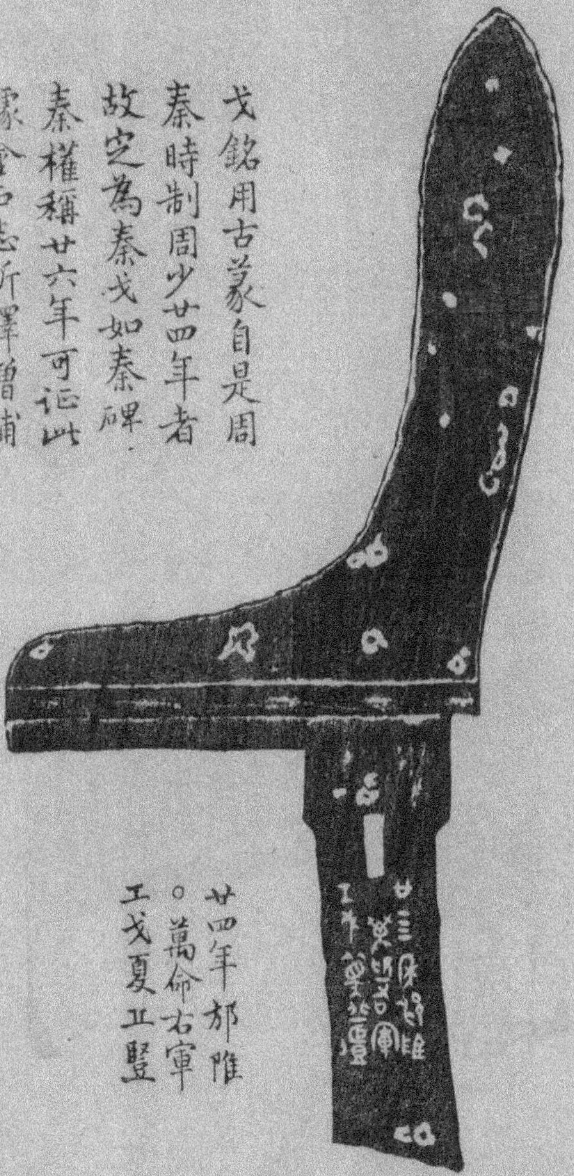

廿四年邡陰
○萬命右軍
工戈夏丑豎

戈銘用古篆自是周秦時制周少卌四年者故定為秦戈如秦碑秦權稱廿六年可証此據金石志所釋增補萬字尚缺一字俟見此原文再審之

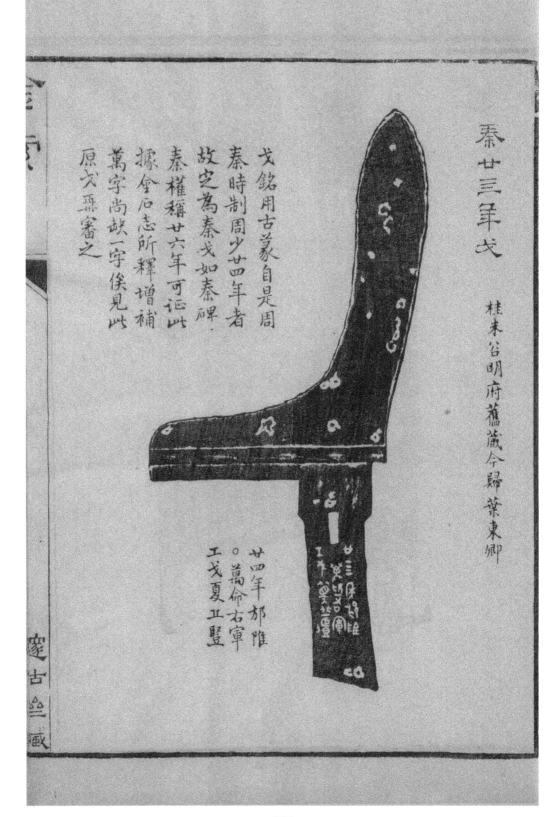

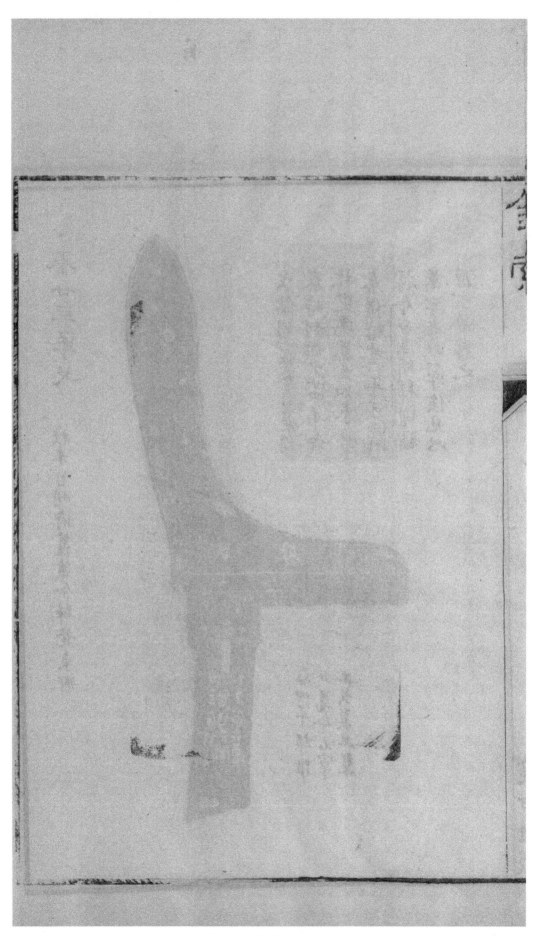

漢正師戈

正師

銘在其援

正師造戈者名也此戈形製與周秦諸戈不同蓋漢時物嘉慶丙子夏日鵬在泲南與保少柏王霽塘登歷山回見此戈得之

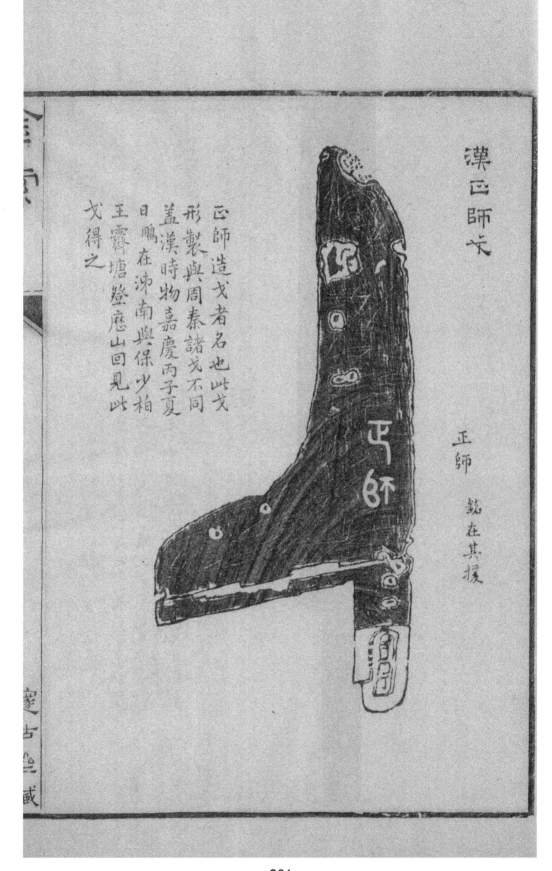

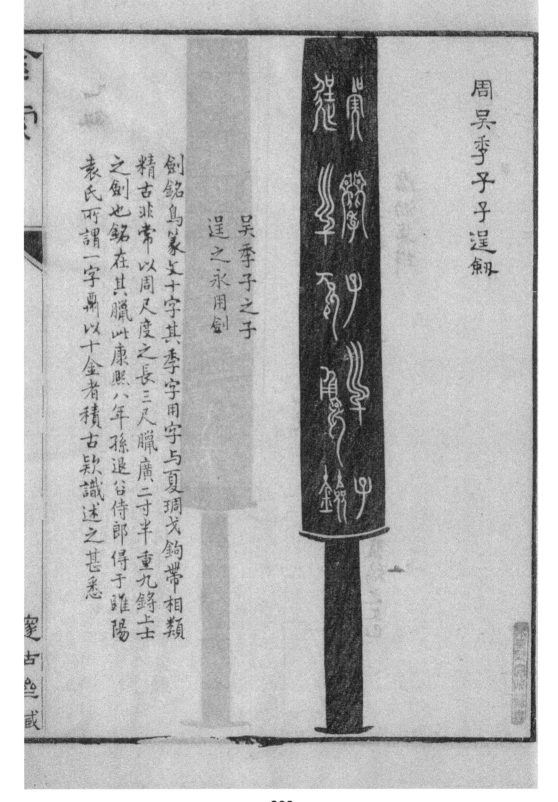

周吳季子子逞劍

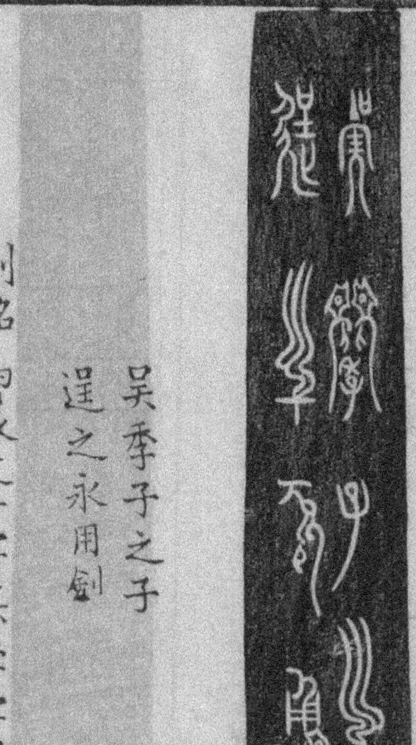

吳季子之子逞之永用劍

劍銘鳥篆文十字其季字用字与夏琱戈鉤帶相類精古非常以周尺度之長三尺臘廣二寸半重九鋝上士之劍也銘在其臘此康熙八年孫退谷侍郎得于睢陽袁氏所謂一字鼎以十金者積古款識述之甚悉

乙劍

乙戈

此黃秋盦司馬拓本銘乙戈二字劍而曰戈乃古人通用之文猶鼎而曰彝卣而曰鬲也臘上隱有鹽鏽之文已磨泐莫辨

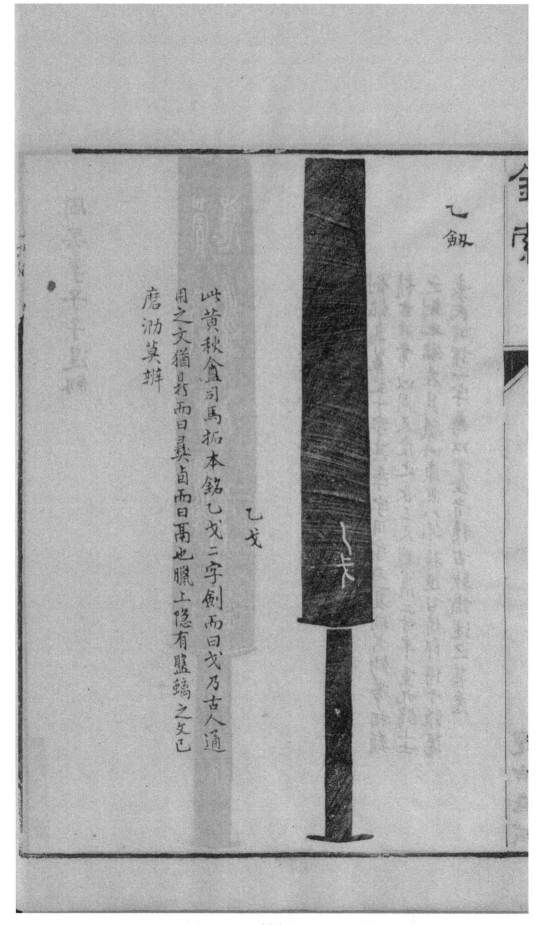

古劍

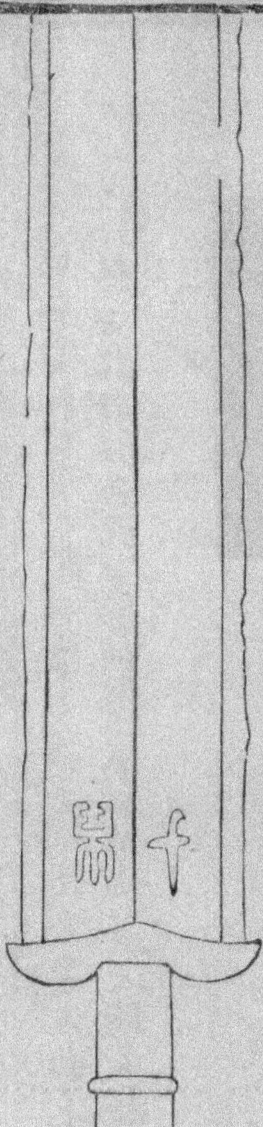

頃自任城得一古劍較謝樸園劍長一寸濶一分形制畧同亦有朱綠銘刻二字陰文錮金為之在其臘曰千馬此庚蘭咸刀銘所謂價重十城名高千馬者也或云係千萬二字言所值千萬也

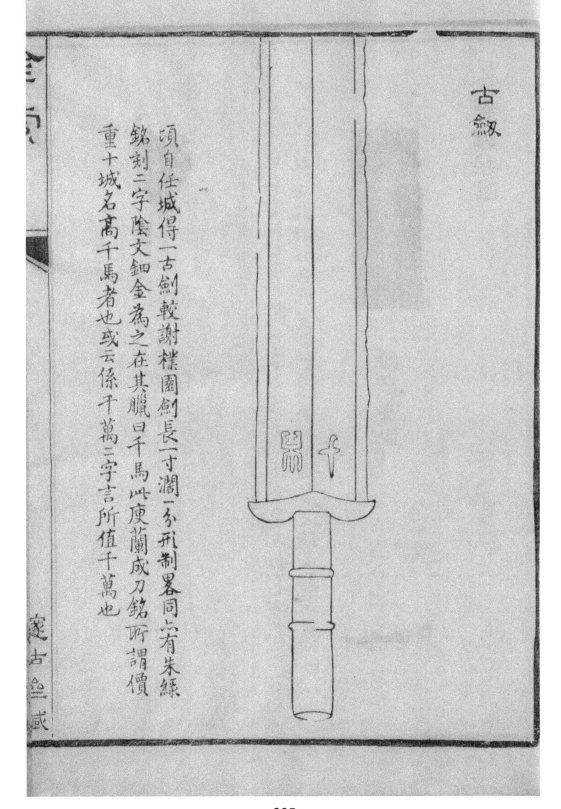

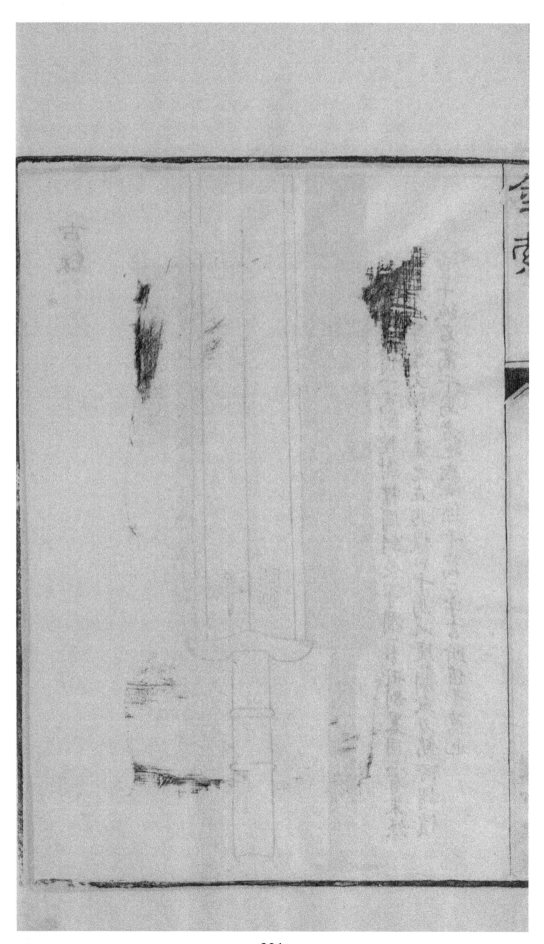

陽武劍銘

戣陽武用

積古欵識云司馬達甫所藏器橅拓本摹入程易疇以為∩即厶𠦂即雙口屮即二人鵬按字不从刃而从戈古字不拘盖劍亦戈屬也今亦未見其器秖摹其銘

古劍

祥符謝樸園藏長廣依原劍無銘字畣此為式餘可類推此劍通長漢建初尺二尺微弱又紀秋水明府曾贈一古劍較短不具錄

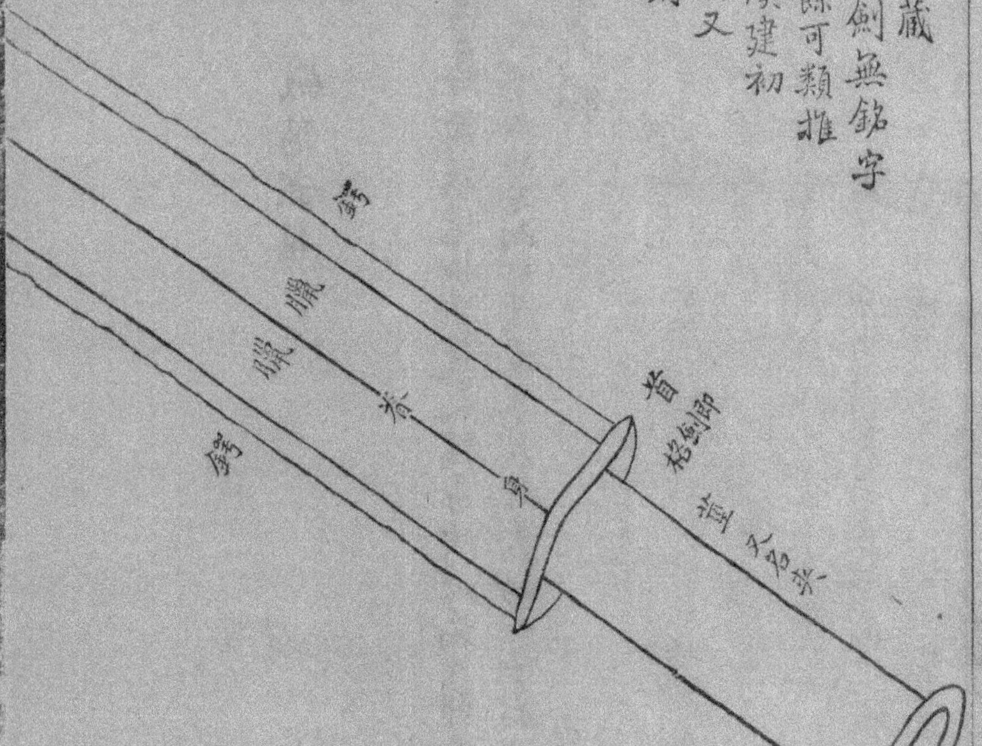

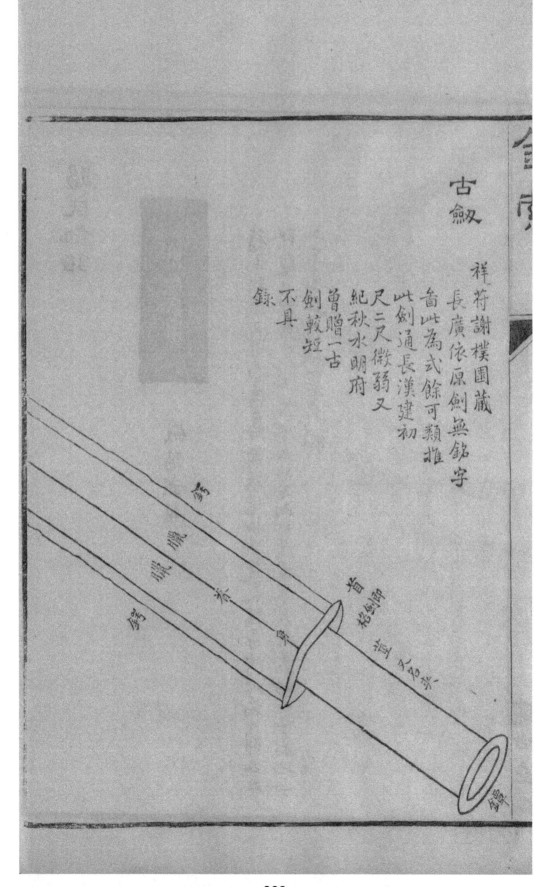

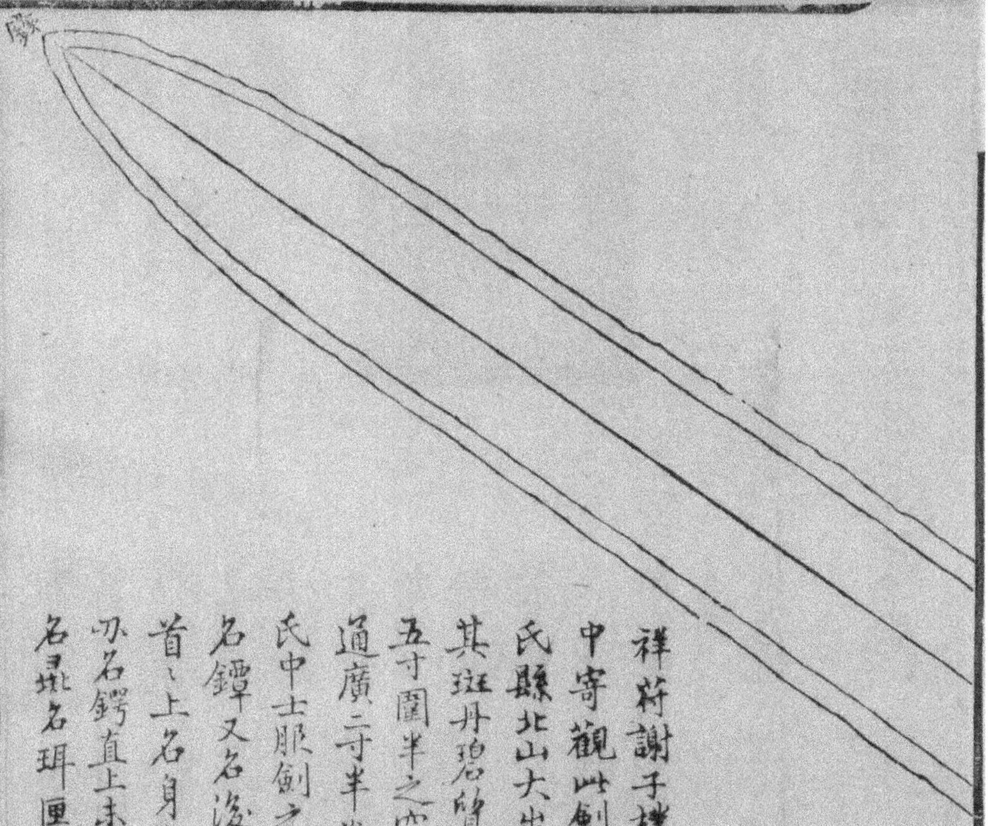

祥符謝子樸園慎修自濟寧莫司馬署幕
中寄觀此劍自作古劍考云嘉慶乙亥夏盧
氏縣北山大出水土中得古銅劍一具其色蒼翠
其斑丹碧質朴而鍔利無銘字握莖長周尺
五寸圜半之空其中內柄以便設金玉莖上接刃
通廣二寸半脊隆身長二尺五寸与考工記桃
氏中士服劍之制合又按齊注劍後稍大空口處
名鐔又名後再上名莖又名夾莖上有隔名
首〻上名身脊隆居中〻外微凹名臘〻外出
刃名鍔直上末處名鋒鐔下名鼻以貫帶又
名璏名珥匣名櫝衣名夫襓其說甚詳

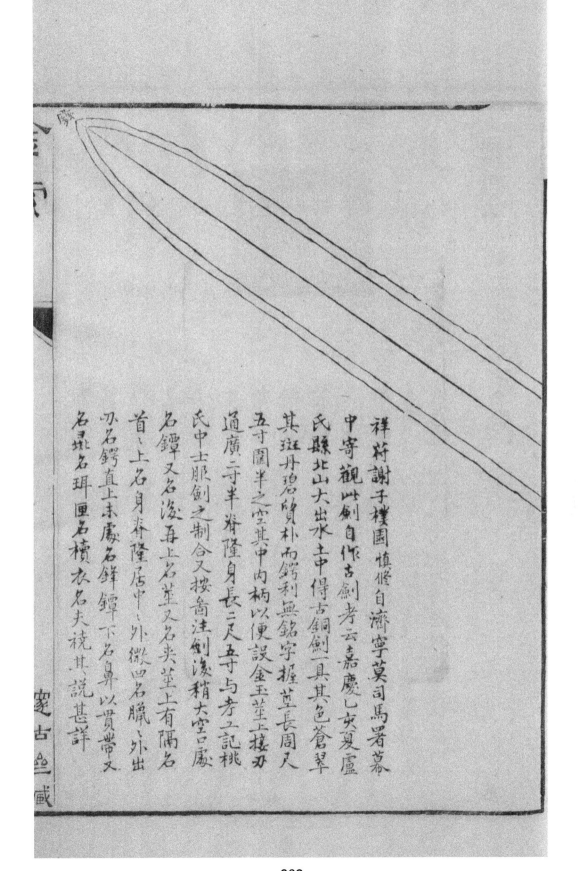

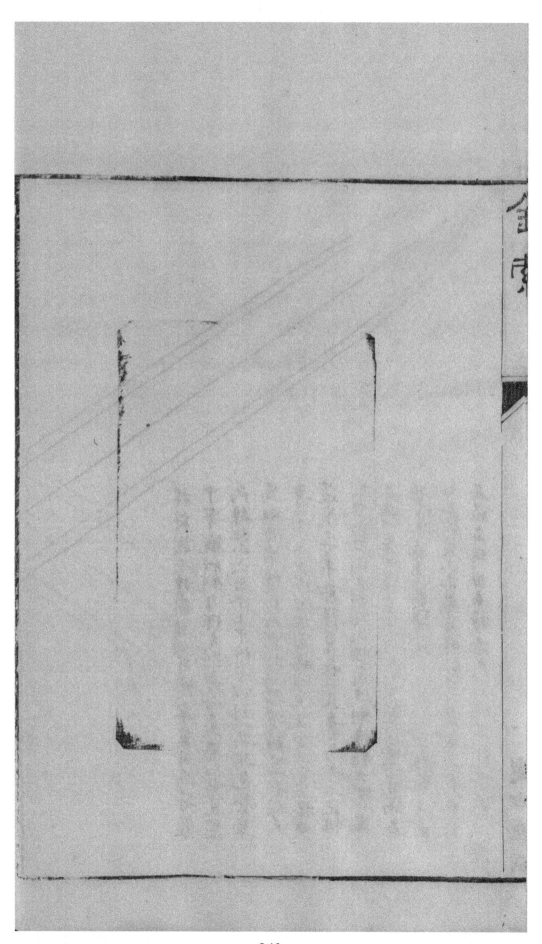

商距末

曲阜顏心盦明府藏

愕作距末用壟商國

山左金石志云此器曲阜人掘地得之計高一寸九分八觚觚各闊三分項縱七分橫五分下口空縱八分橫七分銘字狹長用金填之下有小穿徑一分距末不知何器沈心醇據戰國策蘇秦說韓曰谿子少府時力距來皆射六百步之外疑此為弩飾孔檢討廣森亦以為飾弓簫者二說皆近之特此末字甚明斷不得疑為來字其器中空一面有陷負而向下確是弓簫末張弦之處以今弓末驗之可知此蓋周器宋人物也鵬按覃谿先生以為商器自是不爽此填金古篆體瘦而長本合商制又愕作距末用壟商國又絕似縣孤其服實亡周國之文周稱周國則商亦可稱商國矣距末者距來之末也

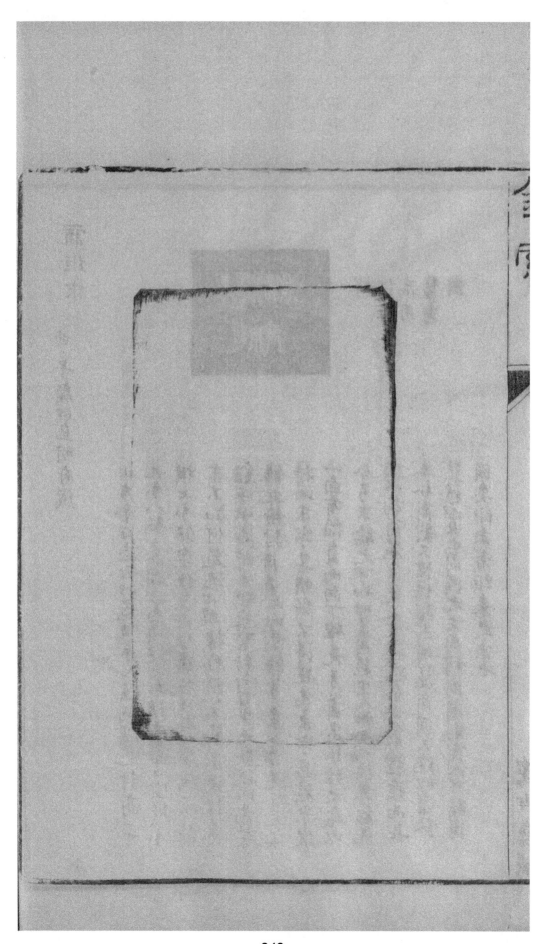

周龍虎節

吳門陸貫夫藏

王命道寶
一棓載之

此節制作精古眞周物也舊釋命下重文為卩棓疑作倍飤釋作飲鵬按桂未谷拓本命下實無重文棓亦非倍竊謂天文紫薇垣外右為天槍左為天棓即此棓字且飤亦非飲攷石鼓文載西載北載俱作𢦏此从渻不肰即字

有缺筆其為載字無疑所云王命道寶一棓載之者謂奉王命以此為道路之寶可建一棓以示威載車而行也如詩所云命彼後車謂之載之者意甚明顯且与周禮山國用虎節澤國用龍節意亦相合所云王者指周王也積古款識从吳侃叔說釋作王命〻惠賃一槢飲之引後漢皇甫規事以為王命賃一庵以樓軍之病瘦者為糜藥以飲之誤涉穿鑿

古戚

玉虹樓孔琹南藏

畣依原樣無銘識

右面

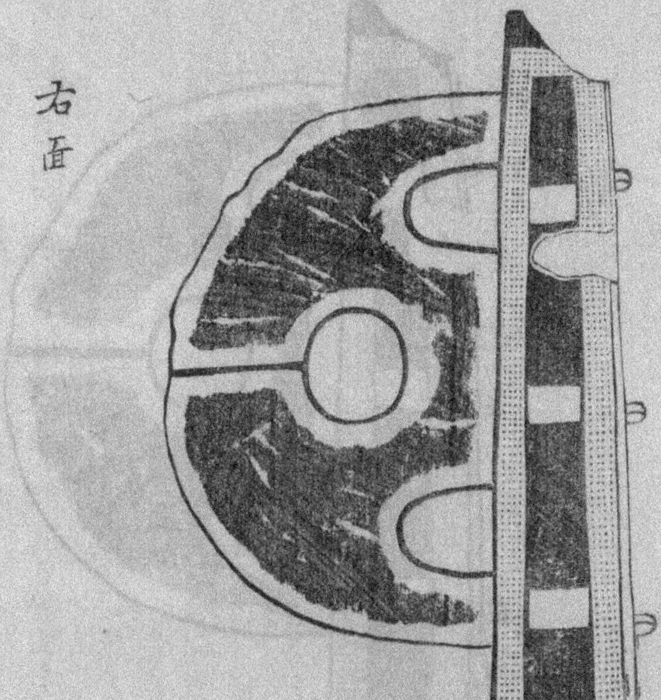

辛巳三月鵬遊曲阜訪孔孝廉琹南与趙君白亭相叙于玉虹樓下適有持此求售者其人不能自言其名予語琹南曰此古戚耳与博古錄所收片雲戚畧同彼云樂器肰禮稱朱干玉戚冕而舞大武此以銅為之或是軍器及天子諸侯鹵簿之屬必秦漢以上之物琹南忻肰以錢五貫得之

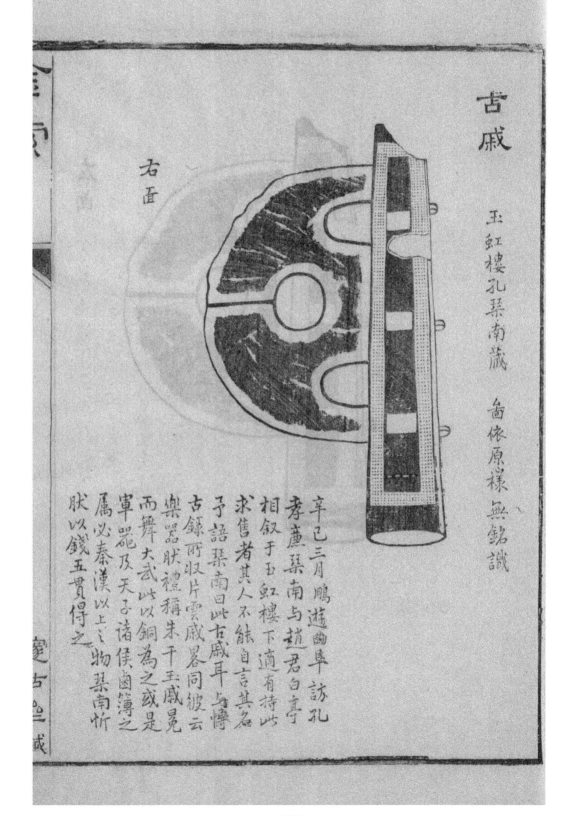

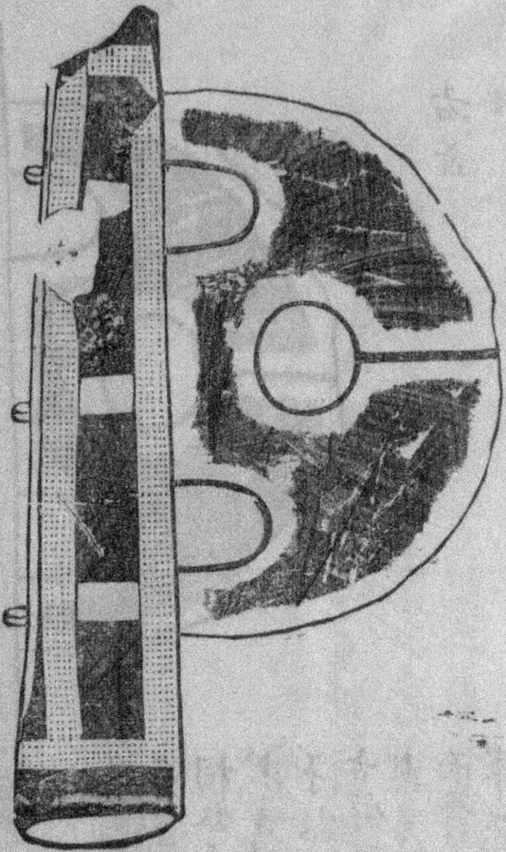

左面

古戚

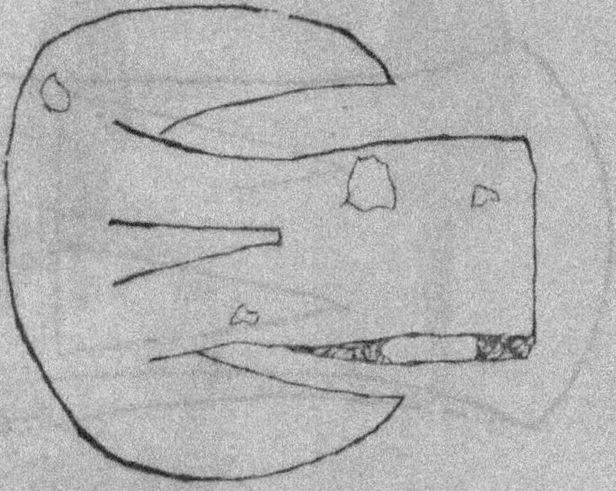

桂未谷云小銅戚一辛丑七月得于洛陽

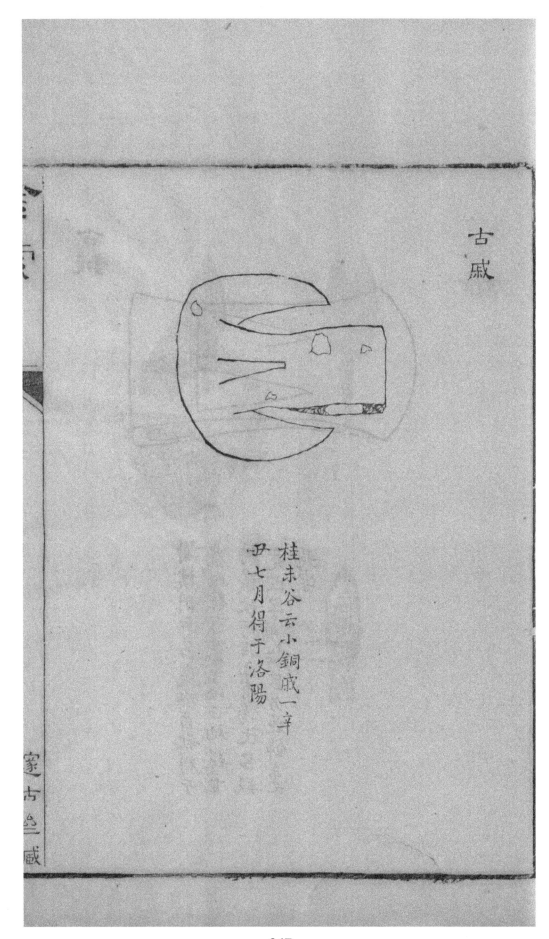

古鉞

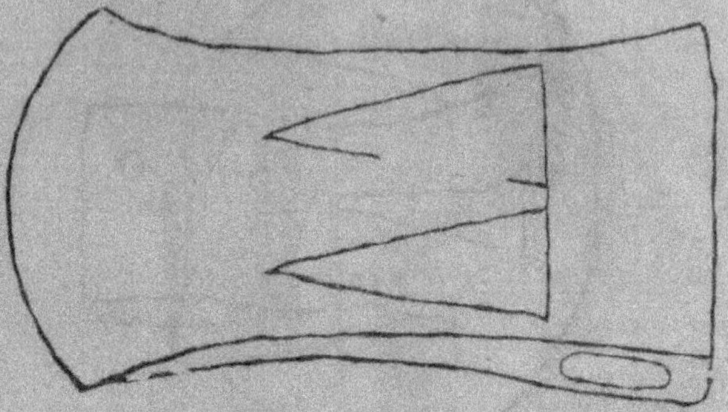

謝樸園云嘉慶癸酉秋得于盧氏縣有鑿可以区柄疑古時儀仗所用面有湯文巳疑是戉字鵬按巳乃花飾未必是字

古箭鏃

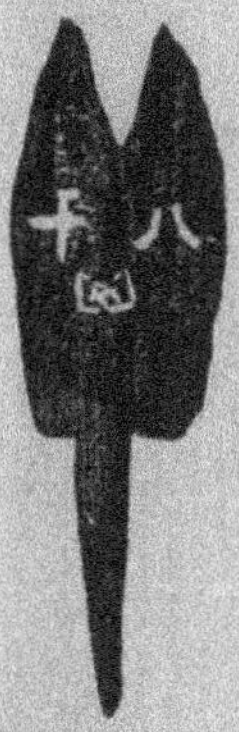

正 千

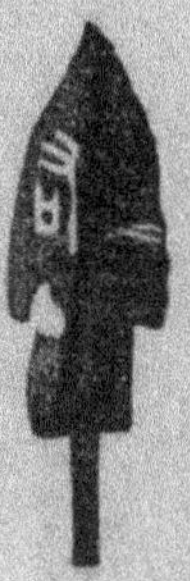

右

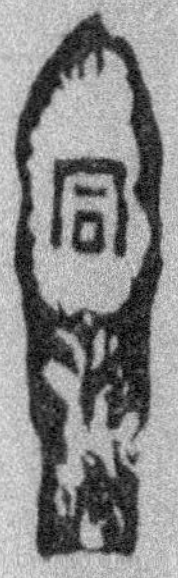

同

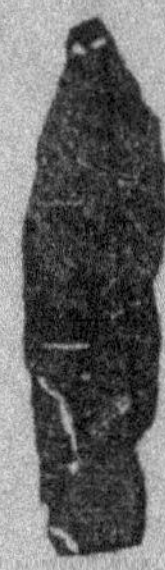

背無文

箭鏃弩矢有字者絕不易見此上二枚
葉東卿得下一枚桂未谷明府得

邃古齋藏

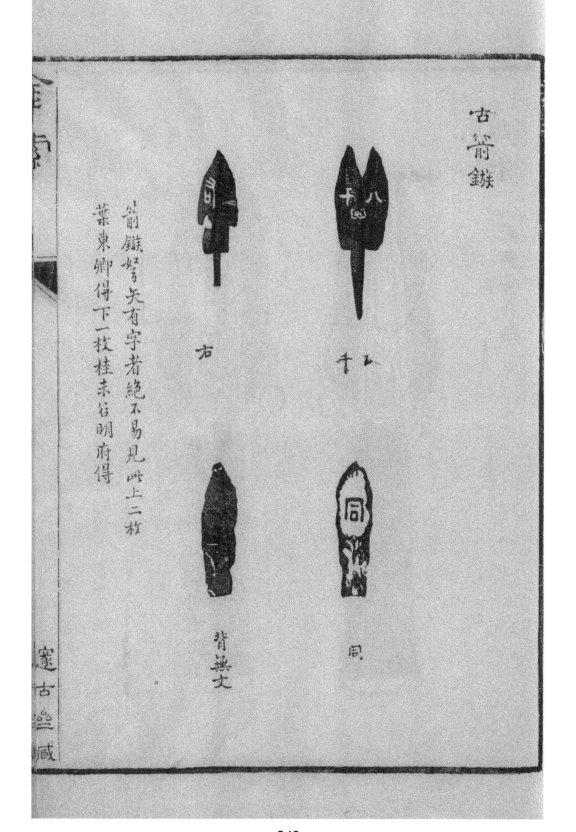

旄首

漢陽葉氏藏

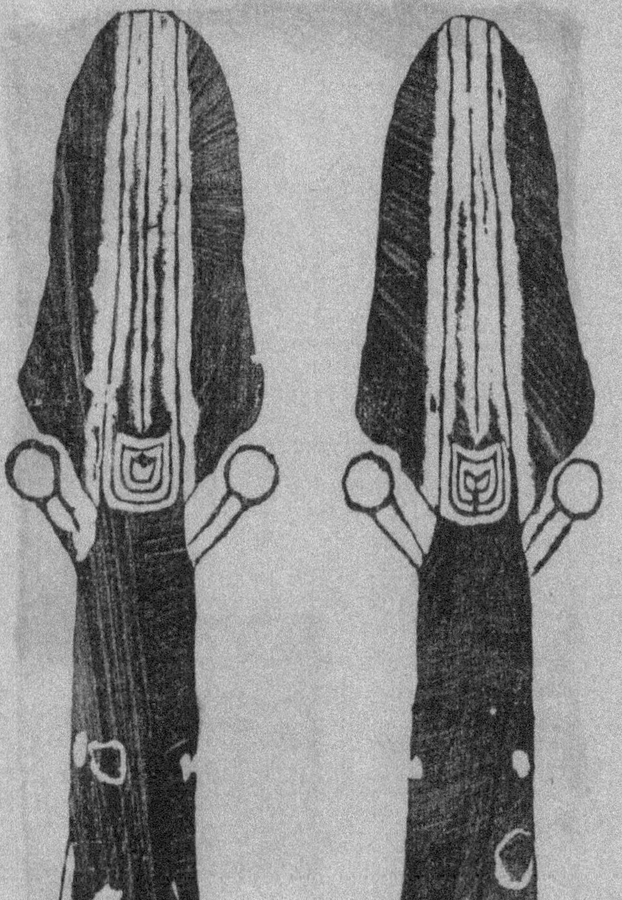

此在干旄之首旁出兩歧枝有穿孔蓋其繫旄處也兩面如一無銘字

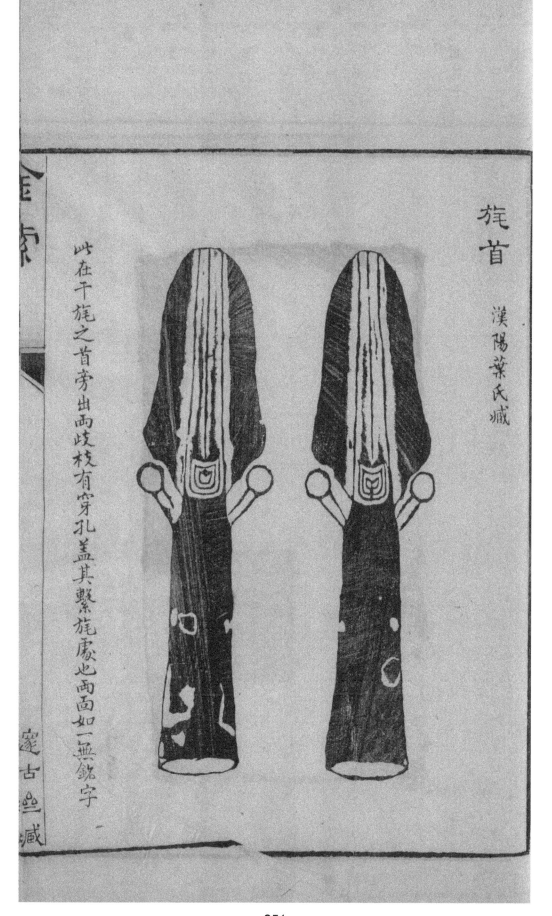

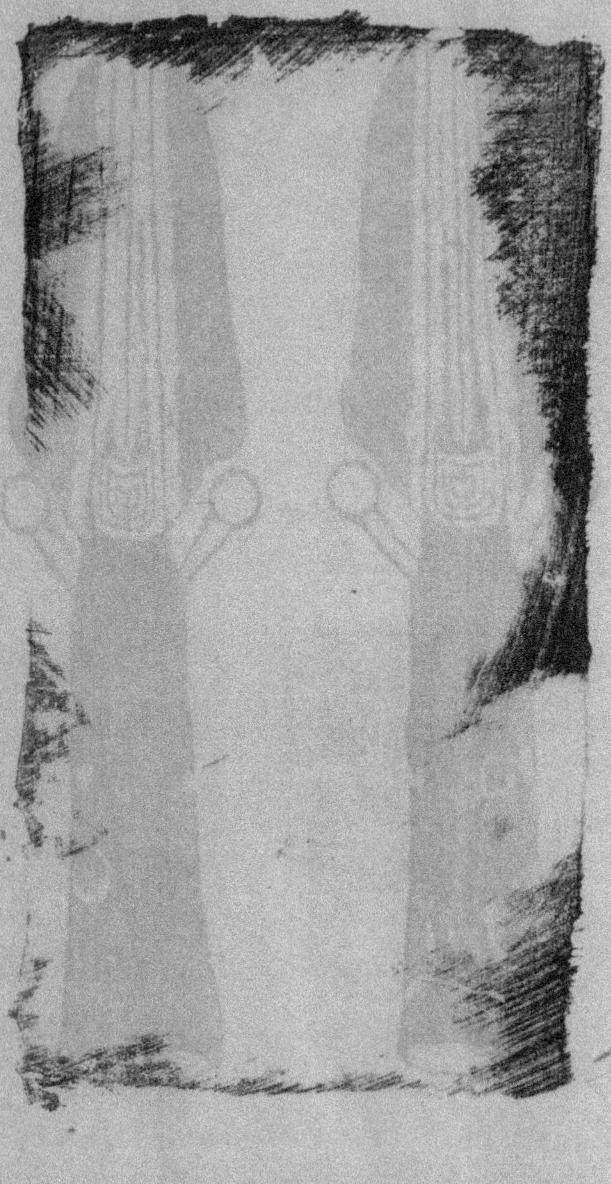

漢延光弩鐖

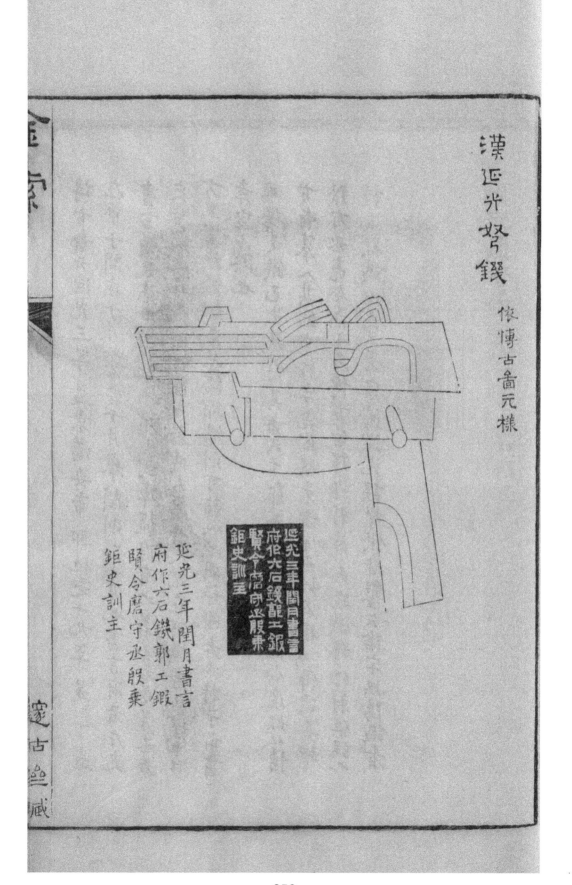

依博古圖元樣

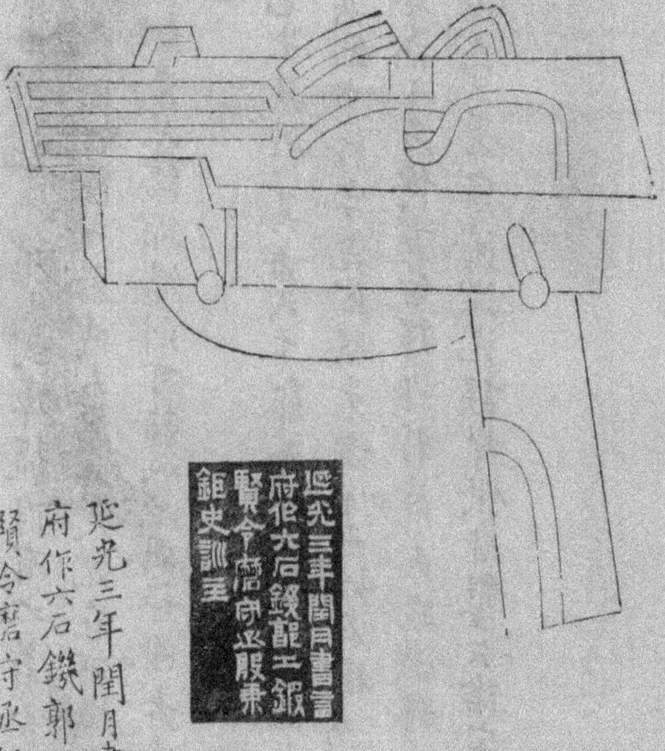

延光三年閏月書言
府作六石鐖郭工鍜
賢令磨守丞般乘
鉅史訓主

博古圖云延光三年蓋東漢安帝即位之十九年是年歲在甲子閏在十月此不言十月舉閏則知十月也書言府者左史書言猶天祿石渠之屬漢之武庫隨府有之若工若令若丞若史皆銘之於機則知除戎器戒不虞昔人尤在所慎者是機之形方且容紋鏤細若絲縷縮結則可賴此以固邦國者非特于前書孝宣之際也

鵬按是鐖已失其辟其圖式于郭面隆起處未能合度姑从博古圖摹入其銘中般字宛然般秉者守丞姓名猶鵬得延熹弩鐖有丞亮令熹之名博古圖釋作躳薛氏款識釋作射俱誤也積古款識以為二十七字陽識尤誤弩鐖皆鑿欠陰字無陽識者

漢元康弩鐖

濟東觀察何緩亝先生藏

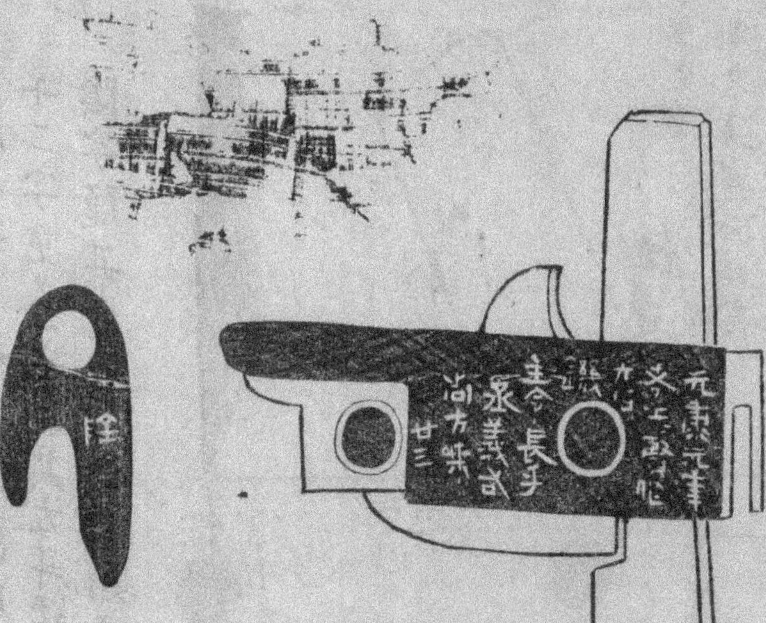

郭左銘

元康元年

考工〻賢作

六石

鐖

主令長平

丞義右

尚方乘

廿三

耳銘

陰

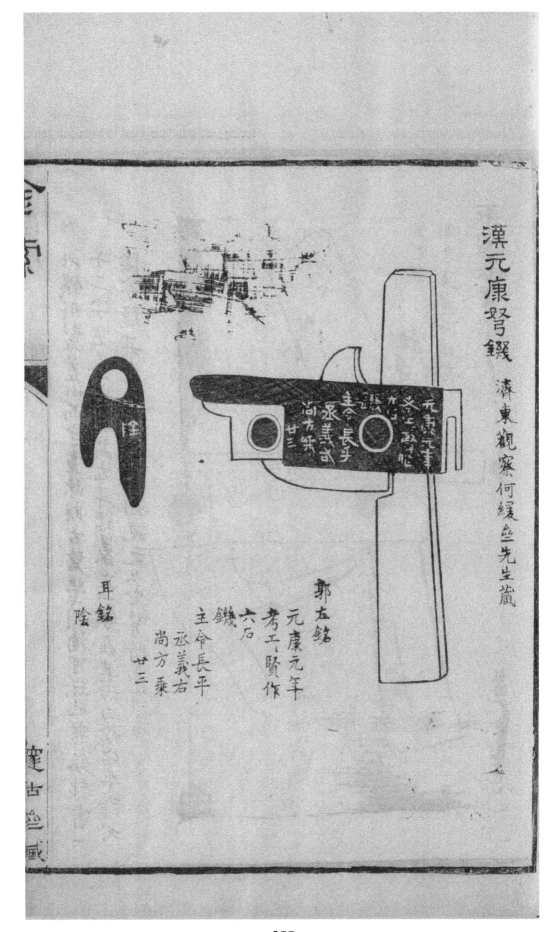

此鐵形製差小而字畫疎朗古碧瑩明潤可玩也郭銘隸書一十三字重文一字在其左耳銘篆文一字在其右曰陰侶平陰戈陰字隱其内不可見脱郤始見之亦它弩所未有者

漢建始弩鐖

濟東觀察何緩齋先生藏

郭面

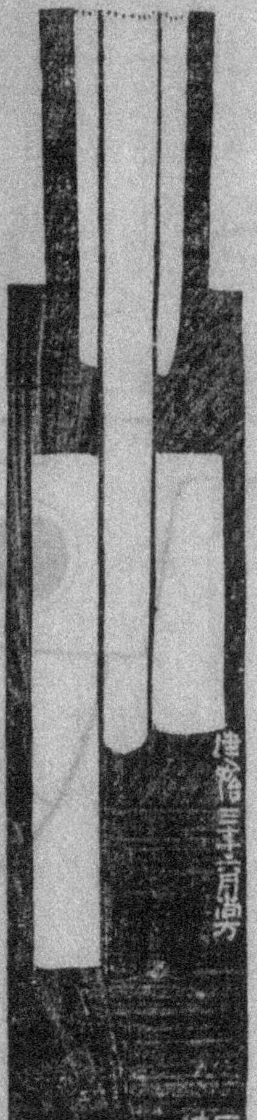

此鉞制作重大字跡細微色如翡翠郭面可見者建始三年六月尚方八字及所作二字依稀可辨其中尚有六七字為重綠凝結所掩不可臆揣考成帝建始三年上距宣帝元康改元為三十一年昔歐陽公云西漢物至難得今緩齋先生所得二鉞皆屬西漢洵可貴矣

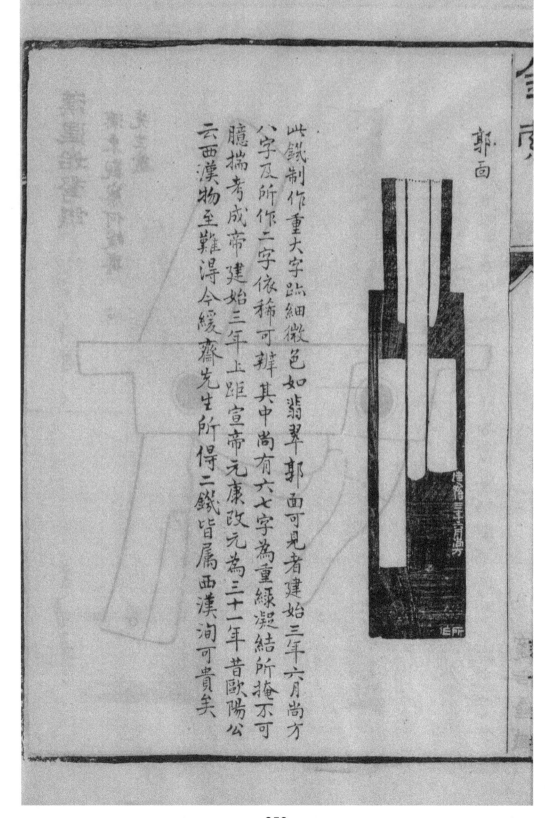

漢延熹弩鐖

舊藏顧氏渠園
今歸晏海

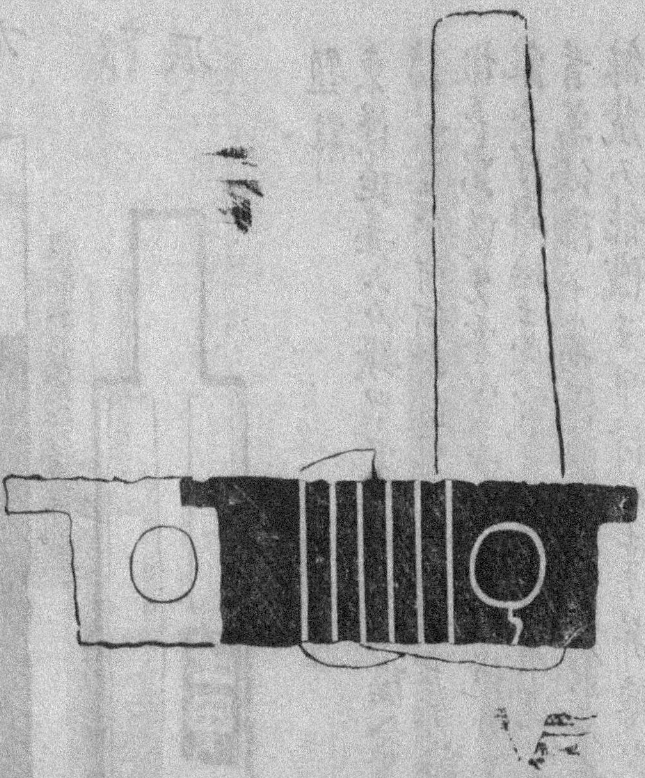

郭左銘 字畫細甚不能摹刻稍為放大

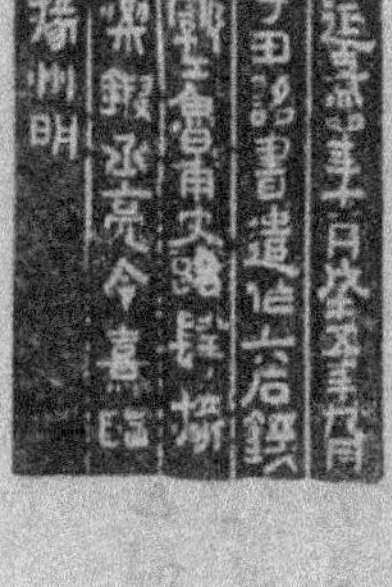

延熹四年十一月戊午五年九月丁丑詔書遣作六石鐖郭工魯甫史路肆掾樂鍛丞亮令熹臨掾州明

按延熹四年五年漢桓帝之十五十六年也蓋兩奉詔書而作鐖

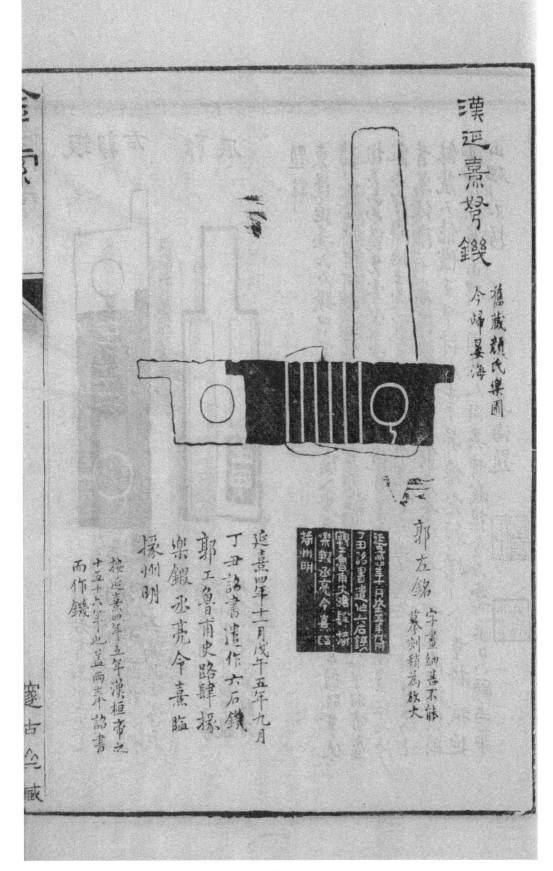

鐖郭右

郭底

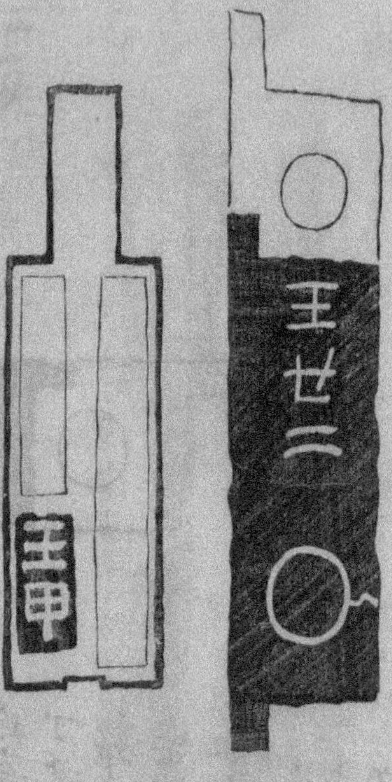

郭右有王廿二之文猶它弩之有兒十四法世也盖守機者姓廿二其編列之次第

郭底有王甲二字在小孔之下藏于腹内裹弩不見脱乃見之

題辭

東漢延熹六石鐖四十字細如游絲隐入碧蘚半不見豪芒剖別彳依稀郭工魯甫何時造四年五年雙奉詔是二年間正多事羽書疊檄長安道先零零吾勒姐羌寇及三輔吞并涼五溪蠻叛長沙亂太守犇逃士民竄車騎將軍馮皇卿盪寇決勇神兜鍪誅首萬級降十萬得非此弩成勛名千年重器難磨泐樂圃能藏不能識王甲何人幸并傳究轉歸余重拂拭延熹四年華山碑不同其人同其時我想金石壽永久願与華山碑不朽

庚辰七夕晏海題

漢建安弩鐖

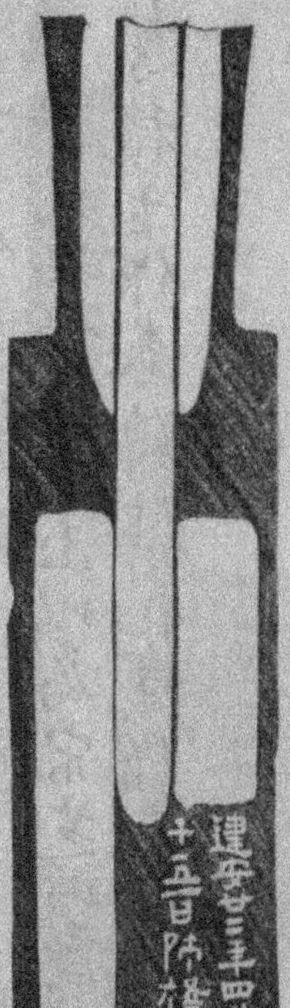

建安廿三年四月十三日所市八千五百師稽福

積古款識云建安廿二年東漢獻帝之二十九年師同師見靈臺碑師者工師也稽福其姓名

右中郎將弩鐖

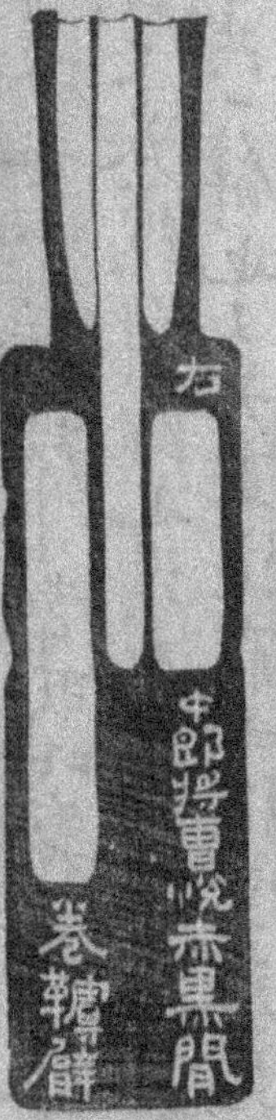

右中郎將曹悅赤黑閒卷轉辟

積古款識云續漢書百官志右中郎將比二千石曹悅史無考轉讀為郭卷束也赤黑閒當是弩名古弩有名黃閒者見漢李廣傳註有名紫閒者見陸機七導云操紫閒之神機是也

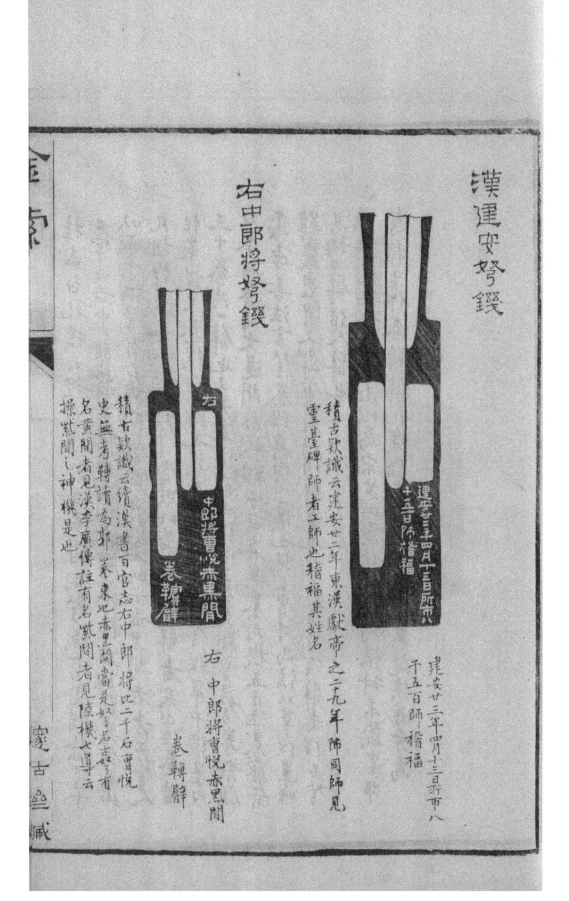

桂未谷札樸云程君敦於西安得銅弩機有金錯隸書十二字云右中郎將曾悅赤黑閒拳韝辟陸君繩剔其金而拓以示予按弩有名黃閒紫閒白閒者此云赤黑閒者考工記弓人凡相幹欲赤黑而陽聲當取此義拳韝辟者拳正作絭借作拳說文絭纕辟繩也漢李陵傳發連弩躲單于張晏曰三十拳共一辟也又矢盡道窮士張空拳文穎曰弓弩拳也亦顏曰拳与絭同文選閒居賦谿子巨黍異絭同機五臣注絭發箭處李善注言弩絭雖異而同一機也說文冑司馬法从革作鞸此韝變由从冑又加寸冑辟謂辟沓也說文弩弓有辟者釋名弩其柄曰辟似人辟也

鵬按建安弩金石志以為宋芝山藏積古以為張叔未藏中郎弩積古作巻韝辟札樸作巻韝辟兩存其說俟再考焉

薛弩機

黄小松拓本未定時代

正面

右側

左側

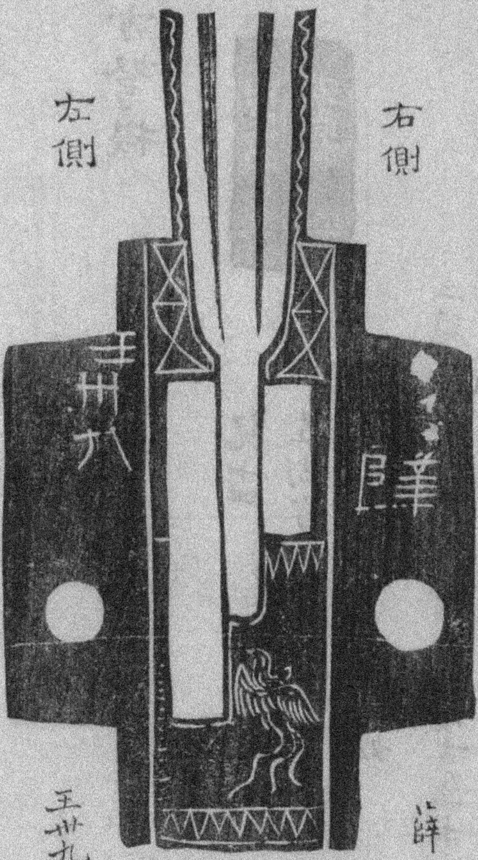

王艽

薛

右側薛字左側王艽其款識甚簡正面嵌銀絲刻度數拓本合為一非此制獨巨也

底

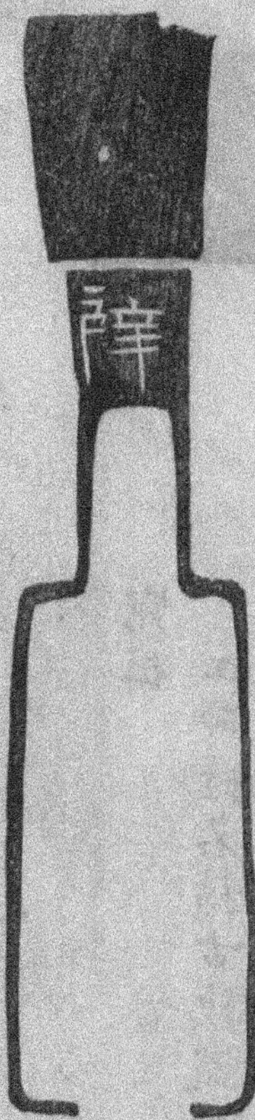

薛

一字在郭底曲上向外篆

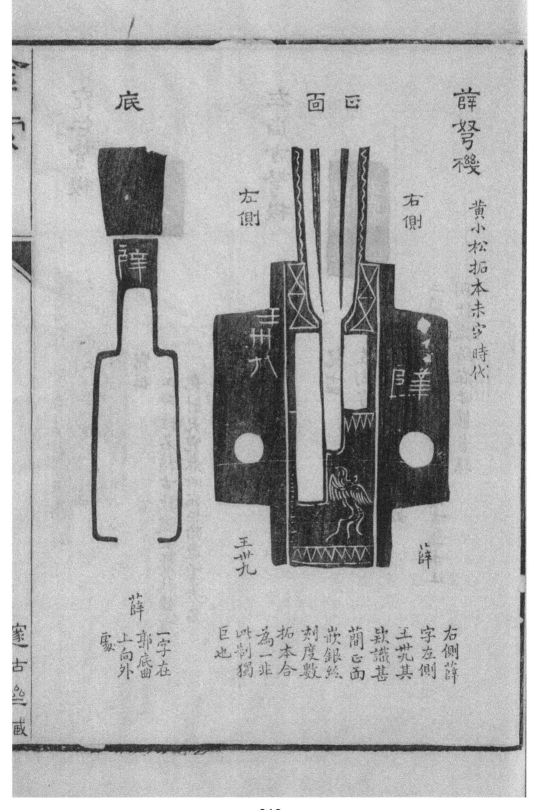

宛仁弩機

宛仁

工師姓名積古款識云春秋傳有宛射犬宛春此宛仁殆造弩者名

左尚方弩機

皃十四

左尚方　十一

皃即倪亦工師之姓

二器為阮芸臺先生所藏積古齋未注明款識所在未能備錄

蜀漢景耀八石弩鐖

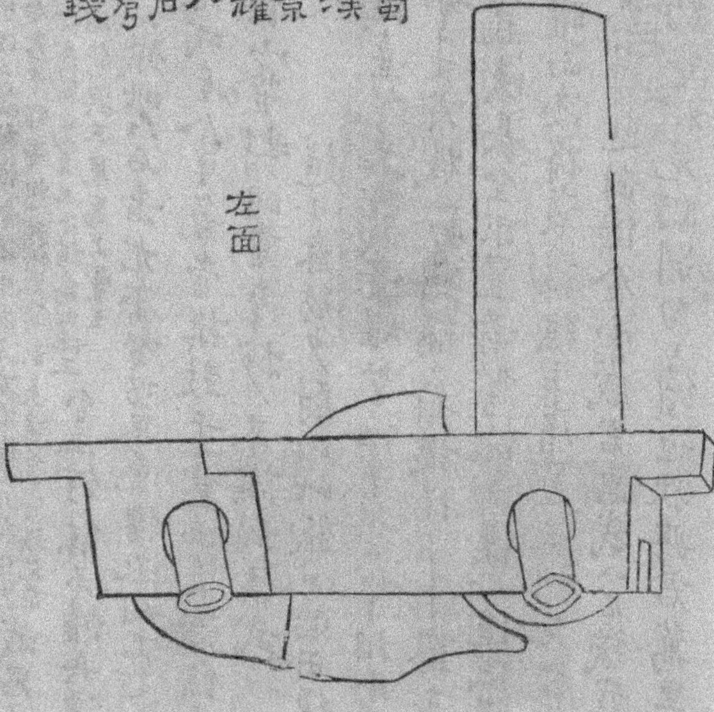

此鐖係齊東少尉陸春舫在甘肅時掘土所得一獲五弩三弩無文此其一器今贈晏海景曜二年蜀後主之卅七年也

郭右面

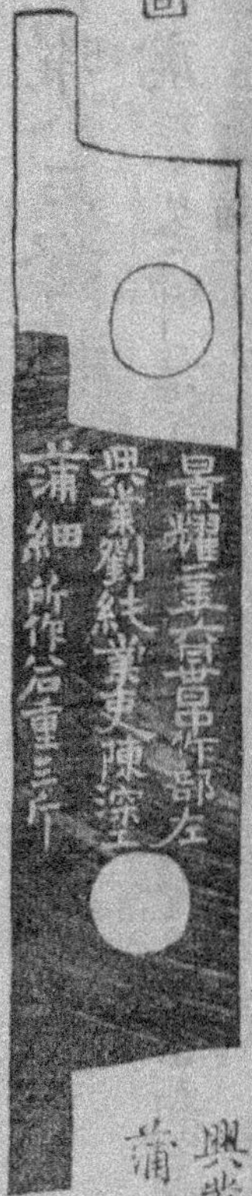

郭右楷書三十一字
景耀四年六月廿日中作部左
興業劉純業吏陳深工
蒲細所作八石重三斤

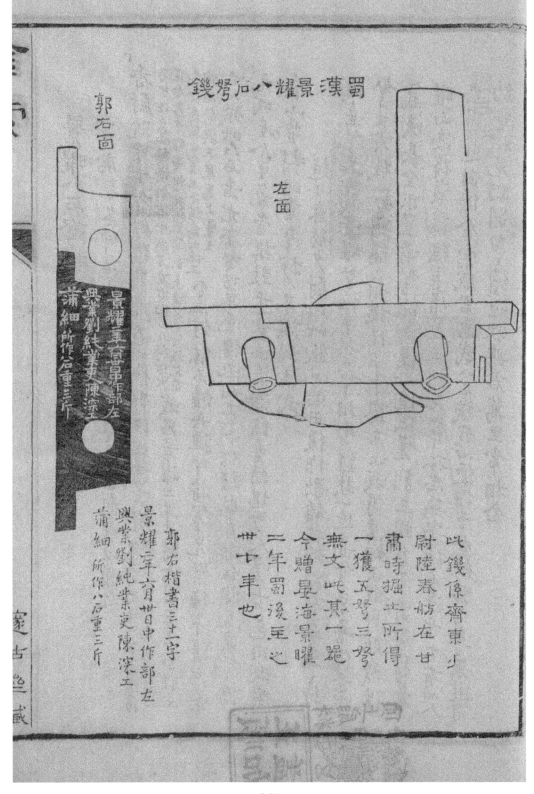

景曜八石弩機歌二章贈陸少尉議

庚辰冬仲陸少尉自齊東携弩機來觀歌以贈之

香尉耽于古弩鐖獲其五此在中作部絶勝書言府（欲識内中作二字并書初觀但席字為别鑄出）乃中作二字按漢制有中尚方左右尚方及將作大匠今名中作部想稍變其制矣書言府鐖見前 我思景曜二年時六月三王分胙土 志稱是年是月立子諶為北地王恂為新興王虔為上黨王 分土何能不備兵彊弩將軍先禦侮予得延熹六石鐖此八石者尤奮努巧思曾傳丞相亮制作精堅森部伍損益連弩弩歸元戎至今生氣當旗鼓千載出泥塗餘勇猶堪貫人嗟古色斑我漢良工苦對此重摩挲乃識武侯武

越日春舫少尉以此鐖見貽因復作歌贈之時將有粤東之行

延熹弩黑如鐵景曜弩紅于血二弩相當難缺一延熹弩東魯得景曜弩甘肅握二弩相隔不相識陸子來齊東示我蜀漢銅示我即貽我浩氣凌長空取置前弩側兩漢如追風嗟哉三國分爭蜀勢弱景曜而後將衰落後主庸愚丞相死一片孤忠無寄托不逢千古有心人安得遺制傳金索感君惠我八石鐖我心便作千金劍君向粤東遊有約重相見臨別匆匆續短歌與君萬里常相念

魏正始弩鐖

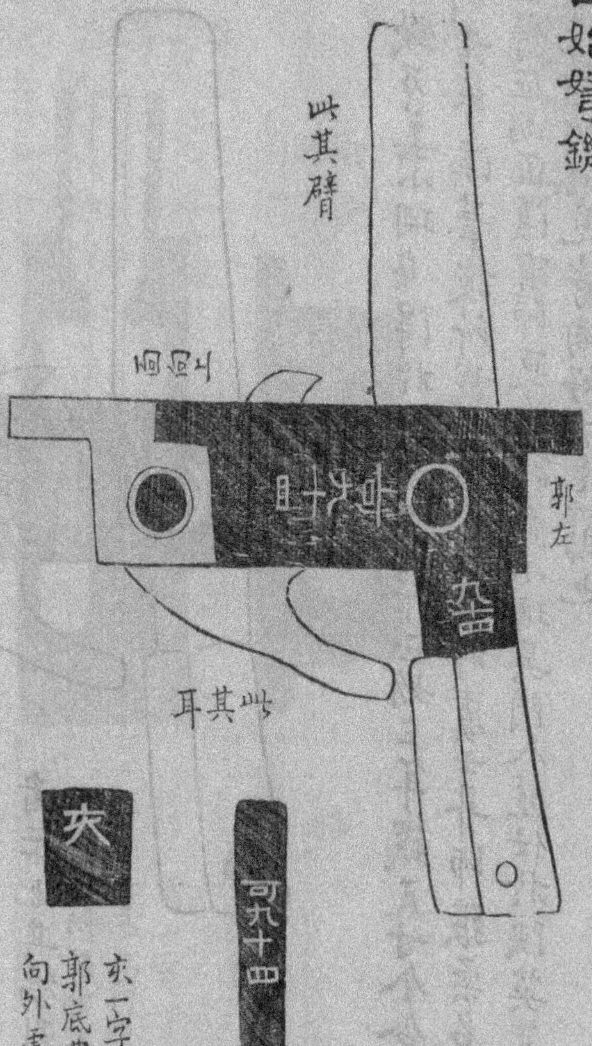

亥一字在郭底曲上向外處

四字在耳

正始二年五月十日左尚方造監作吏鼂泉耳匠馮廣師郭亥臂匠江子師項种

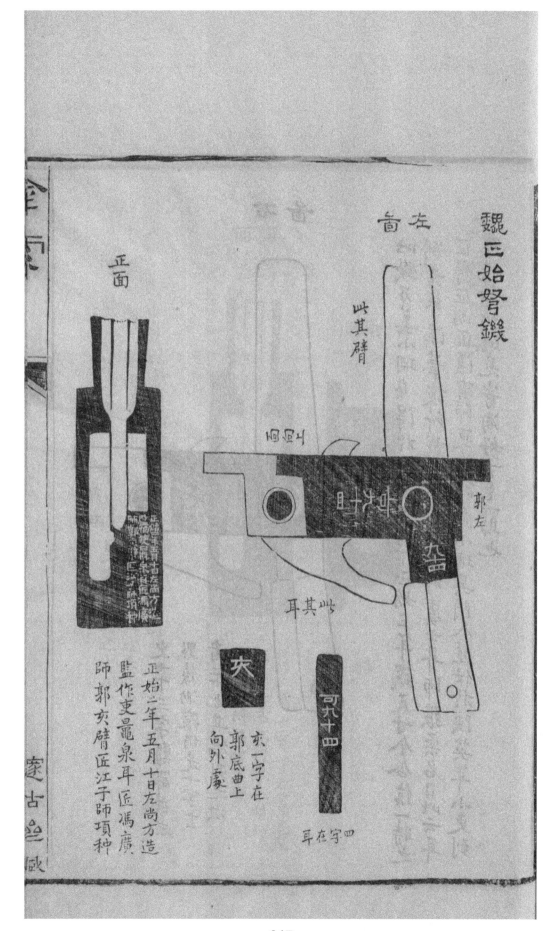

右畵

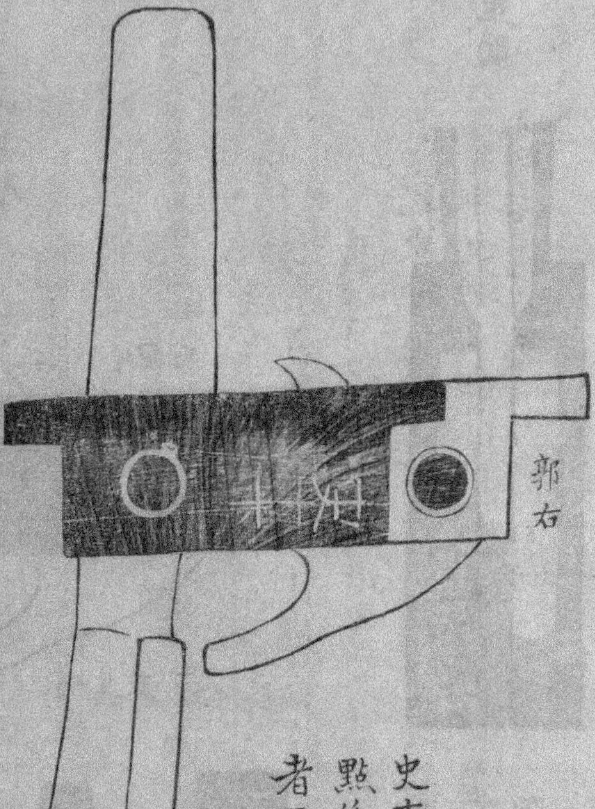

史十卞三字難解或宗點係泐痕仍是十字十者二十也其編列之次

此鐵乃姜小珊崇得於長安者與下正始三年鐵尺寸全合信一時之制考夢溪筆談所載弩鐵有臂師虞士耳師張柔名目此云耳匠臂匠而匠復有師更為詳悉小珊吳門人筮仕於陝英年小吏到陝時即拓此見寄洵好古之一助也

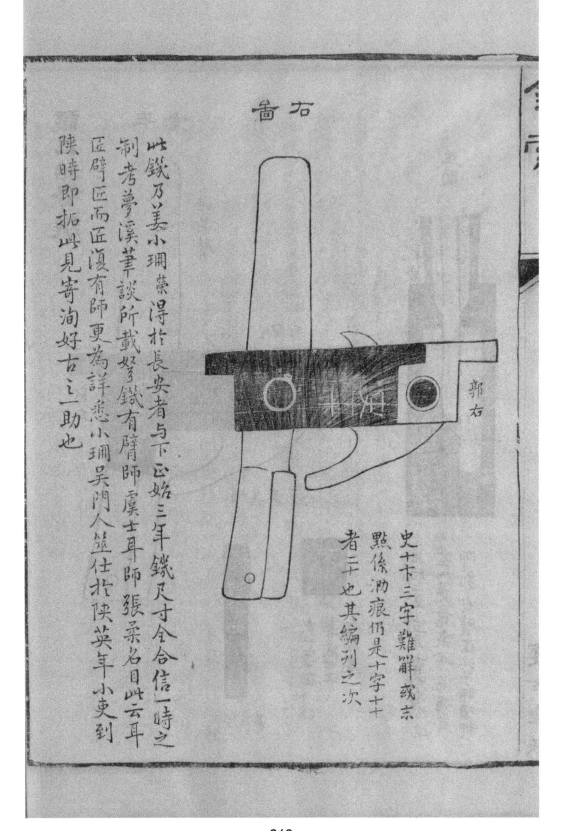

魏正始弩機

曲阜顔心盦拓本

右側

楊　百一

正面

正始三年十二月卄日右尚方造監
作吏李貞匠待詔孟胡師
左轉駐待詔李昌明

按曹魏帝芳北魏宣武皆有正始三年此款識工整近于魏隸因
屬之曹魏其昌明下尚有二字極泐難辨故去之郭右楊字或為
造弩者姓或為用弩者姓百一其編列之次也

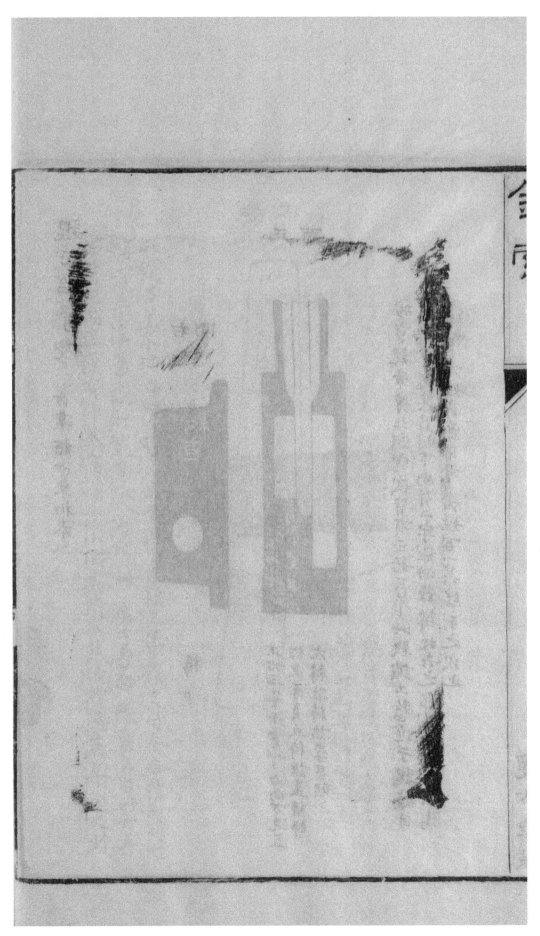

晉太和弩機

江都汪孟慈藏

太和元年十二月三日左尚方治弩一具監作史炅傷司馬楊式髀師黑所置紫閒

嘉慶己卯正月二十九日鵬與汪中翰孟慈熹孫遊曲阜見此器于樂圃甚愛之挲摩不置主人見贈以魯縞四端酬之鵬考東晉帝與北魏孝文皆有太和年號此當是東晉時物炅傷者監作史之姓名炅音桂漢太尉陳球碑有成陽炅橫景君碑有炅詩魏元丕碑有炅褒桂氏札樸引集韻云秦博士桂貞之後改姓炅漢末炅橫被誅有四子一守墓姓炅一避難徐州姓香一居幽州姓桂一居華陽姓炔四字皆九畫一音也

鵰又考臂師者造弩臂之師逸雅云弩怒也有怒勢也其柄曰臂似人臂也夢溪筆談云鄆州發地得銅弩機其側有刻文臂師虞士耳師張柔令此弩黑下三字磨泐難辨末一閒字尚明姑釋作所置紫閒晉陸機七導云操紫閒之神機也

東晉永昌椎

黃小松司馬藏

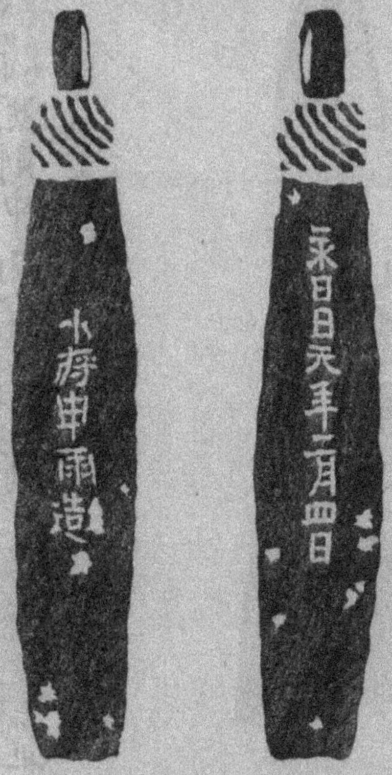

一面 永昌元年二月四日

一面 小將申雨造

永昌紀年東晉元帝之六年也

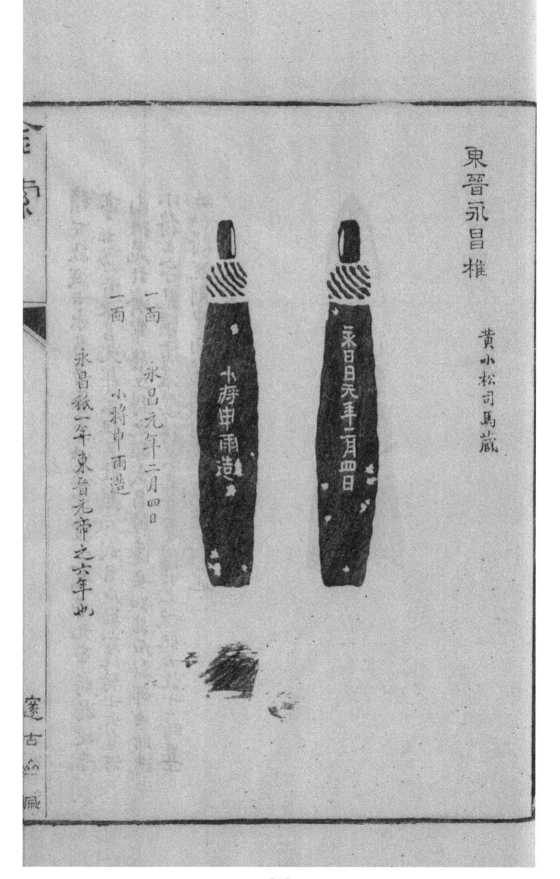

積古款識云永昌著年不一此據字體定之為晉元帝時物段赤亭松苓云永昌元年不但王敦舉兵武昌石勒亦遣騎士大寇河南此器於濟寧發土得之距武昌較遠安知非石勒部曲所造小將二字見漢書灌嬰傳吳志丁奉傳北史魏紀云放十二時置十二小將然則申兩實為小將非撝謙之詞也

東晉永昌槍

黃小松司馬藏

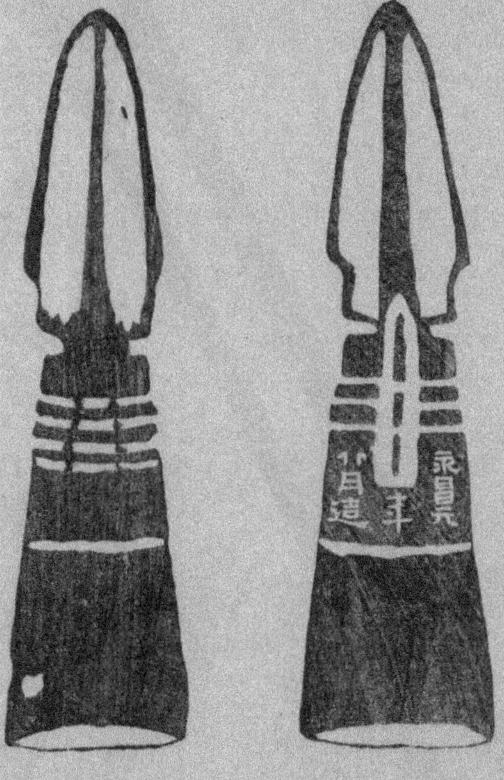

永昌元年八月造

此鎗但識年月不言何人所造

漢元嘉刀銘

從宋王復齋款識摹入
原本未言銘刻何處
想在刀背上因拓本
長故截而為二

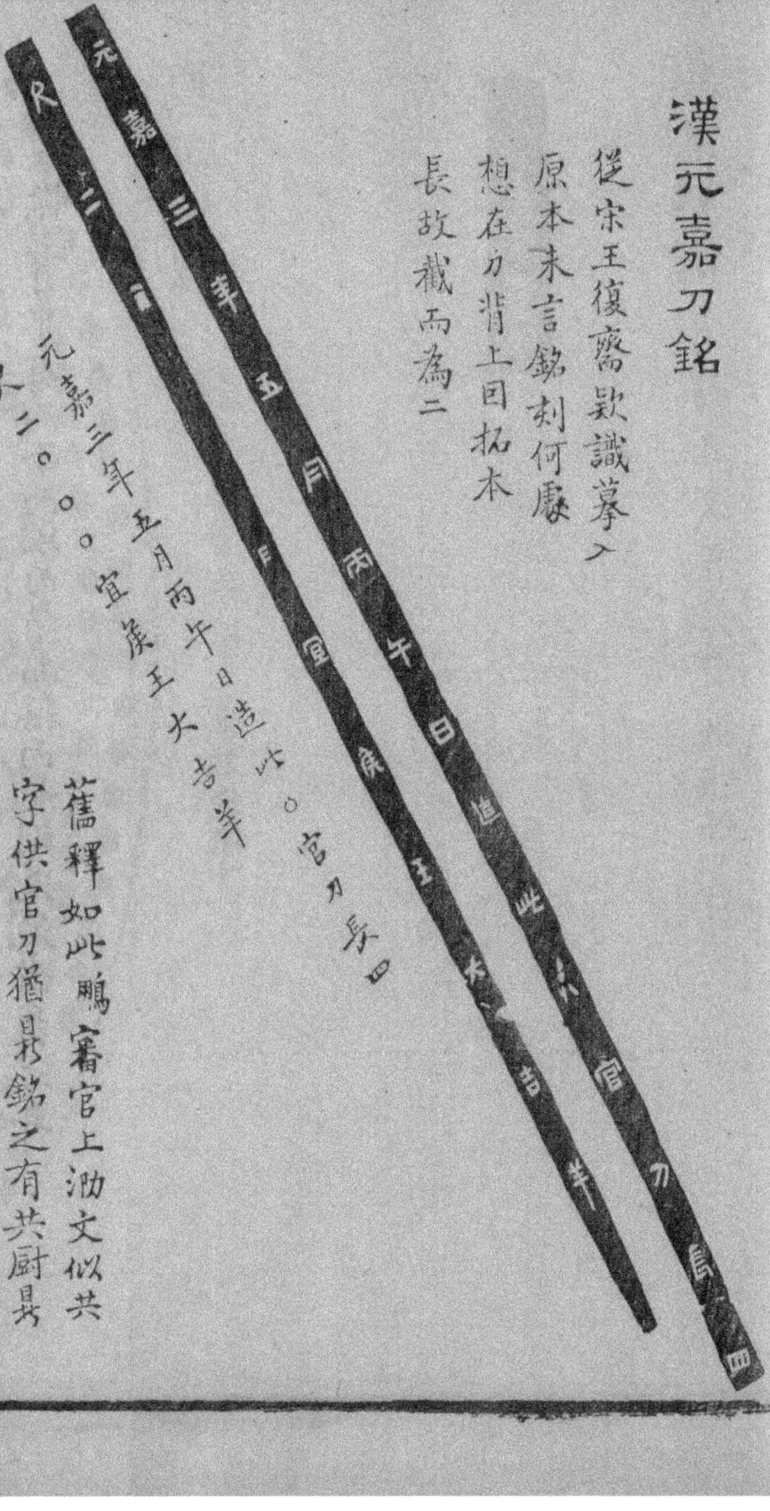

元嘉三年五月丙午日造此。官刀長四
尺二。。。宜侯王大吉羊

舊釋如此鵬審官上泐文似共
字供官刀猶县銘之有共厨具
也二下似寸字宜上似者字下半
蓋服者宜侯王大吉祥耳而未
敢補也

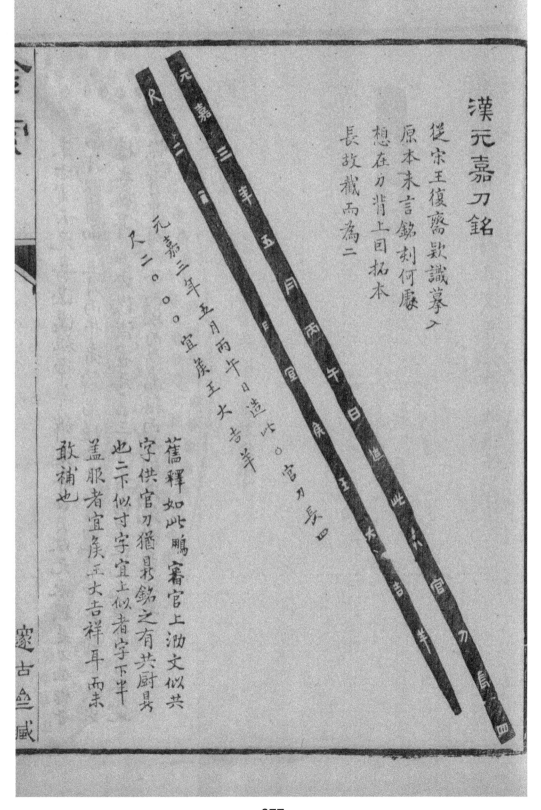

朱右甫云元嘉後漢桓帝年號是年四月改元永興是刀必作于四月以前而曰五月丙午者鑄陽燧必于五月丙午日中之時取其火德之盛耳　鵬考後漢書元嘉三年五月丙申改元永興非四月改元也惟五月中有丙子丙戌丙申而無丙午則造器者為之耳

後涼刀銘

時在東晉武帝太元十四年

麟嘉

張氏曾太云後涼呂光以晉孝武太元中據河西僭稱天王麟嘉其紀年也陶隱居刀劍錄云光以麟嘉元年造一刀長三尺六寸銘其背曰麟嘉

夏銅鼓銘

時在東晉安帝義熙四年

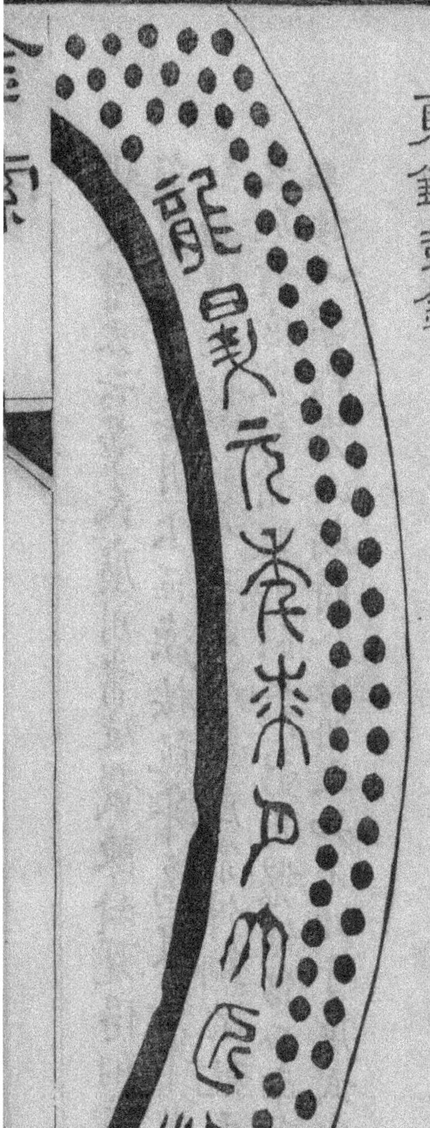

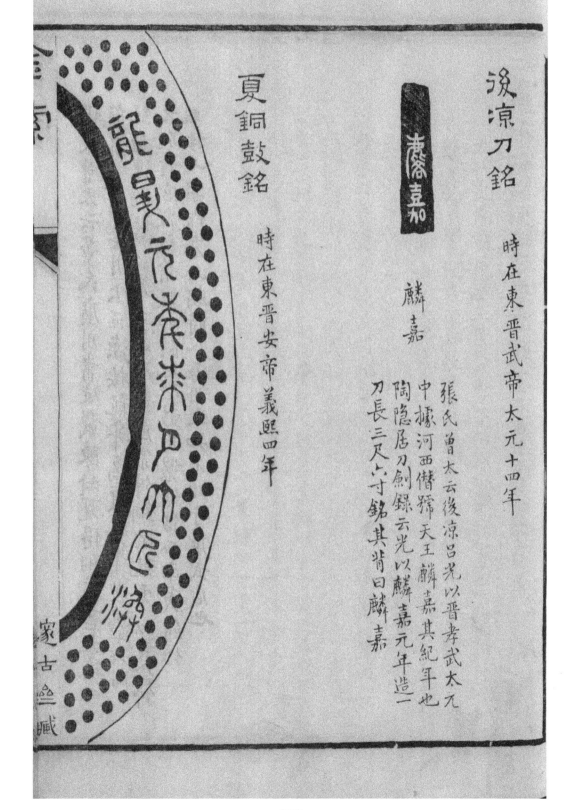

張氏曾太云董氏廣川書跋載陳尉夏得銅鼓甚大銘曰龍昇元年七月大匠渙按龍昇為夏紀年崔鴻十六國紀赫連勃勃以銅為大鼓及飛廉翁仲銅駝龍雀以黃金飾之列於宮殿之前疑即此也此鼓形製絕侶西南夷所作

鵬按七字作柰六朝時人每用之知不始于唐武后也

後梁招討使王彥章鐵鞭 舊在廟中今移貯汶上縣庫

五代史死節傳云王彥章字子明鄆州壽昌人事梁太祖為行營先鋒馬軍使末帝即位遷濮州刺史為人驍勇有力能跣足履棘行百步持一鐵鎗騎而馳突如飛軍中號王鐵鎗梁晉爭天下晉遣使招彥章彥章斬其使末帝昏亂小人趙巖張漢傑等用事大臣宿將多被讒間彥章雖為招討副使而謀不克用龍德三年晉取鄆州梁人大恐宰相敬翔以死諫曰非彥章不可乃召彥章為招討使段凝為副末帝問破敵彥章對以三日皆笑之果以三日斬浮橋破晉軍巖等懼与凝各為捷書匿彥章書末帝益疑不及彥章勒還第唐兵攻兗州末帝召彥章使守捍東路是時勝兵皆屬凝秖有保鑾五百騎皆新募之兵不可用以屬彥章兵少戰敗退保中都唐將夏魯奇舉稍刺之傷重馬踣被擒不屈見殺

鵬按汶上縣志載梁王太師廟在西門外感化橋西為彥章死節處有墓在焉蓋因晉高祖追贈太師故名其廟而不載其鞭畧矣兗州太守景繹樓先生因事至汶自縣庫取此鞭見示因爲錄之非傳其鞭傳其人也

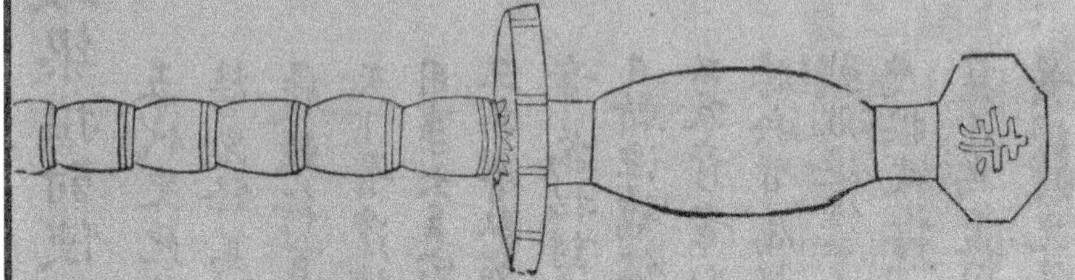

鞭以鐵為之長漢尺六尺二寸強重今秤十五斤凡十九節每節以銅條束之柄飾以木束以銅柄端如鎚四面環列赤心報国四字似鎔銅鑄就者故字色綠另摹于下

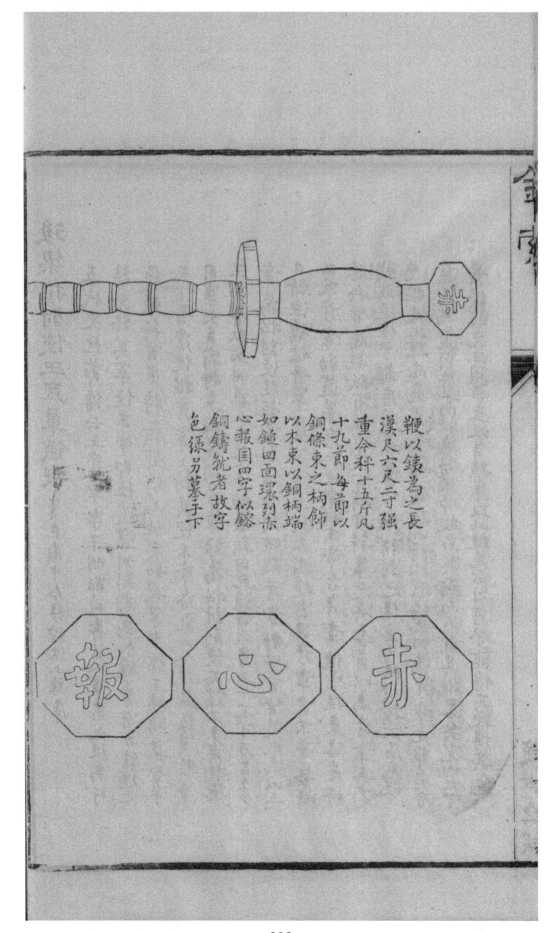

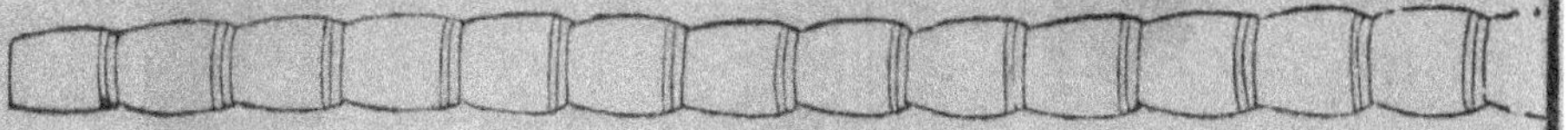

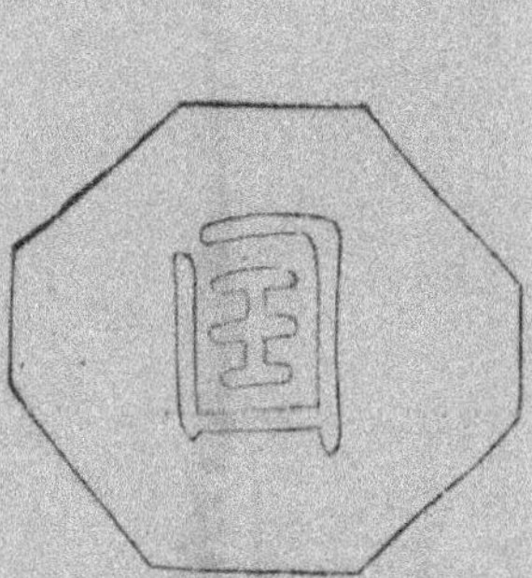

王鉄鎗威名揚十盪九决人莫當鬥鷄小兒視晉
王斬其耒使如犬羊未帝昏亂梟鴟張屢建
奇勳匿不彰老臣冤憤攄忠腸授以步卒驅沙
場失守中都一敗遍坊招討一死梁亦亡誰拾此鞭
猶收藏中都在汶西南鄉遍坊之鎮不能詳荒祠
古墓風悲涼嗟乱梁亡招討不亡人死留名鞭亦香
人死留名豹死留皮即彥章諺語 今我拂拭心傍皇凜凜猶見王鉄鎗

鉄鞭歌　雲鵬題

寰古亝藏

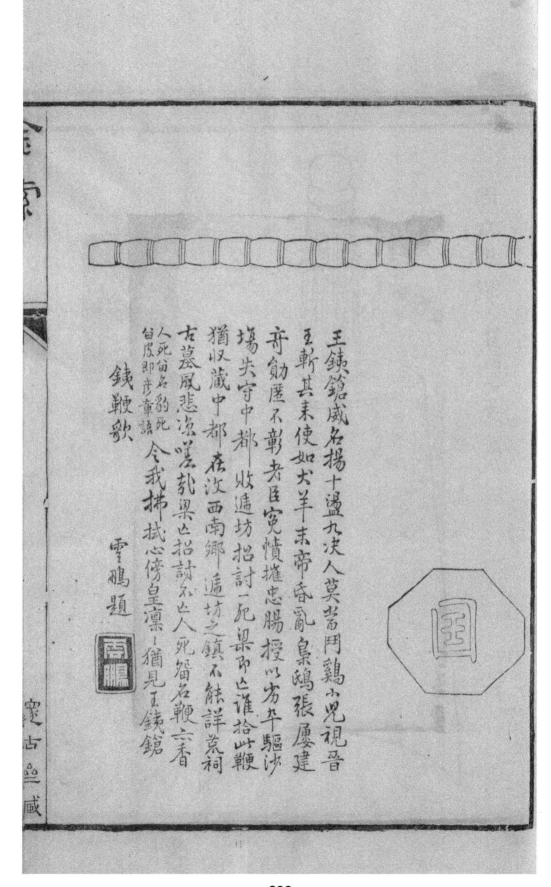

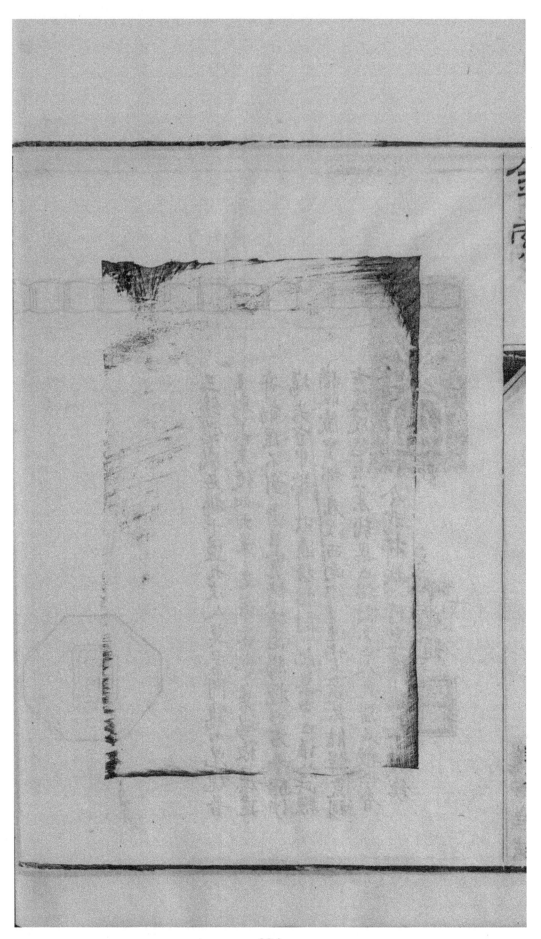

周立旗鐸

從博古圖 減小

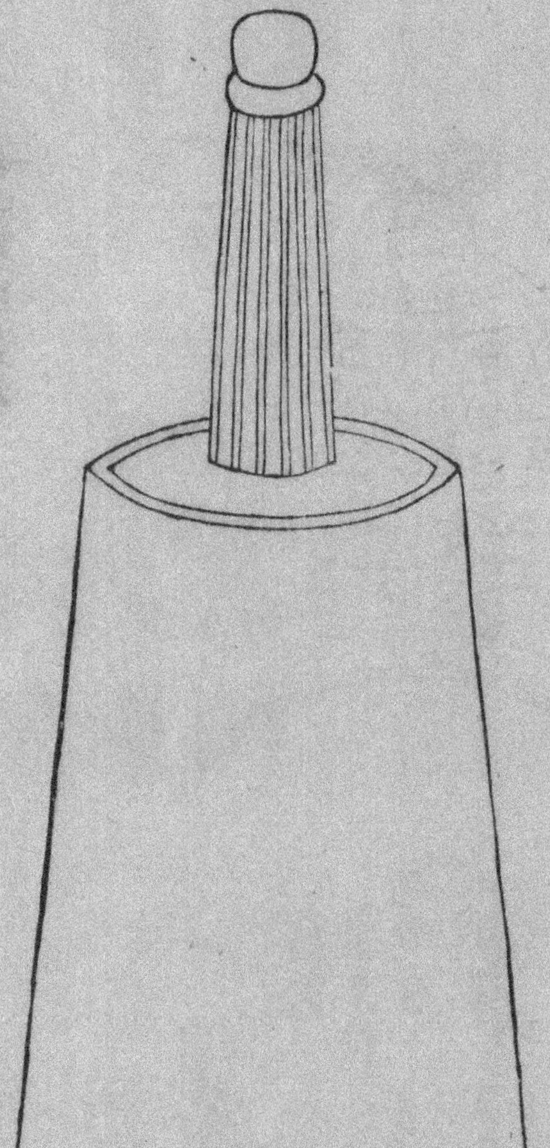

銘

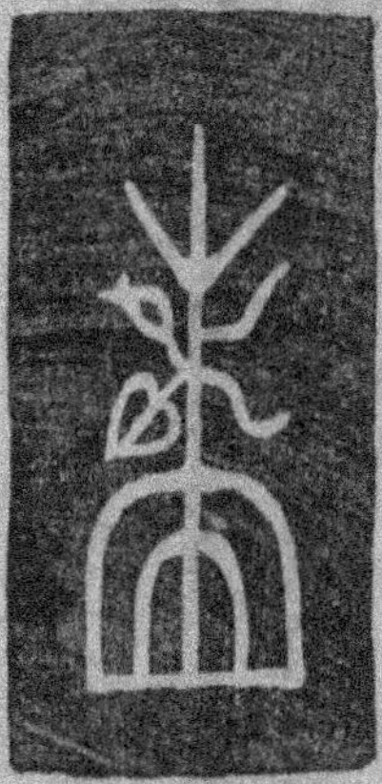

象鳳栖木之形

鵬疑是立旗之形

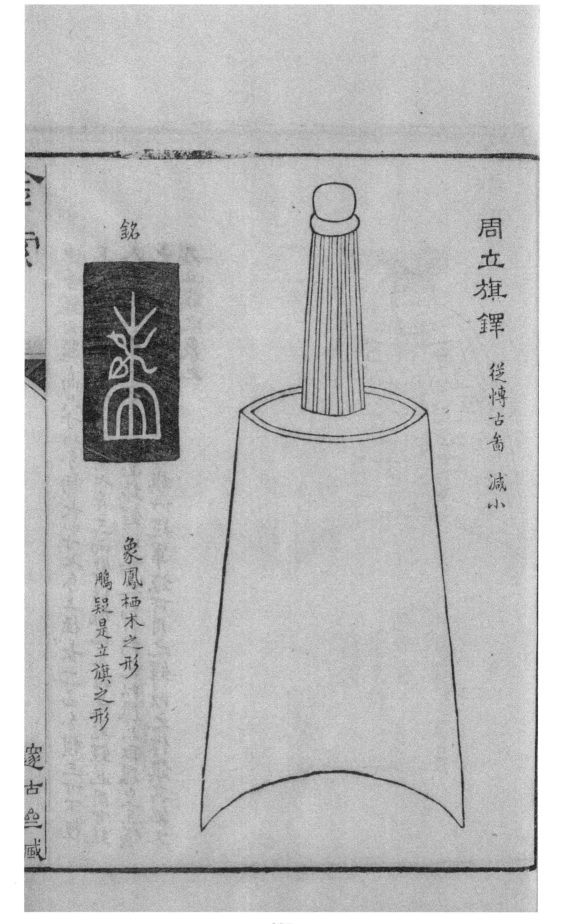

博古録云罷高六寸八分柄長四寸七分上径長二寸四分横三寸下徑長四寸四分横五寸二分重七斤三両銘作鳳栖木形是罷鐸也周官鼓人以金鐸通鼓凡樂舞必振鐸以為之節銘之以鳳亦取鳳皇來儀之象 鵬按周禮振鐸作旗此疑軍旅所用之鐸以之作旗其銘文乃立旗之象也

漢鐸

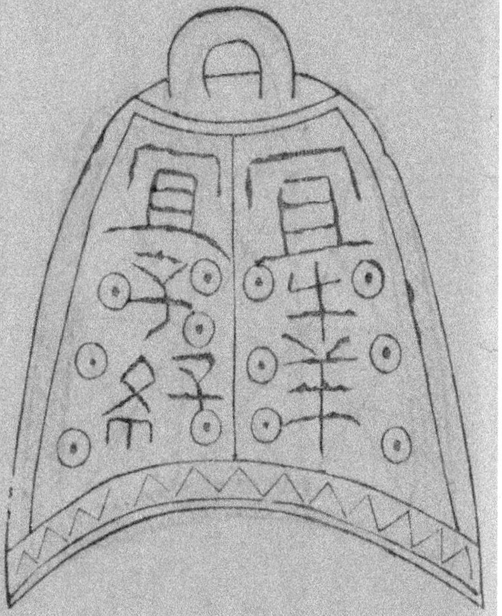

宜牛羊
宜子孫
葉東卿
所得

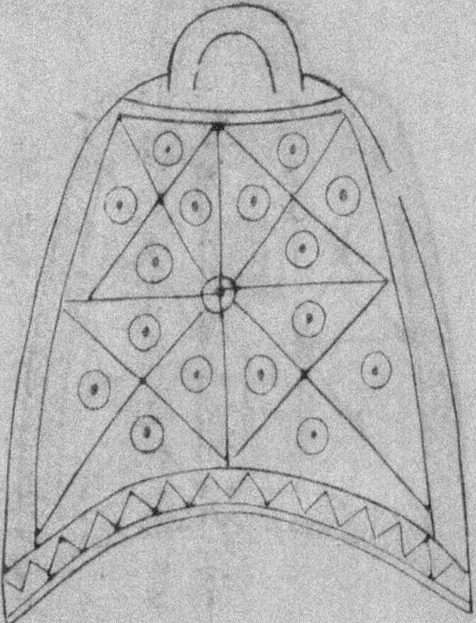

背無文

漢鐸

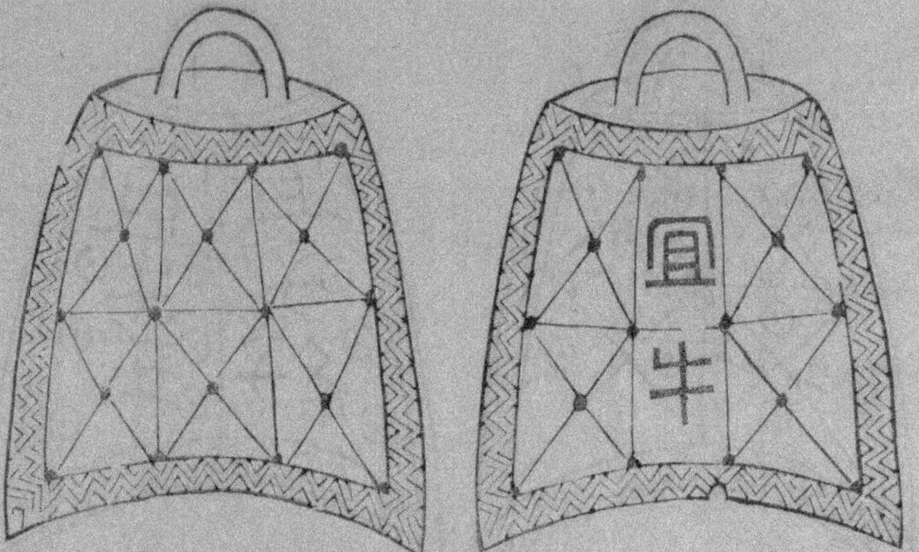

宜牛

晏海聽得

背無文

漢鐸

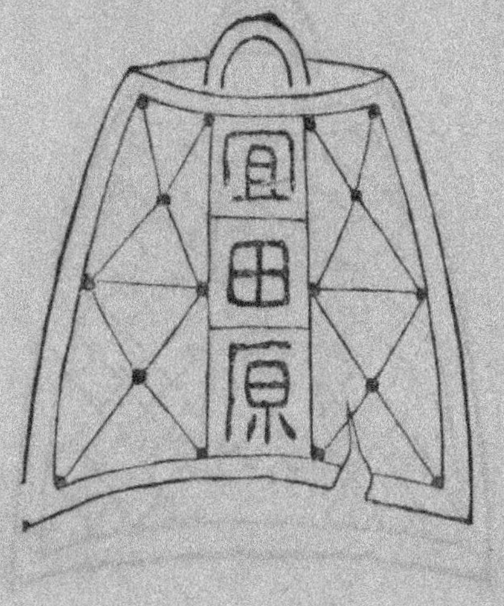

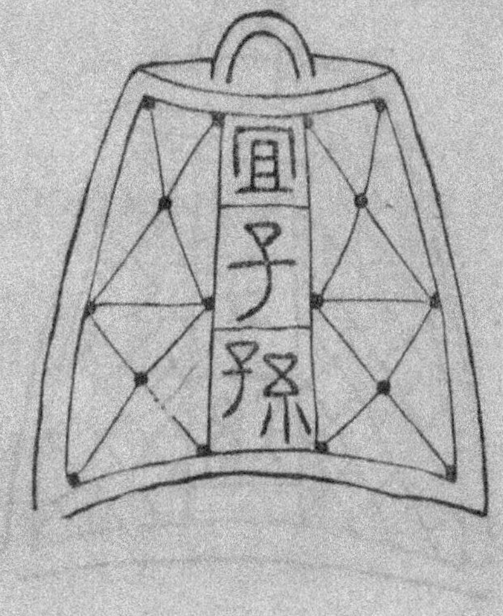

面文

宜田原

首尾二字極磨泐難辨

背文

宜子孫

此泗水縣廣文馬君所贈者與前皆牛鐸也馬君名爾泰字了然濟南孝廉勤學好古

漢鐸

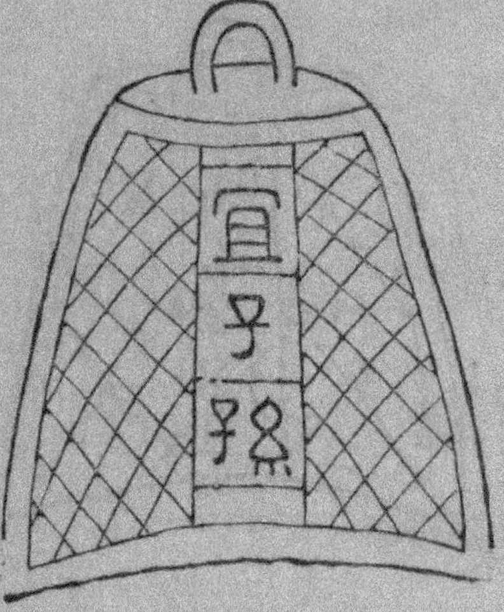

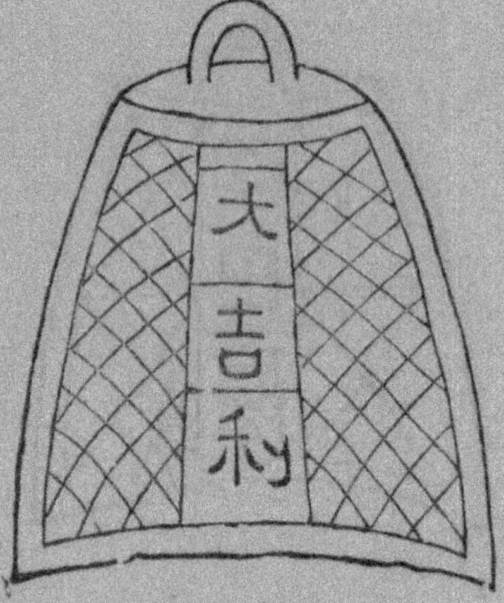

一面
宜子孫

一面
大吉利
此黃小松司馬所得

漢鐸

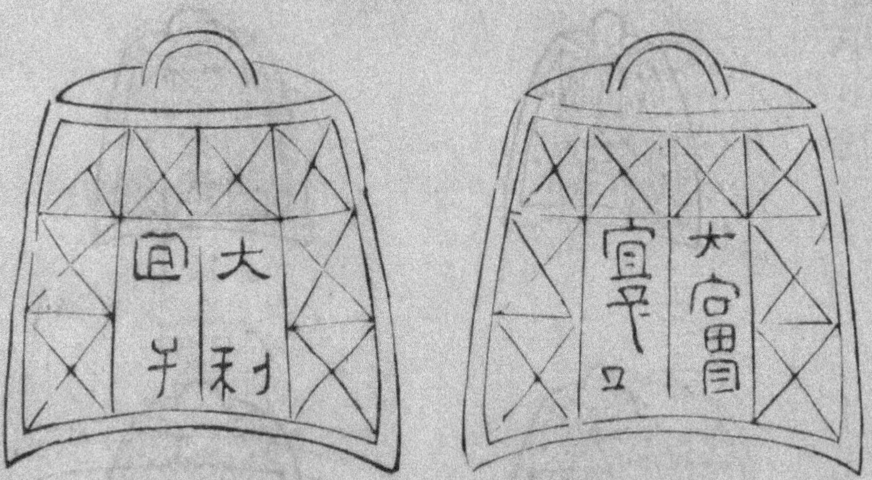

鐸一面為大富貴宜子孫一面為大利宜子其富貴二字相連以富之宗為貴之首借用亦是渻文漢人每用此法字在會意而已

小鈴

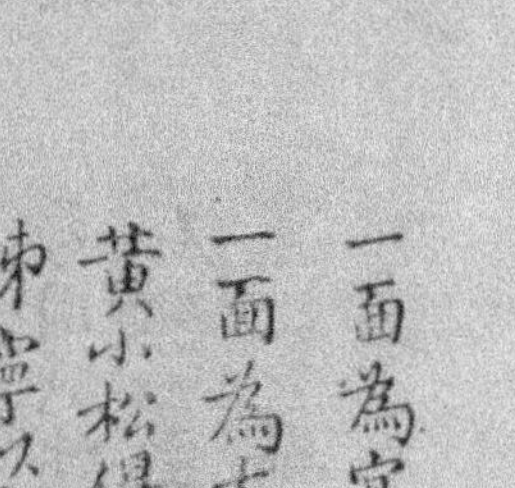

一面為宜子
一面為大吉
黃小松得之
沛寧以為古
人撒帳鈴也

小鈴

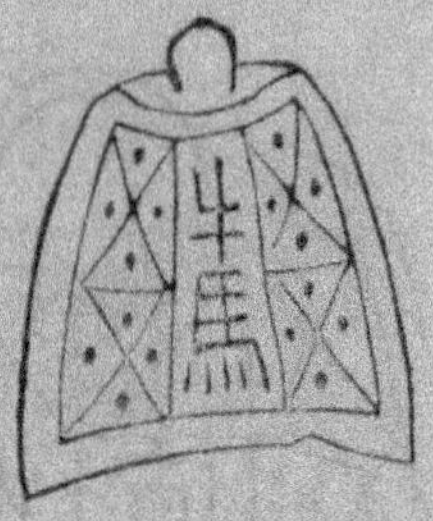

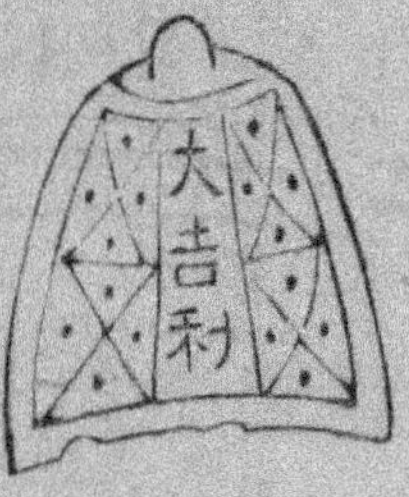

一面為牛馬
一面為大吉
吉下一字泐
从它本補之

漢永平小鈴

一面永平二年
一面宜子孫吉

按永平東漢明帝年號它鈴皆陽文此鑿陰文紀年亦異

小鈴

一面大吉利
一面無字

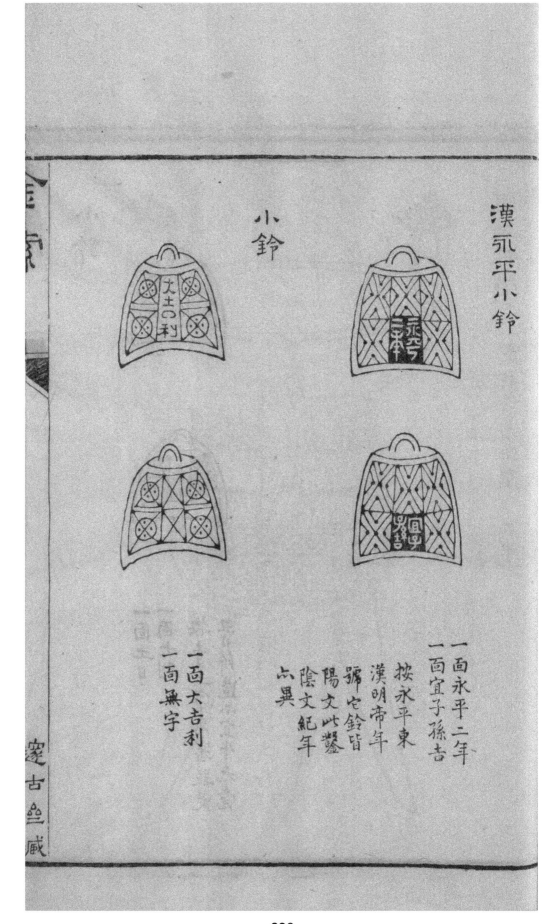

小鈴

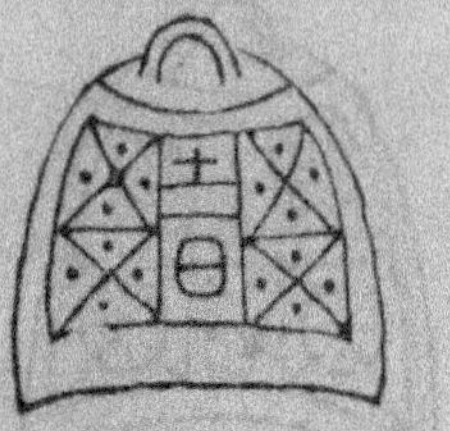

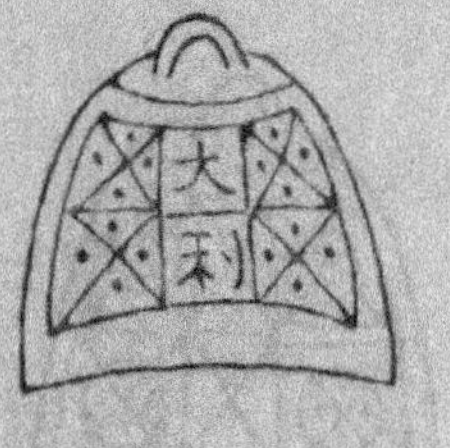

一面土日
一面大利
按土日二字未審疑是
丑日所造亦宜牛之意

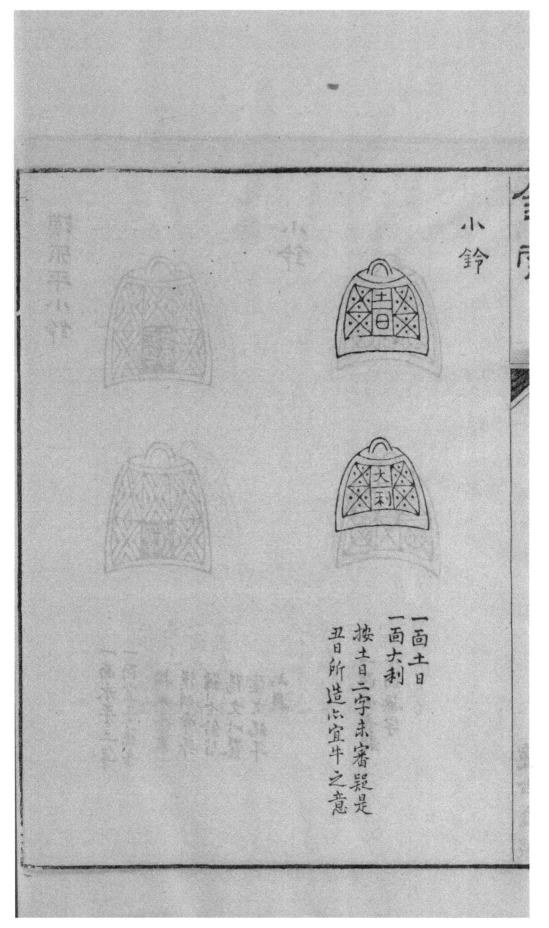

周父舟爵

漢陽葉東卿藏　縮本

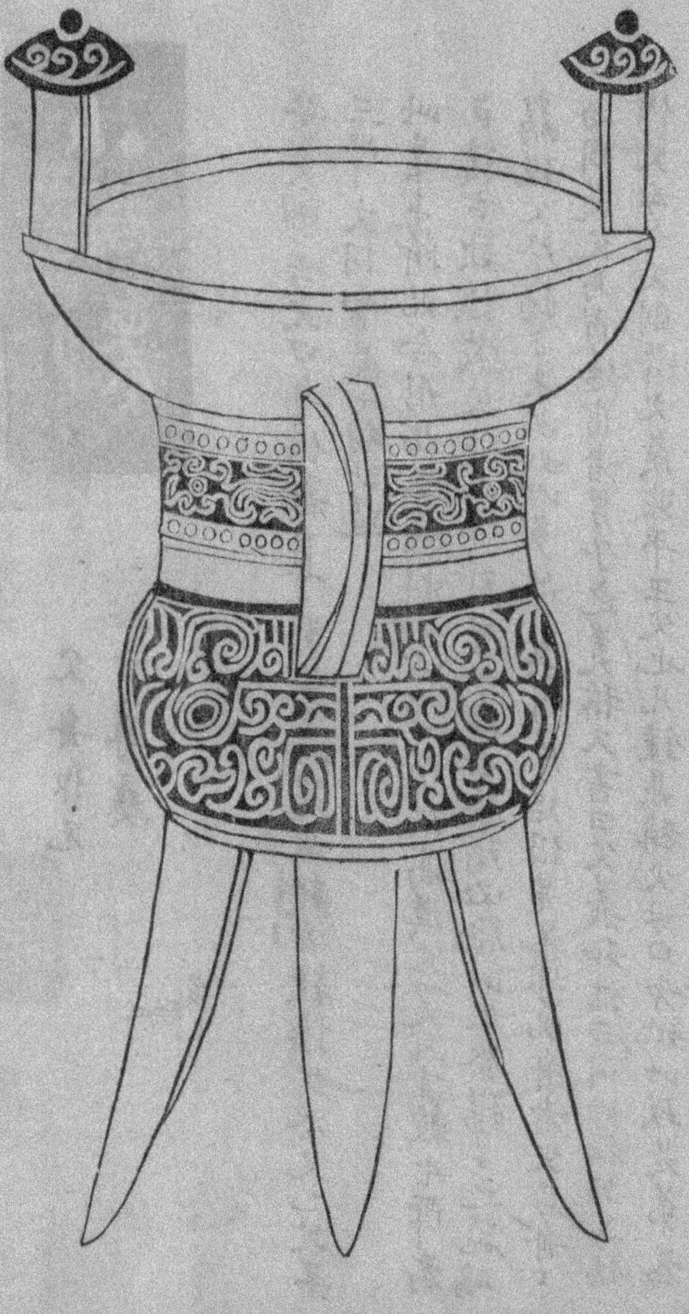

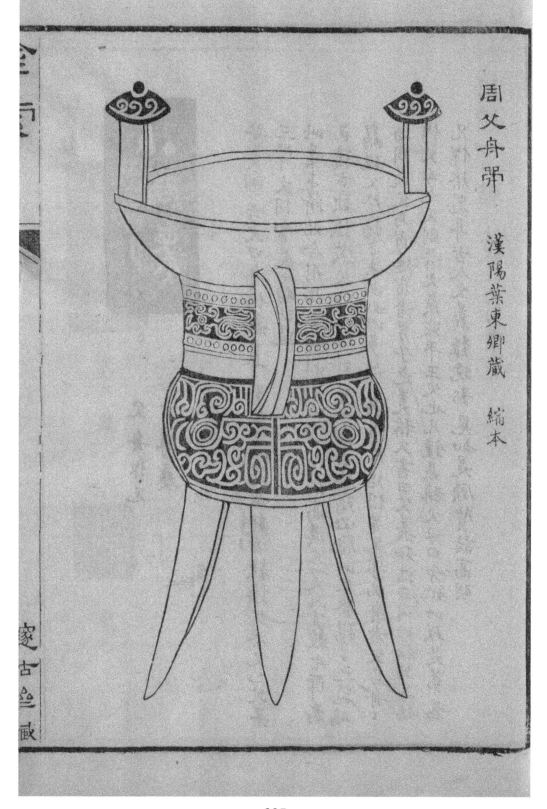

銘

父舟作兄
丁尊彝

葉東卿云文曰舟作獻尊彝父丁此器與積古款識父癸父乙父辛三斝文同當是一時所造此葉子所貽全形拓本縮刻如右斝通柄高漢尺一尺六寸較它斝為巨積古款識載父舟三斝引智子問云祭殤必厭此父祭殤子之器鵬竊疑父祭殤子未必如此多斝其舟字恐仍是兄字父舟者父名舟舟与周通父与甫通甫者男子之美稱又書曰父義和注云同姓稱父若俱作父母之父則晉文侯非平王父也凡鐘鼎稱父母曰考妣此或是弟為兄作祭器耳古人文義難曉鄙見如是願質諸高明

周彭女乚觶

蔣伯生明府藏

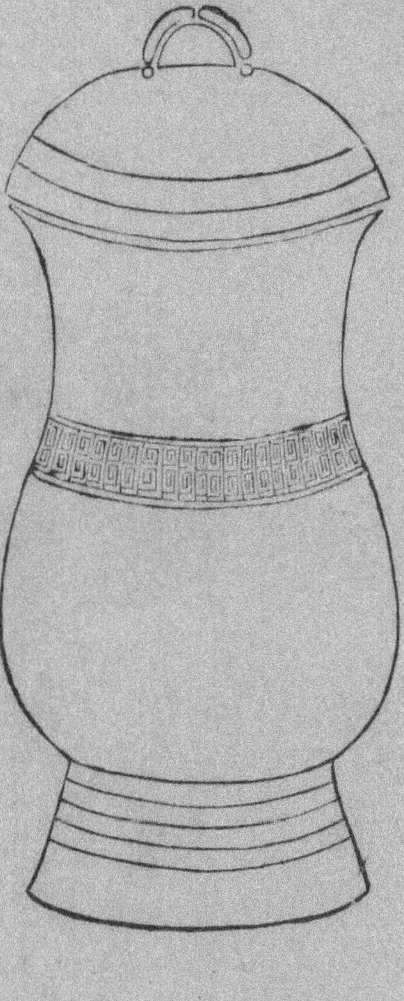

盖

彭女乚舉

器

舉

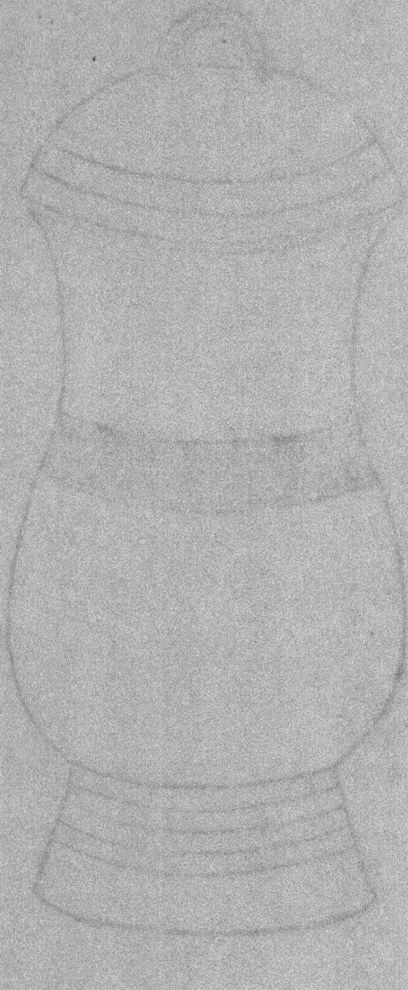

禮尊者舉爵卑者舉觶又考工記梓人為飲器勺一升爵一升觚三升獻以爵而酬以觚一獻而三酬則一豆矣鄭註勺尊升也觚當為觶豆當為斗韓氏曰二升曰觚三升曰觶康成改觚為觶理或然也陳氏曰鄉飲鄉射言獻以爵而酬以觶儀禮亦云獻以爵酬以觶按此器言彭女乙舉猶茲女乙觚之屬也

子孫角

漢陽葉東卿藏

縮本

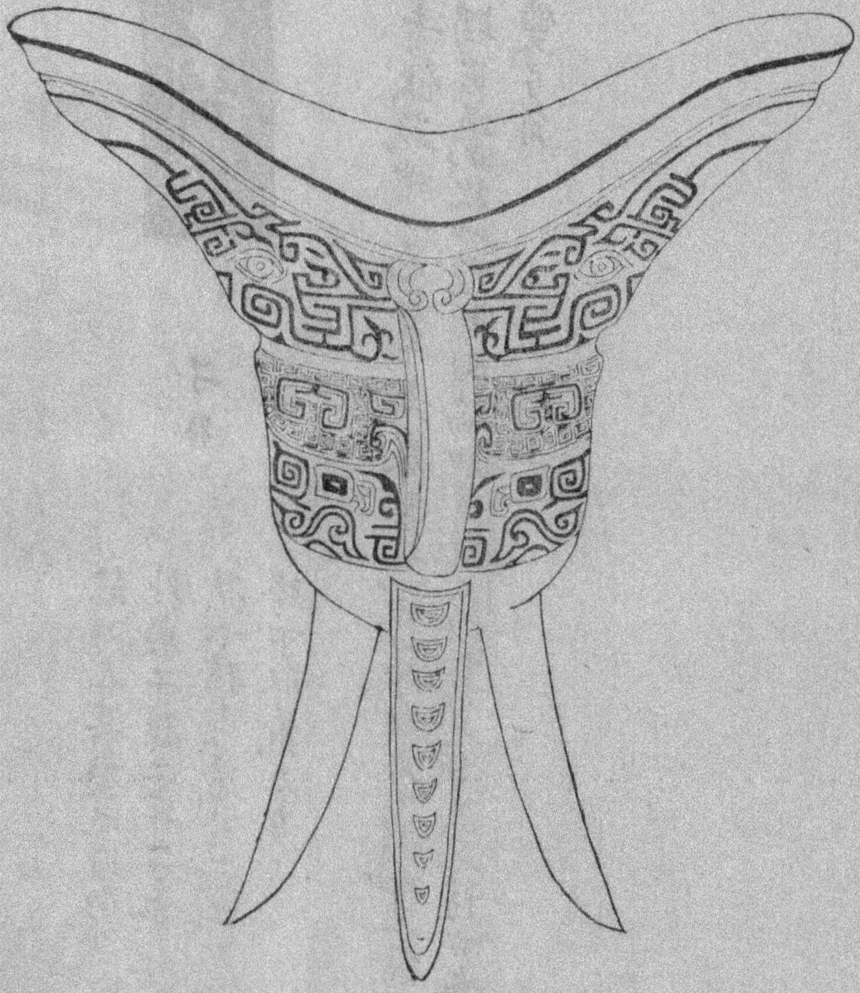

銘

子孫

銘亦在其鋬之内向外處子孫二字子大孫小孫即藏於子之胯下取義亦古

角者飲器禮〻器云卑者舉角疏云四升曰角〻觸也不能自適觸罪過也故此形制兩端如角銳不似爵之有流也博古圖亦有雙弓角

指南車飾

旁無題識
未定時代

元朱德潤古玉圖云右車飾以黍尺度高一尺四寸二分下長七寸四分轄木口負徑三寸七分管立木口負徑三寸七分琢玉爲人形手常指南足底通負竅作旋轉軸踏于蚩尤之上延祐中獲觀于姚牧菴承旨處鵬曾在姑蘇肆中見一銅人制度相似疑戰車所用因摹刻于戈弩之後

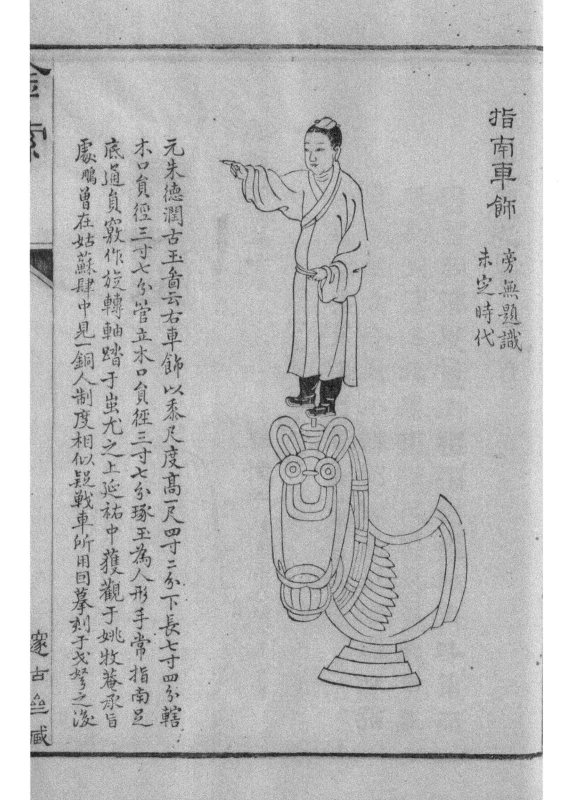

量度之屬 二之下

書言同律度量衡禮稱正權概角斗甬而其制失傳〻〻者秦權漢尺莽嘉量數事蓋寡〻也古今大小殊制短長異宜難以強合茲就其有銘刻者集量度之屬

秦權一 河南李氏

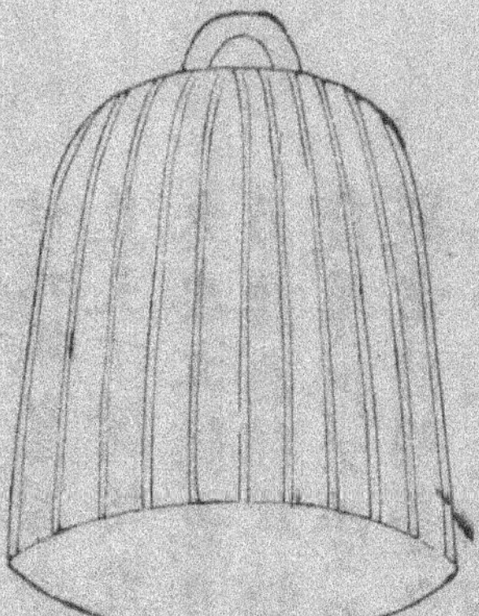

秦權二 河東王氏 俱从考古圖

權銘一

廿六年皇帝盡并
兼天下諸侯黔首
大安立號為皇帝
乃詔丞相狀綰法
度量則不壹歉
疑者皆明壹之
元年制詔丞相斯
去疾法度量盡始
皇帝為之者有刻
辭焉今襲號而
刻辭不稱始皇帝
其於久遠也如後
嗣為之者不稱成
功盛德刻此詔
故刻左使毋疑
平陽斤

此銘載考古圖十五行共一百字外有平陽斤三字一行

權銘二

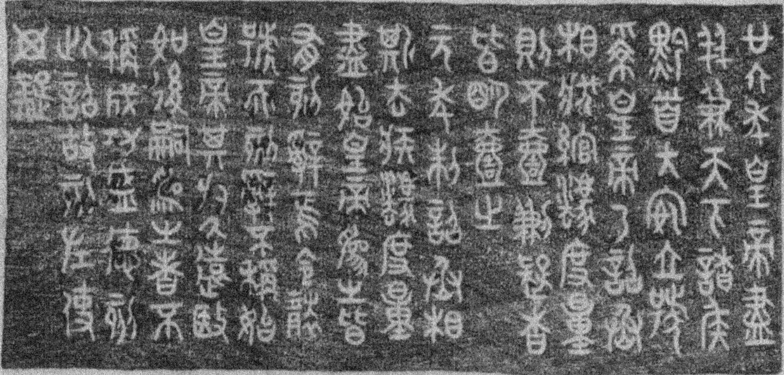

釋文同前

皆字今字與前異餘詞同

此銘載薛氏款識十七行行六共百字末少平陽斤一行

考古圖云權各高二寸徑寸有九分容合重六兩銘一百有二字又有三字曰平陽斤王氏同又云秦本紀始皇廿六年平六國號皇帝一法度衡石丈尺丞相綰者王綰也二世元年皇帝曰金石刻云云始言金石刻而卒止言刻石據權之文云故刻左則史記石字當為左字丞相去疾姓馮

鵬按二銘皆權文無所謂秦斤者薛氏不察以一為權一為斤遂啓後人之惑不知斤乃斤兩非斧斤也權形上弇下侈環鼻而刻之故銘字上密下廣非別有一斤也平陽斤者斤法以平陽為則耳考古本以平陽斤為權銘惟銘百字誤以為百有二字

新莽銅權二器　未詳形制从積古齋摹陳仲魚臨本

一

律石衡藺

奉。。容六升

始建國元年

正月癸酉

朔日制

二

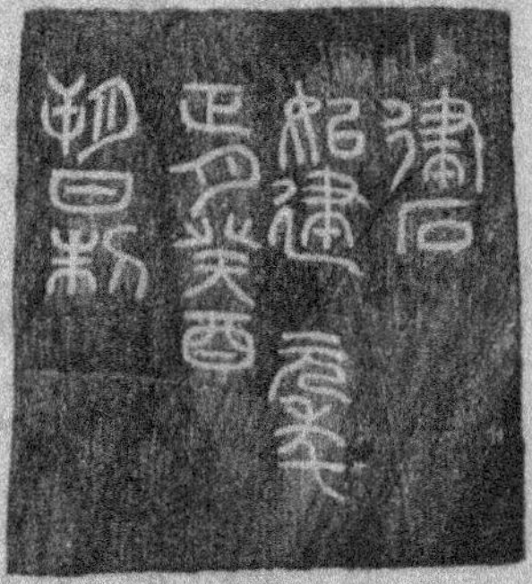

律石

始建。元年

正月癸酉

朔日制

未知缺幾字

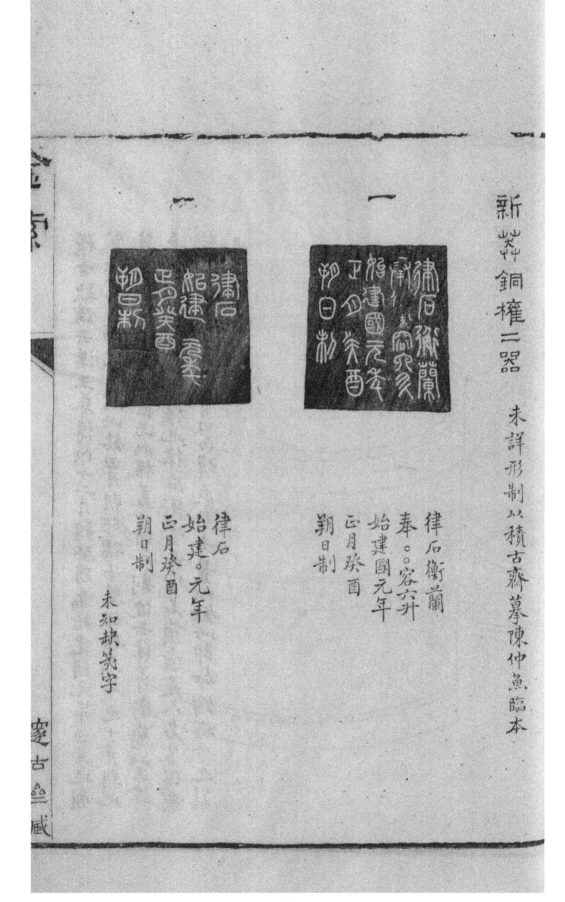

積古款識云漢王莽傳以十二月朔癸酉為始建國元年正月之朔莽以十二月為歲首則此銘正月朔即孺子嬰初始元年之十二月朔也薛氏款識載注水匜與此權蓋一時所制彼云律斤衡蘭此云律石衡蘭石與斤皆權也律石衡當是官名蘭當是人名莽傳載莽策羣司之辭有曰白煒象平考量以銓此即命鑄權量之辭也

漢嘉量　見西清古鑑

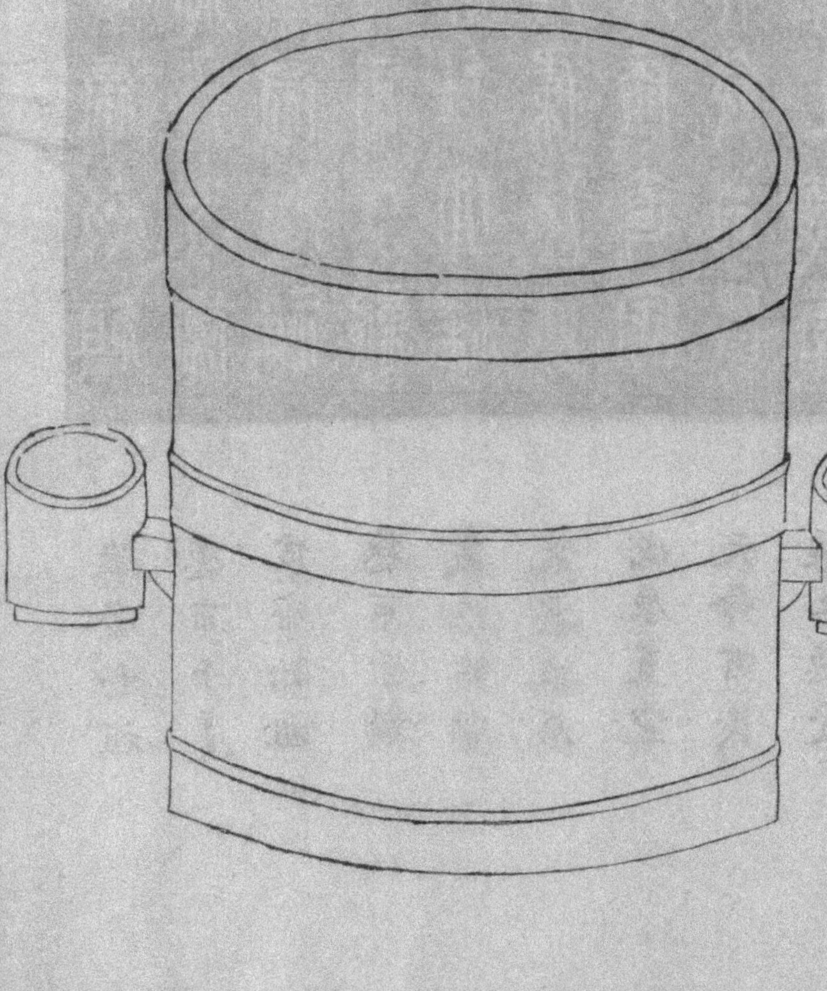

銘

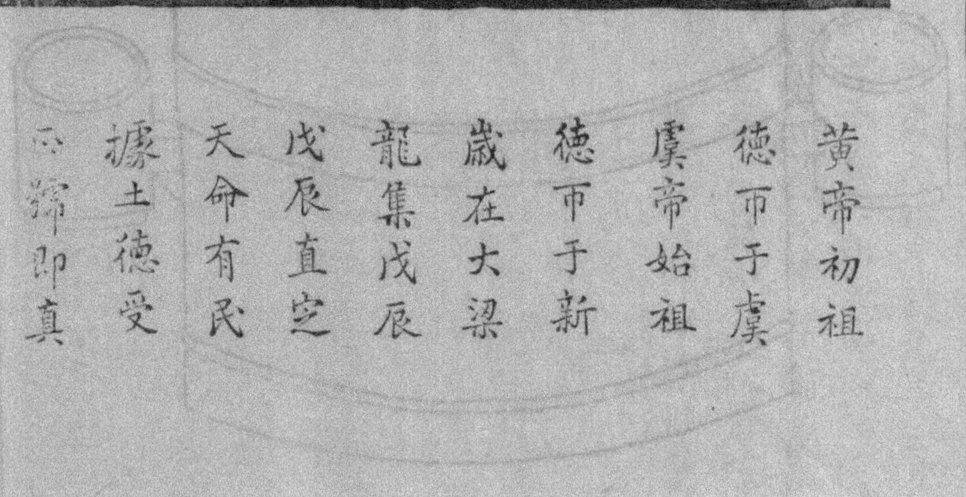

黃帝初祖
德帀于虞
虞帝始祖
德帀于新
歲在大梁
龍集戊辰
戊辰直定
天命有民
據土德受
正號即真

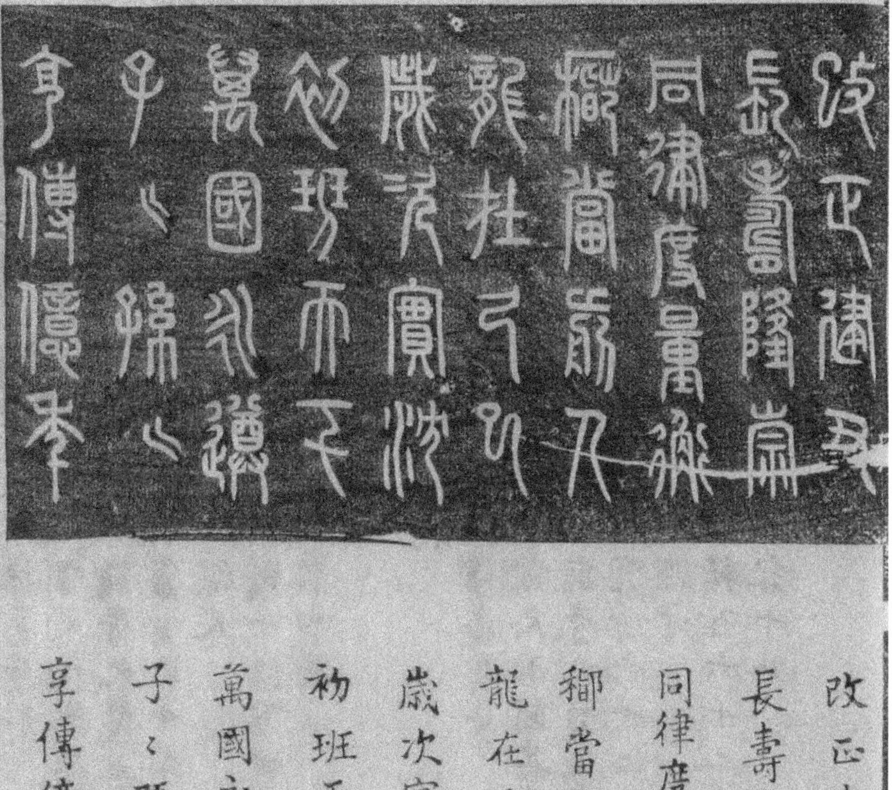

改正建丑
長壽隆崇
同律度量衡
稱當前人
龍在己巳
歲次實沈
初班天下
萬國永遵
子子孫孫
享傳億年

稱即稱字

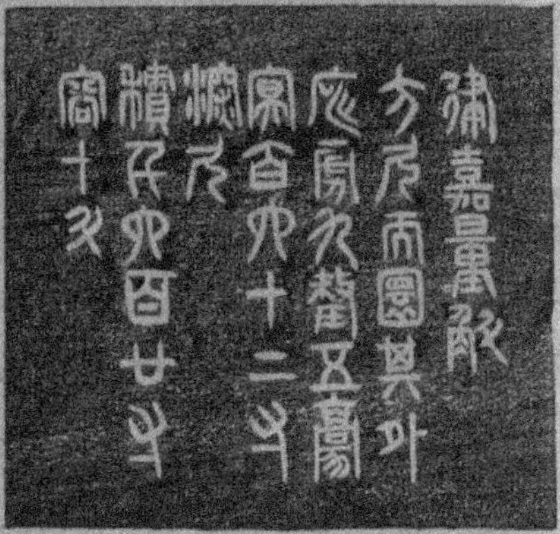

律嘉量斛
方尺而圜其外
庣旁九釐五豪
冪百六十二寸
深尺
積千六百廿寸
容十斗

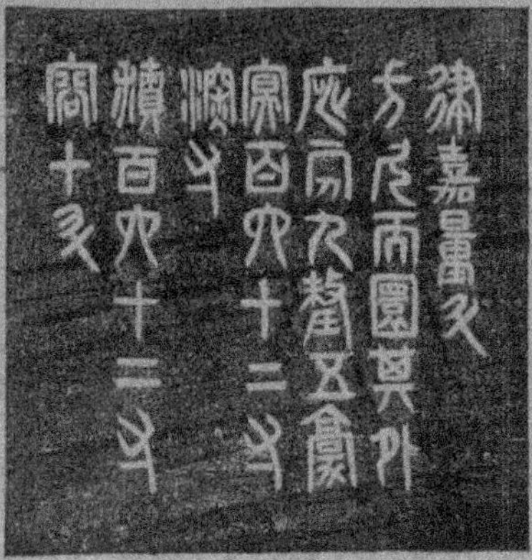

律嘉量斗
方尺而圜其外
庣旁九釐五豪
羃百六十二寸
深寸
積百六十二寸
容十升

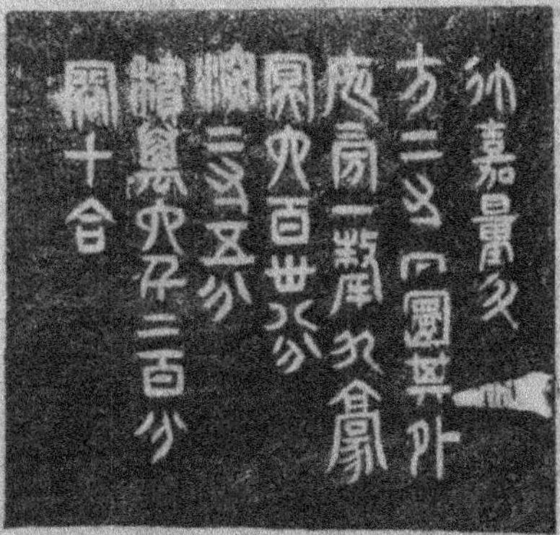

律嘉量升
方二寸而圜其外
庣旁一氂九豪
冪六百卌八分
深二寸五分
積萬六千二百分
容十合

金石記作方寸不合

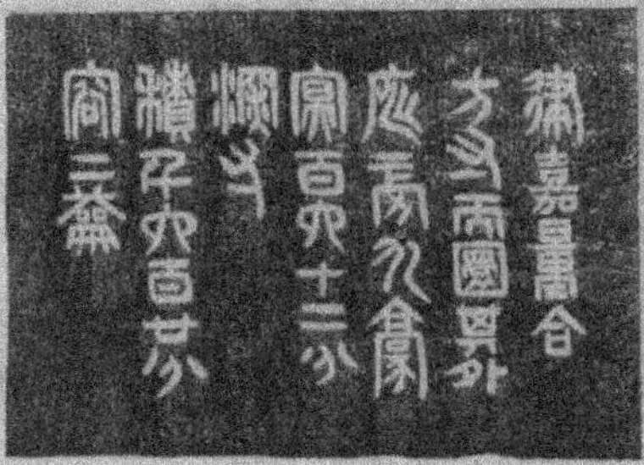

律嘉量合
方寸而圜其外
庣旁九豪
冪百六十二分
深寸
積千六百廿分
容二籥

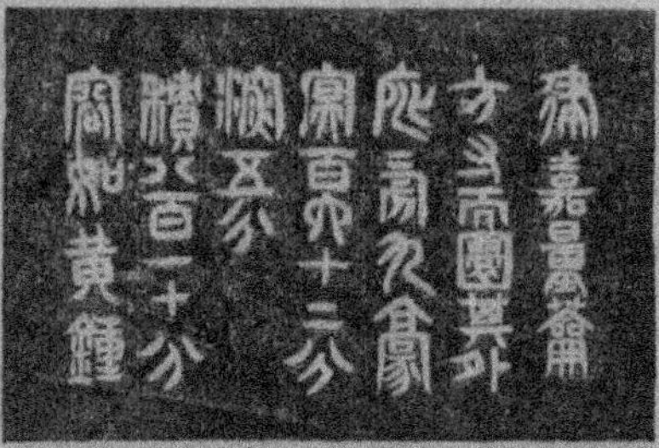

律嘉量龠
方寸而圜其外
庣旁九豪
冥百六十二分
深五分
積八百一十分
容如黃鍾

西清古鑑云右斛斗升合龠凡五統曰量為一器合今尺通高八寸一分通濶一尺六寸五分斛深七寸二分徑一尺四分斗深七分有二徑与斛同升深一寸八分有一徑二寸一分合深七分有二徑一寸一分龠深三分有六徑一寸蓋莽尺每一尺當今七寸二分通重三百六十三兩王莽篡漢號曰新其僞詔曰予伏念皇初祖考黄帝皇始祖考虞帝此銘首四語是也歲在大梁龍集戊辰則居攝之三年改元初始矣戊辰直定則始篡之日按漢

書以戊辰直定御王冠顏師古注謂其日當定則猶言定日也莽妄稱火德銷盡土德當代故言據土德其曰改正建丑蓋莽以戊辰十二月朔癸酉為建國元年正月之朔也又漢書莽策羣司有曰白煒象平考量以銓攷其時為建國元年令銘云龍在己巳歲次實沈適合蓋銘詞先叙其纂位之始而制器則建國元年也大梁昴星季春之月實沈商星孟夏之月故戊辰曰歲在大梁己巳曰歲次實沈皆歲星所在也周禮㮚氏為量銘曰嘉量既成以觀四國而此器亦名嘉量蓋假周禮以愚惑天下於此亦見又據黃鍾之律積龠為合積合為升以至于斛居然有虞氏之制度故曰律嘉量也庣旁云云庣吐彫切廣韻謂不滿之貌莽為漢臣而盜竊名號至於改正朔異器制其銘詞曰初班天下萬國永遵子子孫孫享傳億年與秦一世二世傳之萬世者同一妄誕今採入畬錄不書新而仍命之曰漢亦春秋遺意耳

兩漢金石記云莽時量銘五段前一段其銘文也後則分鐫于斛斗升合龠也漢律歷志量起于黃鍾之龠合龠為合十合為升十升為斗十斗為斛而五量嘉矣其法用銅方尺而圜其外旁有庣焉其上為斛其下為斗左耳為升右耳為合龠注鄭氏曰算方一尺所受

一斛過九氂五豪然後成斛今尚方有王莽時銅斛制晝与此同也
按王莽銅量未知存否今所見摹本篆文如此又云前一段篆文二
十行〻四字惟弟十三行五字〻大建初尺將及寸許斛斗二段各七
行每字五分許升合龠三段各七行每字或二分許或三分許
鵬按金石記所録銘詞雖有摹本而篆楷相錯字畫不準且篆法
亦未合如幣作幣㦨作悴之類今從西清古鑑更定爲又帀字翁
釋作朮今觀隋志明是帀字說文帀周也言反之而周也𢀩取帝德
周而復始之義帘字翁書帘釋作寬鵬謹按隋志係是冪字此當
爲冪之渚文冪百六十二寸者言圜圓之寸數以勾股法求之自見又以
十乘之故積千六百廿寸也漢志但云重二鈞而不載其銘詞惟隋律歷
志引後魏景明中并州人王顯達獻古銅權一枚上銘八十一字其銘
云律權石重四鈞又云黄帝初祖德帀于虞〻〻以新稱〻之重百
二十斤與此弟一銘同而多上六字六字當是別刻一處不與銘文
相連其重四鈞較漢志則多二鈞今此量重二十二斤餘即以新稱
衡之亦無四鈞當別是一器隋志又収律嘉量斛銘入嘉量而以黄帝
初祖銘入權衡蓋因其銘之上有律權石重四鈞六字故以此爲王莽

時銅權而斗升合龠四銘不錄焉竊謂此即莽量蓋量之則為
嘉量衡之則為權隋志誤分為二也又考十六國春秋後趙錄云趙
王三年王和掘得圓石狀如水碓銘曰律權石重四鈞同律度量衡
有新氏造參軍續咸以為王莽時物遂命下禮官為準程云云
銘文雖从簡而畧同惟云負石殊不相合豈莽時亦以石為權耶周之
嘉量容一鬴故重一鈞莽之嘉量容一斛故重四鈞實不相遠也

金索

新莽嘉量銘

金石記凡六段悉依其原搨行次書之

黃帝初祖
德帀于虞
虞帝始祖
德帀于新
歲在大梁
龍集戊辰
戊辰直定
天命有民
據土德受
正號即真
改正建丑

釋文

黃帝初祖
德帀于虞
虞帝始祖
德帀于新
歲在大梁
龍集戊辰
戊辰直定
天命有民
據土德受
正號即真
改正建丑

帀字隋志作帀按說文帀周也从反之而周義亦可通但其直畫上出乃市字与市字不同此市字音鏺說文草木𣎵、然象形集韻草木盛貌又詩蔽芾本作市音沸亦訓盛貌此作德盛解義長

長壽隆崇
同律度量衡
𥡴當前人
龍在己巳
歲次實沈
初班天下
萬國永遵
子ゝ孫ゝ
亨傳億年

𥡴即稽字

亨即享字
隋志作享

金石記云右篆二十行ゝ四字惟第十三行五字ゝ大建初尺將及寸許
鵬按隋律歷志亦載是銘引後魏景明中并州人王顯達獻古銅權一枚
上銘八十一字其銘云律權石重四鈞又云黃帝初祖德而於虞云ゝ以新
稱ゝ之重一百二十斤新稱與權合符契云ゝ此即量銘惟多六字

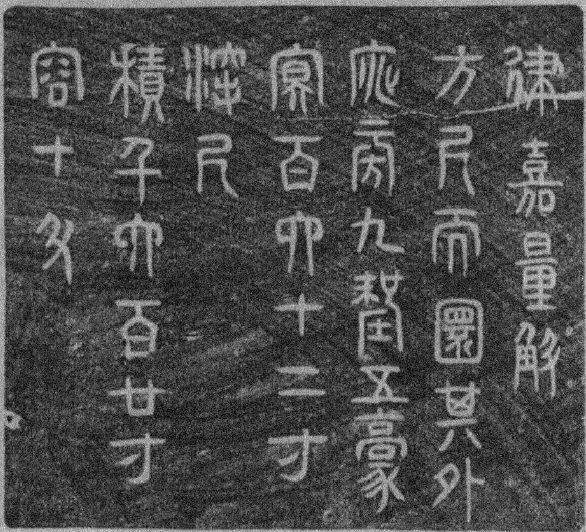

斛銘

律嘉量斛
方尺而圜其外
庣旁九氂五豪
冪百六十二寸
深尺
積千六百廿寸
容十斗

庣者不滿足之意猶今之缺處冥字金石記釋為寬嘗疑其不洽及觀隋志方知是冪字之渻文

斗銘

律嘉量斗
方尺而圜其外
庣旁九氂五豪
羃百六十二寸
深寸
積百六十二寸
容十升。

金石記云以上二段各七行每字五分許

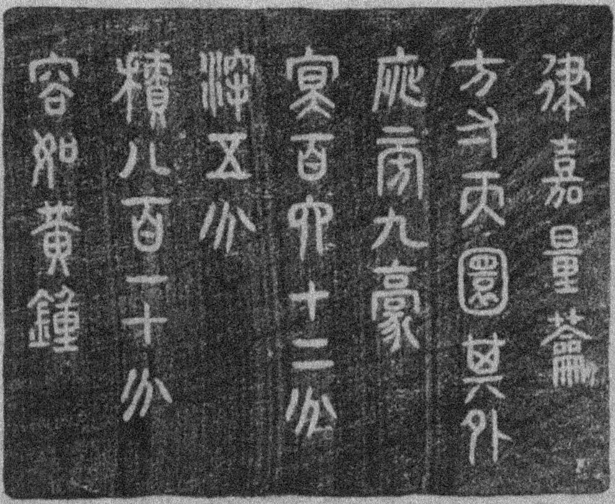

籥銘

律嘉量籥
方寸而圜其外
庣旁九豪
冥百六十二分
深五分
積八百一十分
容如黃鍾

金石記云以上三段各七行每字或二分許或三分許
又云新莽時量銘五段前一段其銘文也後則分鐫于斛斗升合籥也
漢律曆志量者龠合升斗斛也本起于黃鍾之龠合龠為合十合為升

十升為斗十斗為斛而五量嘉矣其法用銅方尺而圜其外旁有庣焉
其上為斛其下為斗左耳為升右耳為合龠注鄭氏曰算方一尺所受
一斛過九氂五豪然後成斛今尚方有王莽時銅斛制盡与此同也按王
莽銅量未知存否今所見摹本篆文如此
又云莽初始元年即居攝三年戊辰也其年十一月戊辰莽至高廟拜
受金匱還坐未央宮前殿下書曰以戊辰直定御王冠即真天子位定有
天下之號曰新改正朔易服色變犧牲殊徽幟異器制以十二月朔癸酉
為始建國元年正月之朔此銘云龍集戊辰謂戊辰年也戊辰直定謂
戊辰日也直定者以建除之次其日當定也又曰龍在己巳則謂以此銅
量班行郡國在始建國元年己巳也
順按嘉量之名始于周官㮚氏為量鬴深尺內方尺而圜其外其
實一鬴其臀一寸其實一豆其耳三寸其實一升重一鈞其聲中黃
鍾其銘曰時文思索允臻其極嘉量既成以觀四國永啓厥後茲器
維則此嘉量有銘之始然實乃一鬴重乃一鈞耳漢志詳其制云
重二鈞而不載其銘詞隋志收二銘詞以斛銘入嘉量以黃帝初
祖一銘入權衡蓋因其銘之上有律權石重四鈞六字故以此為王莽

漢谷口銅甬銘 從薛氏款識

谷口銅甬

容十斗 斗字薛誤釋升下同

始元四年

南方

左馮翊造

谷口銅甬容十斗
重卌斤甘露元年
十月計掾章平
左馮翊府
北方槃南

薛氏款識引古器物銘云谷口銅甬舊藏劉原父家一器而再刻銘始歐陽公集古錄金石遺文自三代以來法書皆備獨無西漢文字求之累年不獲會原父守長安故都多古物奇器原父好奇博識皆求而藏之宜後得斯器及行鐙博山香鑪模其文以遺歐陽公于是西漢之文始傳于世蓋收藏古物寔始于原父而集古錄自歐陽發之後來學者稍稍知捜抉奇古皆二公之力也

漢館陶釜銘

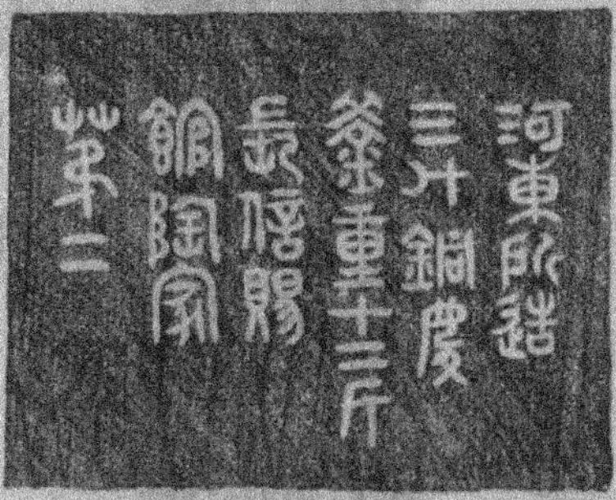

河東所造
三斗銅慶
釜重十二斤
長信賜
館陶家
第一

鵬按三斗薛氏誤作三升
觀下四斗釜三斗甑可見

古器物銘云漢書外戚傳文帝竇皇后女封館陶長主又百官公卿表長信詹事掌皇太后宮景帝中六年更名長信少府張晏注以太后所居宮為名也銘雖無年月然其為竇皇后賜館陶公主物無疑也觀此明云無年月則薛氏之作三年亦矛盾矣

漢軹家釜銘

軹家容四斗五升重十斤一两九朱
三年工丙造第五

鵬按朱即銖二十四銖爲一两
古五銖錢亦有作五朱者

軹家甑銘

軹家容三斗重四斤廿朱
三年工丙造第五

考古圖云二器藏京兆孫氏形制与今器同更不當爲軹家不可考

鵬按考古圖言軹家不可考而薛氏乃言軹家容不可考將容字屬上何其謬也且釜甑銘文不同而薛氏同之更謬

漢建武太官鍾

从博古啚減小

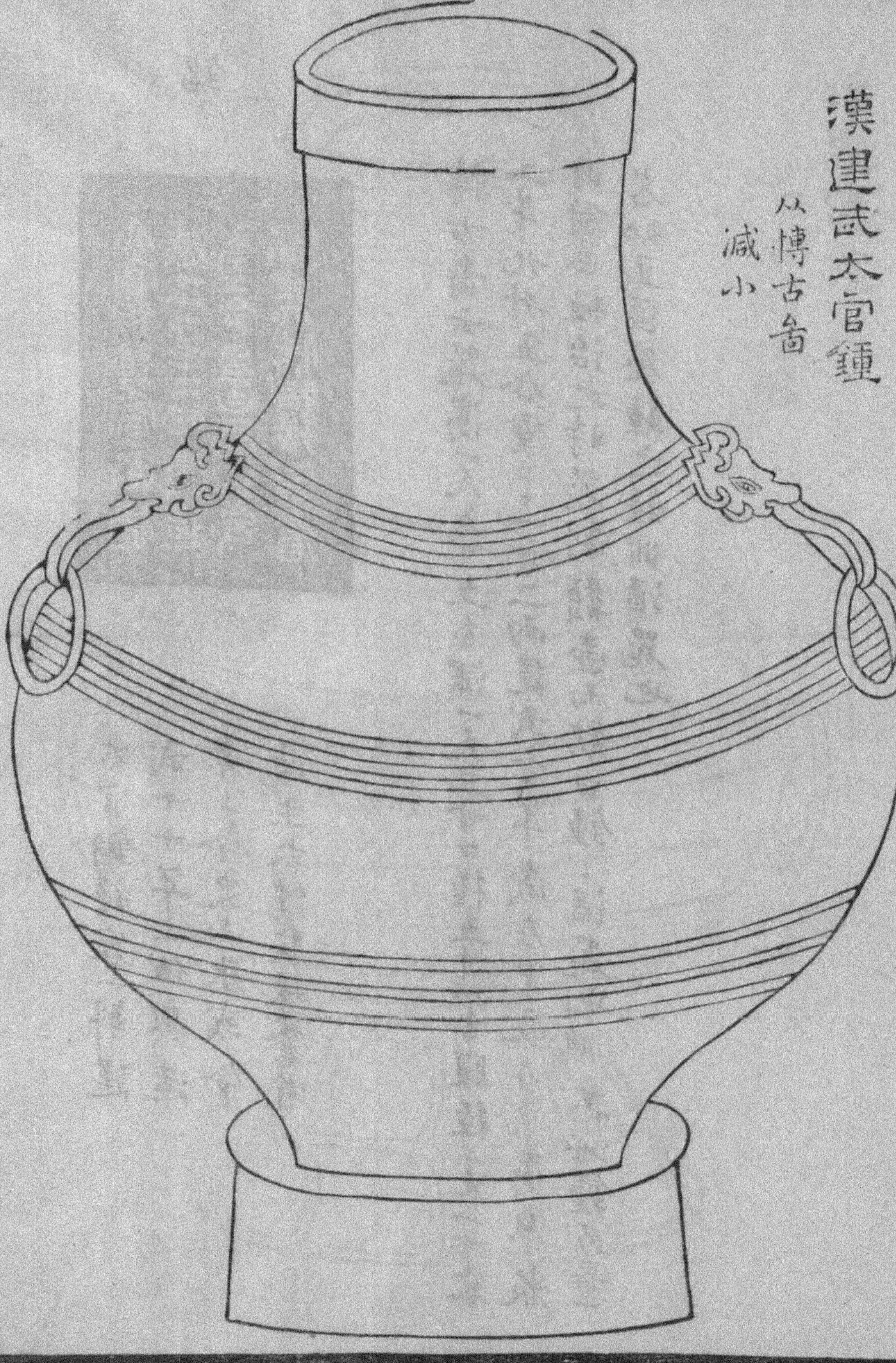

銘

太官銅鍾容一斛建武十十年工伍輿造考工令史由丞或令通主太僕監掾蒼省

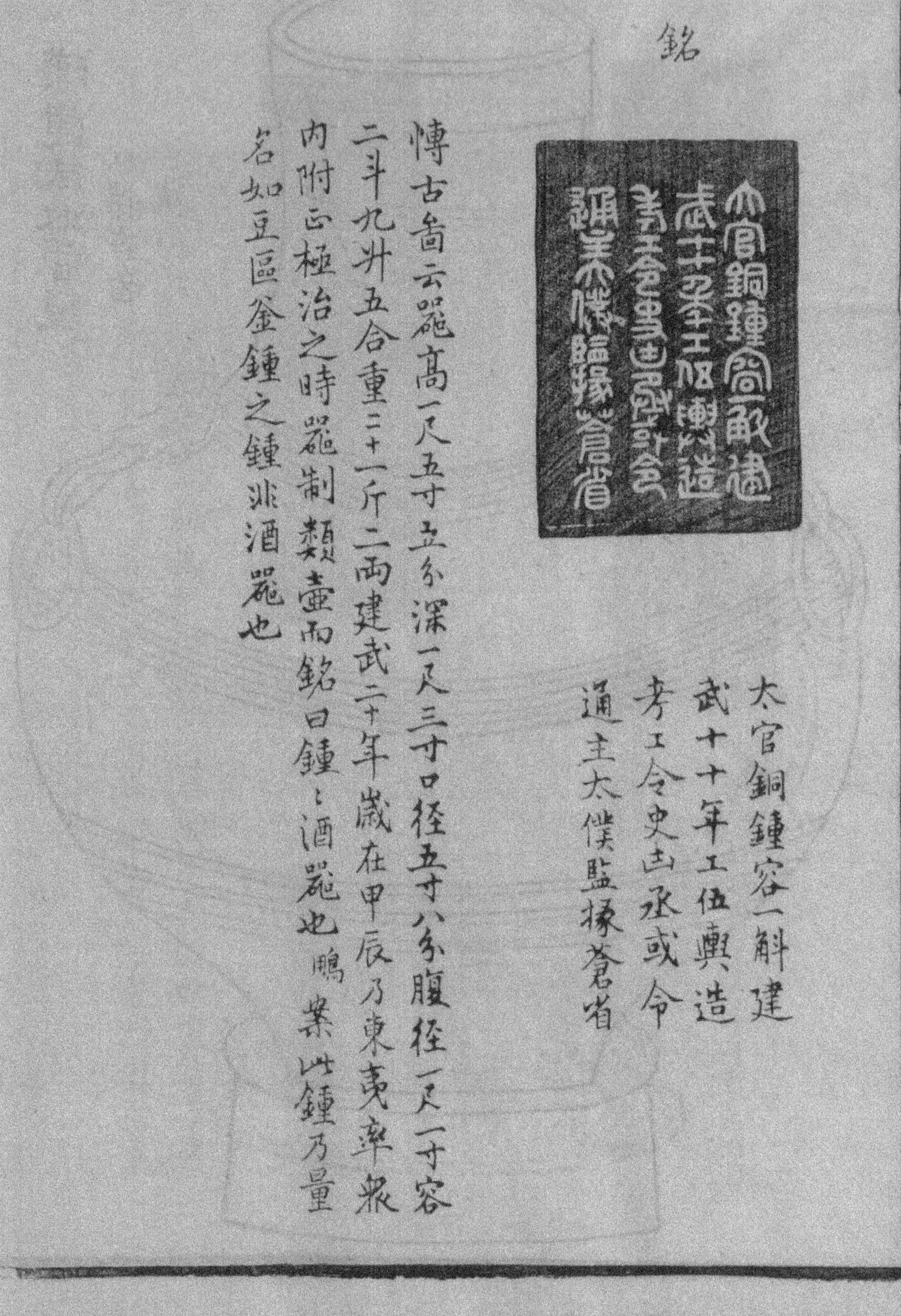

愽古圖云罍高一尺五寸五分深一尺三寸口徑五寸八分腹徑一尺一寸容二斗九升五合重二十一斤二兩建武二十年歲在甲辰乃東夷率衆內附正極治之時罍制類壺而銘曰鍾〻酒罍也鵬案此鍾乃量名如豆區釜鍾之鍾非酒罍也

漢永建鍾

見西清古鑑

銘

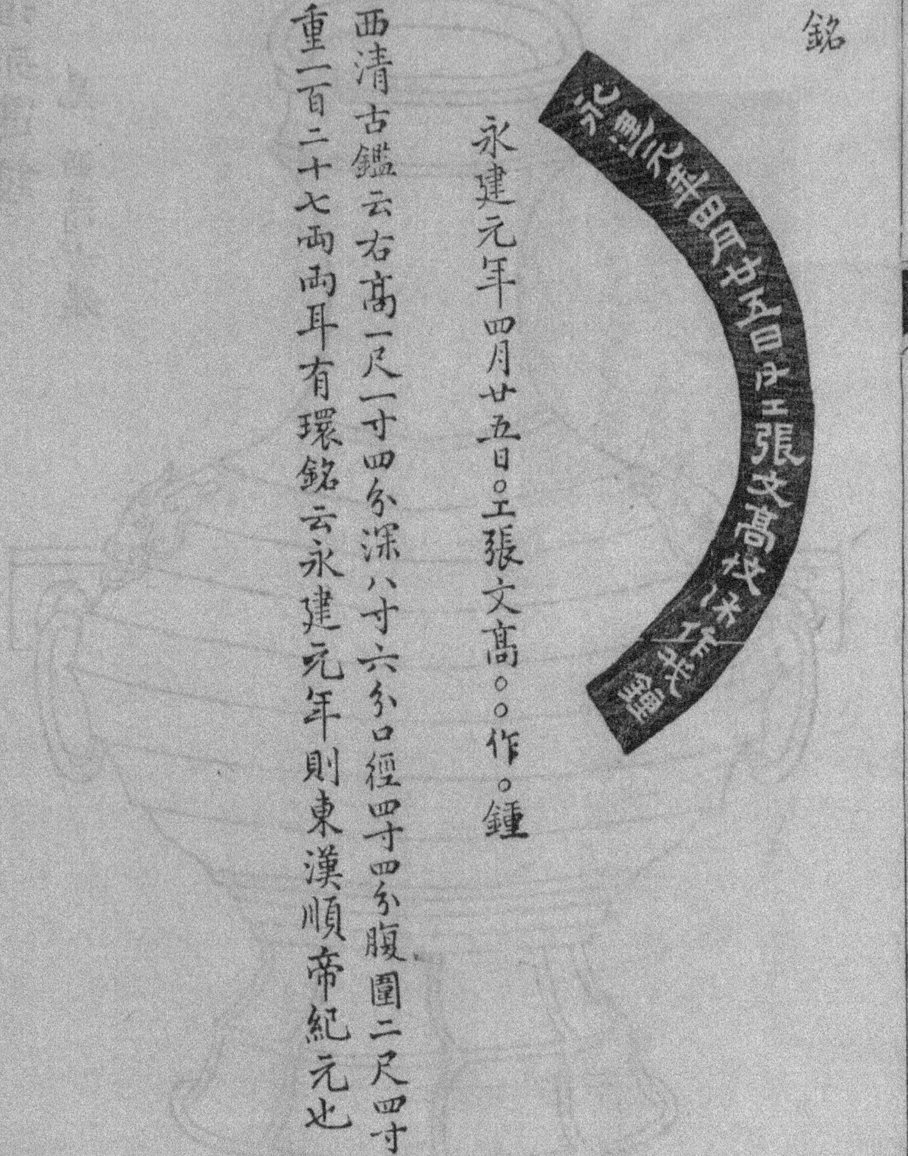

永建元年四月廿五日○工張文高○○作○鍾

西清古鑑云右高一尺一寸四分深八寸六分口徑四寸四分腹圍二尺四寸六分重一百二十七兩兩耳有環銘云永建元年則東漢順帝紀元也

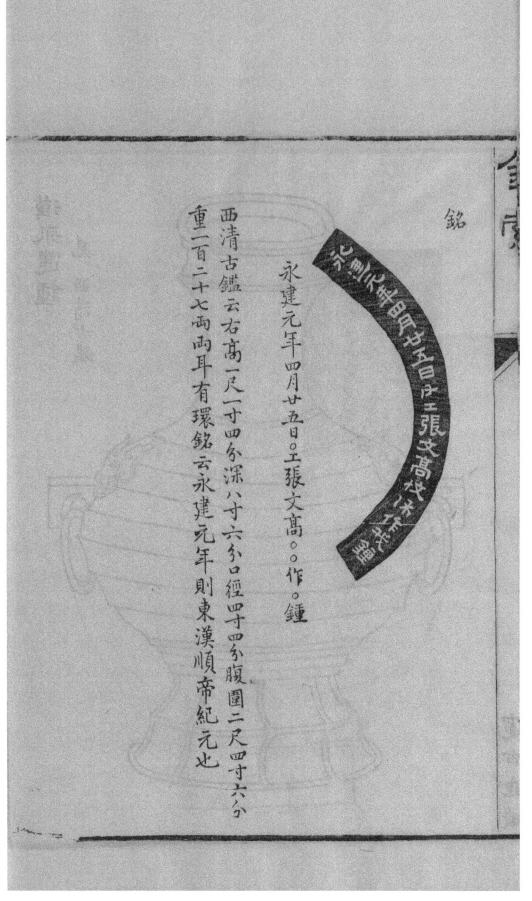

漢倉官鍾一

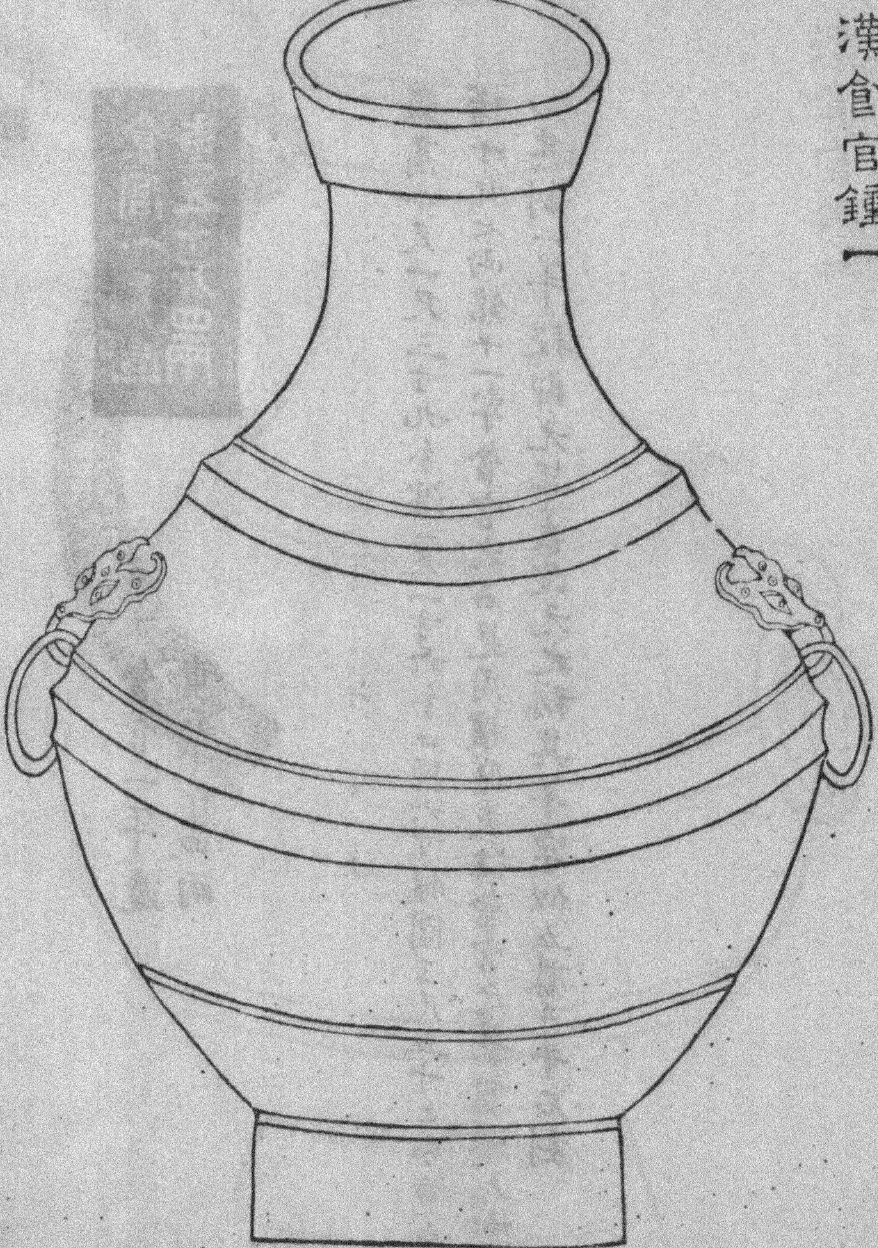

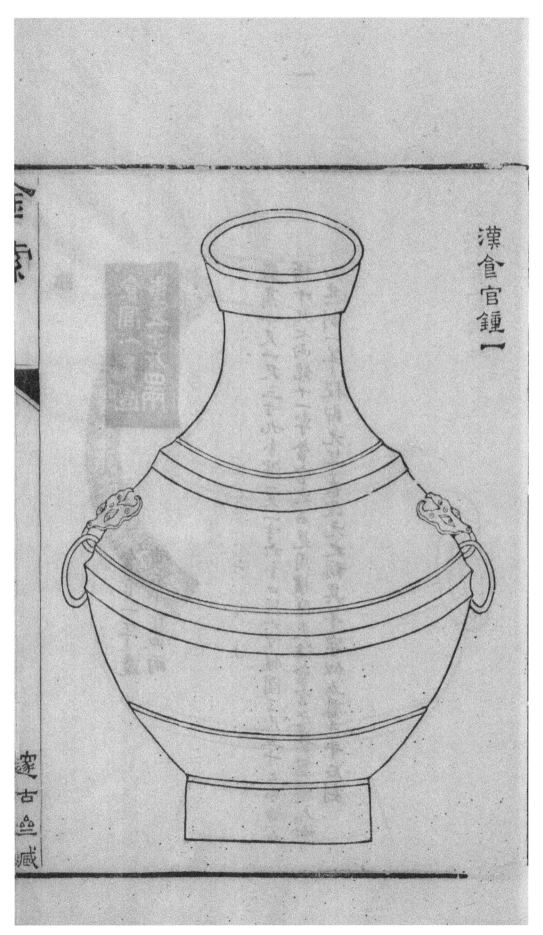

銘

食官一年造
重五十斤四兩

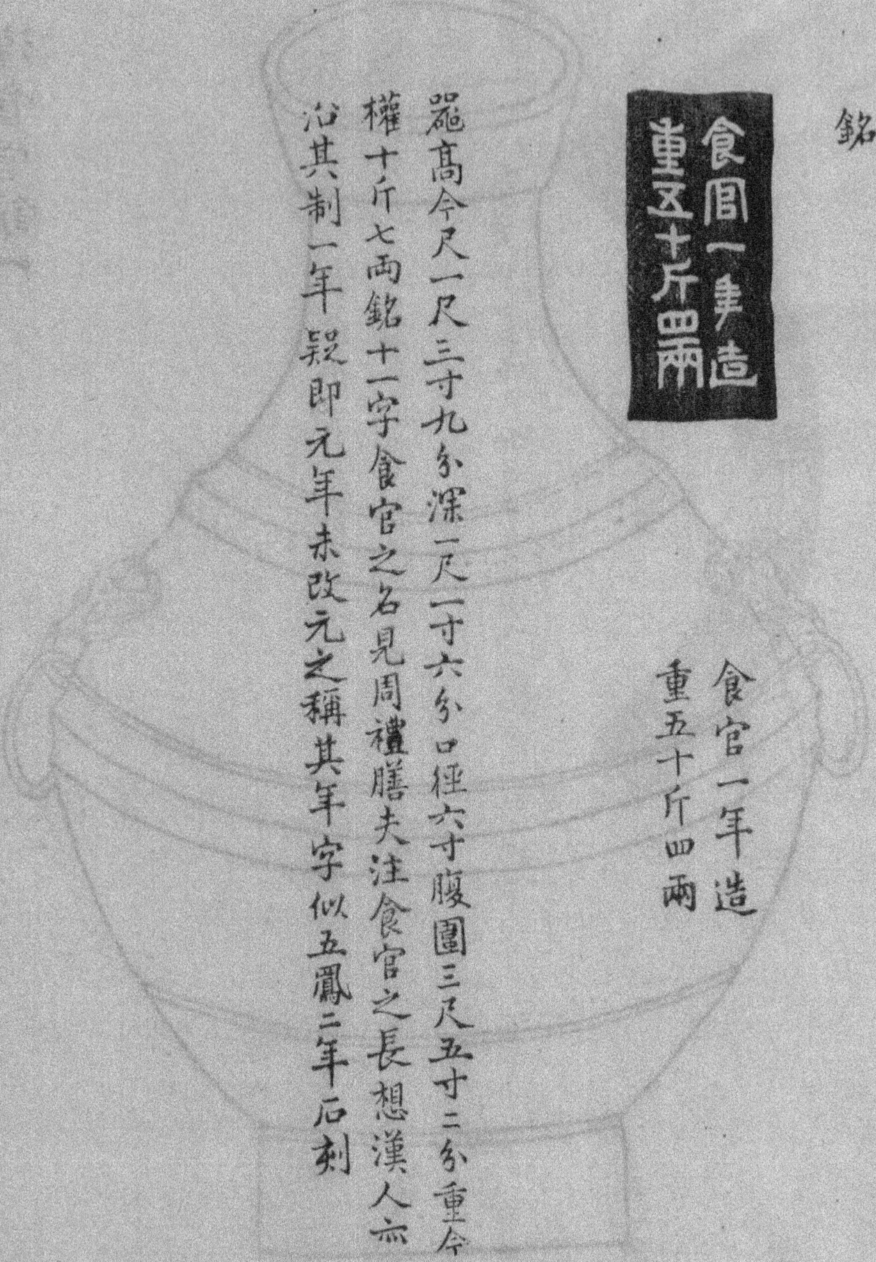

食官一年造
重五十斤四兩

器高今尺一尺三寸九分深一尺一寸六分口徑六寸腹圍三尺五寸二分重今權十斤七兩銘十一字食官之名見周禮膳夫注食官之長想漢人亦沿其制一年疑即元年未改元之稱其年字似五鳳二年石刻

漢倉官鍾二

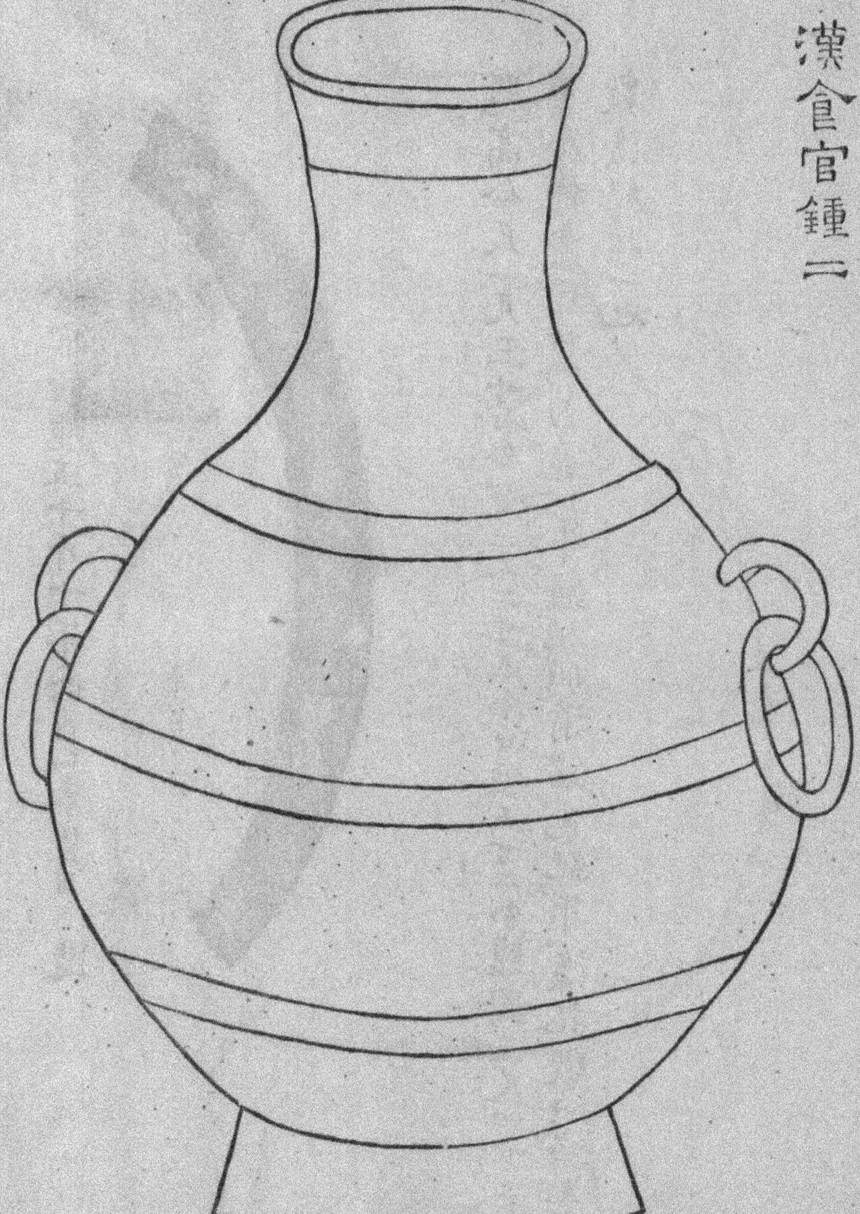

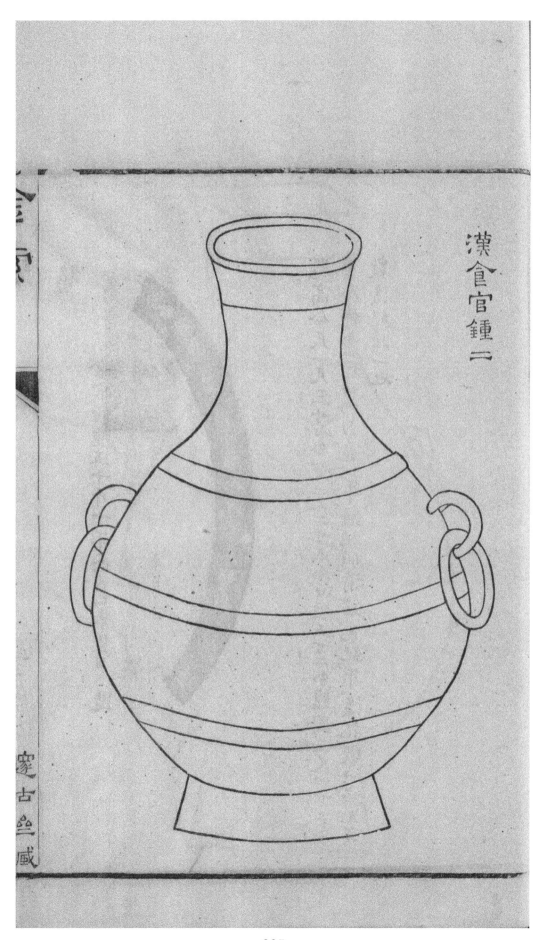

銘

食官鍾重五十斤十年六月乙未望日造

器高今尺一尺三寸七分深一尺二寸五分口徑五寸二分腹圍三尺四寸二分重今權十一斤四兩与前一年鍾相似前銘先紀年後記數此銘先言數後紀時一也

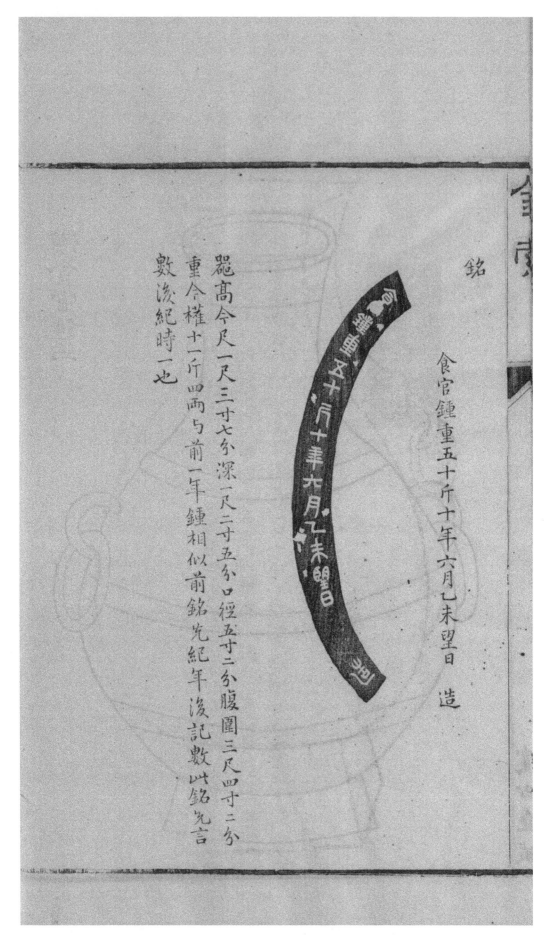

漢日利千金方壺

藏淄陽縣牛氏

圖減小

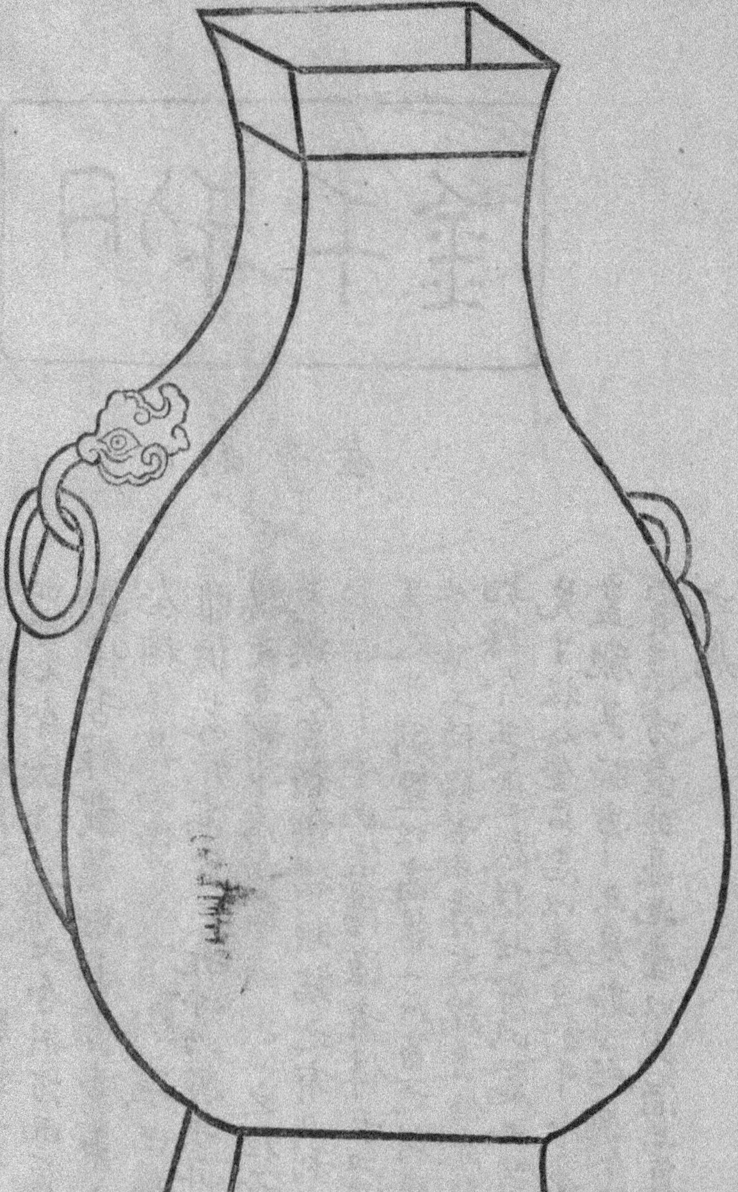

邃古堂藏

銘

日利千金

右壺高漢尺一尺七寸腹徑九寸口徑四寸七分底徑五寸七分形方而圓與博古錄載漢獸耳方壺第五器仝相佀其兩旁獸首啣環亦同惟彼器秖高宋尺九寸此較大耳銘陽文日利千金四字在其口之裡面乃漢人吉利語猶鏡銘之有日利大萬家富千金也滋陽漁者得于泗河邑人牛別墅以高粱一石易之別墅名夢英工詩好古由孝友端方任息縣知縣令其雲礽猶世守此器也芸臺先生收入金石志以為日利千金鼎蓋觀其拓本未見斯器嚮今致之實漢方壺非鼎也壺以盛酒亦尊之屬

漢綏和黃塗壺

从博古圖
減小

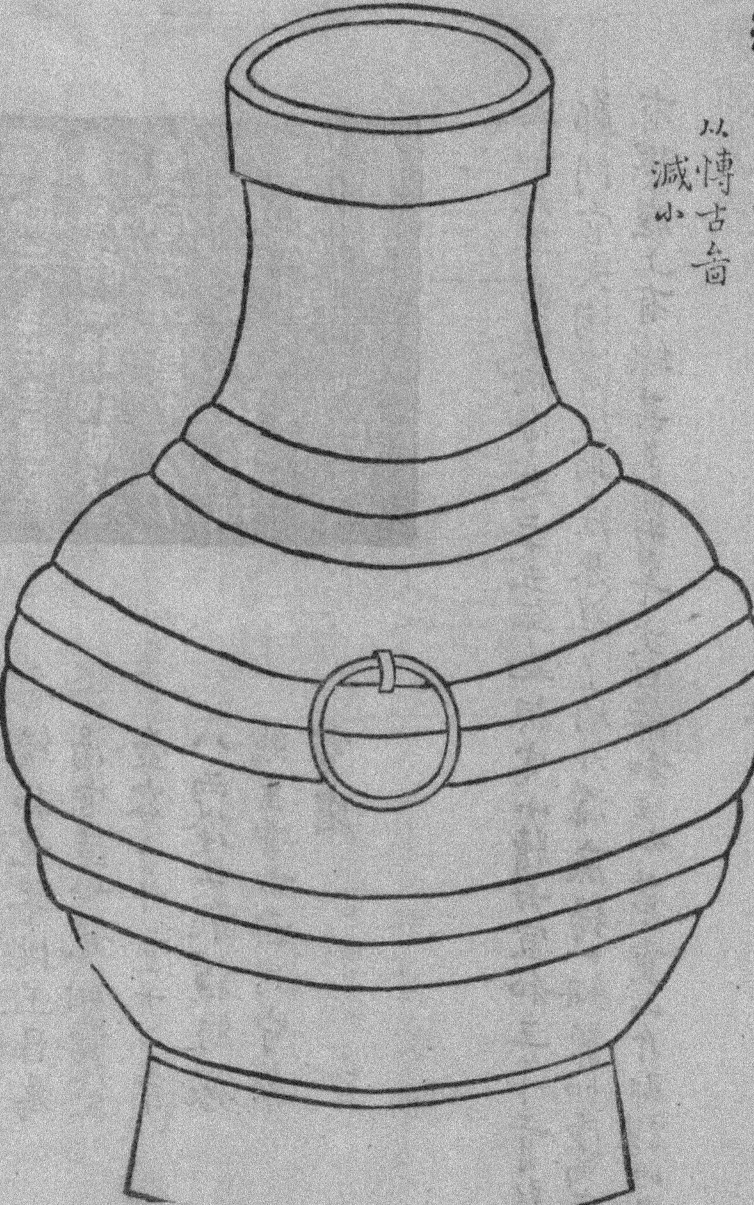

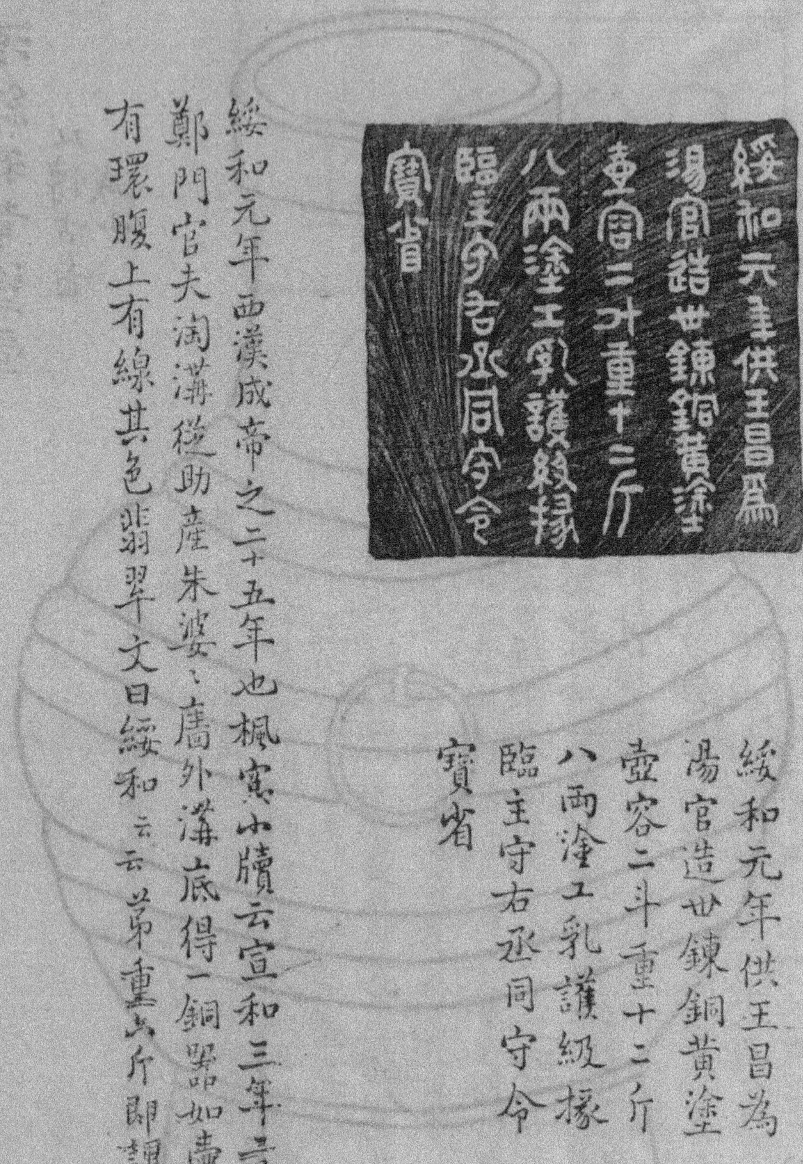
綏和元年供王昌為
湯官造世錬銅黃塗
壺容二斗重十二斤
八兩塗工乳護級掾
臨主守右丞同守令
寶省

綏和元年供王昌為
湯官造世錬銅黃塗
壺容二斗重十二斤
八兩塗工乳護級掾
臨主守右丞同守令
寶省

綏和元年西漢成帝之二十五年也楓窗小牘云宣和三年二月新鄭門官夫淘溝從助產朱婆〻屋外溝底得一銅器如壺兩旁有環腹上有線其色翡翠文曰綏和云云 第重六斤即謂此也

後漢延光壺

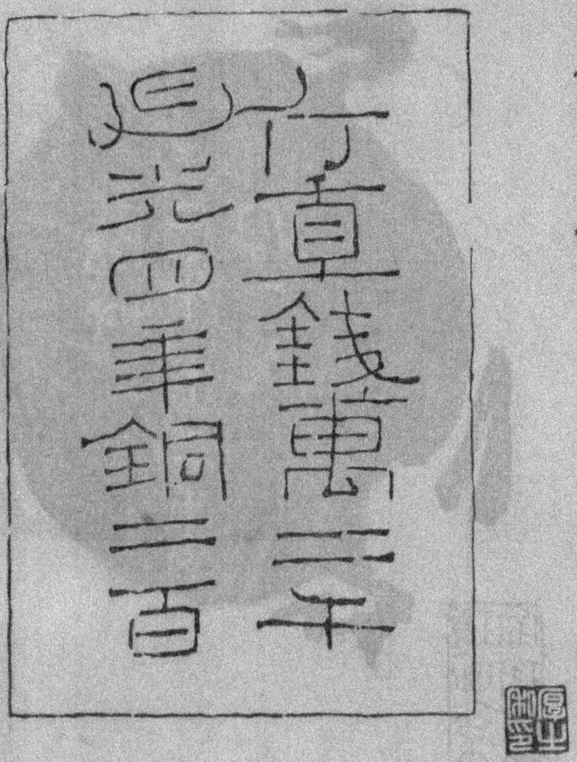

斤直錢萬二千
延光四年銅二百

延光四年東漢安帝之十九年此與下啓封燈皆從宋復齋王氏本摹入其壺之大小不可知

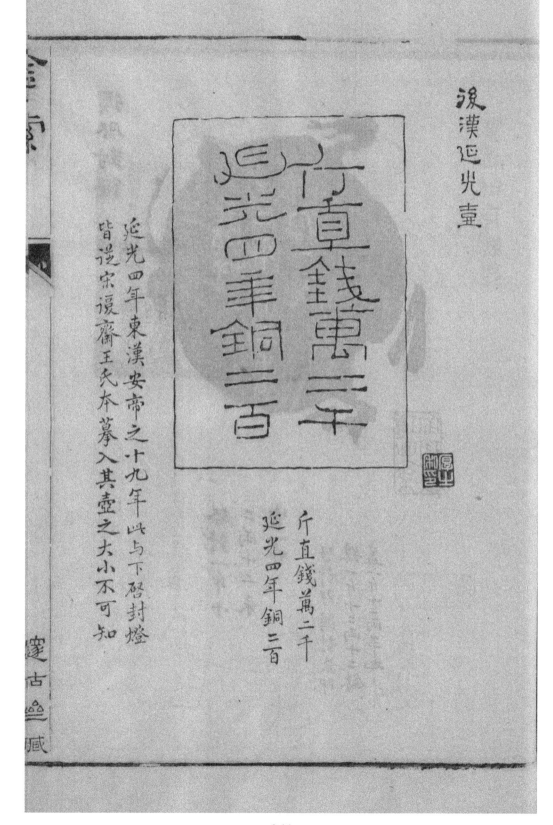

漢啓封鐙

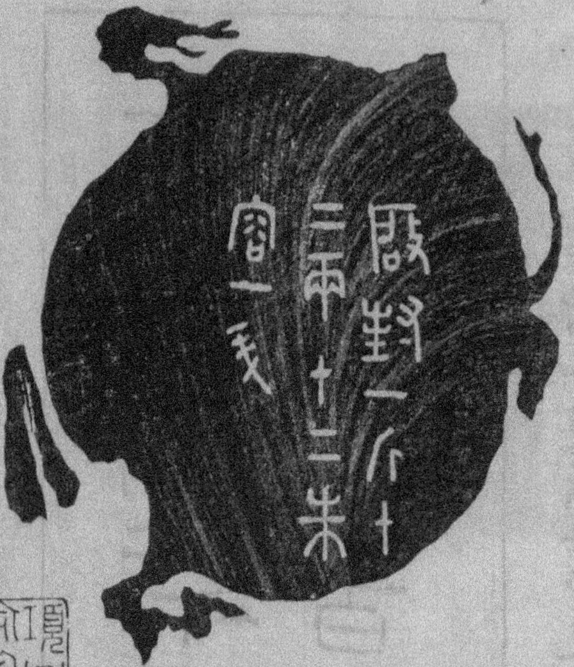

項子京家珍藏

啓封一斤十二兩十二朱
容一升

啓封即開封朱即銖一斤十二兩十二銖蓋一斤十二兩半也

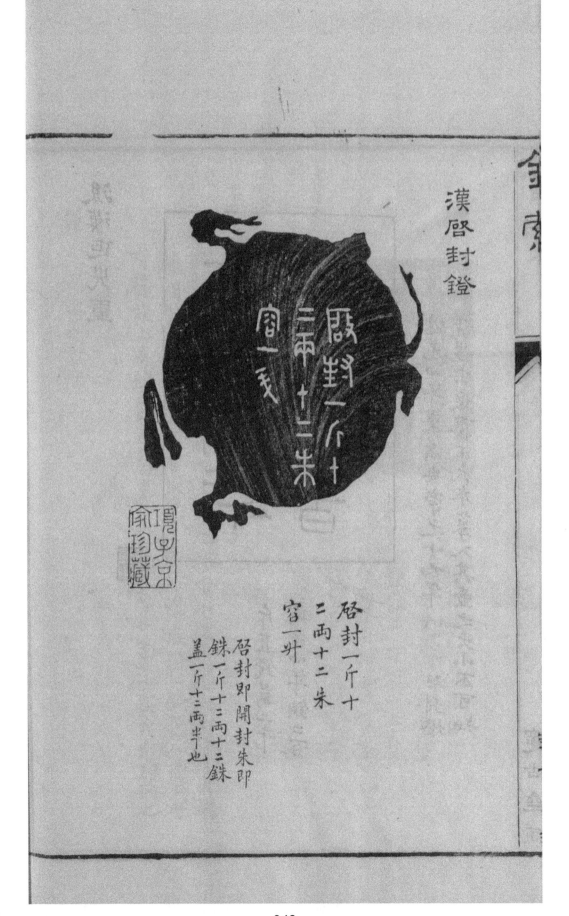

漢丞相府漏壺

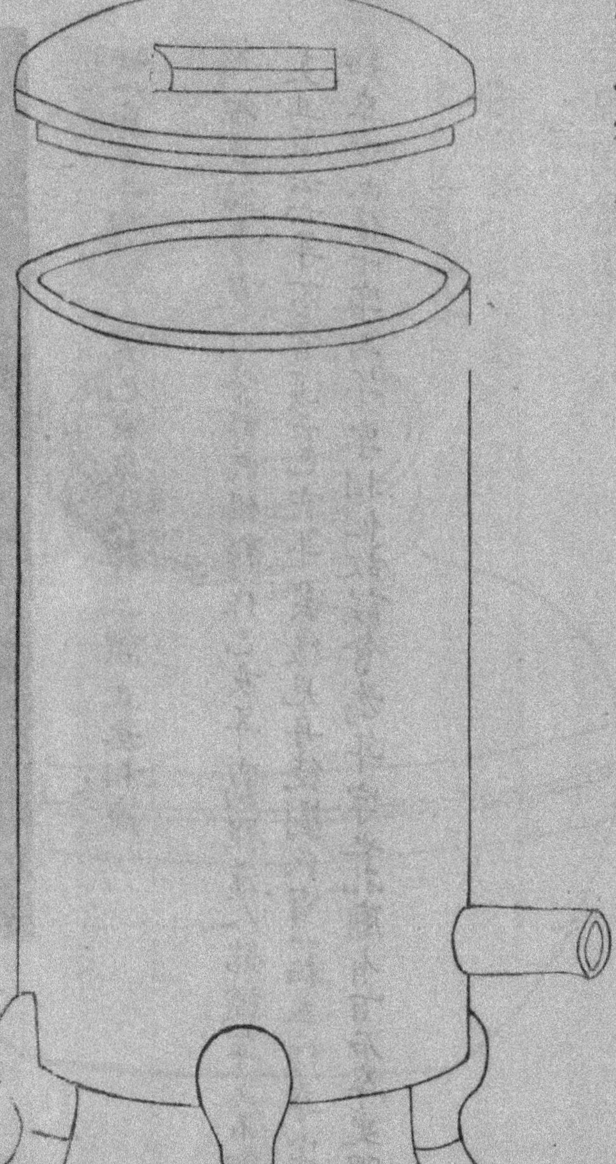

考古圖云龍藏丹陽蘇氏高九寸半深七寸半徑五寸六分容五升有蓋蓋有長方孔底有流筩乃漏壺也銘廿有一字

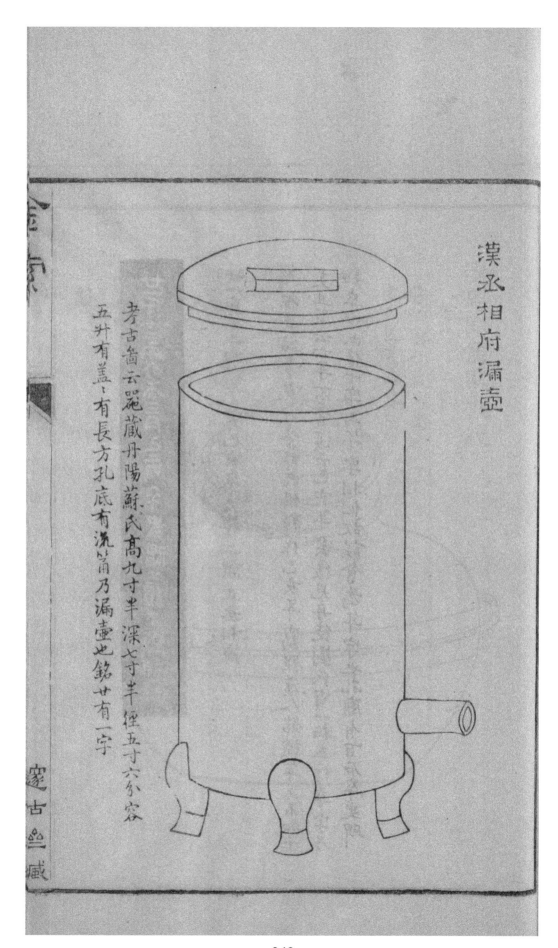

銘

廿一斤十二兩六年三月己亥卒史神工譚正丞相府

鵬按是銘考古圖及薛氏俱釋作己亥年竊疑漢人銘識年上不加干支且既云六年不當復云己亥年矣後見冊徒劉氏有一拓本作卒字乃知卒下亦係十字與年字相似故誤會為年字也孔廟有百石卒史碑

漢周陽侯家甗鍑 縮小

考古圖云藏河南

文氏度量未攷

邃古齋藏

銘

周陽侯家銅三習雝甗鍑一容五斗重十八斤六兩侯治國五年五月國輸第四

考古圖云說文鍑大口釜也鍑上有甗故曰甗鍑三習者其制三重習一作摺疊也雝字未詳漢恩澤侯表有周陽侯上淮南王長舅趙兼侯治國侯嗣位之年數也

又一銘

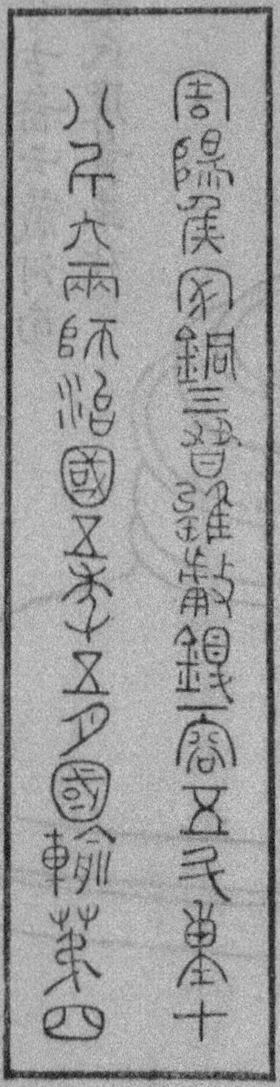

此積古款識所摹江鄭堂拓本銘与前同惟陰識作陽識侯治國作師治國未知是否故竝存之其師字与薛氏同其雝字足正考古之失

漢長區

見西清古鑑

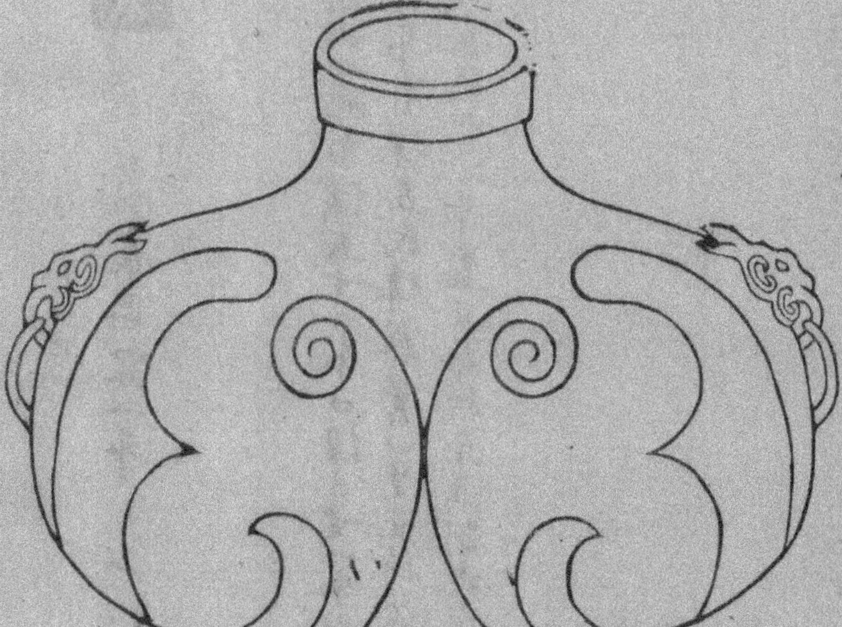

銘

長區周一

長區容一斗

西清古鑑云右高六寸九分深五寸二分口徑二寸一分腹縱七寸二分橫三寸二分重五十兩〻耳有環左氏傳齊舊四量豆區釜鍾杜預注四豆為區容十六升而此銘曰長區容一斗蓋自春秋至漢制之廣狭已不侔矣

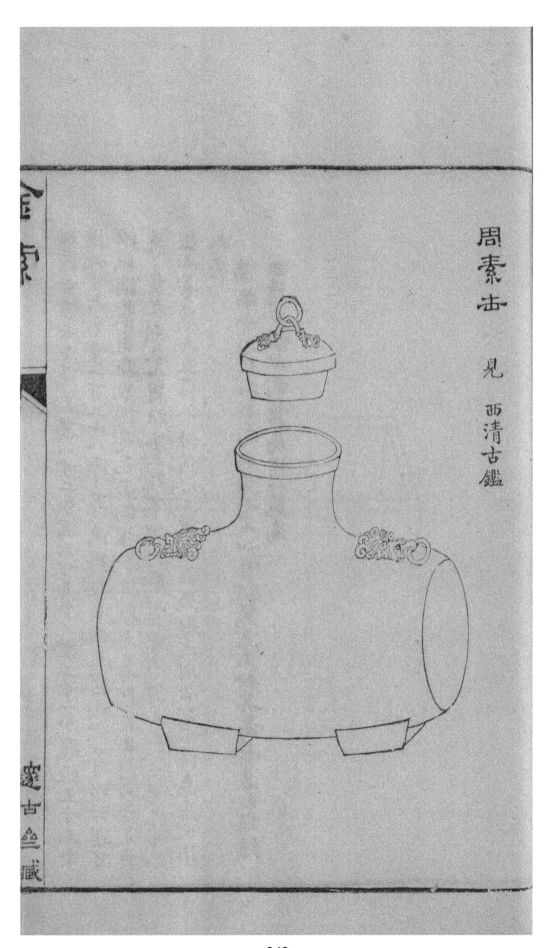

周素缶　見　西清古鑑

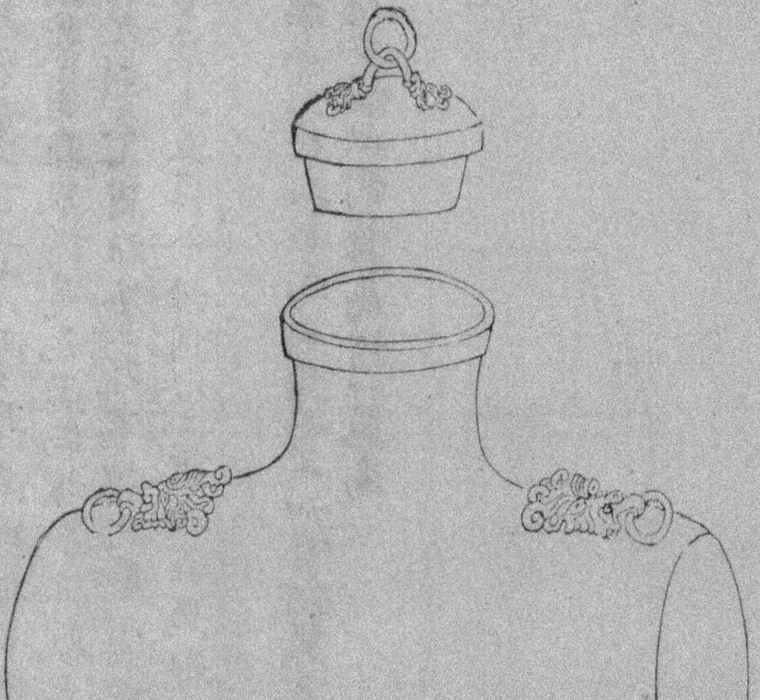

邃古齋藏

西清古鑑云右通蓋高八寸二分深六寸五分口徑二寸八分腹經五寸五分横九寸六分重一百二十八兩兩耳連環按缶制大腹而斂口可以節樂可以盛酒漿爾雅疏謂是瓦罍而禮罍五獻之尊門外缶門內壺是缶尊彝之類又小爾雅釜二有半謂之籔籔二有半謂之缶缶二謂之鍾是缶亦量屬與豆區釜鍾同合二說與茲罍觀之則缶制不得專屬之陶人矣

鵬按今人但知缶爲瓦罍而不知有銅罍且不知其爲量名故謹録西清古鑑以爲量屬增一罍焉

潐純素方斗　見西清古鑑

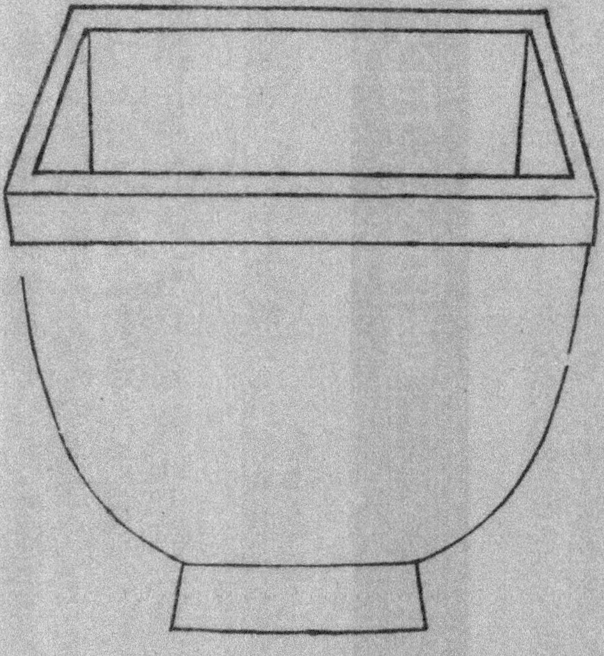

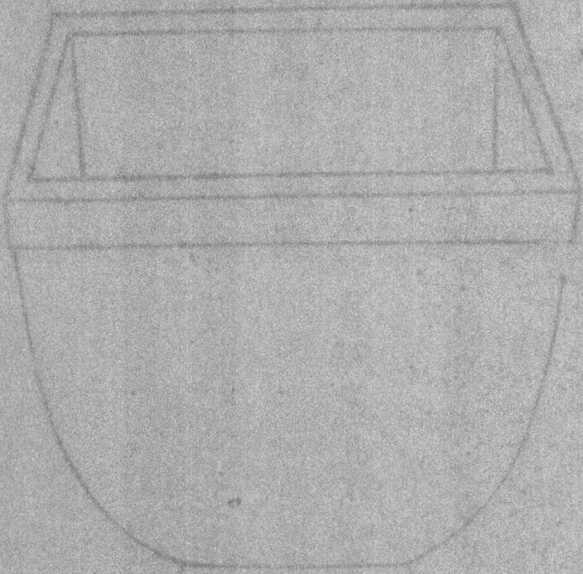

西清古鑑云右高四寸七分深四寸口徑五寸九分足徑三寸六分重六十六兩

按許氏說文斗大升也此與飲器自別

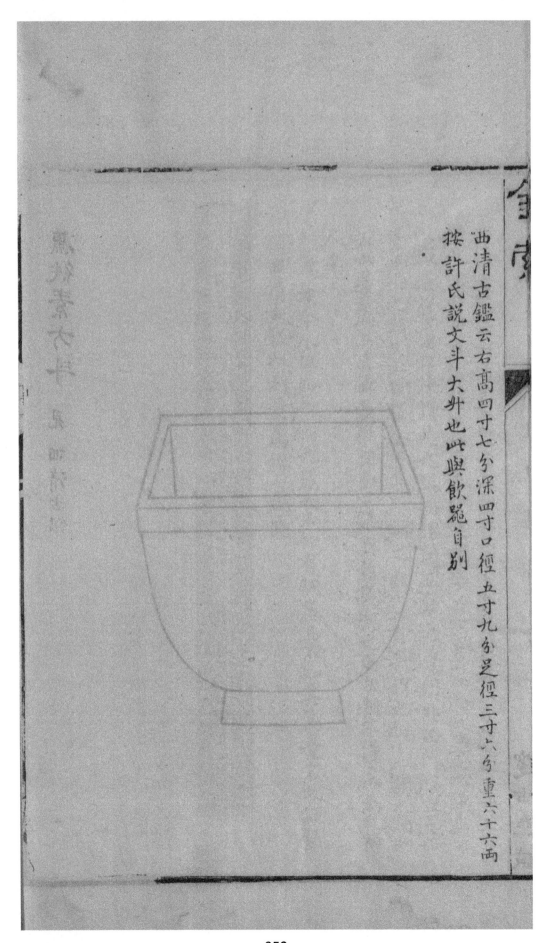

漢建初銅尺

舊為江都閔義行藏 後歸孔東塘民部 今在衍聖公府

鵬至曲阜玉虹樓每从公府借觀是尺色無朱綠而醇古動人其尺廣此尺之一寸厚半之重今廣砝平十八兩某南語余云拓本長短不齊乃从原尺量仿二尺以其一贈余

慮俿銅尺建初六年八月十五日造

郡國志慮俿屬并州太原郡 顏師古音為盧夷

山左金石志云居易錄云漢章帝時泠道舜祠下得玉律以為尺与周尺同曰鑄為銅尺頒郡國謂之漢尺此或其遺歟吳江沈冠雲彤著周官祿田考未見建初尺然其所繪古尺啚与此正同高若訥依隋志定十五等尺第一為周尺即此也江寧周慢亭架亦云曲阜孔氏所弆銅尺与沈冠雲所用尺同孔民部尚任云建初尺与周尺同當古尺一尺三寸六分當漢末尺八寸与唐開元尺同當宋省尺七寸五分當浙尺八寸四分當明部定官尺七寸五分弱當今工匠尺七寸四分當今裁尺六寸七分當今量地官尺六寸六分當今河北大布尺四寸七分以上各說皆精覈 鵬按宋省尺七寸五分七字當作八

漢建初銅尺歌

城南亭子槐陰涼拓文乃展漢季辛亡知此尺在閩里徒觀之文篆一行建武銅尺周又同以校後代皆過長惜哉荀公未見此七品猶叅徽弱繇世祖々孫好儒術四年帝觀下太常建初年去建武近中興以來民不忘隋書維鑪十五等此尺早出非難量建武尺馮建初正周禮尺制庶加詳其時鑄官屬郡縣々官鑄罷銅丹陽況於玉律度為尺文學得自零陵讓林廬々袁土俗別大陵有鏡云刷熾揚廬偉豈由俗間鑄何以至寶傳茲方荀公不如我生晚可正古尺詠傍徨同觀更辨字體好今日々樂々未央

乾隆壬辰六月秀水錢載作

是歲八月辛丑朔十五日應是乙酉乾隆癸巳三月廿有四日嘉定錢坫觀于向紙坊南寓舍

晉尺

从宋王復齋款識摹入　較漢建初尺短二分許

周尺漢志鎦歆銅尺後漢建○銅尺

晉前尺並同

舊釋如是鵬按周字武字〻畫不全蓋銅質剝蝕之故吴江

沈冠雲以爲首多一字係誤衍者非也考篆文周字朱育集

字有作𠆢凡者与此邊四畫同其爲周字無疑武字古老子作戩也

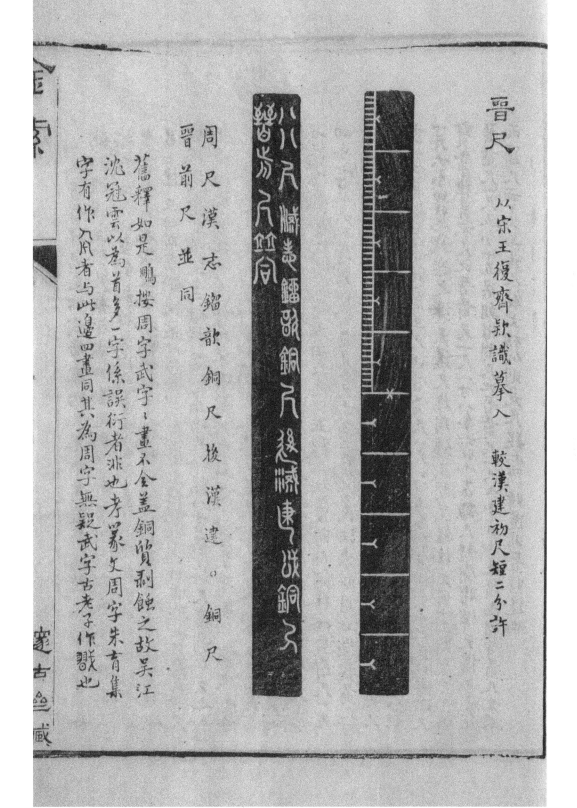

鵬又考晉律歷志云武帝泰始九年中書監荀勗校大樂八音不和始知後漢至魏尺長于古四分有餘乃部著作郎劉恭依周禮制尺所謂古尺也更鑄銅律呂以尺量古器無差勗銘其尺曰晉泰始十年中書考古器揆校今尺長四分半所校古法有七品一曰姑洗玉律二曰小呂玉律三曰西京銅望臬四曰金錯望臬五曰銅斛六曰古錢七曰建武銅尺姑洗微彊西京望臬微弱其餘与此尺同銘八十二字此尺者勗新尺也今尺者杜夔尺也晉志如是未有前尺之名前尺見于隋志隋志載十五等尺一周尺与漢志王莽時劉歆銅斛尺後漢建武銅尺晉泰始十年荀勗律尺為晉前尺祖冲之所傳銅尺近同二晉田父玉尺梁法尺實比晉前尺一尺七氂三梁表尺比晉前尺一尺二分二氂一毫有奇四漢官尺比晉前尺一尺三分七毫与晉始平時掘得古銅尺近同五魏尺杜夔所用調律比晉前尺一尺四分七氂六晉後尺比晉前尺一尺六分二氂晉氏江東所用七後魏前尺比晉前尺一尺二寸七氂八中尺比晉前尺一尺二寸一分二氂九後尺比晉前尺一尺二寸八分一氂後周市尺開皇官尺同十東魏後尺比晉前尺一尺五分八毫十一蔡邕銅籥尺後周玉尺比晉前尺一尺一寸五分八氂十二宋氏尺比晉前尺一尺六分四氂錢樂之渾天儀尺後周鐵尺開皇鍾律尺同十三開皇十年萬寶常律呂水尺比晉前尺一尺一寸八分六氂十四雜尺趙劉曜渾天儀土圭尺比晉前尺一尺五分十五梁朝俗間尺比晉前尺一尺七分一氂是隋志以晉前尺為本而一周尺云云又与是尺銘文相似則是尺疑亦隋時造非晉時造也

宋三司布帛尺

舊藏華陰王山史家
後歸曲阜孔東塘農部
此从桂未谷拓本

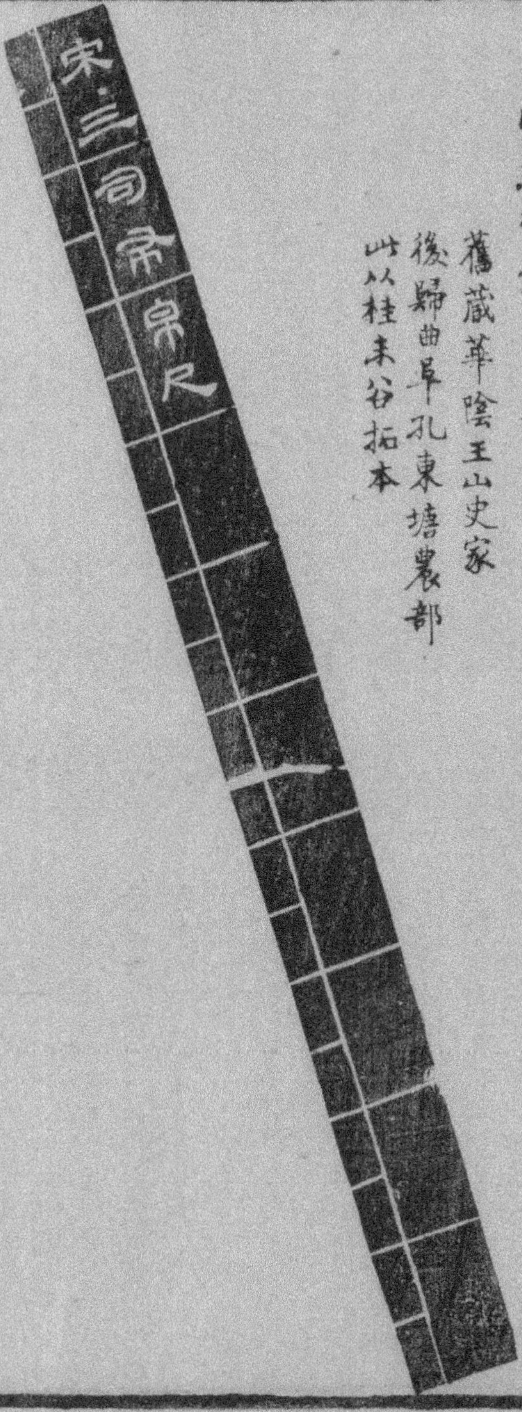

山左金石志云宋史職官志三司總國計應四方貢賦之入朝廷不預一歸三司通管鹽鐵度支戶部號曰計省位亞執政目為計相三司故得自置尺也又食貨志布帛宋承前代之制公私織造須幅廣二尺五分民所輸絹疋重十二兩河北諸州軍重十兩各長四十二尺此三司通管天下布帛有定尺也三司尺即所謂省尺與浙尺異孔氏所藏漢建初尺當省尺七寸五分當浙尺八寸四分强 按七字亦當作八若此尺七寸五分止漢尺之八寸八分耳

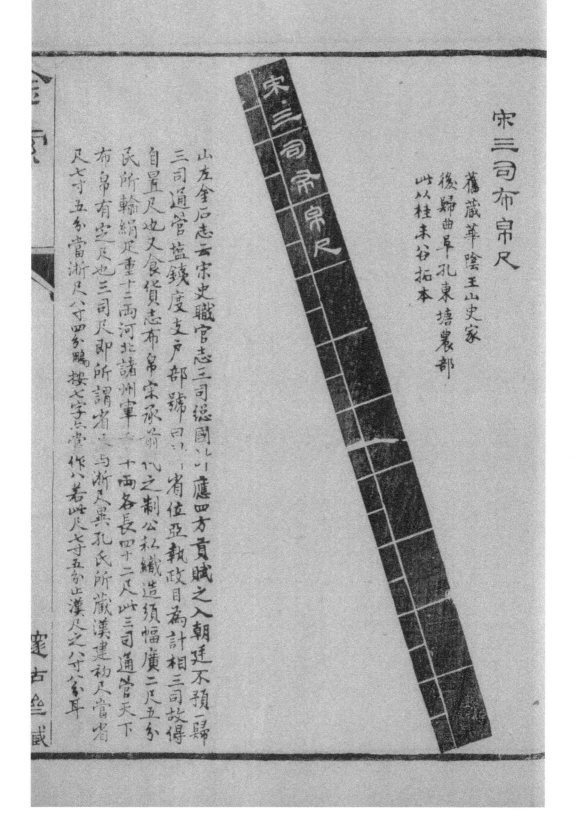

鵬又按金石志又别繪五寸畫式云出季三司尺五寸于此當今工部營造尺四寸三分強倍之可得是尺全畫鵬取而倍之以較泗水王君容谷家榕所刻桂未谷金拓本乃短至五分許其懸遠細思之此必金石志拓本因墨燥而縮王氏所刻又過裝裱而伸也今从桂本減去一分摹刻庶幾近之若从金石志半尺之式則建初尺乃當此三司尺之九寸矣与前所云當此尺七寸五分者大相齟齬也

倣周尺二　附　以桂氏拓本

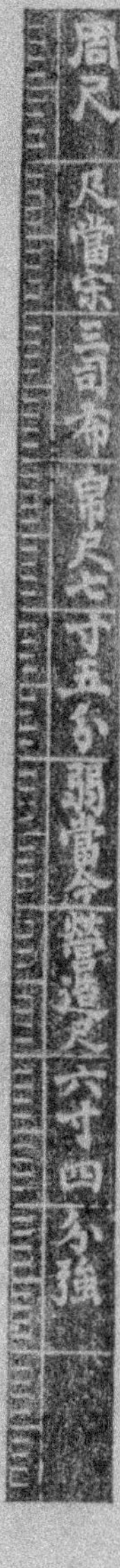

桂未谷云此尺拓本爲裝褾者誤長分許鵬今截去
分許以應宋布帛尺七寸五分之數

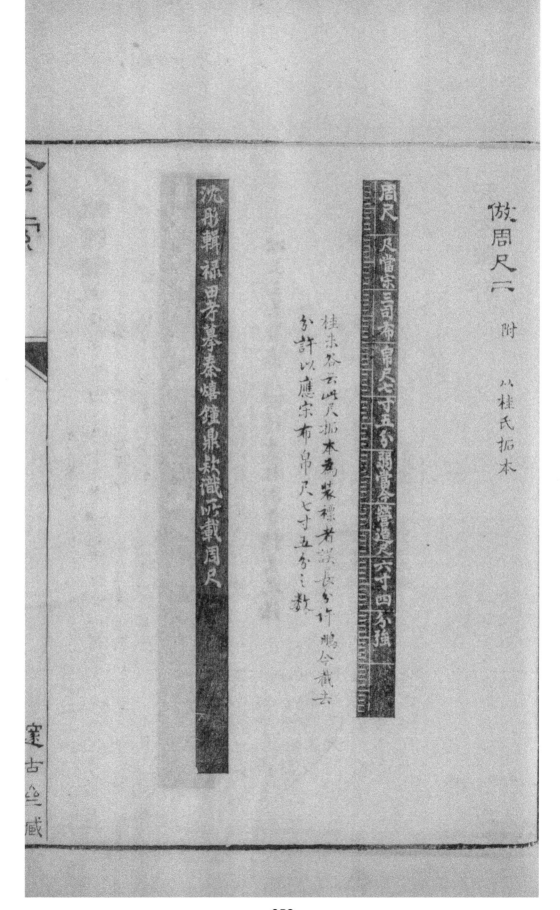

倣漢錢尺

以上三尺皆後人所仿造故附于諸尺之後

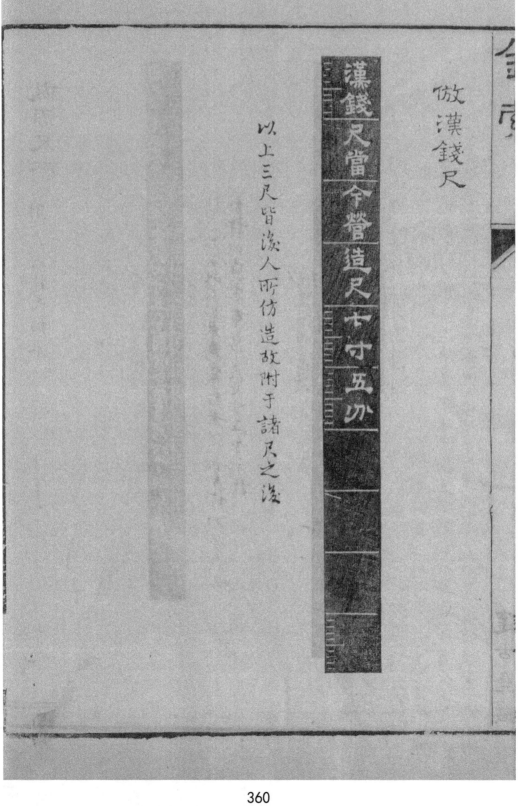

元大德權

背面　正面

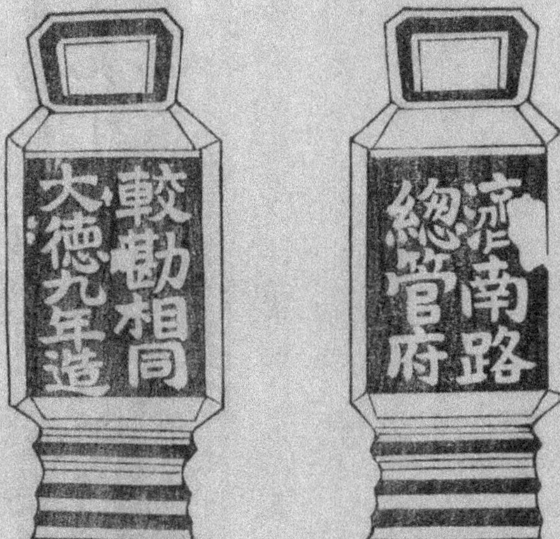

嘉慶廿四年嵫陽縣南李社民周繼海傭工刨地得此權以為廢銅予主人後洗出字以為寶也攫而去之主人不服訟于典史斷歸周氏

權稱錘也虞書同律度量衡〻非權不足以定輕重此權
區而六觔重今庫砝二十三兩六錢上刻濟南路總管府較
勘相同大德九年造十五字大德為元成宗年號考泗水
縣有重脩昭惠靈顯王廟碑文登縣有崑崙山東華宮記
皆在大德九年史稱成宗時賢相登朝河清玫瑞憂國愛
民為守成令主則其較勘權衡以同天下宜矣

餘論

律度量衡日用之至不可缺而亦至難齊古有黍累鍾錙鐶鈞鋝鎰之目其詳不可得聞矣然其可考者如漢志隋志言度則分寸尺丈引也言量則龠合升斗斛也言權則銖兩斤鈞石也黃鍾之重一龠容千二百黍兩之為兩十六兩為斤三十斤為鈞四鈞為石權生衡、生規、生矩、生繩、生準是謂五則以為大小軌十斗為斛百二十斤為石斛為五量之一石為五權之一今人以五斗為斛十斗為石古未之聞也隋開皇時以古斗三升為一升以古稱三斤為一斤不過言其大略即以漢器比漢器亦互有參差況遠隔數千載後乎度較權量稍有可據然未得真器轉相仿傚羸縮隨時欲以紙上談兵殊非易易桂未谷明府集諸尺拓本以乾隆六年工部貯庫較準營造鐵尺及衍聖公府所存漢建初銅尺為主自是定論建初尺當工部貯庫尺七寸四分工部尺當今時裁尺八寸八分鵬近得孔琹南孝廉所比刻建初尺較金石志所刻為長較王孝廉容谷所刻為短較公府真尺不爽庶可以測古器矣

道光元年四月朔日鏤
板于嶰陽署齋於時日月合
璧五星聯珠記之

大德權二

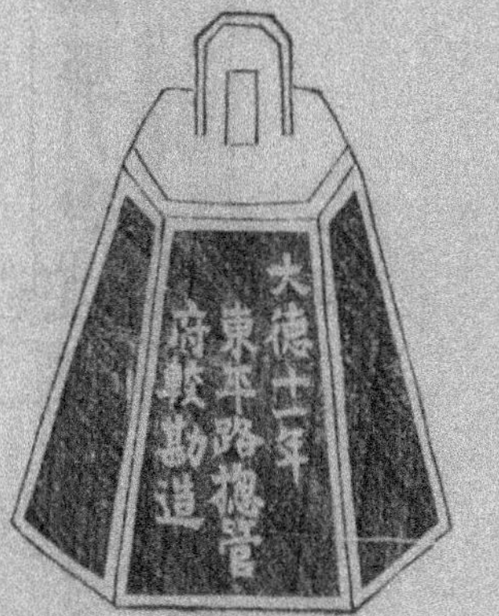

此銅權見于嘉祥制六觚而一面刻字与前稍異東平路即東平州地其領縣則須城東阿陽穀汶上壽張平陰也元太祖時嚴忠濟爲東平路管軍萬户揔管行揔管府事領五十四州縣則揔管府之權重矣

道光元年四月朔日鏤板于嶰陽署齋於時日月合璧五星聯珠記之

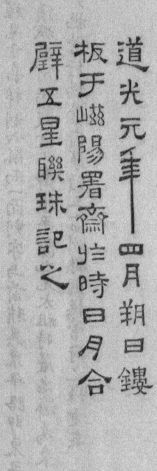

金索三

紫琅馮雲鵬晏海氏
雲鵷集軒氏同輯

雜器之屬

鍾鼎之屬已列首編乃有器不必登于郊廟名不必同于商周而有象可繪有銘可録有年月可志者若鋗若洗若鐙若鑪若釜甑若鐎斗以及浮屠造像田野鈴鐸之徵皆可藉以想見古人制作精意自漢迄元得如干事入雜器之屬

漢元康鋗

從博古圖縮小

博古録云器高四寸二分深四寸一分口徑七寸四分

按說文鋗小盆也考西漢器物紀年号者莫先于此故列于雜器之首

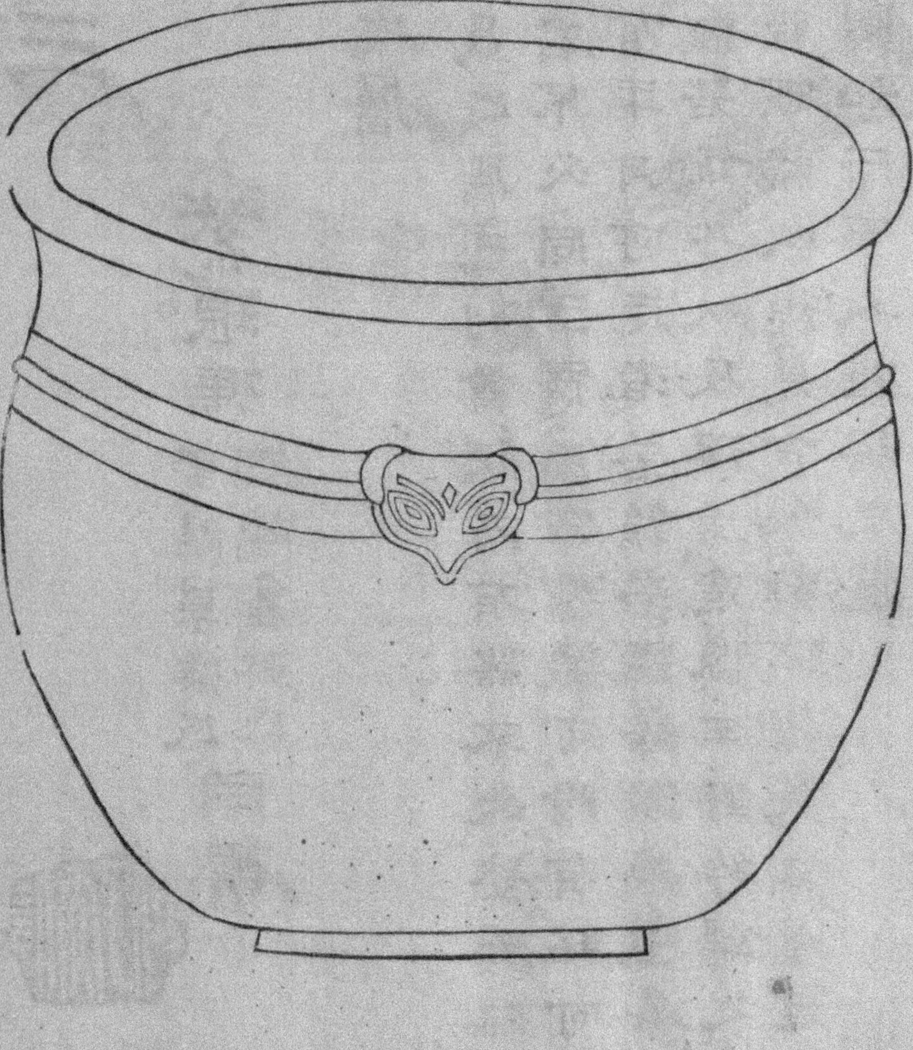

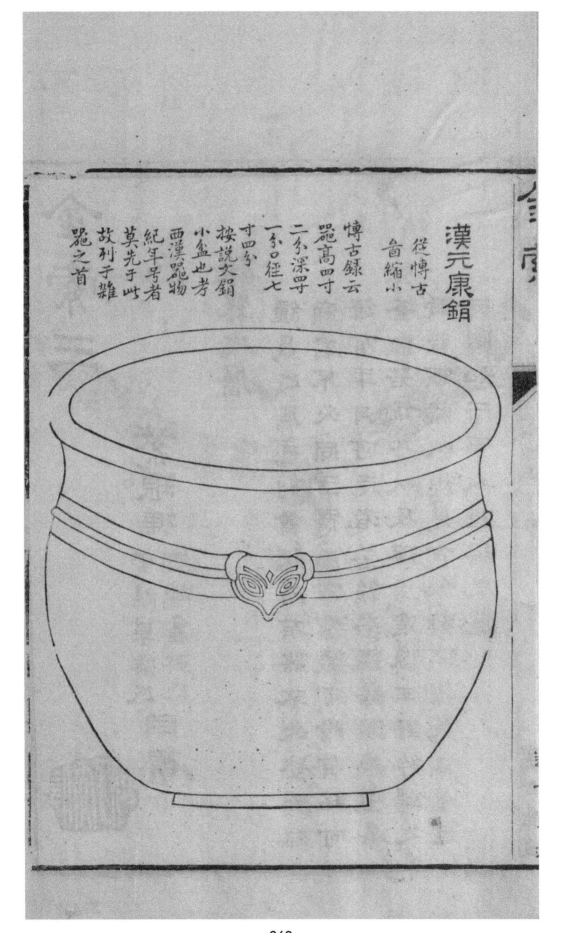

銗銘 十五字在其脣

梁山銅二斗銗重十斤元康元年造扶

鵬按梁字今博古啚篆作𣳄恐筆畫有誤處又一本作㵺乃梁字非梁也茲姑从薛氏作㵺

博古録云漢宣帝即位之九年乃改元康其末社字乃𠑹耳如好時鼎之用山字也梁山銅者紀其貢金之地梁山於漢初為孝王之封依山鼓鑄為國之富故在孝王時有罍尊直千金戒後世寶之則梁山之銅有自來矣

遂古堂藏

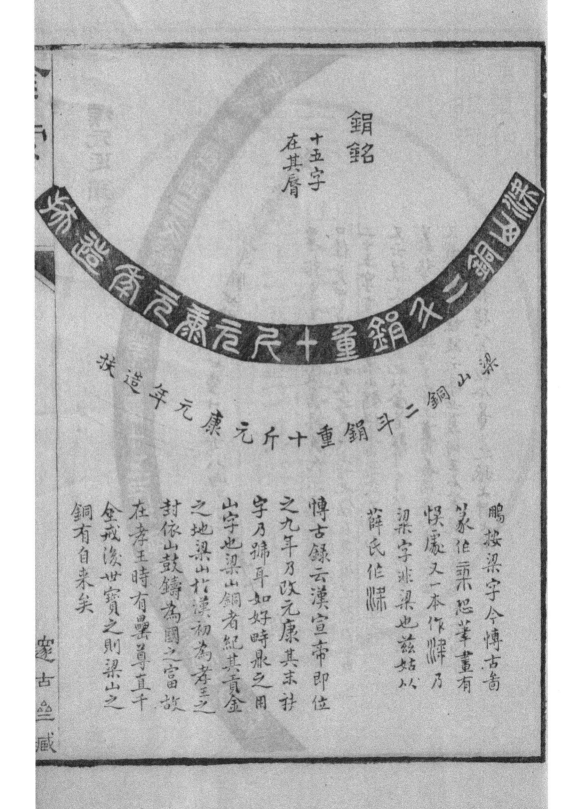

漢元延銗銘

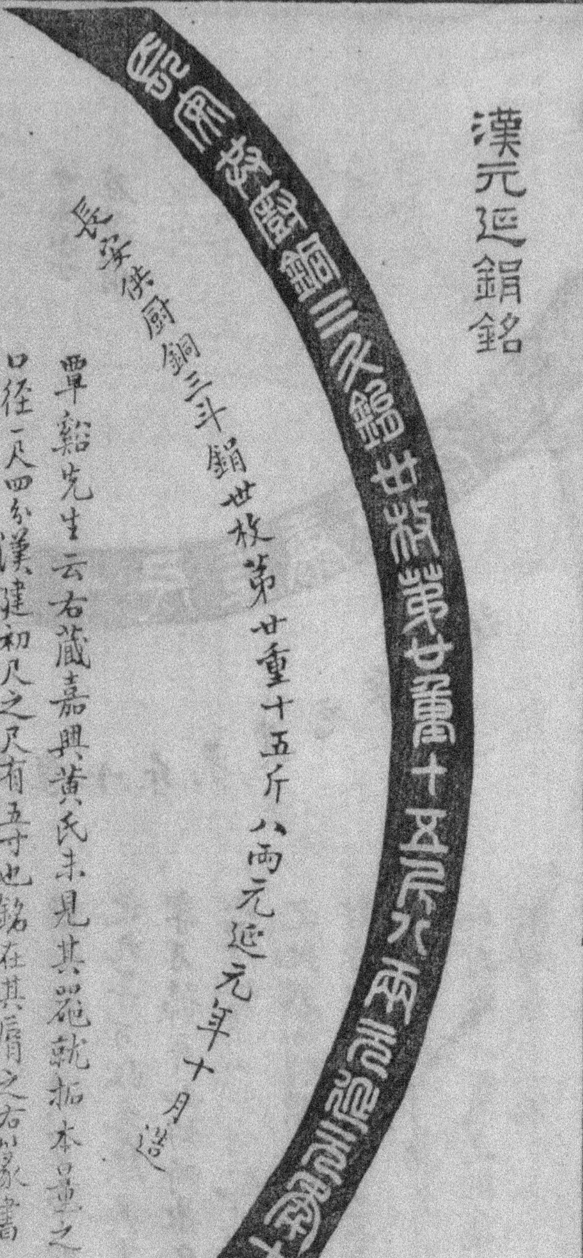

長安侯廚銅三斗銗卌枚第卌重十五斤八兩元延元年十月造

覃谿先生云右藏嘉興黃氏未見其器就拓本量之口徑一尺四分漢建初尺之尺有五寸也銘在其肩之右以篆書二十五字直下与梁山銗横書之式不同而口徑大過之又云説文銗小盆也从金肙聲肙从肉从口此器作㕣漢人篆勢之變延內止字上畫内垂尚存六書之意

又載曾仲棠跋云辛丑夏同王石農觀于黃思堂家以今權權之祗得八斤以今量量之祗七升七合

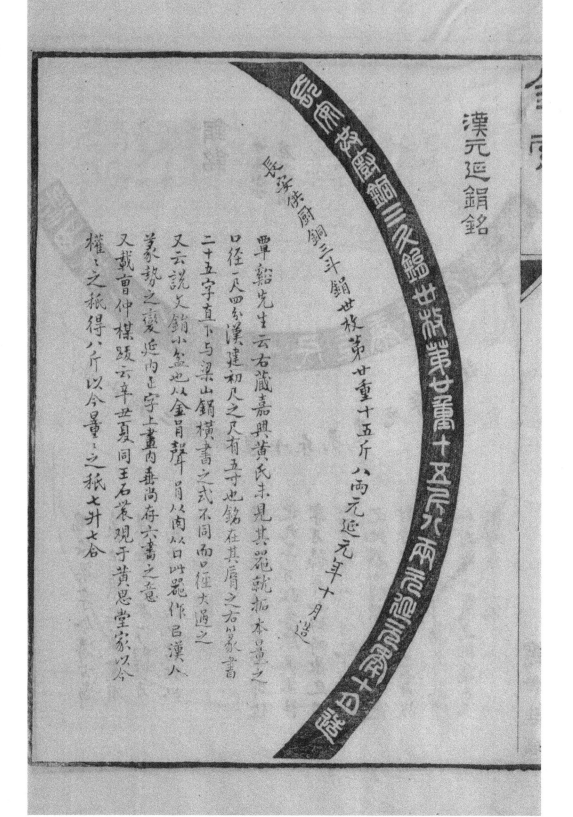

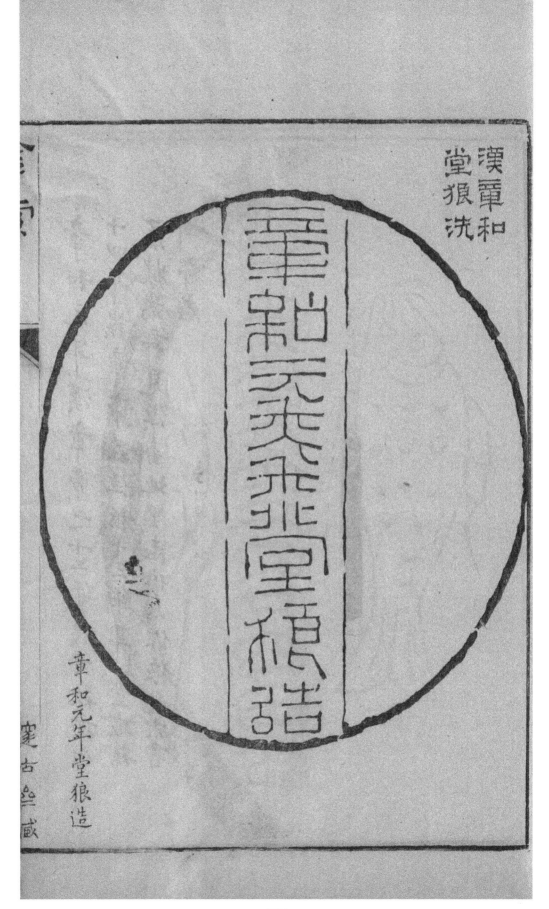

漢章和
堂狼洗

章和元年堂狼造

章和元年堂狼造

章和元年漢章帝之十二年積古款識作十四年誤章帝在位秖十三年耳 堂琅縣屬犍為郡見漢書地里志琅亾作狼見宋書州郡志

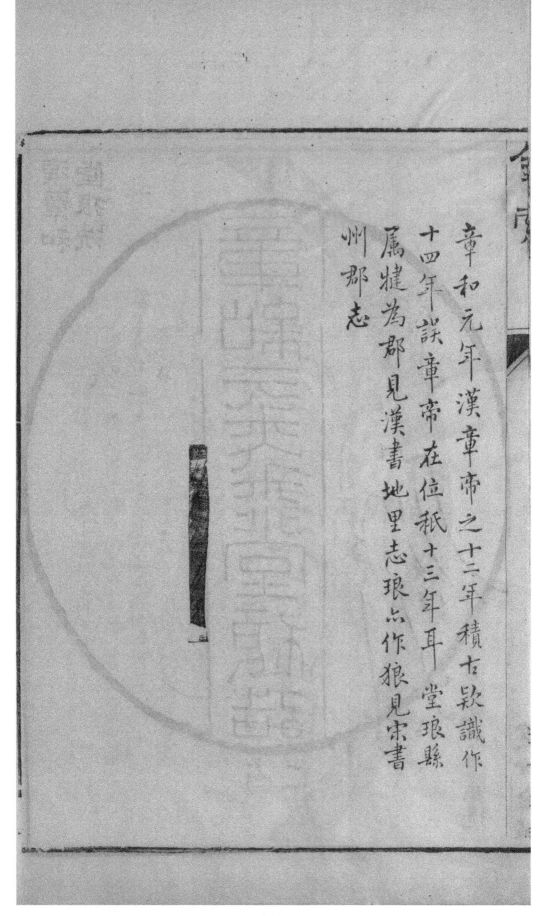

漢永元鷺魚洗

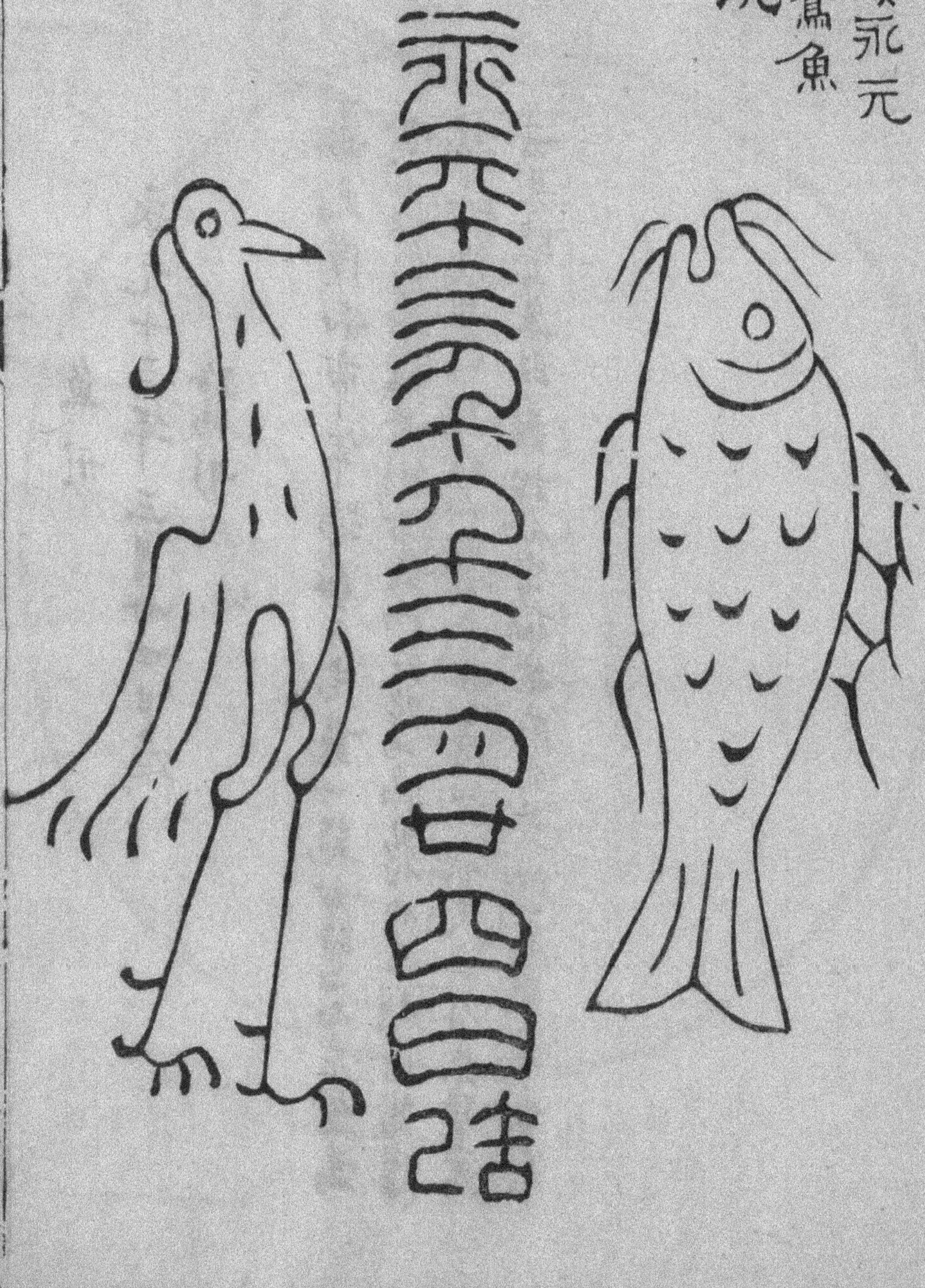

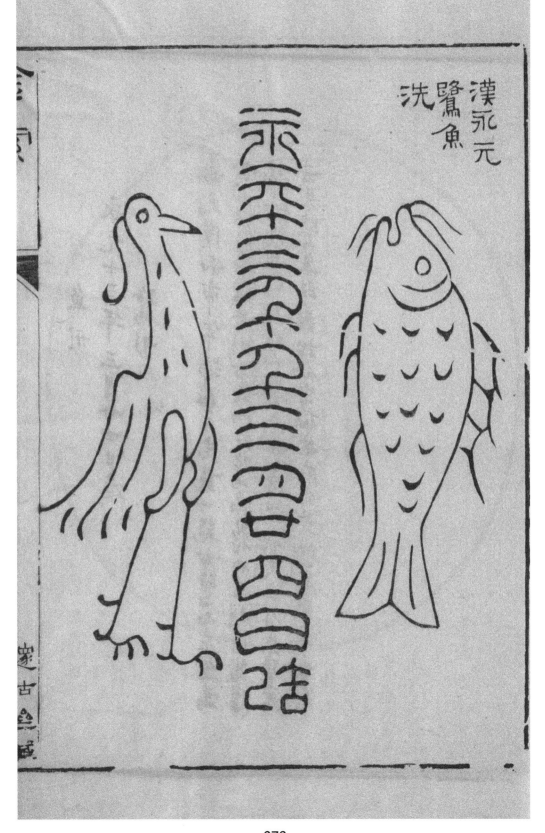

魚形

鷺形

永元十三年三月廿四日造

永元漢和帝年號金石志載此器右鷺鳥而左魚為黃小松司馬藏器則右魚而左鷺鳥為蔣伯生明府藏漢陽嘉洗亦作左鷺鳥而右魚考漢鐃歌十八曲有朱鷺篇云朱鷺魚取義相合宋擬樂府作朱路篇失本旨矣

漢永建朱提洗 一

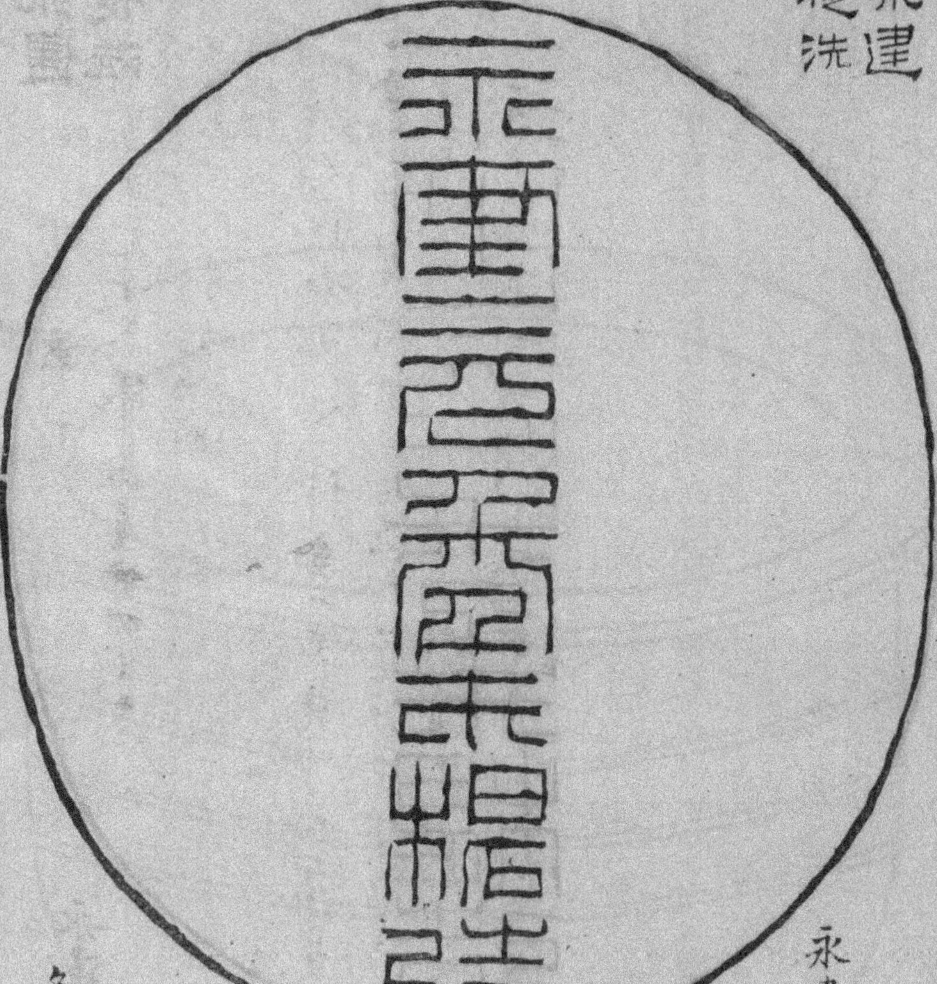

永建元年朱提造

永建元年東漢順帝即位之丙寅歲也積古款識云漢志犍為郡有朱提縣字本从手旁此从木作提考蘇林讀朱提為朱匙提乃匙之別文隸書手旁与木旁往往多亂也

漢永建朱提洗二

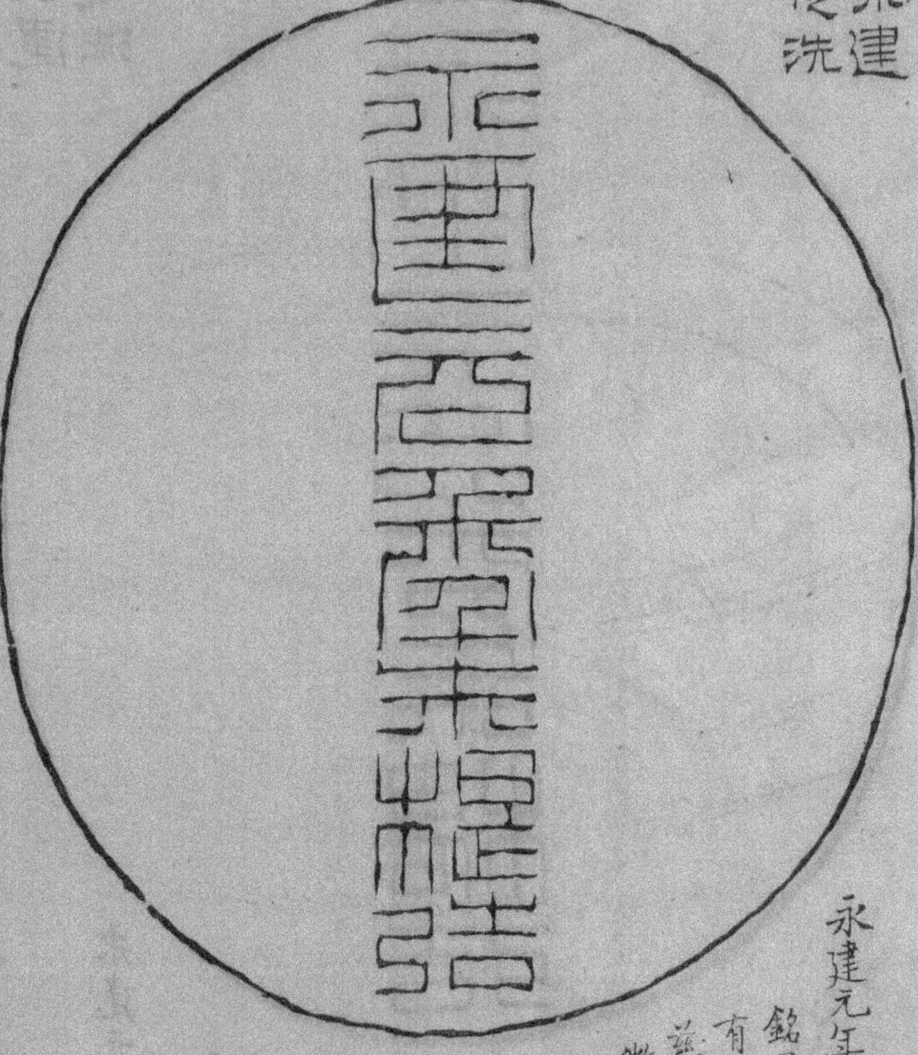

永建元年朱提造銘同上兩旁有雙魚爲慈谿鄭徵君勲所藏

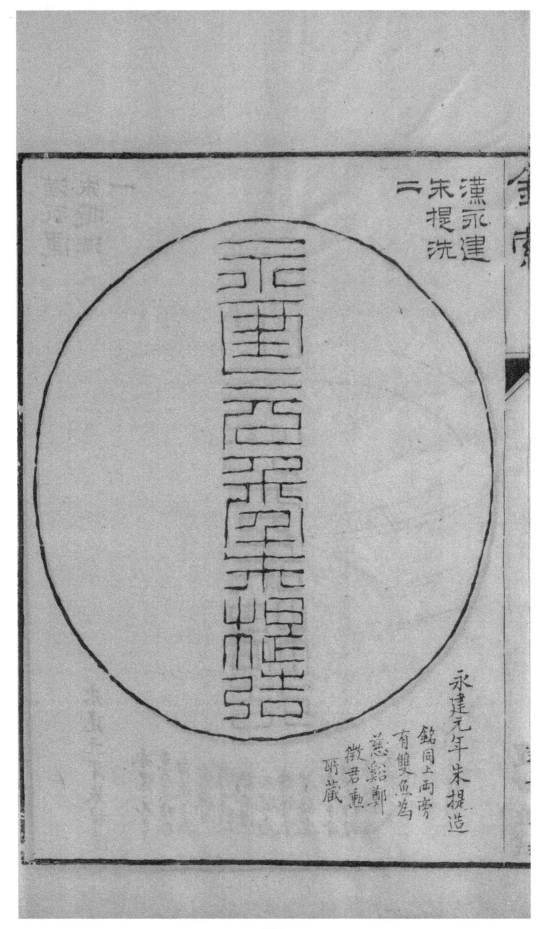

漢陽嘉鷺魚洗

從博古圖縮小

按洗之爲制小大不侔或深如盌或淺如盂周洗有之畫龜魚漢洗刻銘識茲尚漢洗以此爲式餘可類推不復圖焉

魚形

鷺形

銘

陽嘉四年朔令

愽古錄云洗高四寸一分深四寸口徑八寸八分容六升三合兩耳銘六字漢順帝即位之七年改元陽嘉曰朔者朔月也令者時令也洗盥手之器於此以奉祭祀交神人非苟然者

鵬按朔令二字強解且洗中無此銘識之式當是陽嘉四年三月造七字耳各本沿悞已久其字必有錯亂處

漢陽嘉洗

陽嘉元年末一字有缺誤疑是作字之譌

漢永和
朱提洗

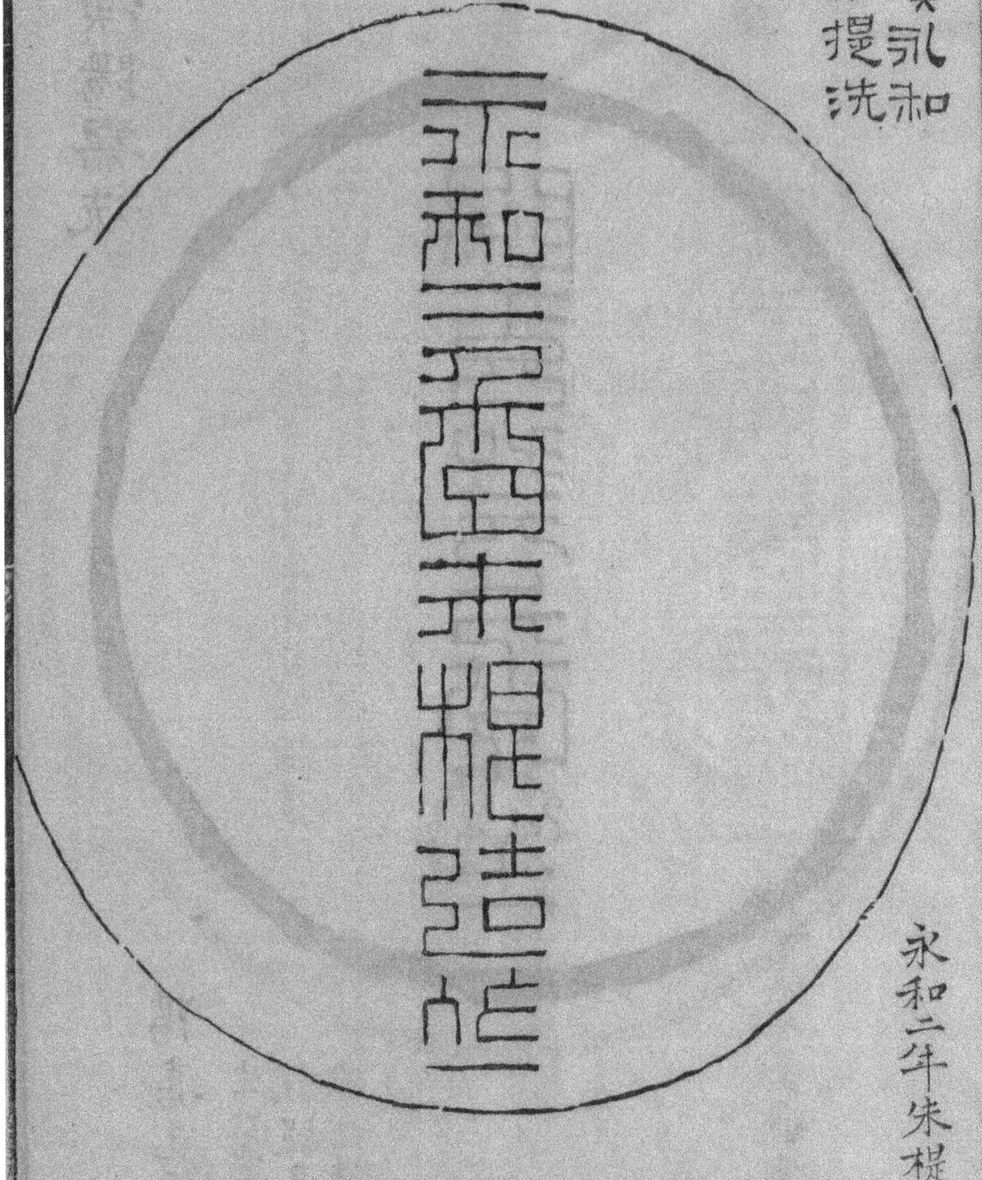

永和二年朱提造作一

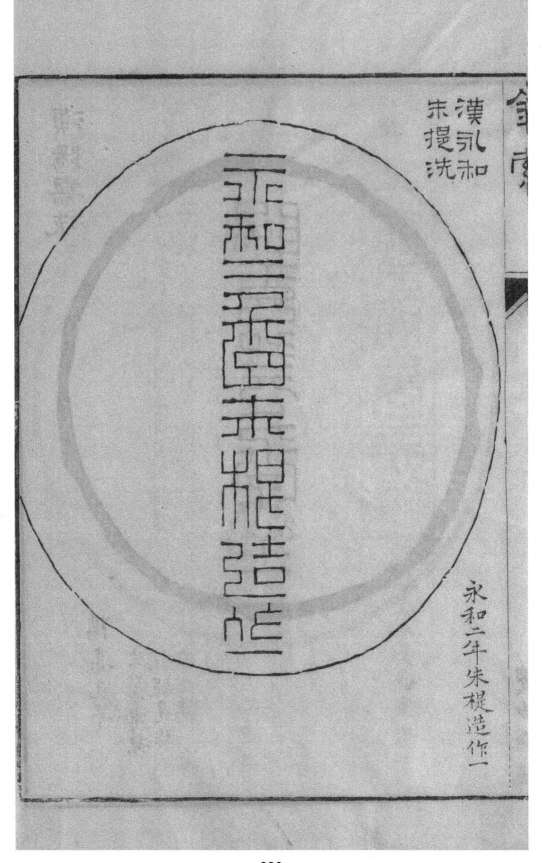

漢氣和
朱提洗

文同上

此葉東卿
拓本

漢永和鷺魚洗

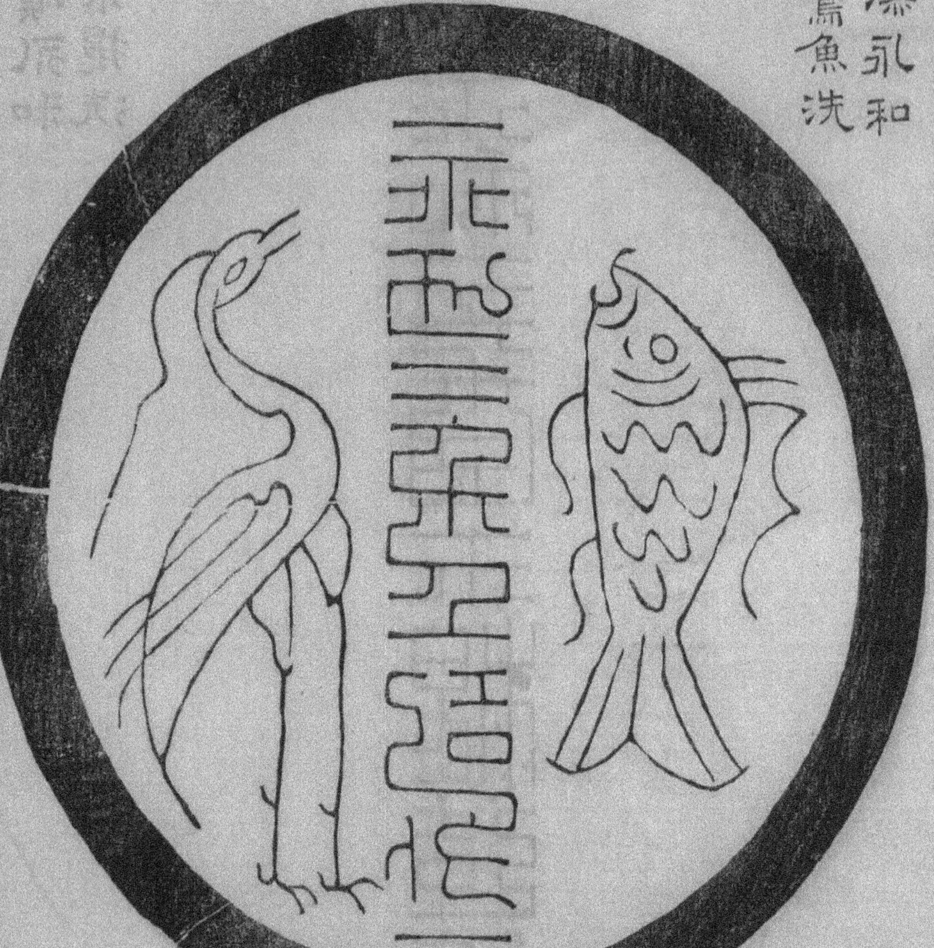

永和三年造作

魚 鷺

此黃秋盦拓本鷗雛未見其器而字畫花紋工秀如是洵上品也

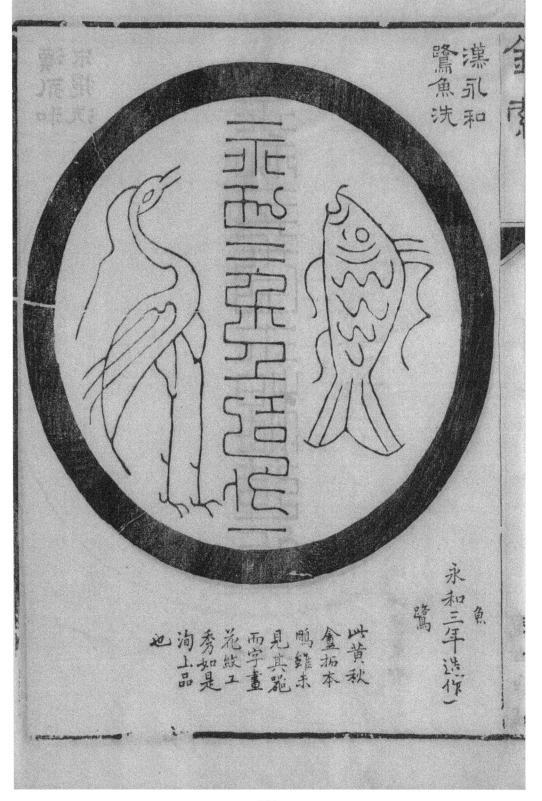

漢永和堂狼洗

永和四年堂狼造

此葉東卿所貽拓本篆文盤屈變動不拘常法猶漢印之用繆篆肰堂狼漢志作琅此不从玉傍从犬傍不但漢流俱同即瓦當文琅玕萬延亦作狼可見漢文之相通也

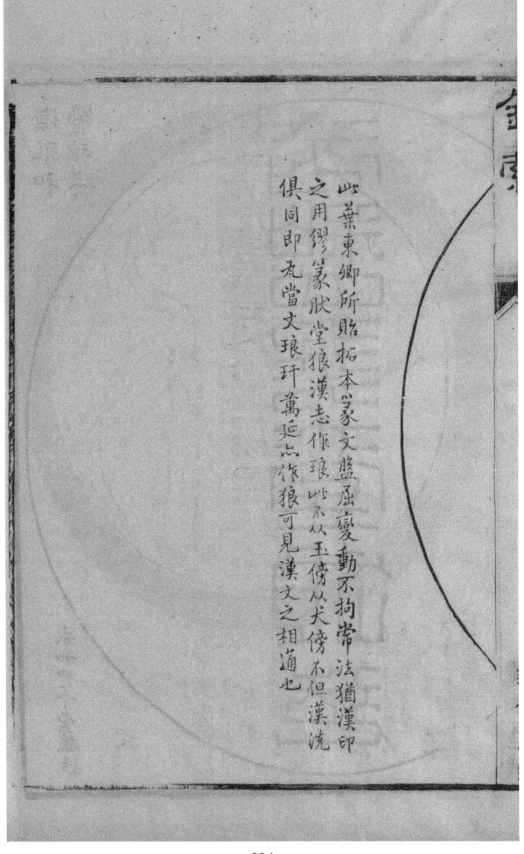

漢〻安平陽侯洗

永
漢安平陽侯
用

東漢平陽侯有二其一為曹宏在建武二年復故封宏子曠〻後無聞一為平陽公主之後公主適大鴻臚馮順〻子奮襲主爵為平陽侯兄勁繼為侯勁子卯為延光侍中卯子留正當漢安之時此洗蓋馮伯器也積古齋論之甚詳

漢二安朱提堂狼洗

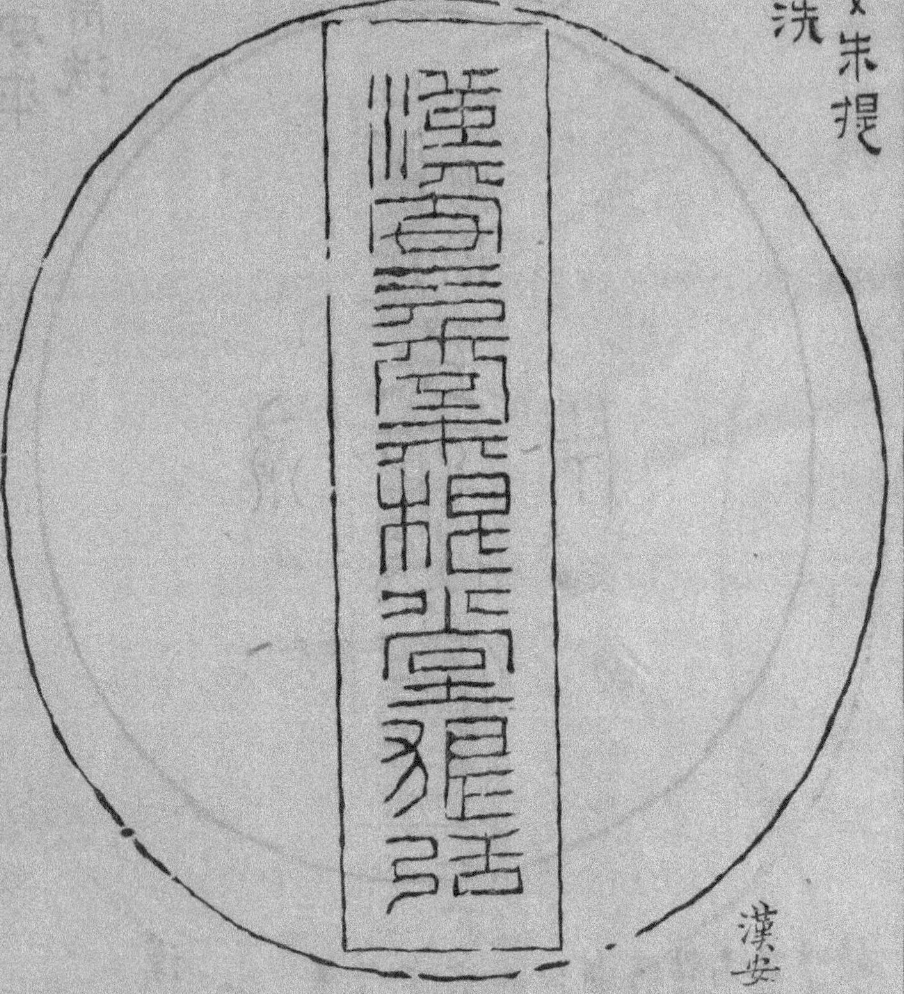

漢安二年朱提堂狼造

右有魚左有鷺与永元洗同

積古款識云續漢書郡國志有朱提無堂狼後漢堂狼既省入朱提故此器云朱提堂狼也犍為郡故夜郎國為貴梁州之境今貴州威寧雲南東川二府地

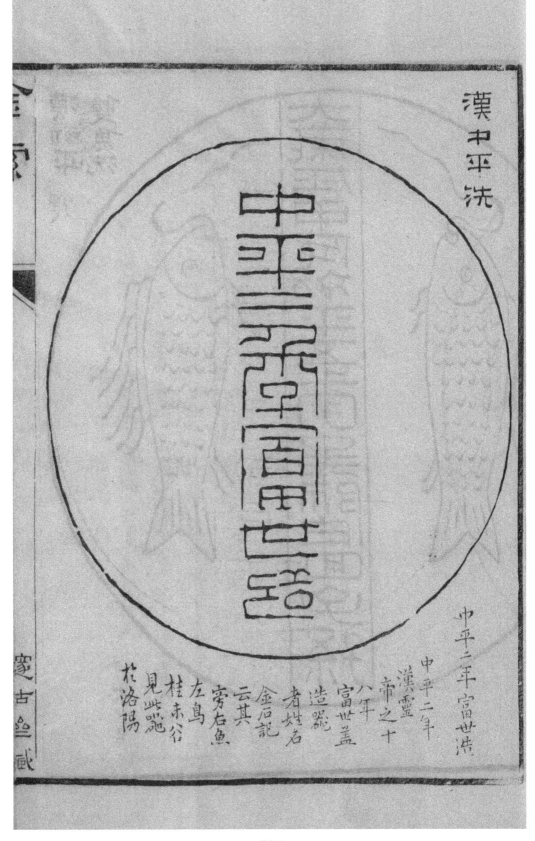

漢中平洗

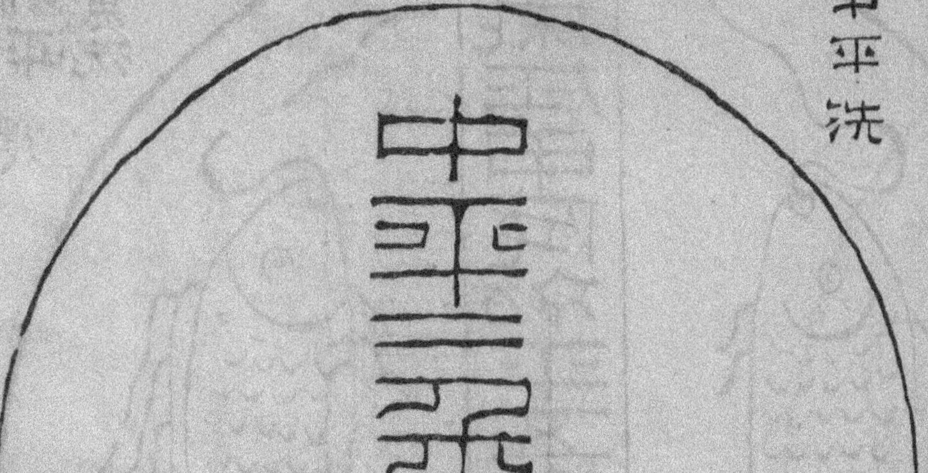

中平二年富世洗

中平二年漢靈帝之十八年富世蓋造器者姓名金石記云其旁右魚左鳥桂未谷見此器於洛陽

漢初平雙魚洗

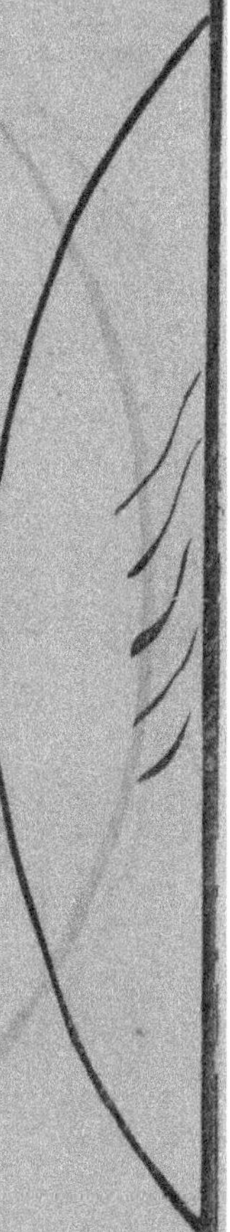

魚

太歲在甲戌初平五年吳師作宜子孫

魚

積古款識云東漢獻帝己巳年即位庚午改元初平初平止四年甲戌改元興平此称初平五年者遠方未知改元猶仍舊號猶西漢五鳳止四年而元所藏輒稱五鳳五年也

漢宜侯洗

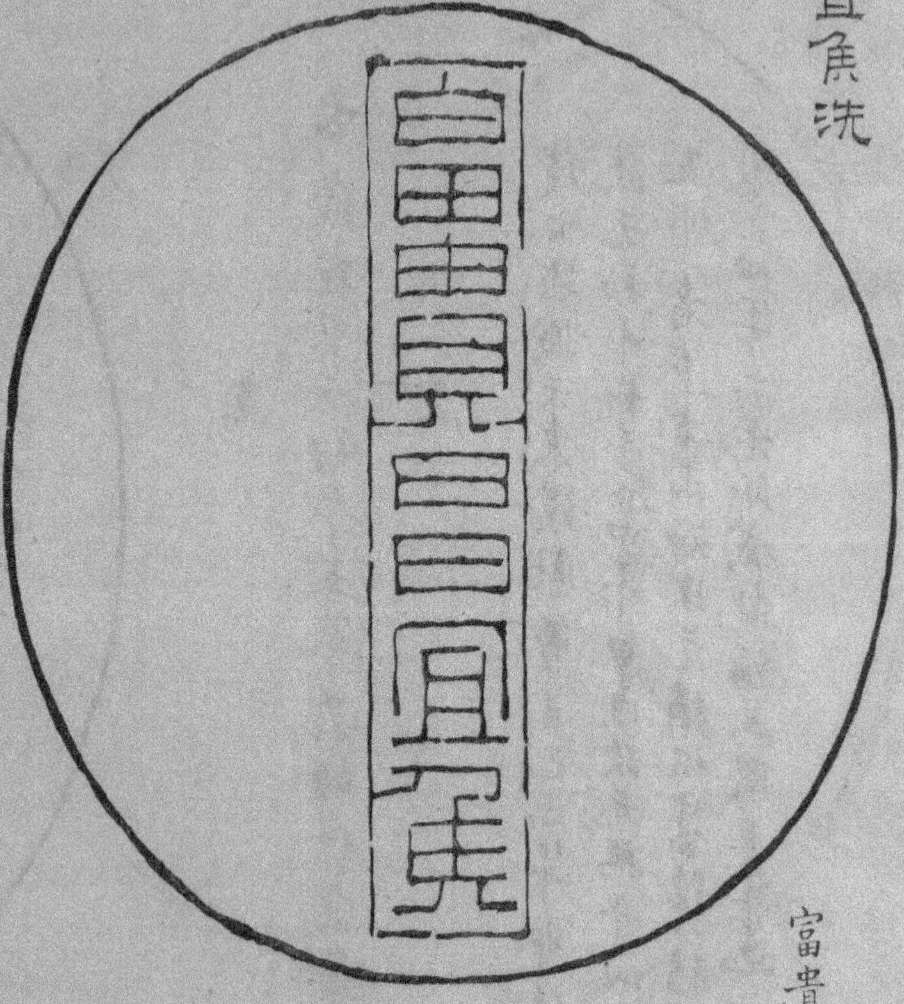

富貴昌宜侯

富字乃古借邊之法漢印亦往往有之

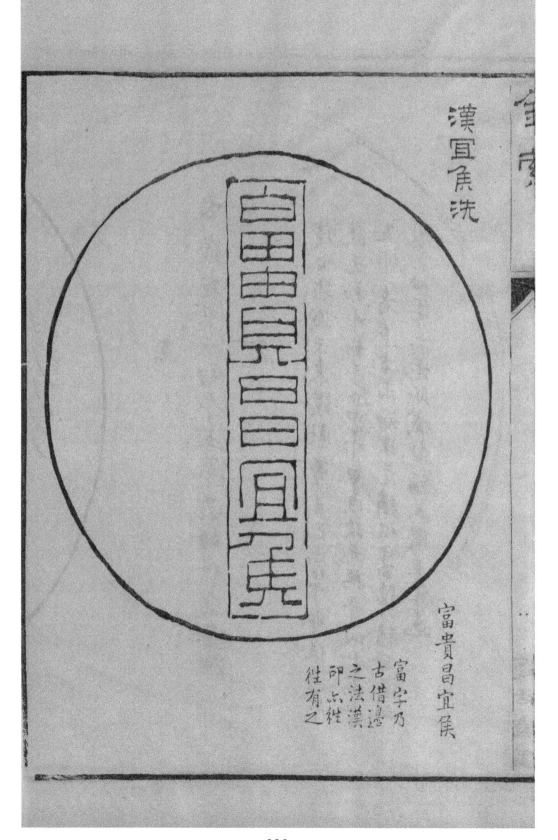

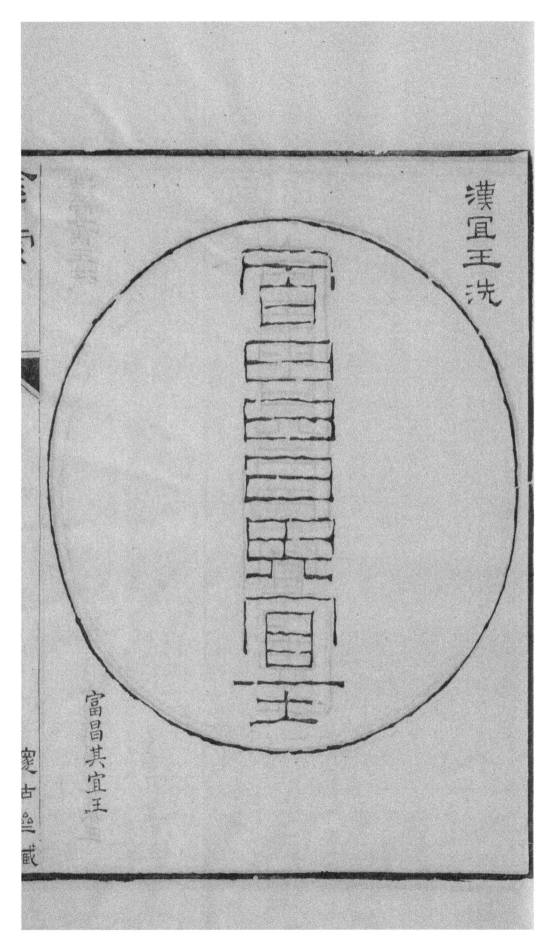

漢宜王洗

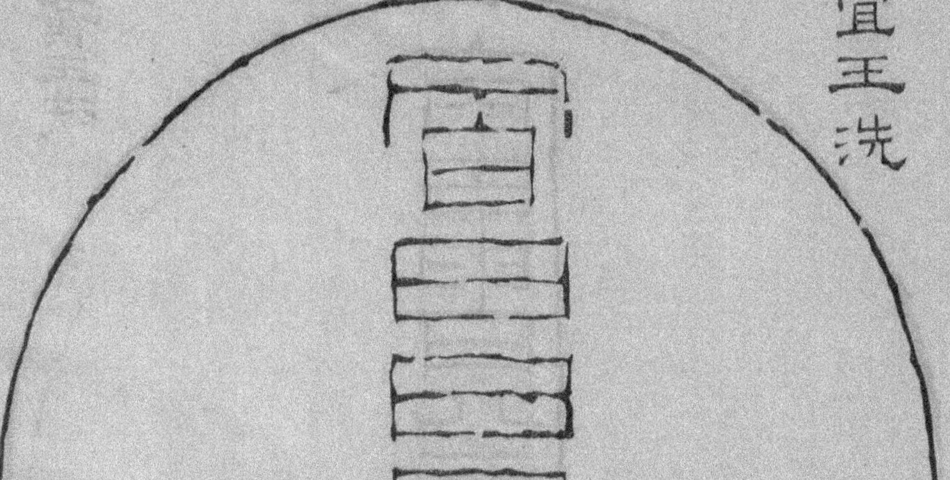

富昌其宜王

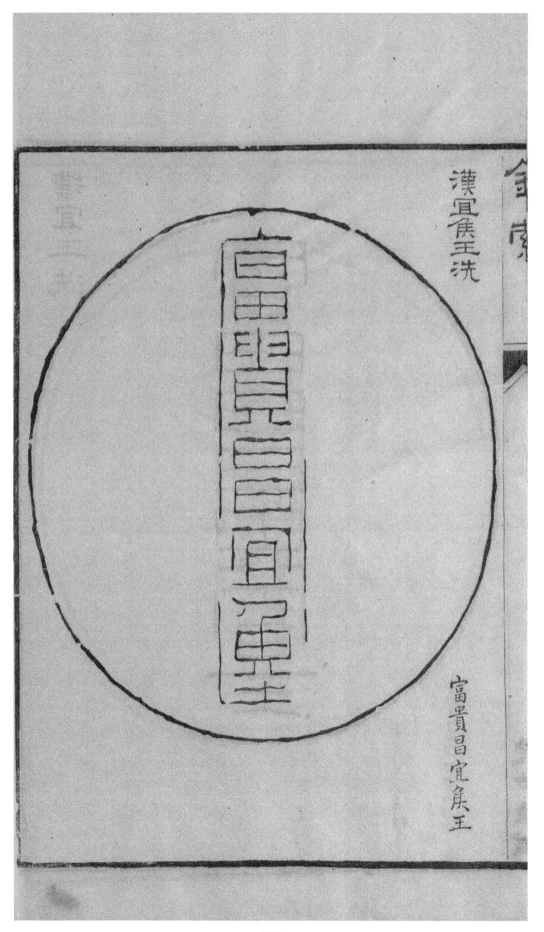

漢宜侯王洗

富貴昌宜侯王

漢宜侯王洗

大吉昌宜侯王

邃古齋藏

漢宜侯王洗

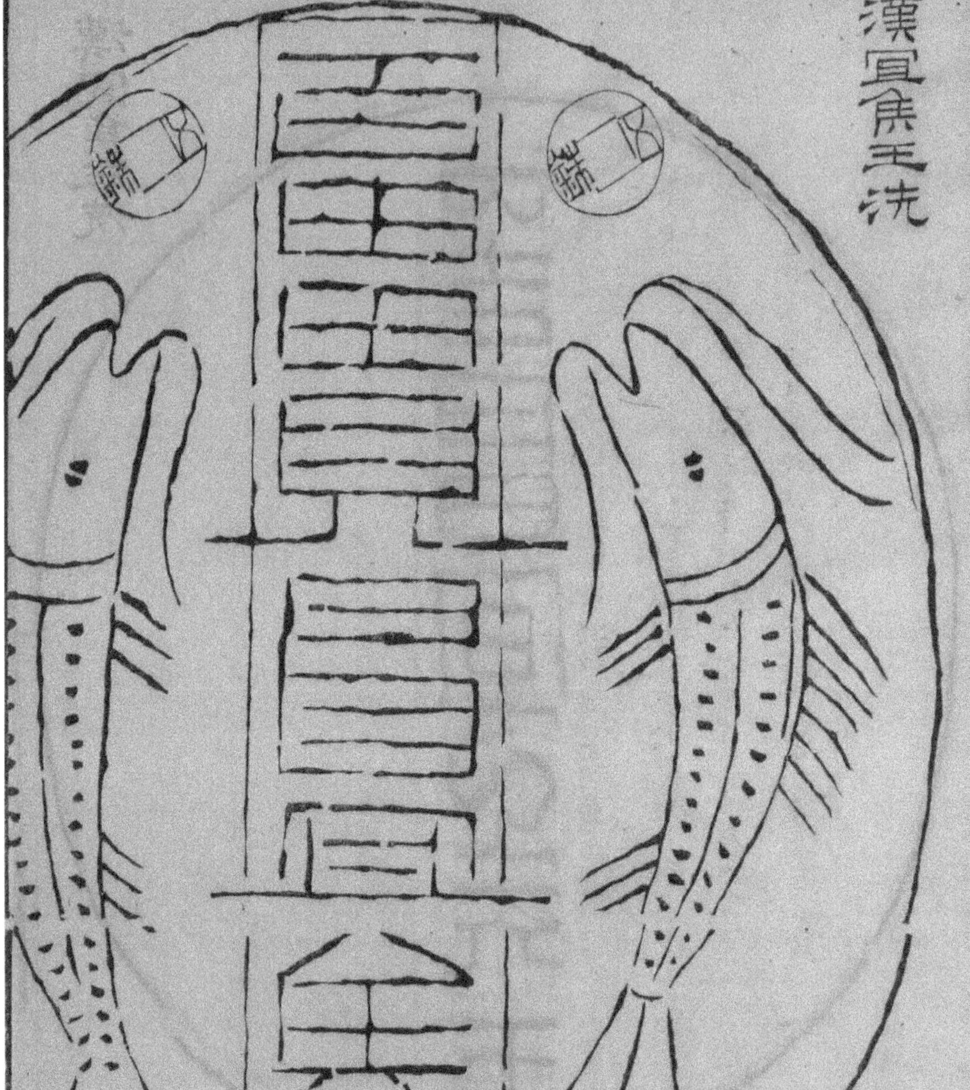

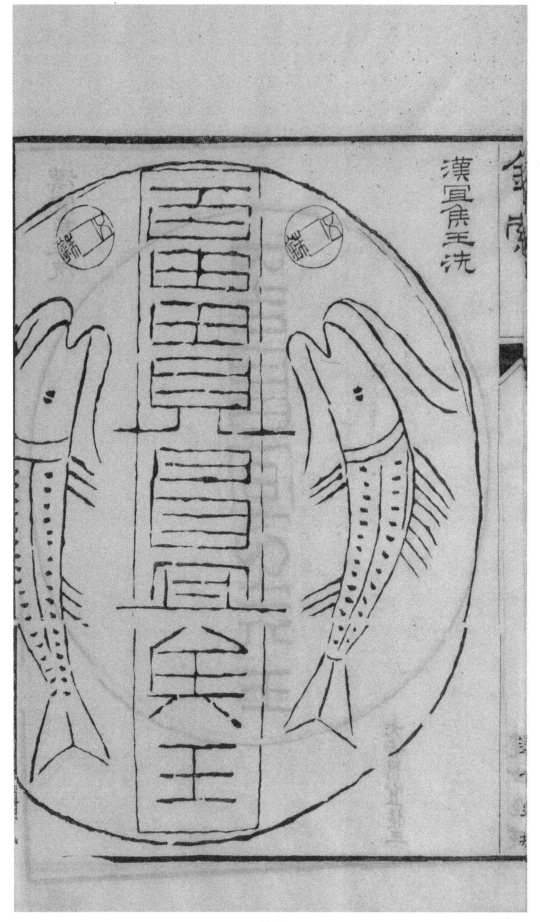

魚

富貴昌宜侯王

魚

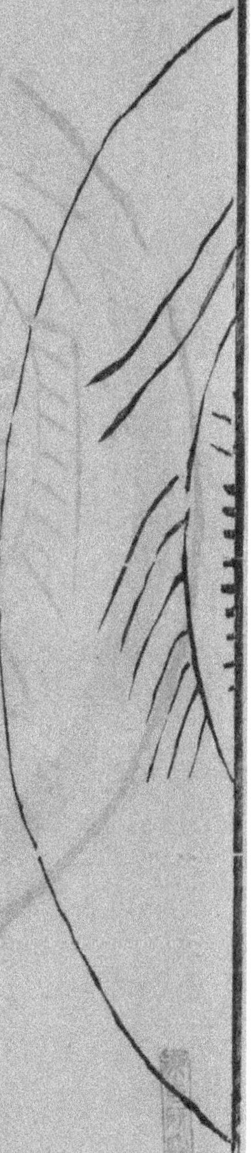

考法書要録引鼎録云蜀章武二年作二著鼎
一賜魯王銘曰富貴昌宜侯王一賜梁王銘曰大吉羊
宜公王隸續云漢罍物多有此文蜀鼎銘盖采用前
代之語是也此罍為漢陽葉東卿藏

邃古齋藏

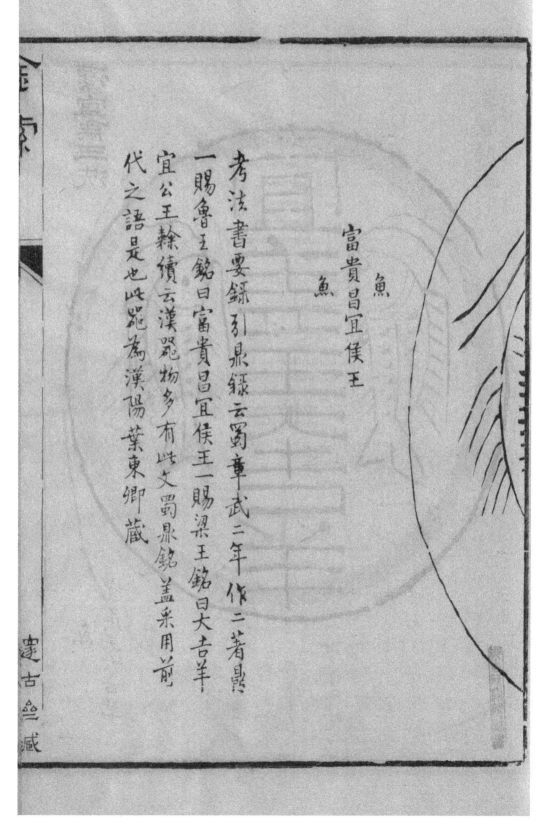

漢宜侯王洗

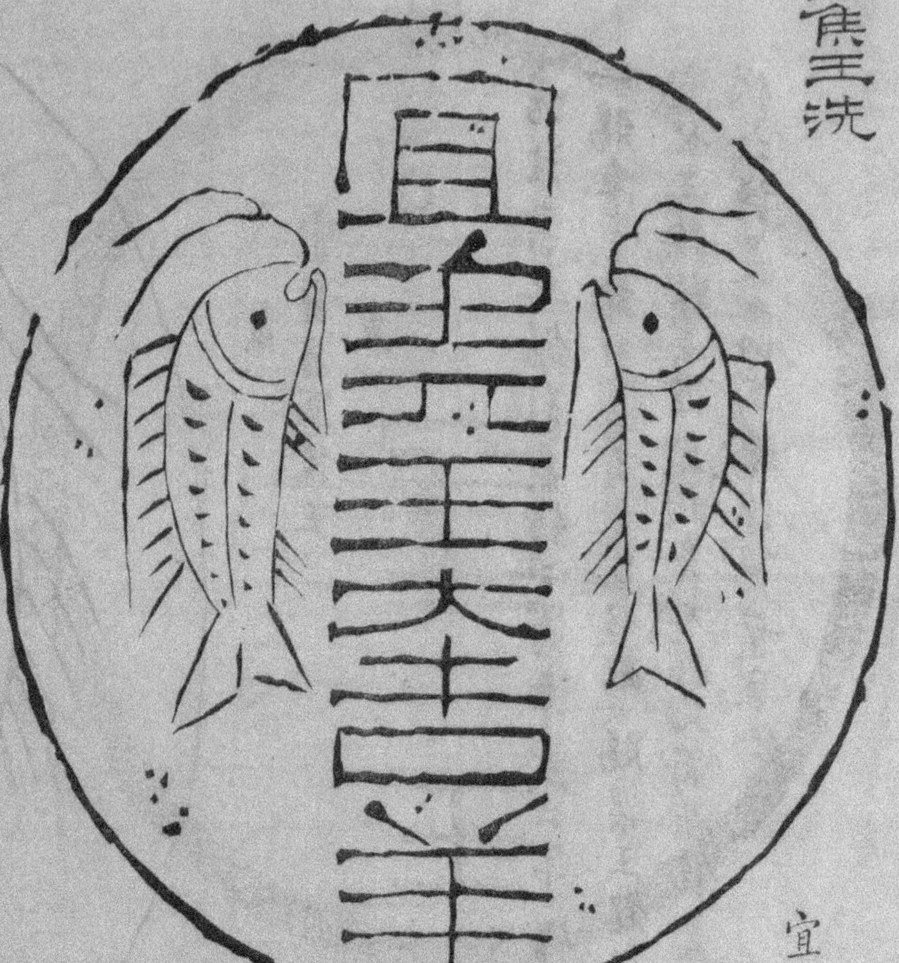

魚

宜侯王大吉羊

魚

漢宜侯王洗

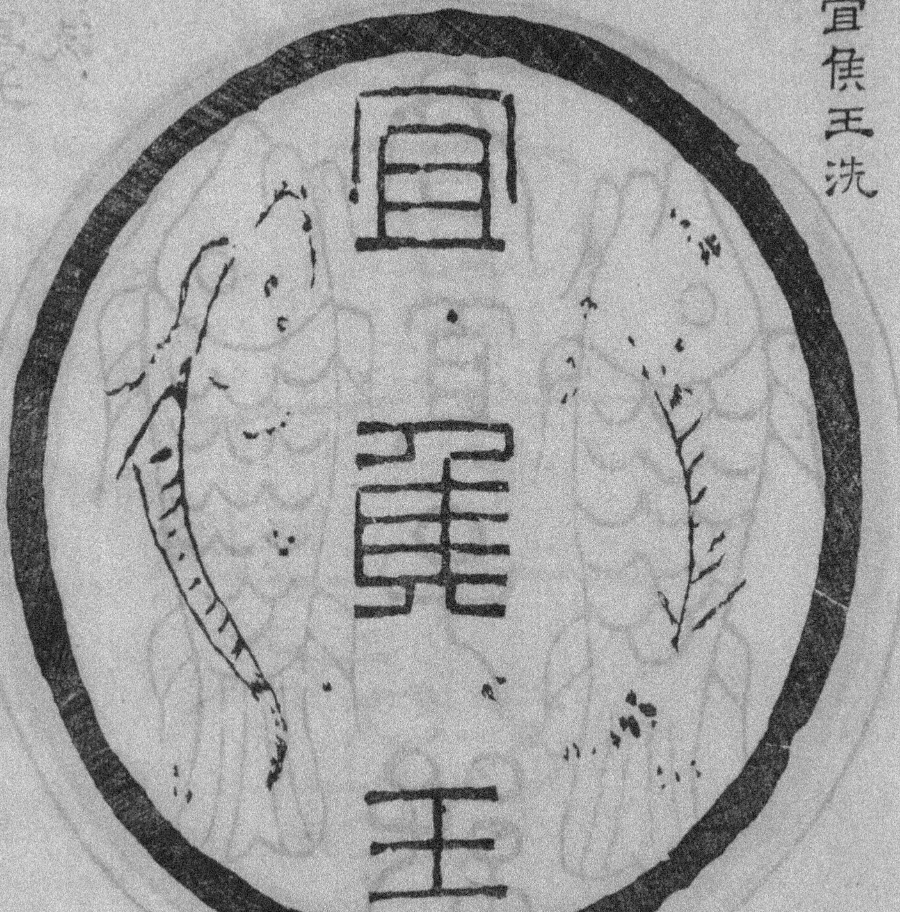

宜侯王

兩旁有雙魚紋一正一倒文亦模糊

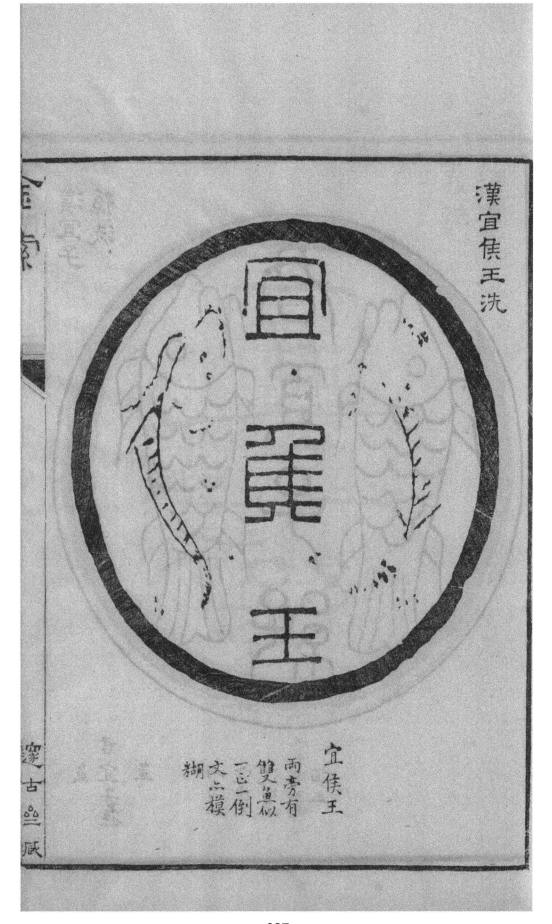

漢宜子孫洗

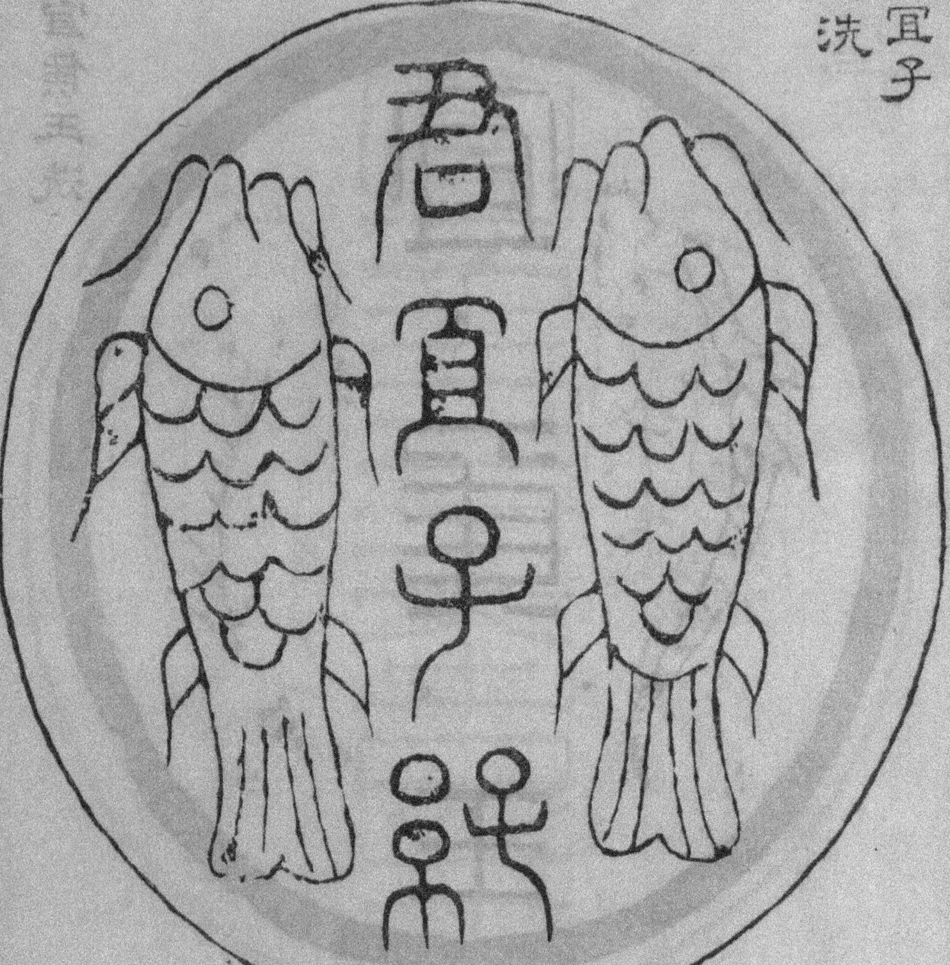

魚

君宜子孫

魚

此与上宜侯王洗皆小松司馬拓本

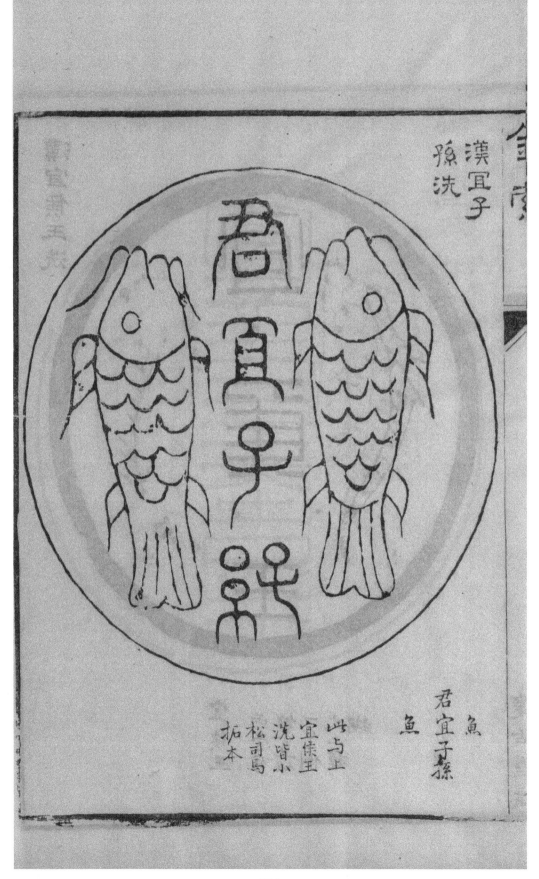

金索

漢宜子孫洗

宜子孫

邃古齋藏

漢長宜子孫洗

魚　長宜子孫　魚

漢吉羊洗

吉羊

張芑堂金石契云吳門陸貫夫藏此漢銅洗紋作羊形銘曰吉羊按說文羊祥也漢元嘉刀銘亦作大吉羊惟吉作𠮷篆書所未有

漢大吉羊洗

大吉祥宜用

旁有雙魚

漢吉羊洗

吉祥二字下有一羊羊旁有樹集軒得之濰縣

漢大吉羊洗

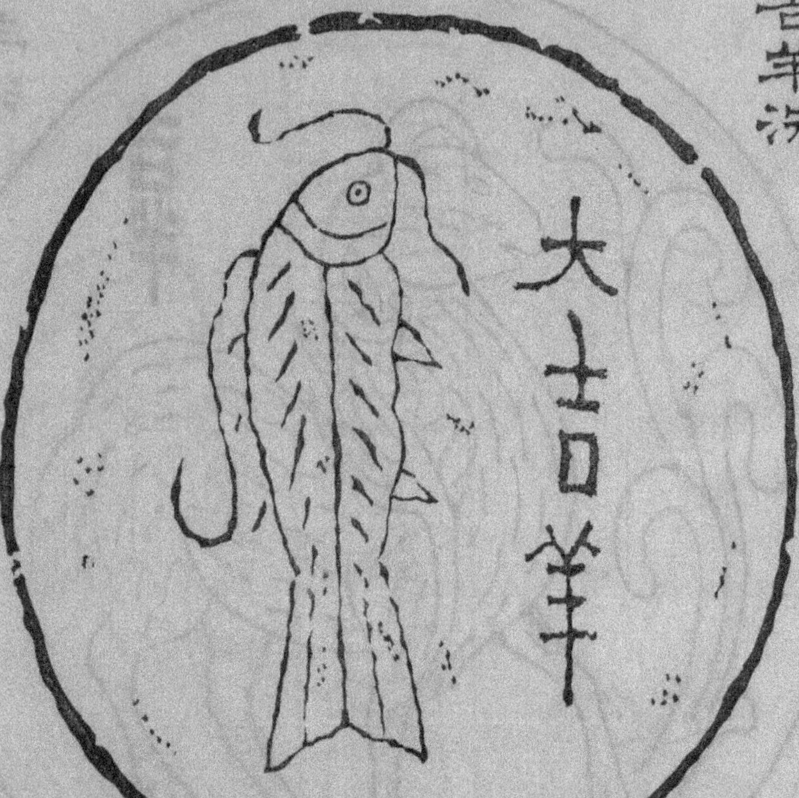

大吉祥

洗皆雙魚茲取其單與字平列亦有别致此葉東卿洗

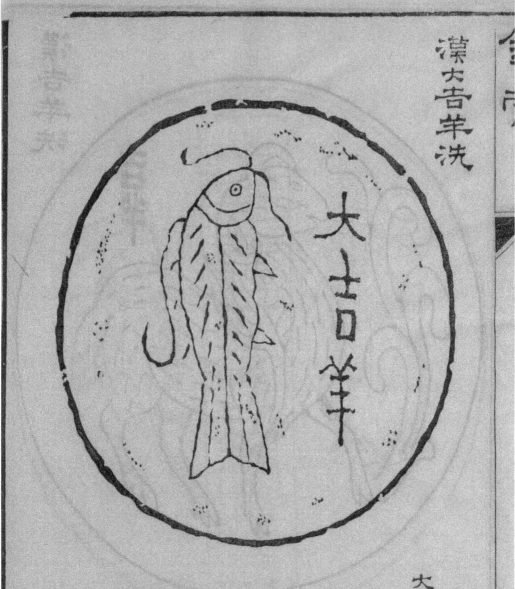

漢大吉羊洗

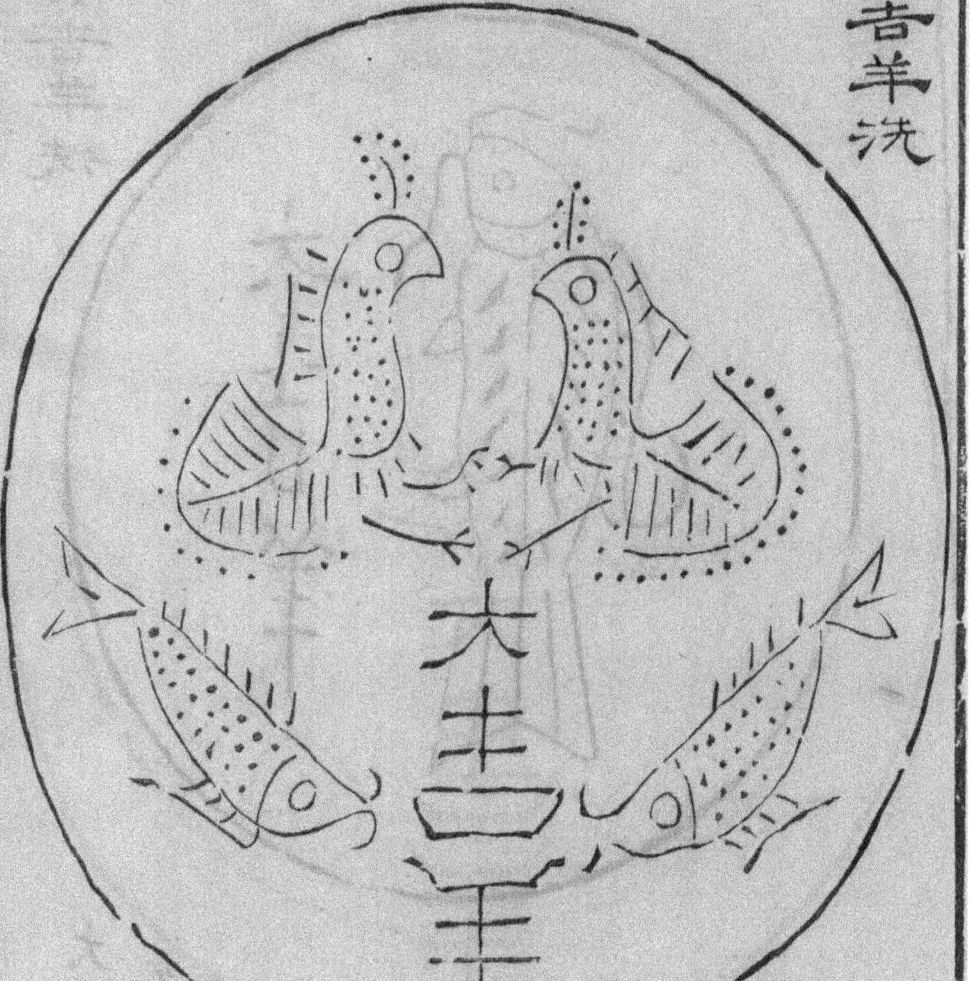

大吉祥

上有雙鴛 下有雙魚 積古款識以為蟾蠩者非也

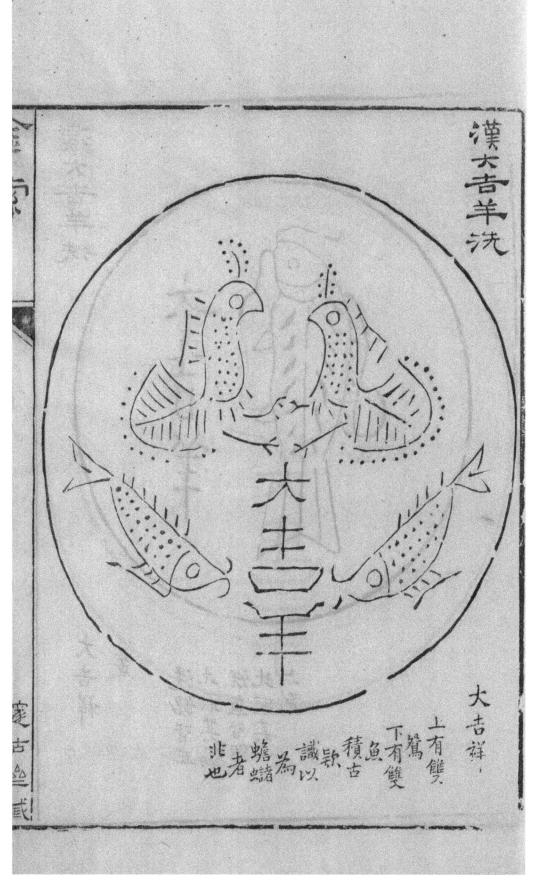

漢大吉羊洗

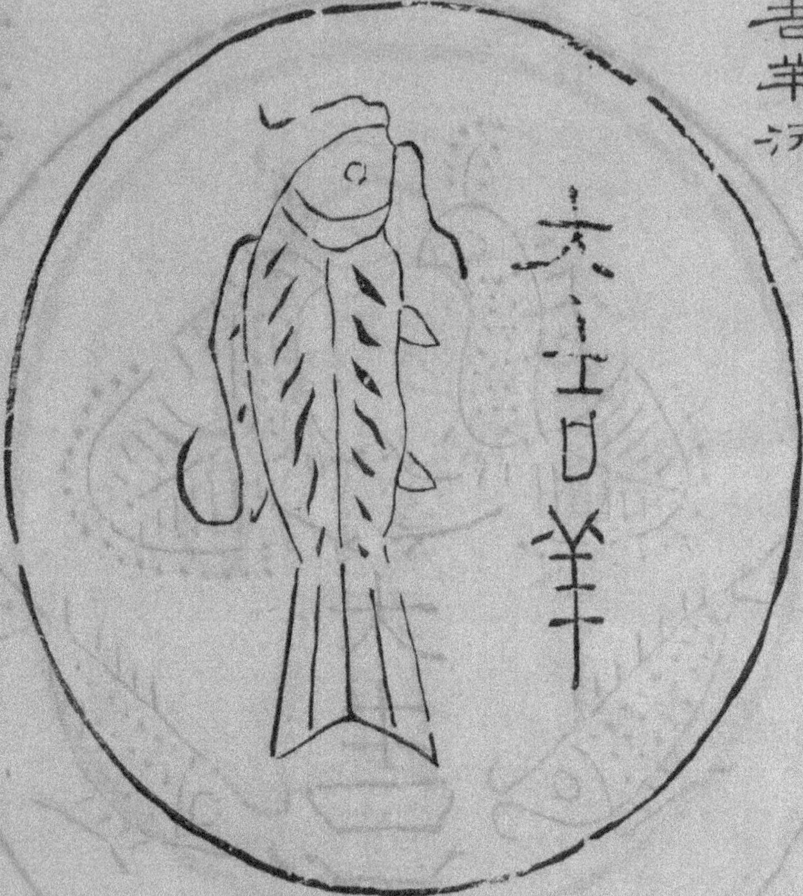

大吉祥

魚

洗銘皆正北取其偏洗魚皆雙此取其一亦別

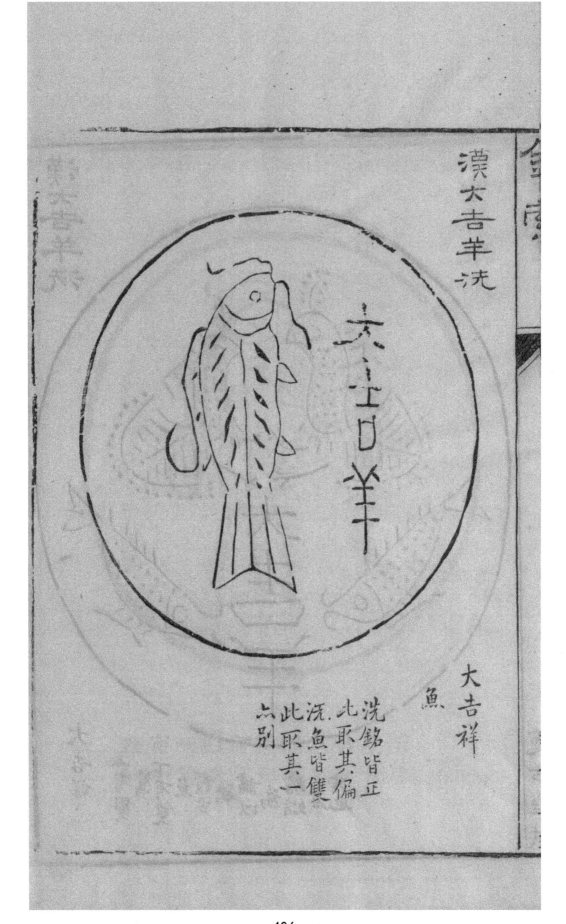

漢大吉羊洗

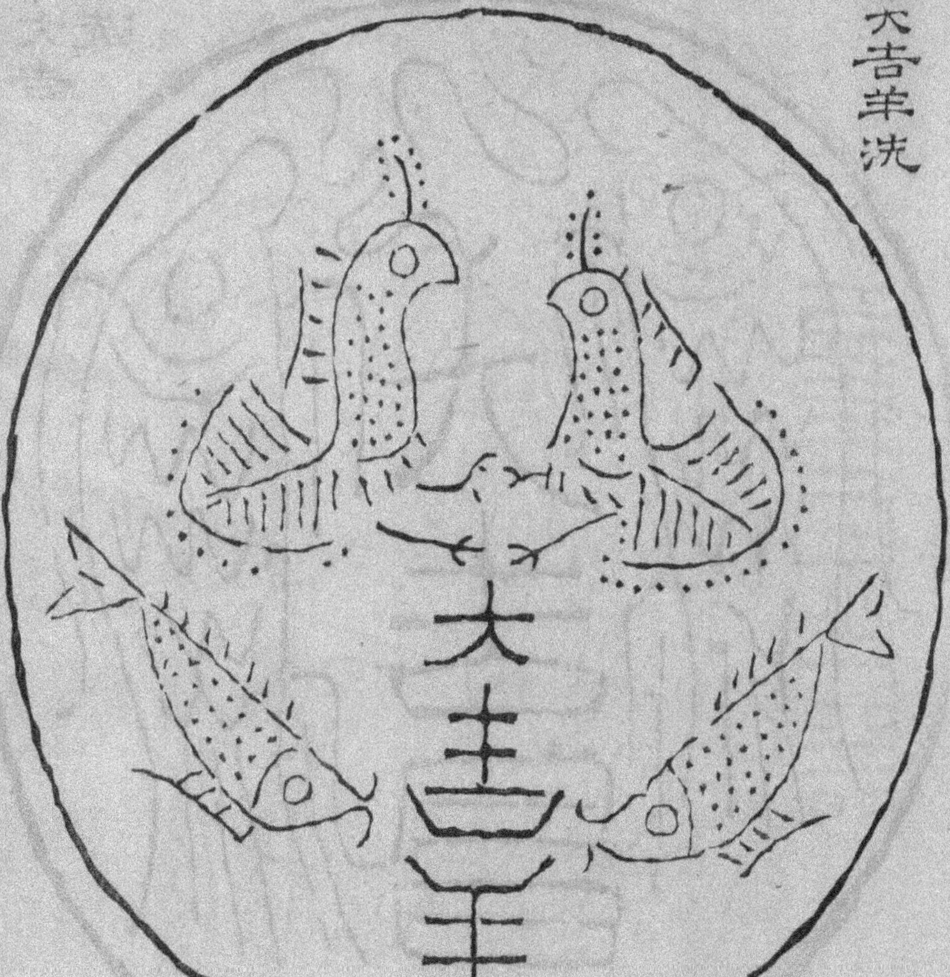

大吉祥三字上有雙鴛下有雙魚或以爲蟾蜍非

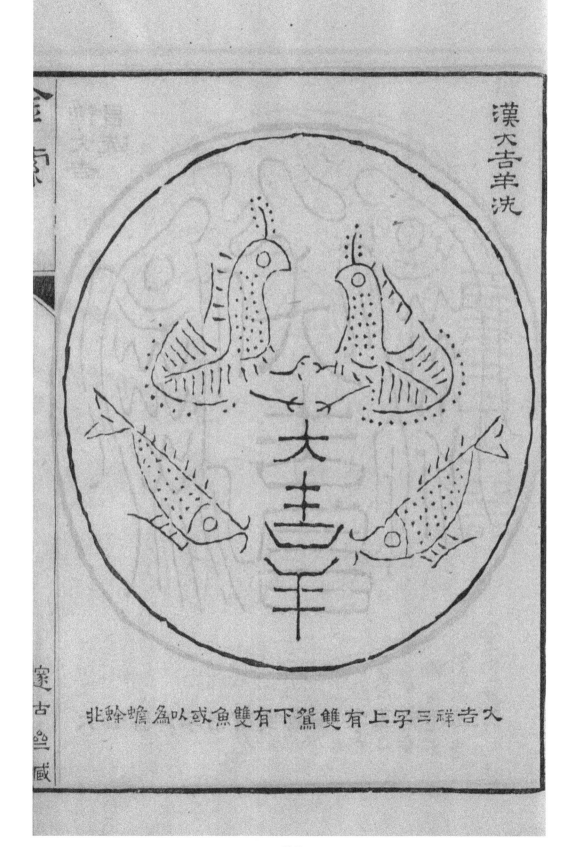

漢大吉昌洗

大吉昌三字旁有雙魚此葉東卿所藏洗

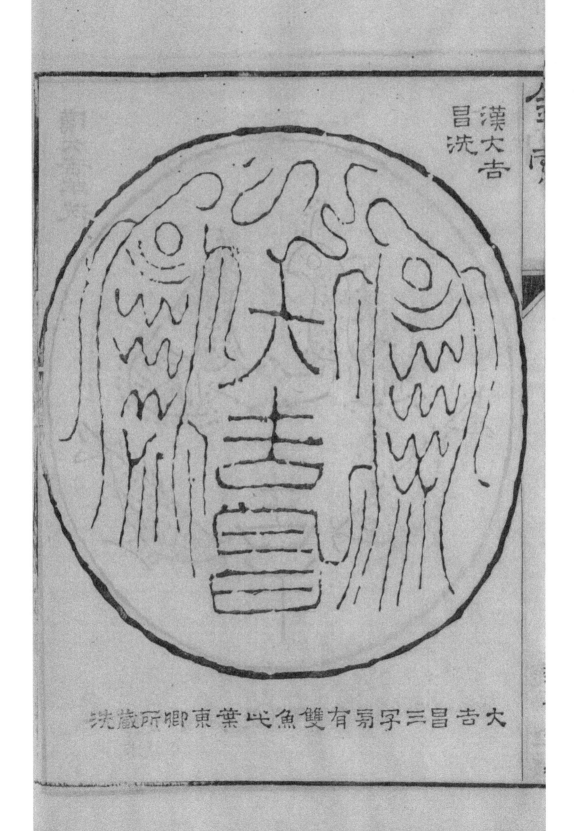

漢董宗洗

董宗器

漢陽葉東卿所藏洗董作董崇乞宗猶見古法漢書崇山俱佀宗山可証積古款識釋佀昌誤且其文亦不佀昌字其左佀吉羊之飾

孝臻續之十四載董氏二洗云一款其右曰董氏雍好
一款其左曰董氏器中畫一鼎之上有禽今雖藏於
二家乃一人所作者雖無年月可攷却非魏晉人字畫
亦可證董姓之從童也今按此器亦從童其爲一時之制
然於前二罍祇傳其氏此并傳其名曰宗則東鄉所
咸可補洪氏之缺矣惟彼二罍畫目於上禽取目於耳雖
雉之義亦爲鑒此罍畫羊取吉祥之義以爲祝其意
各有不同耳

萬壽洗

吴雲海兵部藏

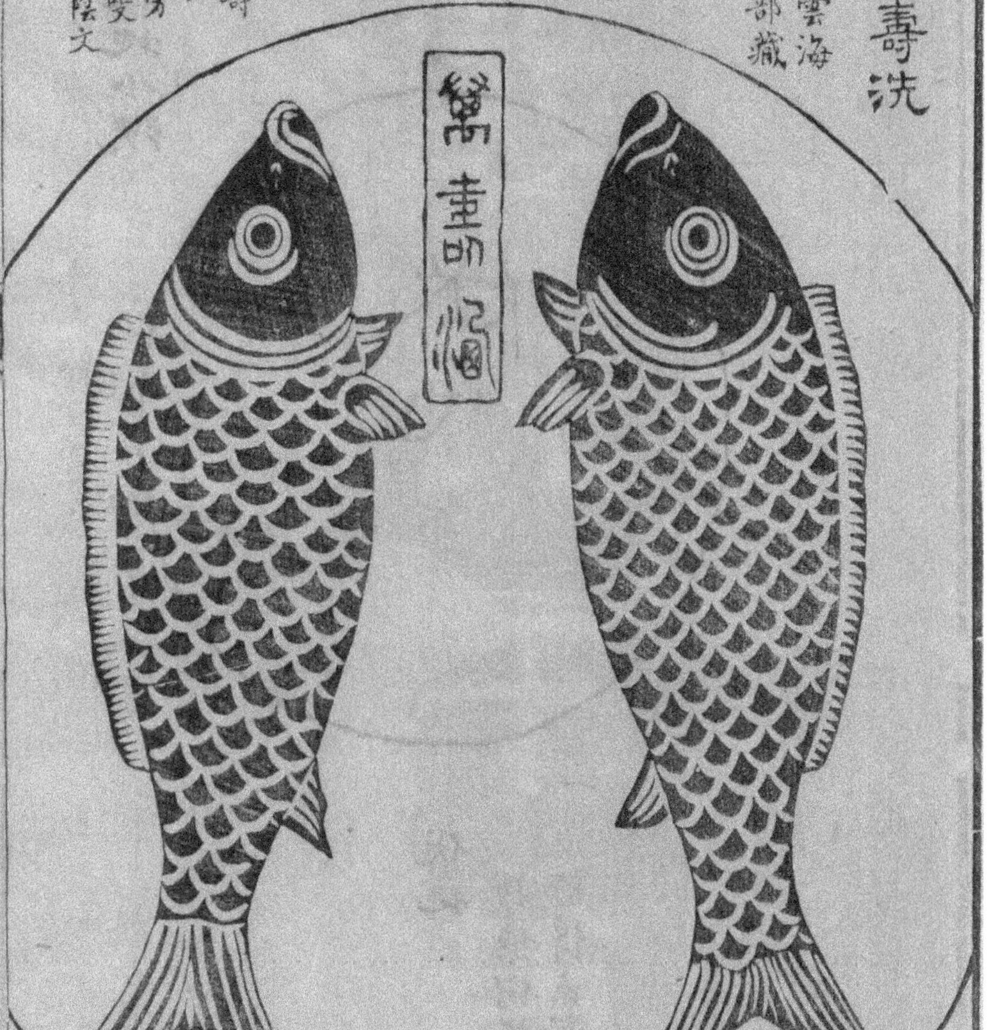

萬壽洗三字旁有雙魚陰文

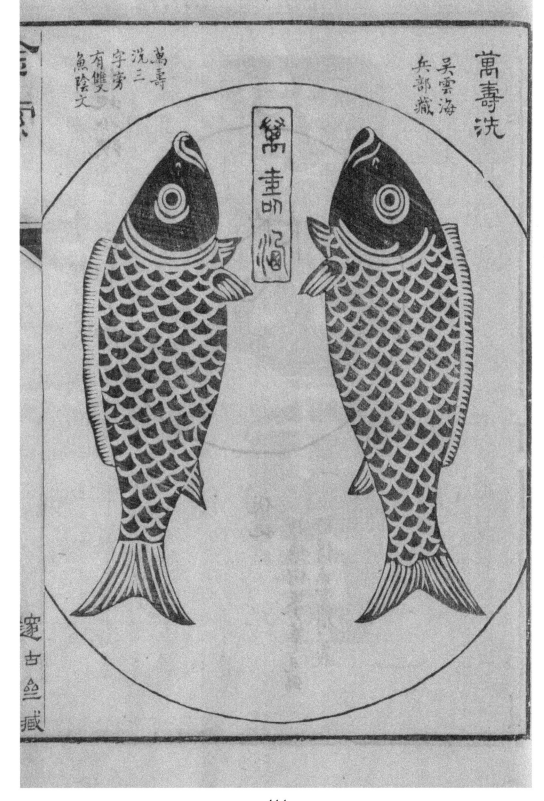

伏地小洗

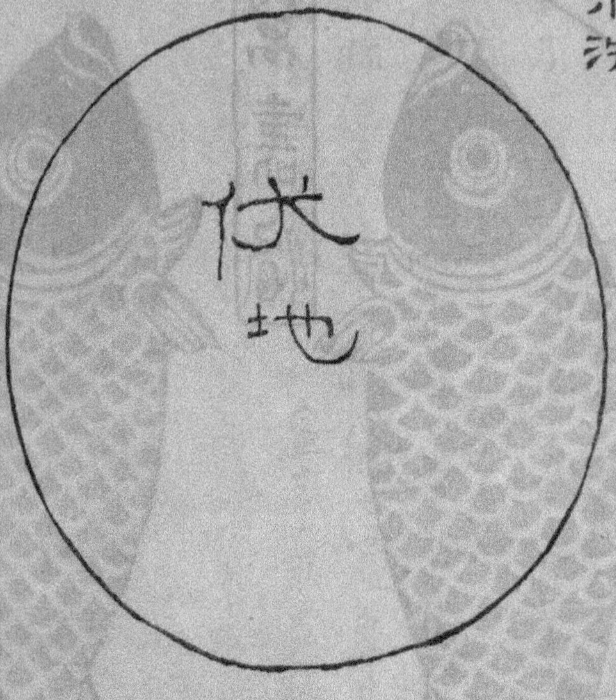

伏地

錢塘何夢華元錫

所得未審何義

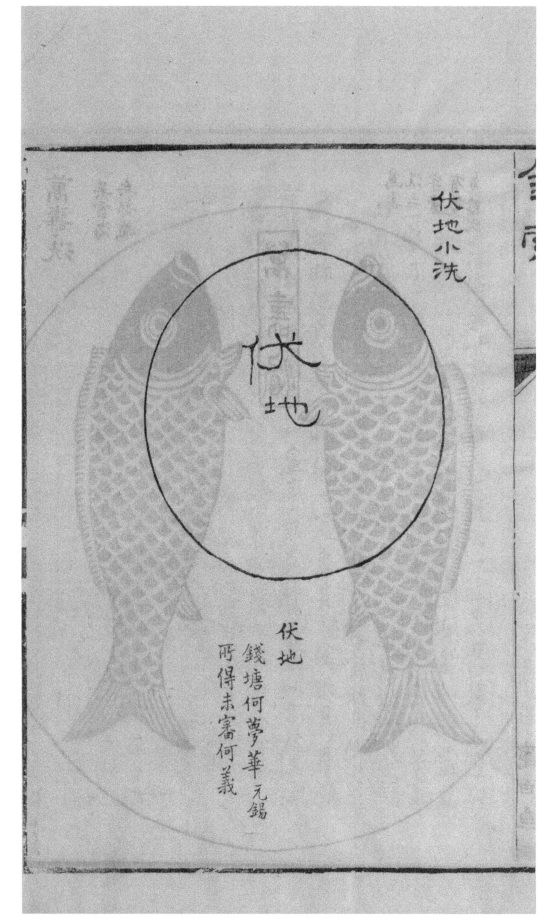

殷比干墓銅盤

墓前石

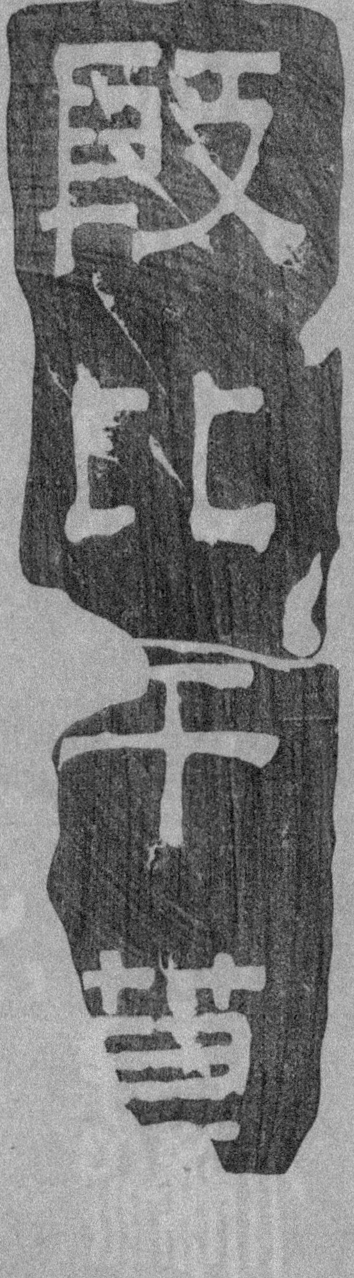

比干墓有二其一在河南汲縣一在偃師石刻在汲縣銅盤則得之偃師者也

殷比干墓

婁氏漢隸字原云水經注朝歌縣坶野比干冢前有石銘隸云殷大夫比干之墓今只四字漫不完石公弼跋云殷比干墓四字在今衛州比干墓上世傳孔子書朕隸法始于秦非孔子書必矣字畫勁古當是漢人書

銅槃銘

盤大四尺六寸
上鑄文深二分

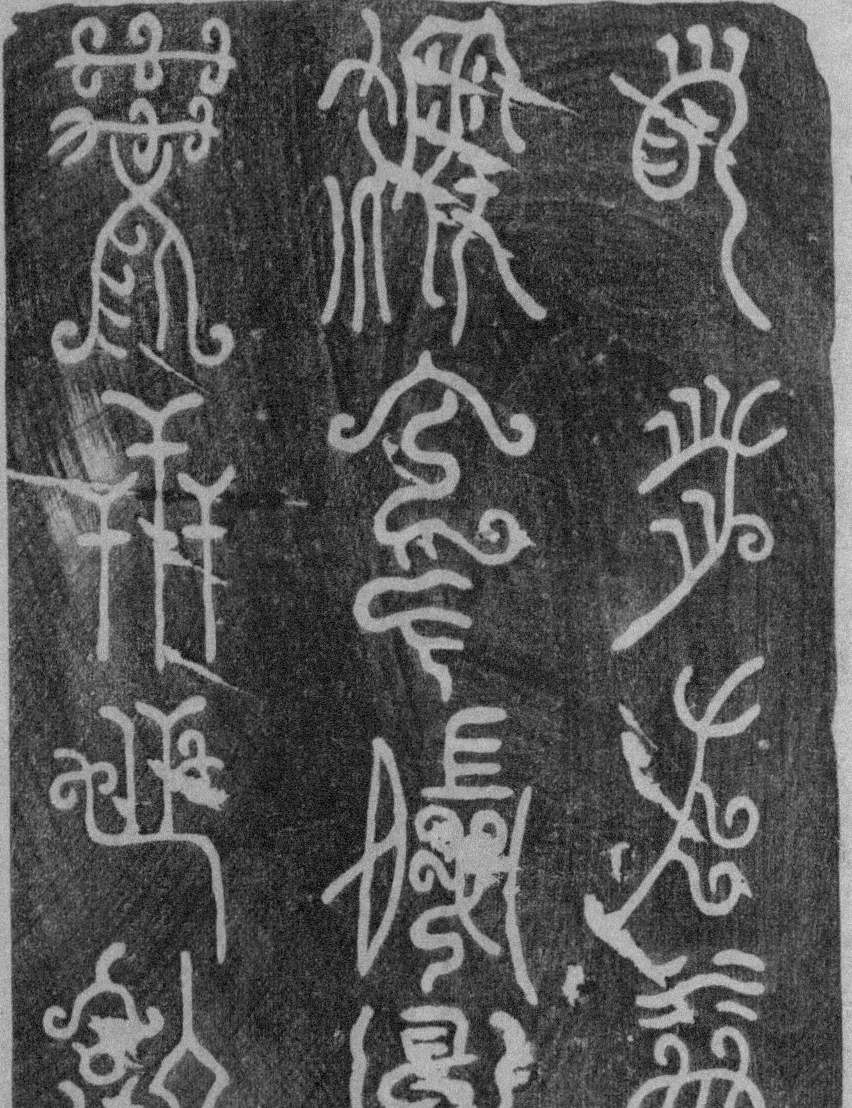

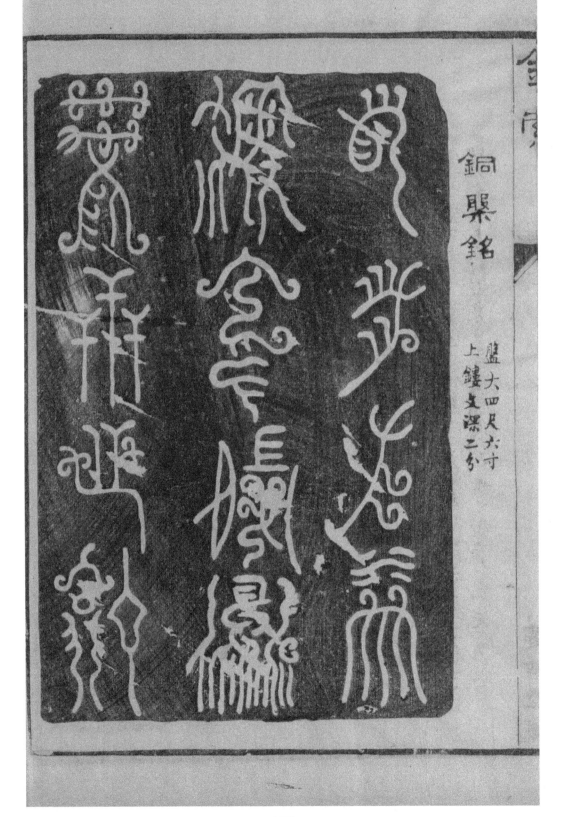

右林左泉
後岡前道
萬世之寧
茲焉是寶

一作左林右泉前罡後道寧一作蔵茲一作於

明萬歷間知衛輝府周思宸作銅盤辨云武王克殷封比干墓若銅盤銘則傳自汝刻久矣元延祐間衛輝路學正王公悦曾臨摹石上推官張淋記之其釋文云左林右泉前岡後道萬世之靈於焉是寶

此墓傍之舊刻也按一統志云墓在衛城北十五里即武王所封有石題曰殷太師比干之墓後魏孝文帝南巡視幸祭弔刻文墓上又云一在偃師唐開元中縣人畊地得銅盤篆文奇古云左林右泉前岡後道萬世之藏茲焉是寶則是墓有二而文不同然亦未嘗無辨也大抵衛為殷墟比干葬此夫子亦嘗表而識之曰殷比干墓今石刻尚存則此墓為無疑矣若偃師之墓因銅盤以並中州通志亦云信然哉

殷比干墓銅盤銘　此得之偃師刻于汝帖臨于墓石者

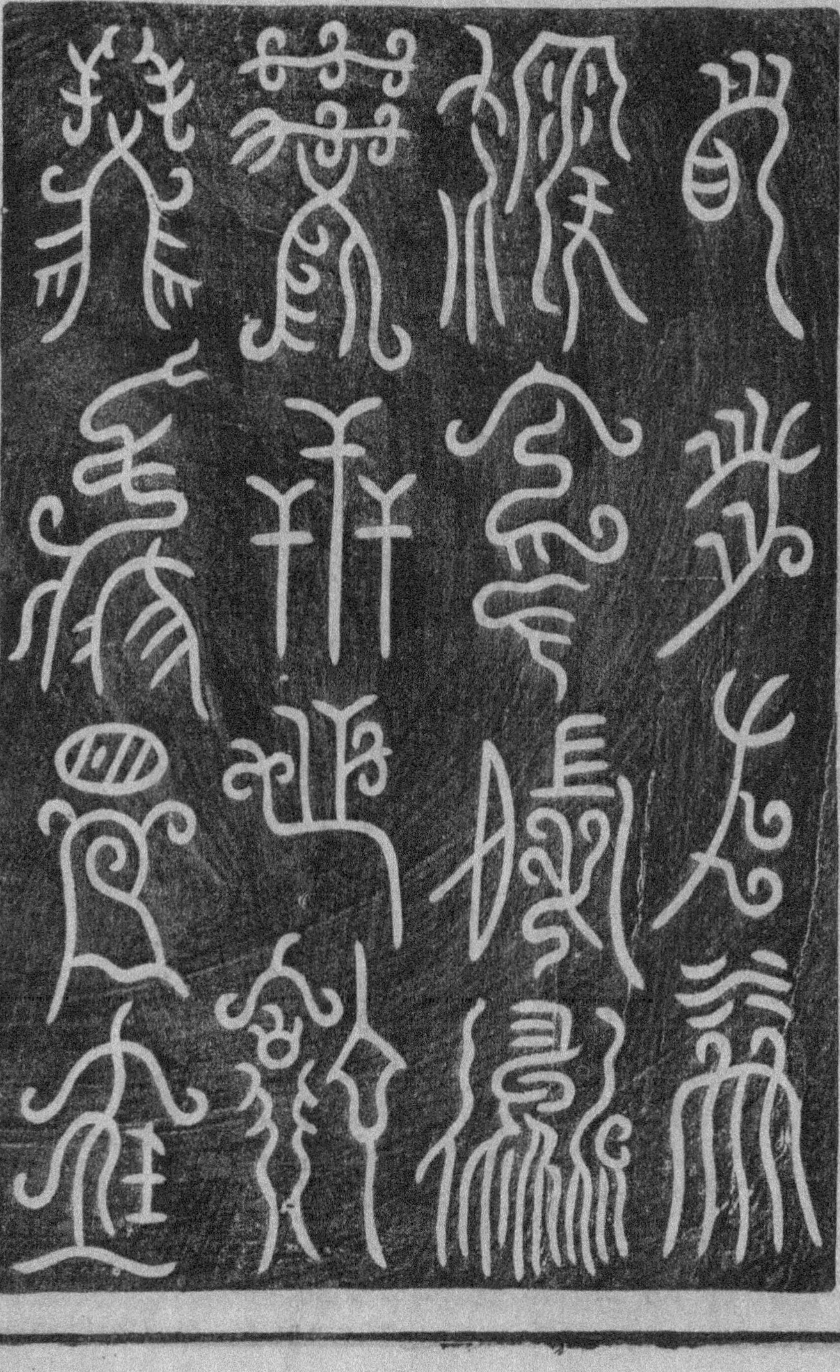

邃古齋藏

右林左泉
後岡前道
萬世之寧
茲焉是寳

明萬歴十五年知衛輝府事周思宸作銅槃辯其畧云書武王克殷封比干墓若銅盤銘則傳自汝刻元延祐間衛輝路學正王公悦曾臨摹石上推官張淑記之其釋文云左林右泉前岡後道萬世之靈於焉是寳此墓旁之舊刻也按一統志云墓在衛城北十五里即武王所封有石題曰殷太師比干之墓後魏孝文帝南巡親幸而祭刻文墓上又云一在偃師唐開元中縣人畊地得銅槃篆文奇古云左林右泉後岡前道萬世之藏茲焉是寳則是墓有二而文不同然亦未嘗無辨也大抵衛為殷墟比干葬此夫子嘗表而識之曰殷比干墓今石刻尚存則此墓為無疑矣中州通志云偃師之墓因銅盤以立信然哉

鵬按吹景集引高似孫緯畧釋作右林方泉後岡前道於義為順今從之

附録薛氏鍾鼎款識所刻比干銅盤銘　筆畫小異

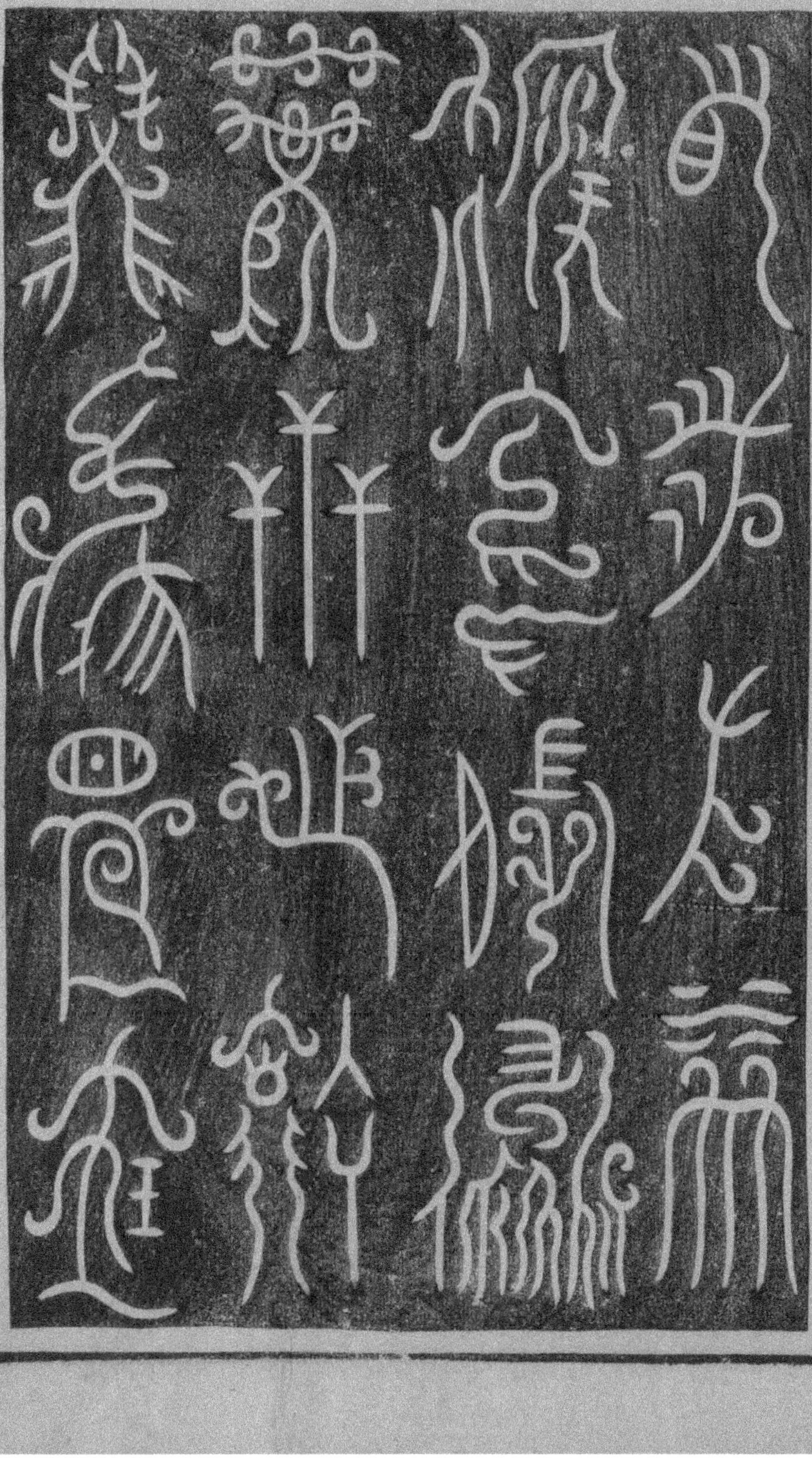

右林左泉
後岡前道　或云前岡後道
萬世之寧　或云英字
茲爲是寶

右開元四年游子武之奇于偃師畊耘獲一銅片盟形四尺六寸上鏤文深二分其左右前後岡道与泉兹存唯林無矣考諸圖籍即比干之墓

以上録欵識

僞漢銅瓦　見山左金石志尺寸未詳

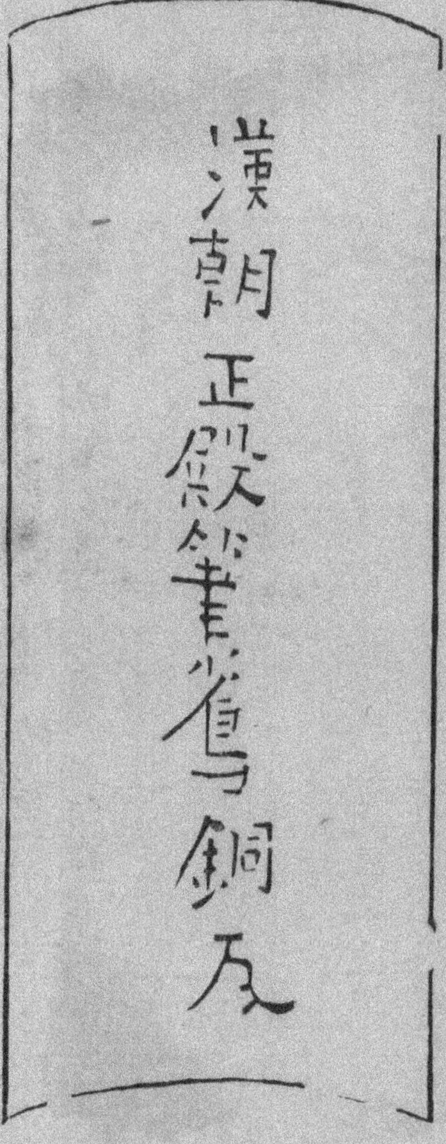

金石志云銅瓦二得之濟南桂氏札樸云阮閣學得銅瓦文曰漢朝正殿筆雀銅瓦案晉懷帝永嘉二年劉淵僭帝號自稱大漢淵死子聡立咸康四年李雄從弟壽潛立自號曰漢壽死子勢立瓦郎

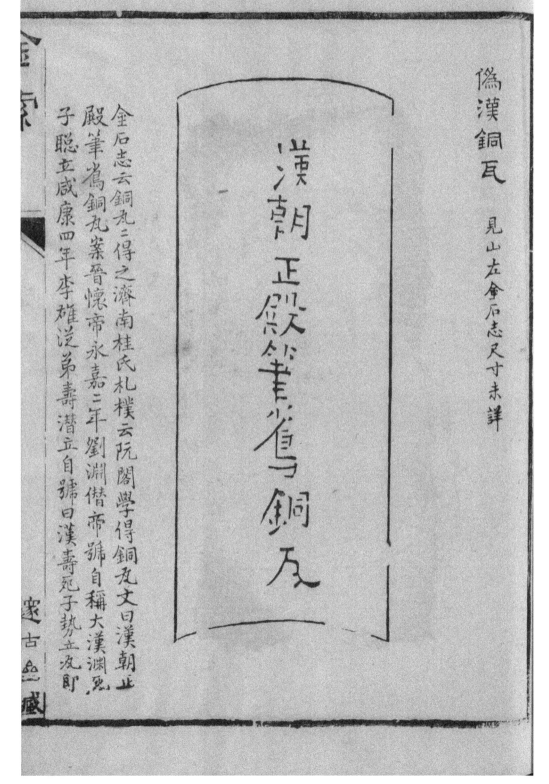

此偽漢時造其字作楷體有古格故知為晉時物玉篇雟即雀字

金索

周螭梁鷹熊盉

邃古齋藏

右盉連提梁通高今尺九寸八分連流通闊一尺一寸有半重今權七
斤無銘遍體廻文雙鉤帶及鷹眼熊身皆金銀錯与博古圖所載
周細紋熊足盉相似圖録云是器以三熊為足釋字者謂熊从能从火
強毅有能而可以其物火之蓋盉調味器也以虎為提梁鳳咮為流
今此器以交螭為提梁而空其中以鷹為流鷹首復有一小獸三熊為
足其背各立一鷹以負此盉怒目鉤喙定鷹非鳳詩云時維鷹揚
書云如熊如羆豈武王者定功成之後著象于盉以昭其武歟此為
黄小松司馬所藏

周季姬匜

博古圖高五寸一分此減小

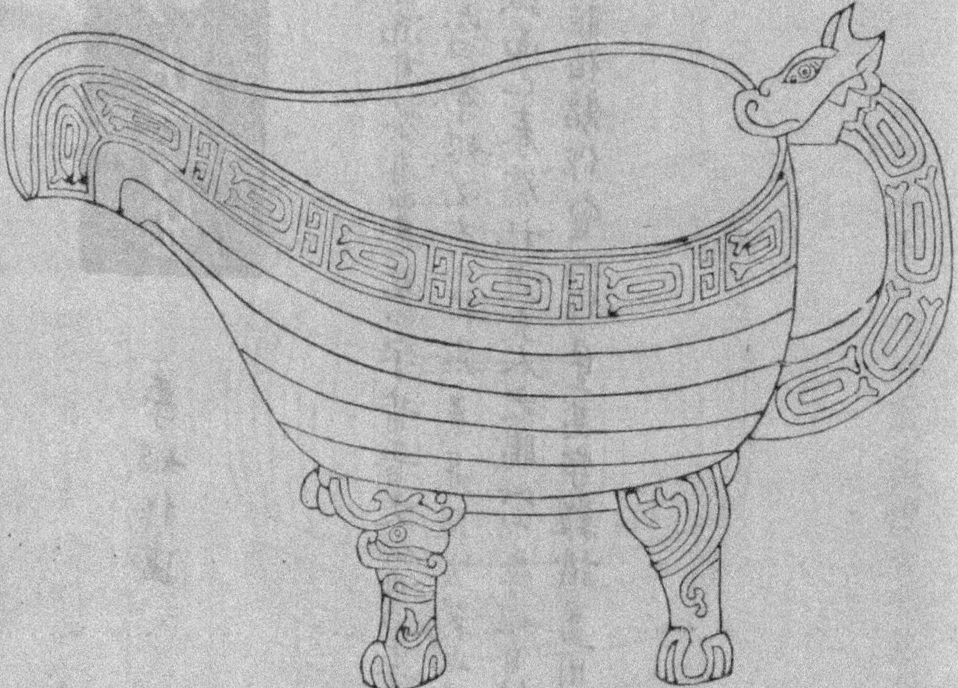

邃古堂藏

銘

季姬作匜

博古錄云有流有鋬有四足銘四字昔晉文公母曰季姬齊悼公娶季康子妹亦曰季姬必有一於斯焉是匜盥器也易曰盥而不薦則潔以致誠而已奉祭祀者夫人之職此以季姬自銘蓋其職歟鴨案匜字弫伯銘作[illegible]此作[illegible]其字難識蓋因其器而知其字也

周南宮中尊

涇邑胡玉樵明府藏與博古圖銘同式異

器形橢圓高漢尺一尺一寸四分深九寸七分口徑橫九寸三分縱八寸二分
腹徑橫七寸八分縱七寸一分重四斤有半玉樸明府宰沂水時得之

銘

王大召公族于庚辰
旅王錫中馬百貫
侯四騍南宮歜王曰
用先中揚王休用
作父乙寶尊彝

此南宮中尊也南宮其族中其名博古録稱召公尊而以南宮為廟者非銘蓋言王召見公族〻于庚辰日旅見王錫南宮中馬百匹所謂錫馬蕃庶也百書作自古文通用唐元次山峿臺銘中百步亦作自步貫侯〻可貫者馬七尺以上為騍也歜如曾子問祭殤必歜蓋是時南宮氏遇歜王詔以用先人之禮猶記所謂能執干戈以衛社稷可無殤也之意中乃對揚王休作父乙尊彝以榮其先也舊釋誤今正之

宋象物簠

藏膠州張賓雁學博家

器連足高漢尺四寸二分深二寸六分口徑長尺二寸七分闊尺一分腹作蟠夔文重今秤六斤半此係縮本

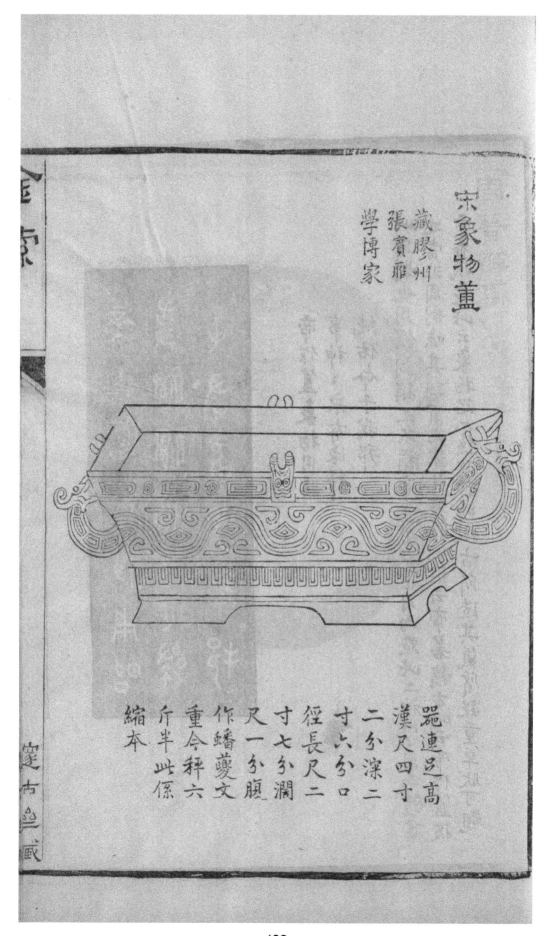

帝作簋象物用昭
事神=永有依歸
純佑命于我邦

此宋制也周銘詞稱王不稱帝其重文止用兩點此二神字用兩體書
之當非周制味其詞旨与宋牛鼎相似彼云帝若稽古此云帝作簋彼
云審眂象此云象物恐亦係政和時倣古所造其氣質凝重卓肰可觀

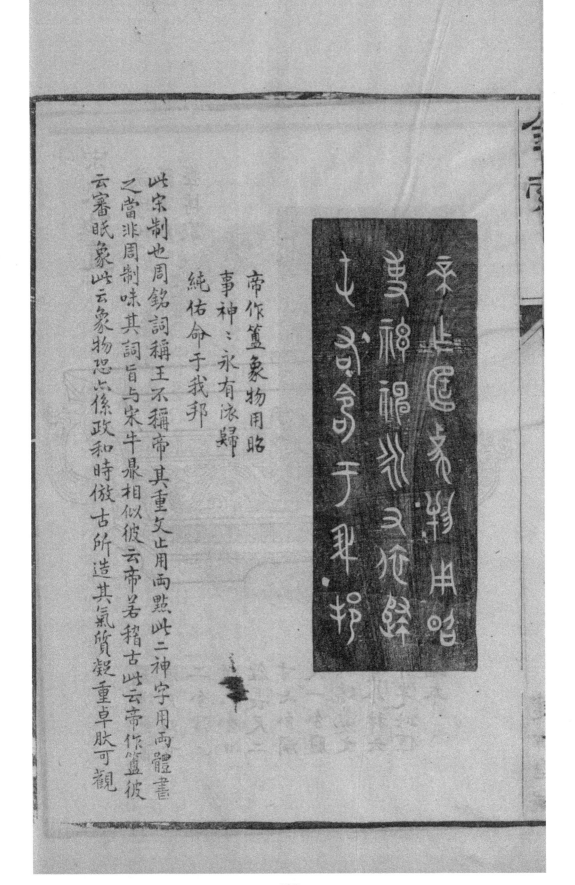

金索

周晉姬鬲

漢陽葉東卿藏

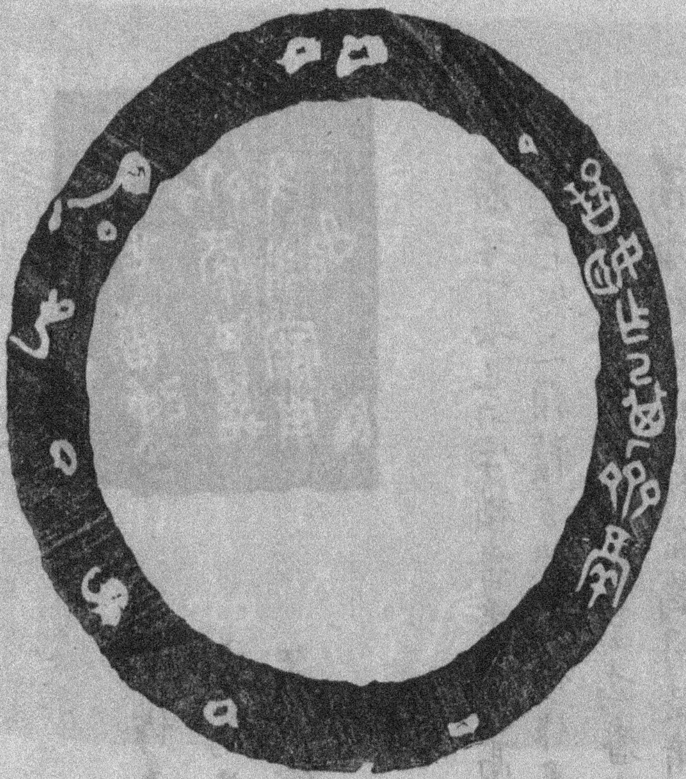

晉姬作己其齋鬲

姬作姬左右易位古銘多有之

邃古齋藏

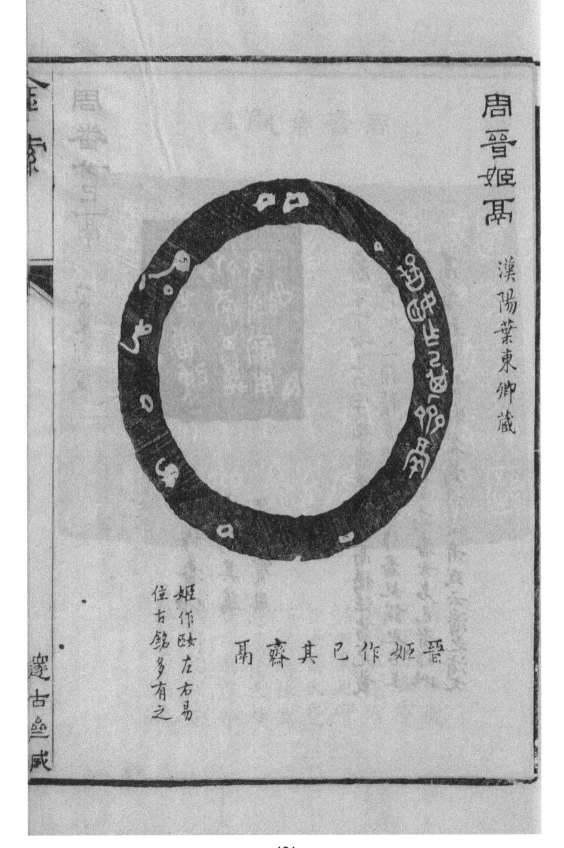

周番女已鬲　葉東卿藏

王作番女已
齍鬲其萬
年永寶用

番字下女已二字橫書番女已鬲猶法書苑載茲女乙觥之類積古款識釋作番妃誤也古文妃作配鼎銘無妃字蓋王為番女名已者作此鬲番氏即詩稱番為司徒者或云潘之省文

周齊矦甔銘

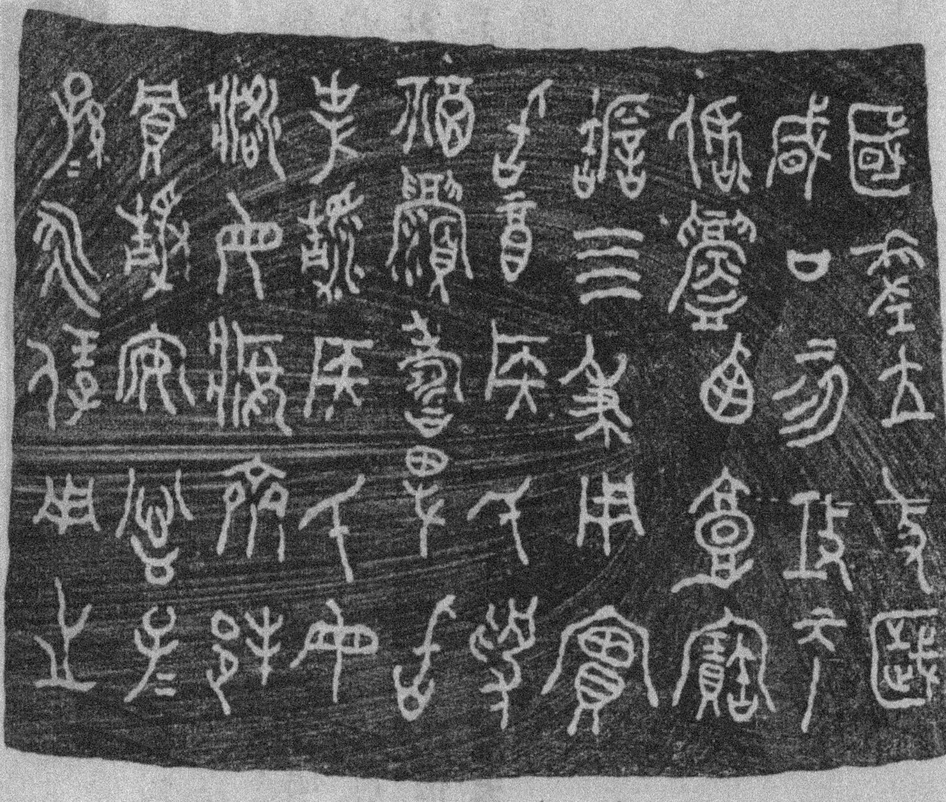

國差立事歲
咸丁亥攻市
侲鑄迺亯寶
⿰金詹四秉用實
旨酒侯氏受
福眉壽俾旨
俾清侯氏毋
咎毋癘齊邦
鎮靜安寧子、
孫、永保用之

文官十斗
一鈞三斤

末八字後增与前不連當是漢人所刻以紀權量者

積古款識云齊侯𦉜銘六十字據趙太常搨本摹入𦉜即甔亦作擔或作儋史貨殖傳醬千甔徐廣云甔大罌缶方言云罃齊之東北海岱之間謂之甔應劭云齊人名小罌為儋受二斛此云四秉者作器所用之粟數甔所容僅十斗無容四秉之大罌也鵬按四秉或指四器言之猶曰共言十十枚也

周兕觥　齊河蔣伯生明府藏

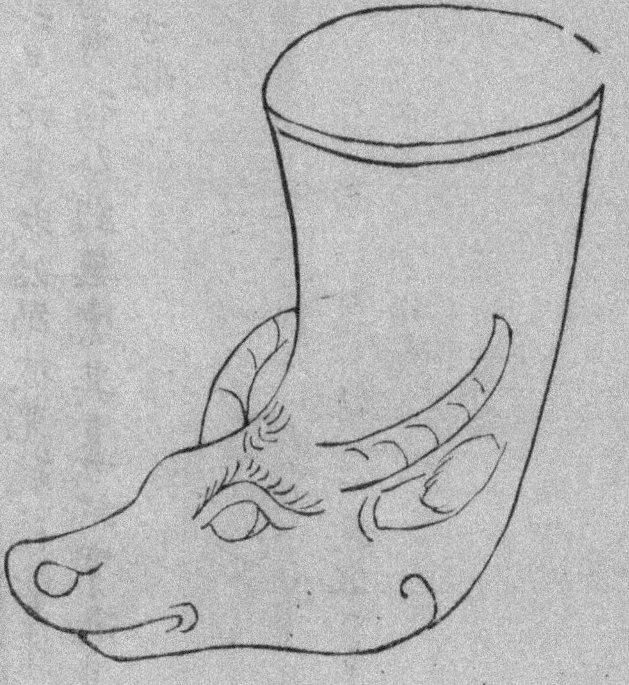

金索

邃古亝藏

慱古圖亦載此器而有索貫其鼻名為犧首杯不知此即兕觥也詩云兕觥其觩々曲貌此器偏曲但可持飲置之則傾正与觩義合又云我馬玄黃我姑酌彼兕觥想當年馬上亦可持飲故用貫索繫處可携今雖無索其鼻端穿孔自在也伯生明府每用以勸酒甚古雅

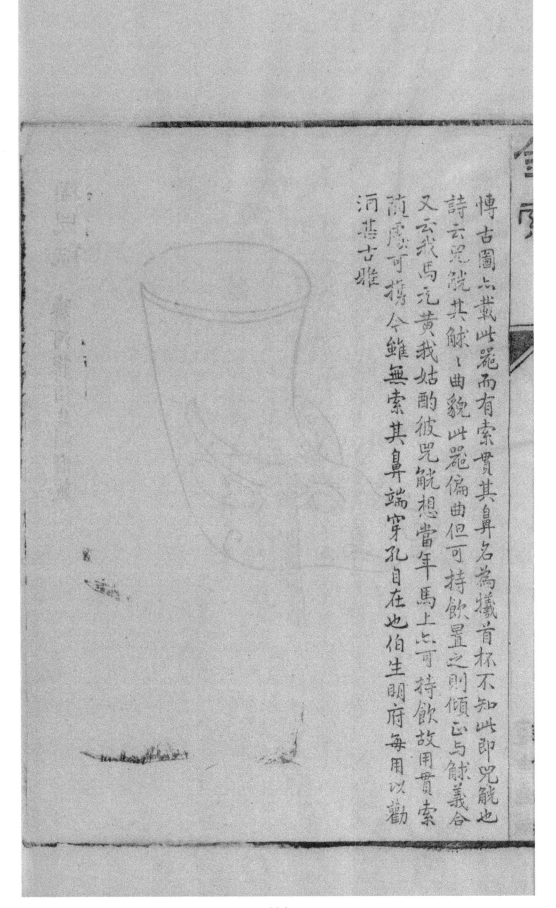

周盥匜

晏海藏
啚減小

器有流有扳鋬四足通長漢尺一尺二寸五
分連足高五寸五分重今秤三斤十兩與
周義母盉皇父等匜相似銅質青白
翠綠相錯　聖廟百戶劉子鼓沅所贈

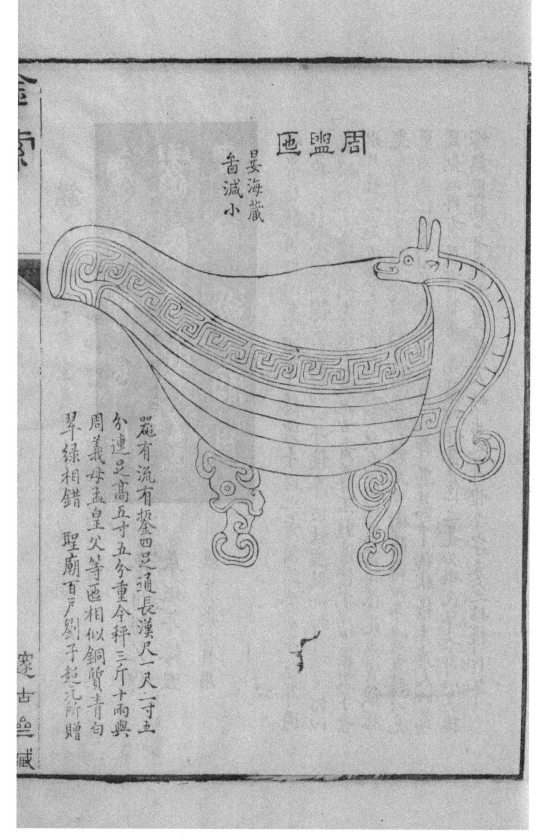

銘

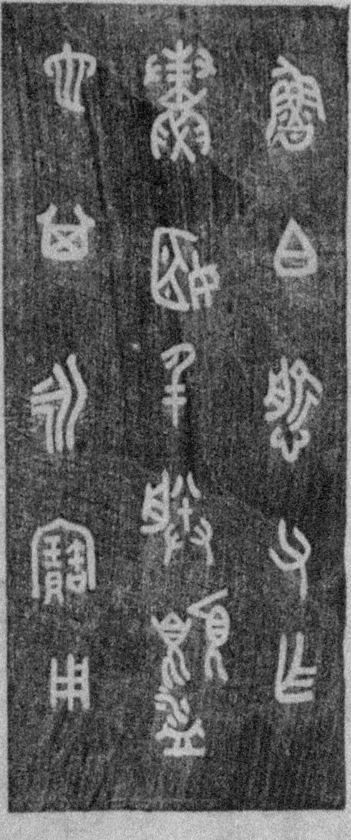

魯伯服父作
秦姬年媵盥
匜其永寶用

此魯伯服所作以秦姬年媵盥手匜也考國語晉公子重耳過秦穆公歸女五人懷嬴與焉公子使奉匜沃盥既而揮之韋昭以為嫡入于室媵御奉匜盥是也古者尊不就洗侍御捧匜盥手棄水於盤此器施方容二手可想其制與卮匜酒器不同道光庚寅歲滕縣人於鳳皇嶺之溝澗中掘出劉超元守備購得以予嗜古轉以見惠洵足珍也或以其地近張圭墓疑即其墓中物然張圭唐人此屬周制此外有盤有簠有鬲皆以姬年係之是必姬氏早亡即以其媵嫁諸器殉葬歲久墓圮土人掘出之耳惟年字未定姑釋作年

古銅磬 原樣

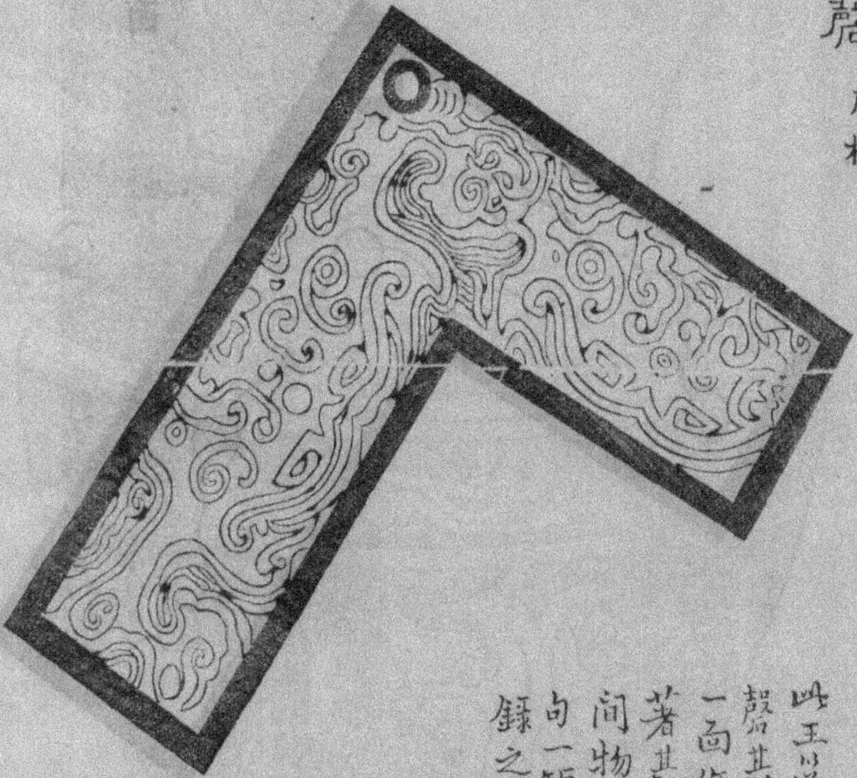

此玉以遂舟別駕所貽磬其一面佀夔龍文一面作北斗七星雖未著其年代亦近唐宋間物其制有近于倨句一矩有半之義故録之

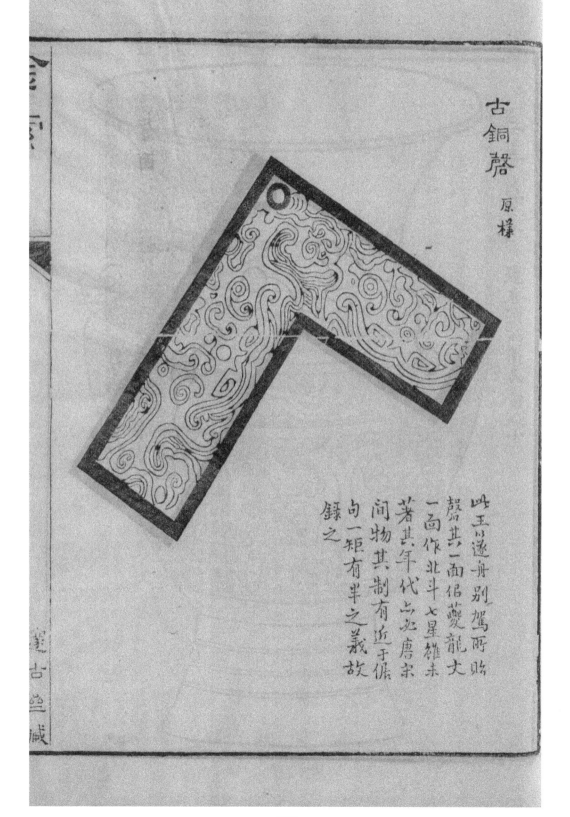

背面

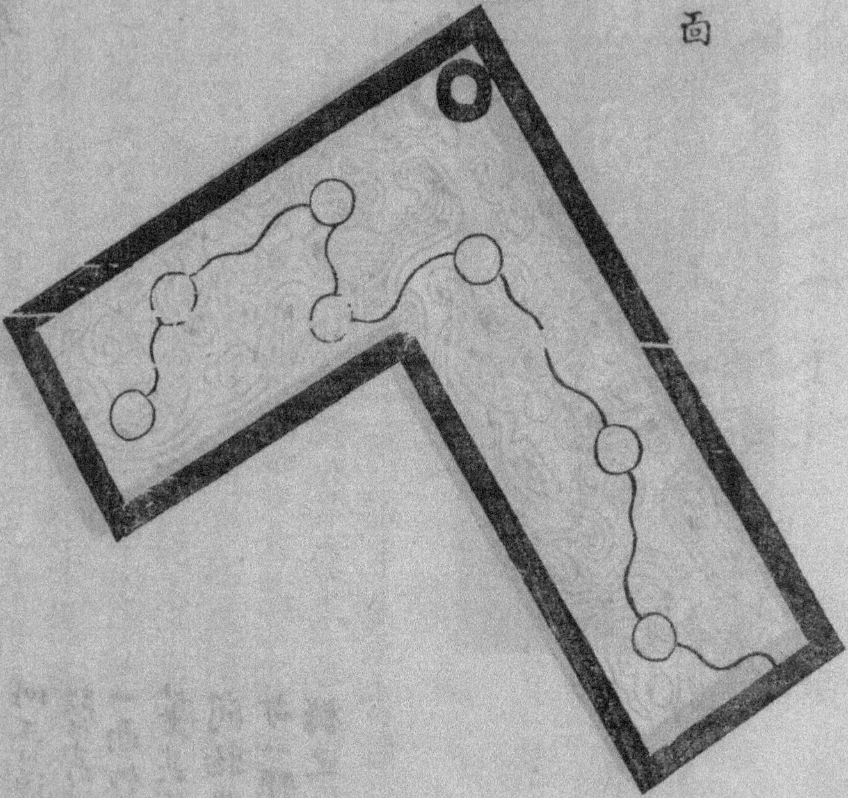

孟姜尊

器在洪洞衛氏畫減小

銘

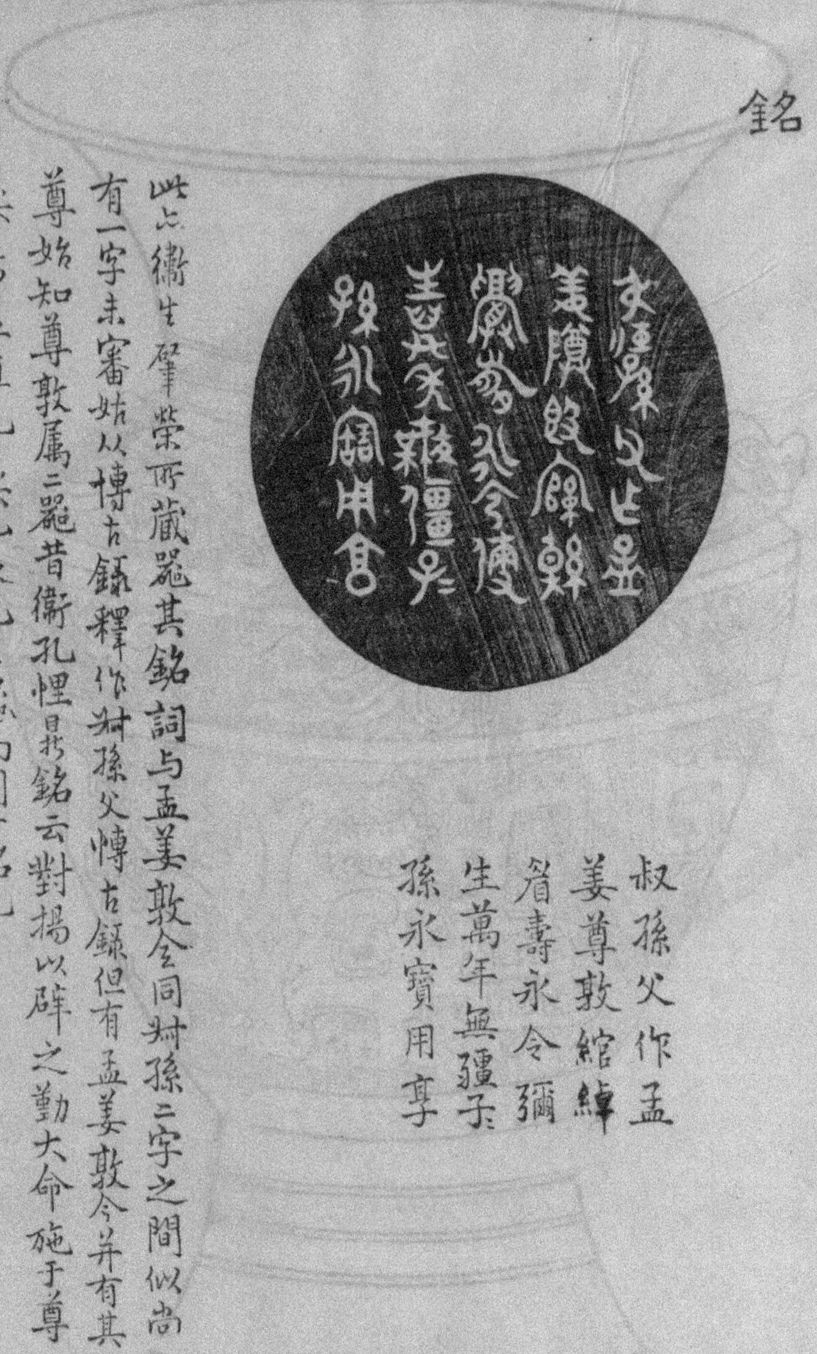

叔孫父作孟
姜尊敦綰綽
眉壽永令彌
生萬年無疆子
孫永寶用享

此亦衛生肇榮所藏器其銘詞与孟姜敦全同叔孫二字之間似尚
有一字未審姑从博古錄釋作叔孫父博古錄但有孟姜敦今并有其
尊始知尊敦屬二器昔衛孔悝鼎銘云對揚以辟之勤大命施于尊
彝是於盖尊也彝也鼎也三器而同一銘也

齊太公豆

從考古摹本

豆銘

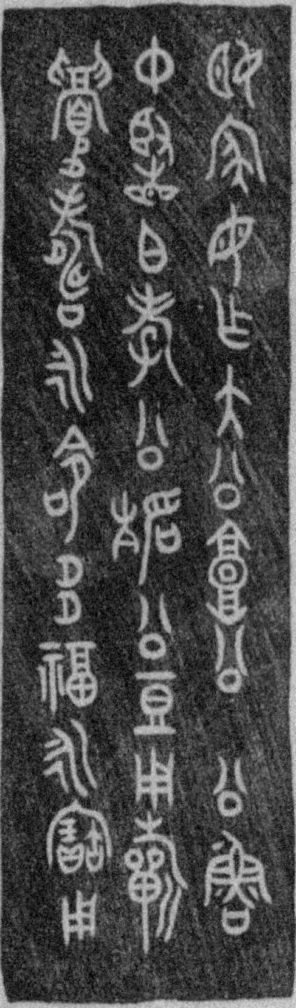

姬寏母作太公𩨁公○公魯中覲伯孝公靜公豆用蘄即祈眉壽永命多福永寶用

考古圖云器高五寸八分深一寸半有蓋銘三十字[illegible]按銘廿九字其一字缺也考齊世家太公之後丁公呂伋其後乙公癸公哀公胡公獻公武公文公成公莊公釐公〻〻九年魯隱初立其後襄公桓公孝公昭公懿公惠公則太公之後無郭公孝公之後亡無靜公此或不在世系之內如棠公之類也

漢王長子鐎尊

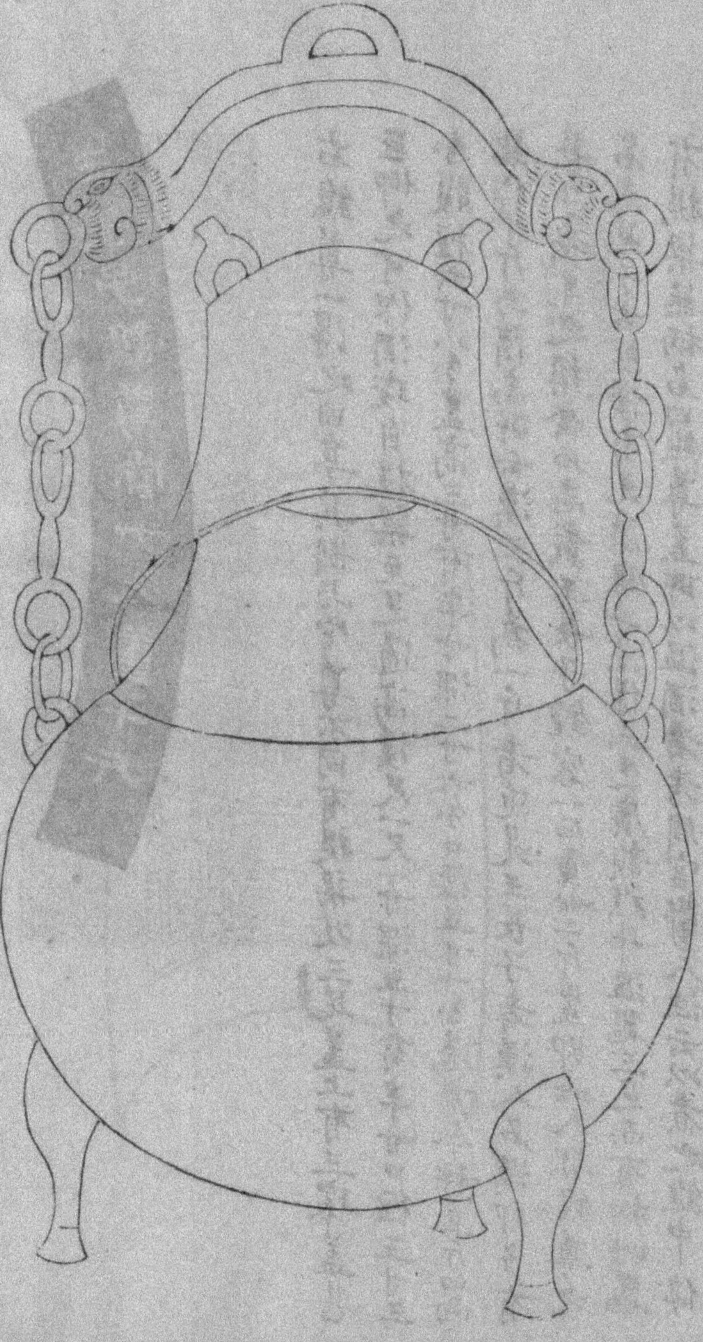

邃古亝藏

銘

王長子鐎尊容十升重十斤

末二字為青綠掩蔽不全姑釋作十斤以俟考

右鐎尊一得之曲阜其制与它尊不同有提梁及三足蓋上有三環蓋甚巨仰之可作酒琖自提梁至足通高漢尺一尺一寸深五寸有半寸口徑三寸三分腹徑六寸八分蓋高三寸有半寸深二寸六分口徑五寸一分通重今秤三斤四兩銘作十斤与隋志所云漢三斤為一斤者近是王長子者漢人名漢印多有長子長兄之稱金石志載王長子鍾容一石重卌二斤豈即此人歟鐎尊之名未見于古然漢有元康鐎斗亦係三足廣韻鐎斗溫器三足而有柄此器有提梁無柄名曰鐎尊蓋所以溫酒者考周官鬱人注云以煮之鐎中停于祭前可為切証考古圖收廬江李氏一器与此式全合目為連環壺鼎陋矣

漢安世搖鐘

見西清古鑑

銘

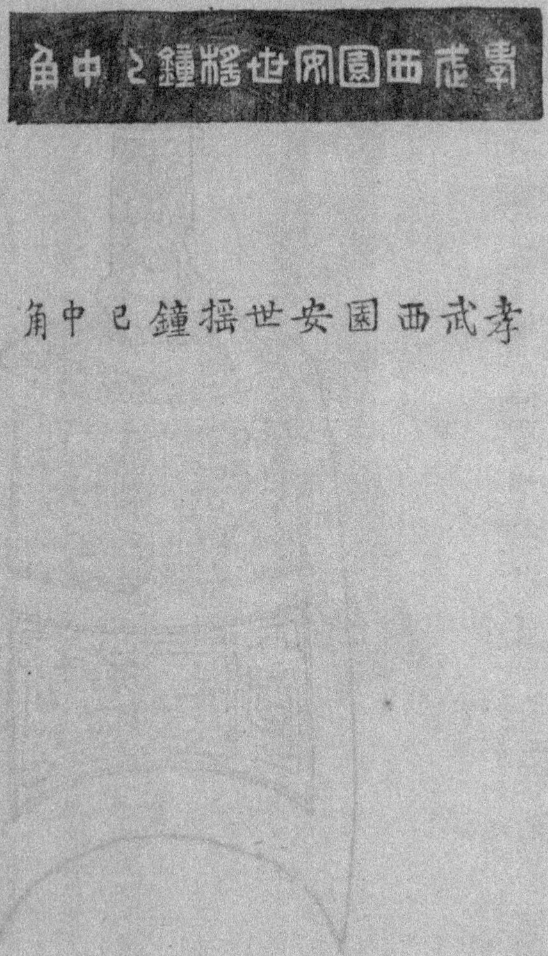

西清古鑑云右高五寸角長三寸五分徑七分有旋兩舞相距三寸五分横二寸五分兩銑相距三寸六分横二寸九分枚三十六各長一分重五十八兩按漢書房中祠樂高祖唐山夫人所作孝惠二年使樂府令夏侯寛備其簫管更名曰安世樂此銘曰安世是已前稱孝武西園則茂陵也巳者編列次第之號中角者意是鐘之律於五音蓋中角前云搖鐘意與搏擊者異然不可攷

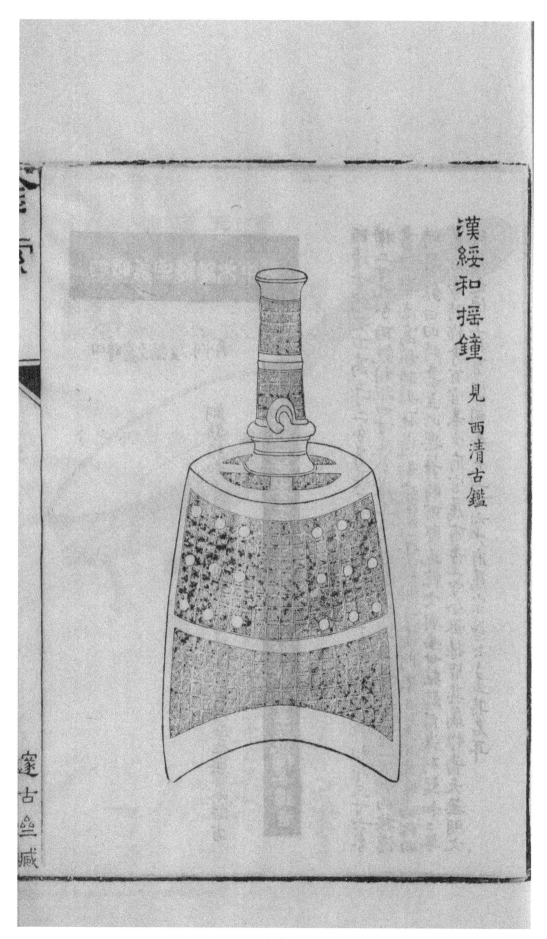

漢綏和搖鐘 見西清古鑑

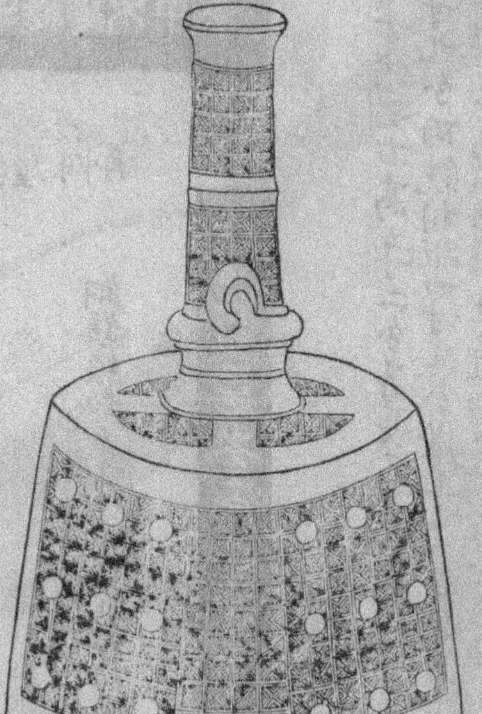

邃古亝藏

四時嘉至搖鐘未中角

銅鐘綏和二年考工宗造守佐常嗇夫欽掾豊主左丞惲令譚省

四時嘉至搖鐘未中角

銅鐘綏和二年考工宗造守佐常嗇夫欽掾豊主左丞惲令譚省

西清古鑑云右高五寸二分甬長三寸九分徑一寸三分有旋兩舞相距三寸六分横二寸九分兩銑相距四寸三分横三寸八分枚三十六各長二分重一百九兩按漢書禮樂志高祖時叔孫通制宗廟樂迎神于廟門奏嘉至又文帝始作四時舞銘曰四時嘉至此樂舞時所擊也餘文與安世搖鐘同後列綏和二年蓋成帝時作考百官表少府官屬有考工守令丞掾皆其屬惟嗇夫無明文張釋之傳上林有虎圈嗇夫上林亦少府屬宗等云云蓋其名耳

漢元康鐎斗

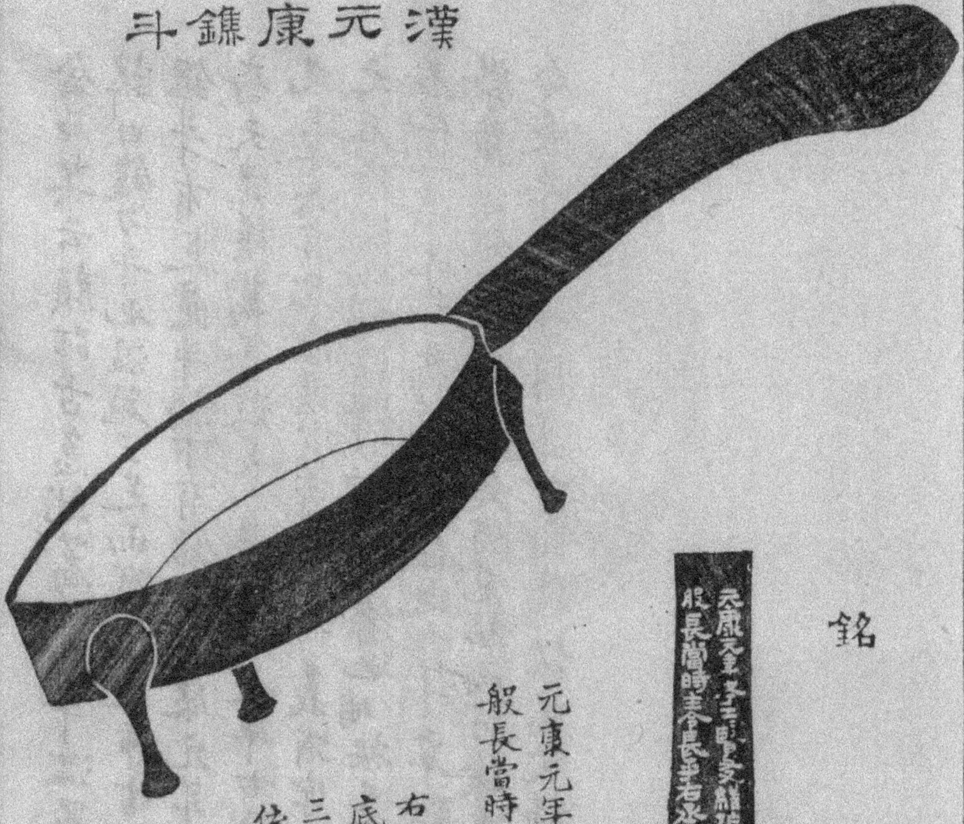

銘

元康元年考工賢友繕作府嗇夫建護萬年
般長當時主令長平右丞義省重二斤十四兩

右銘陰文三十六字在其柄之底金石契銘中脫去右字秖三十五字其釋文中有右字今依釋文補之

邃古齋藏

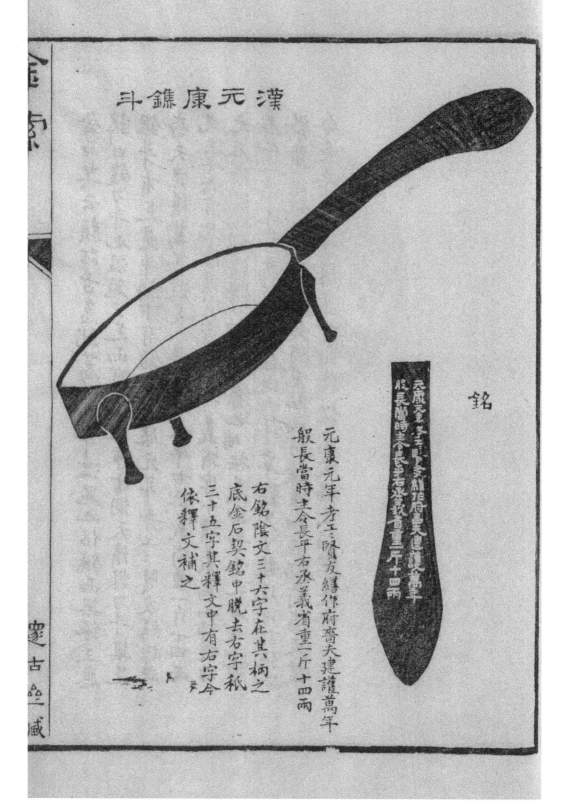

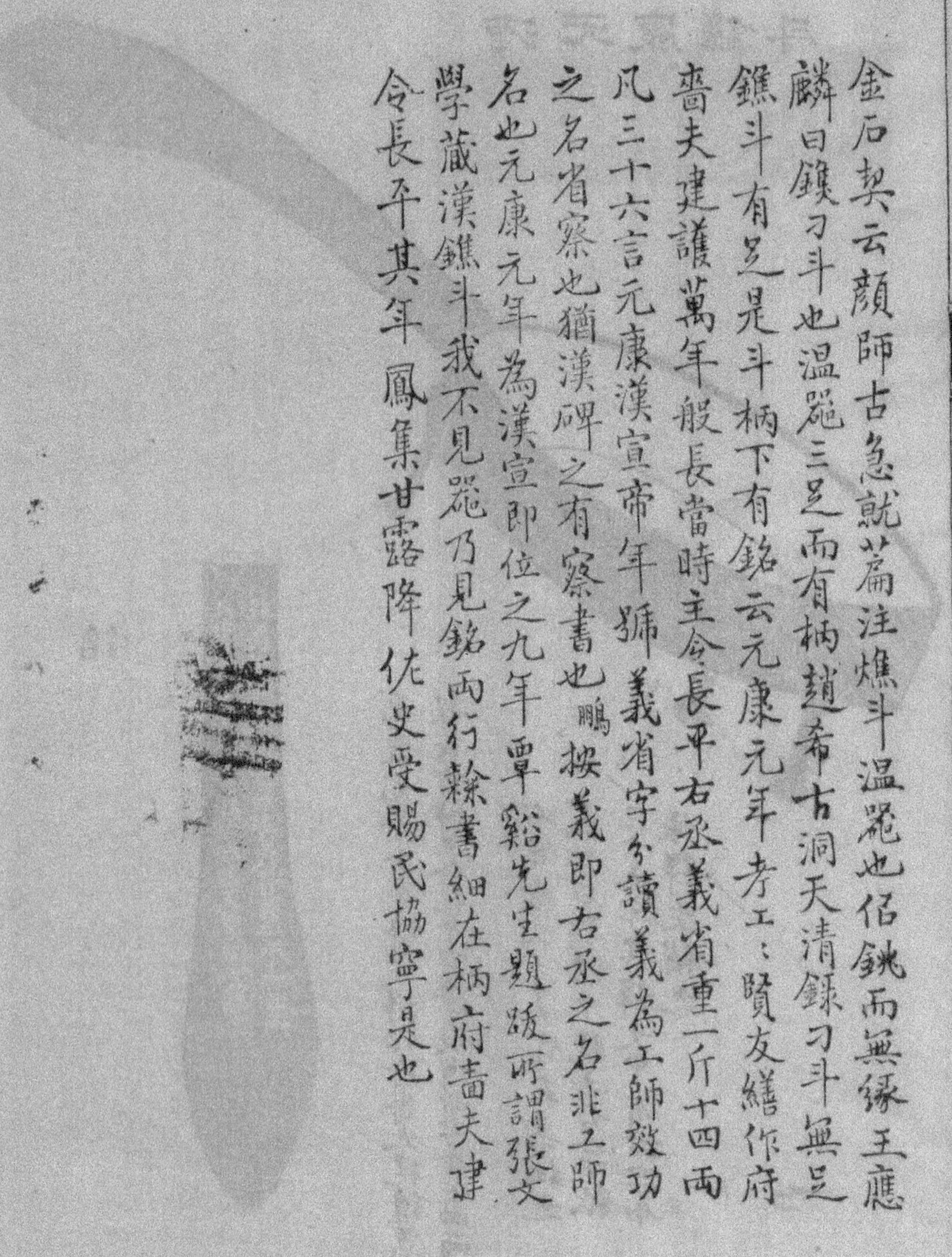

金石契云顔師古急就篇注鐎斗温器也似銚而無緣王應麟曰鐎刁斗也温器三足而有柄趙希古洞天清錄刁斗無足鐎斗有足是斗柄下有銘云元康元年考工工賢友繕作府嗇夫建護萬年般長當時主令長平右丞義省重一斤十四兩凡三十六言元康漢宣帝年號義省字分讀義為工師效功之名省察也猶漢碑之有察書也鵬按義即右丞之名非工師名也元康元年為漢宣即位之九年覃谿先生題跋所謂張文學藏漢鐎斗我不見器乃見銘兩行隸書細在柄府嗇夫建令長平其年鳳集甘露降佐史受賜民協寧是也

漢內者樂卧鐎斗

黃小松司馬藏

底面

內者樂卧重一斤十四兩第卌四

銘十三字第字下半銹蝕至邊細玩有卌四字卌者二十并也見谷口銅甬

內者係造器之官續漢書百官志云內者六百石掌中布張諸衣物是也樂卧二字未詳按漢行燭槃有溫卧此當是長樂宮卧處所用之鐎斗也積古款識亦云但未知為鐎斗祇云樂卧銅器耳

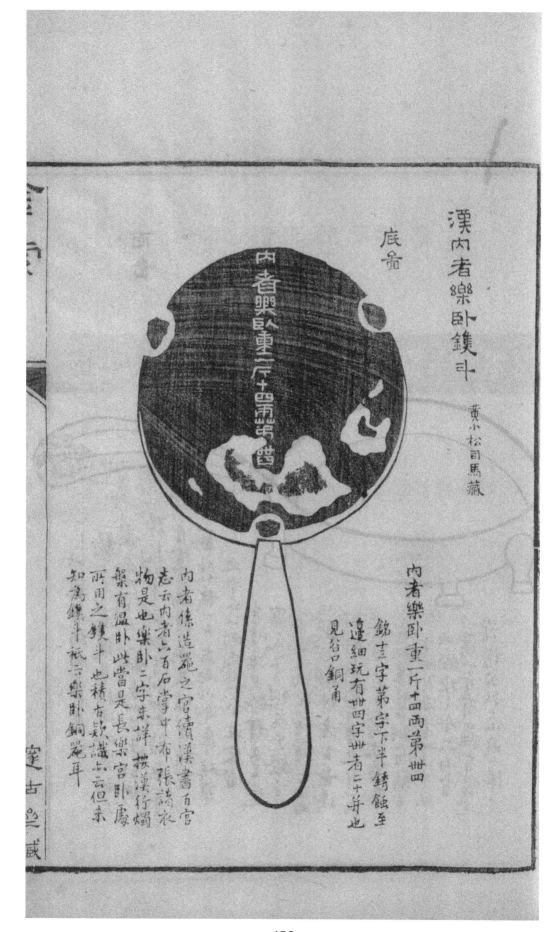

面圖

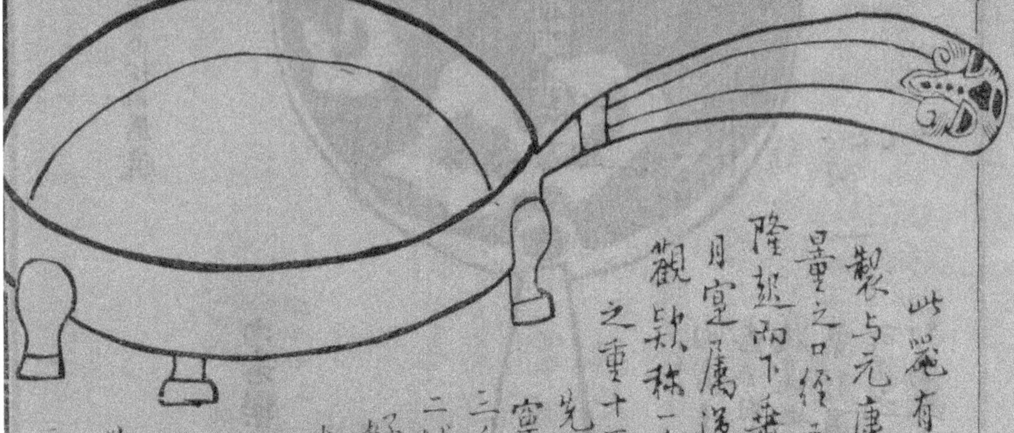

此罏有柄而三足其形
製与元康鐎斗相同以建初尺
量之口徑五寸柄長四寸五分柄
隆起而下垂柄背則凹也雖無年
月宜屬漢罏未係重積可
觀款秩一斤十四兩以今庫砝準
之重十一兩七錢一分汪容甫
先生雁足鐙釋文云竟
寧元年銅鴈足鐙重
三斤十二兩今權得二十四兩
二錢呂微仲考古圖漢
好時鼎刻云重九斤一兩
今重三斤六兩歐陽集
古錄漢谷口銅甬銘云
重卅斤今重十五斤以
此鐙校之今六兩當
漢一斤有贏有縮然
漢權公私大小非一律也

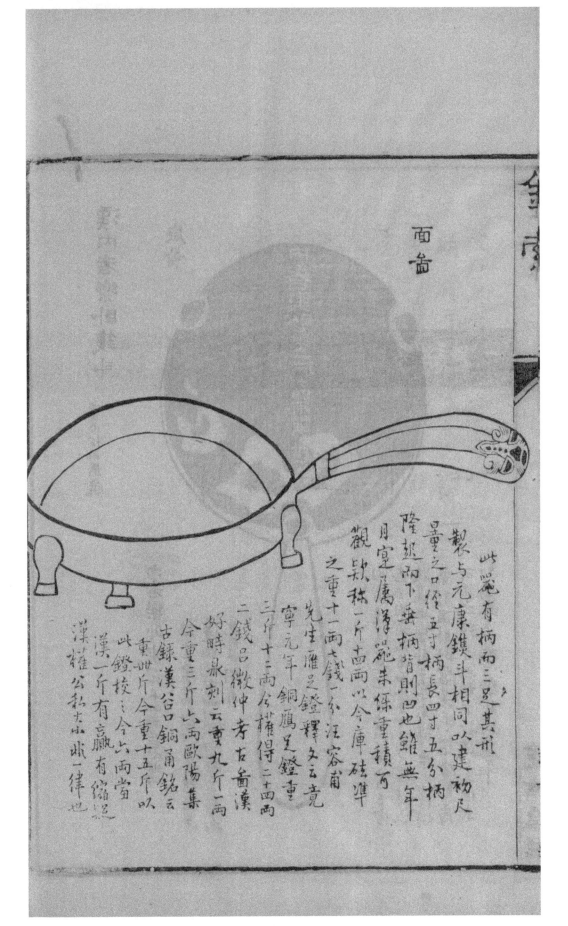

漢林華觀行鐙銘一

林華觀行鐙重一斤十四兩五鳳二年造第一

林華觀行鐙重一斤十四兩五鳳二年造第一

薛氏款識云林華觀漢書不載曰五鳳二年乃前漢時物字畫極佳此劉原父得之長安模其銘文遺歐陽公者

鵬案薛氏未言款識所在以式揣之上林宮之款在其底以在其口也

林華觀行鐙銘二

林華觀行鐙重一斤十四兩五鳳二年造第一

釋文同前

積古款識云陽識此江鄭堂所藏舊拓本鵬按此与薛刻未知是一器否因薛氏於字畫每多改動故並存之其圖式無考想亦与上林宮相似

漢甘泉上林宮行鐙

縮小

考古圖云惟承槃存徑七寸有半深寸有二分

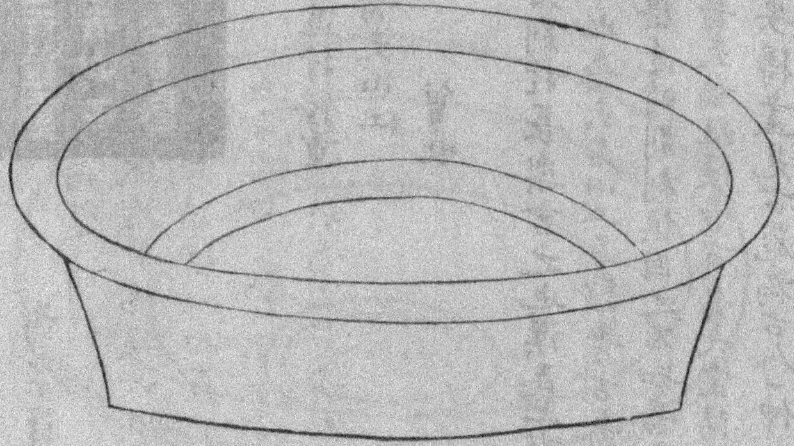

爲字薛氏誤作桼

銘

河東爲甘泉上林宮造行鐙重
六斤十兩五鳳二年壽夫山工
誼作第二　曾長

鵬按上林宮而冠以甘泉者別於長樂言之也漢瓦亦有稱甘泉上林者五鳳二年宣帝之廿二年也壽夫名山工名誼孝古齋誤釋作王回夫欠解薛氏承其誤而不察近時別刻俱因之不知壽夫之名見于漢器者不一如建昭雁足鐙有壽夫福杜陵壺有壽夫宗陽泉熏鑪有壽夫充不得以爲王回夫也予安得盡見古器爲古人一伸其屈哉

漢車宮承燭槃 縮小

考古圖云硯藏京兆毋氏面徑七寸六分深八分底徑四寸二分重一斤五兩銘十七字

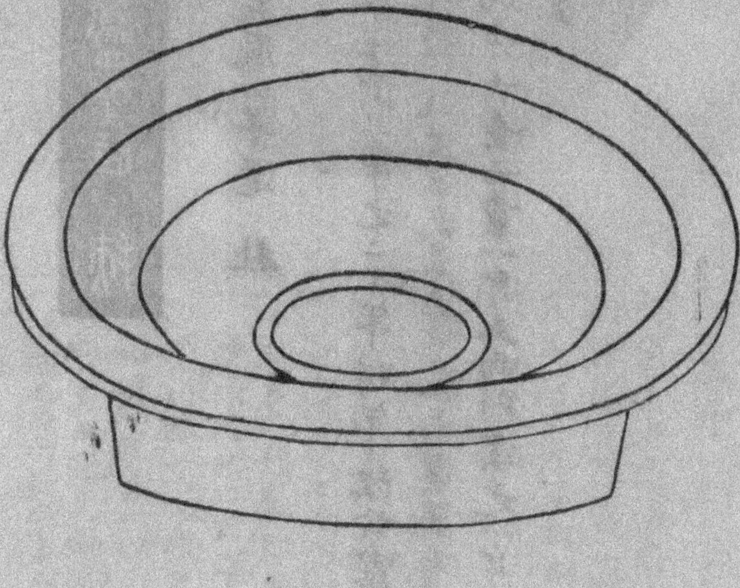

遂古堂藏

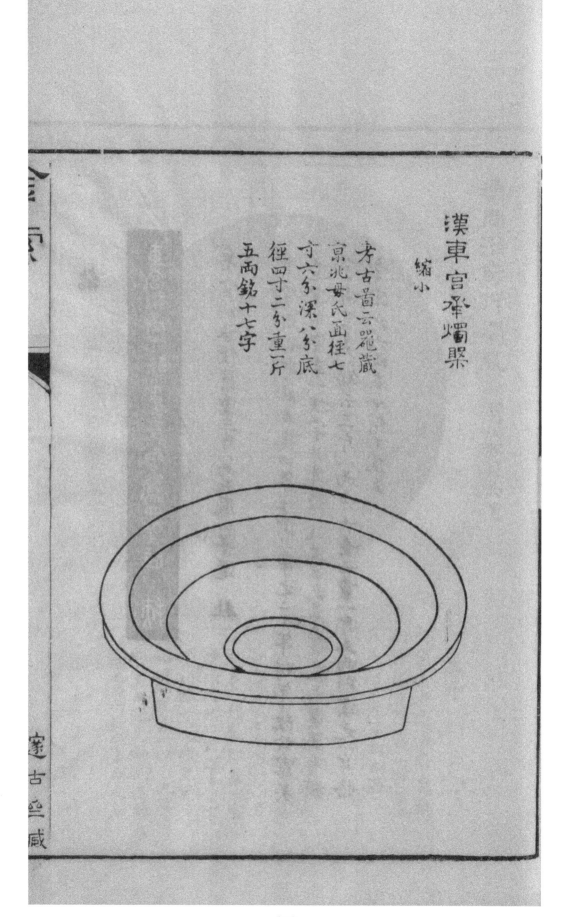

銘

車宮銅承燭槃重三斤八兩五鳳四年造 扶

車宮銅承燭槃重三斤八兩五鳳四年造 扶

車宮未知所在五鳳四年漢宣帝之二十年明年改甘露矣造字下空末一扶字乃其號或其工之名未可知也漢罷有扶字者甚多銘云三斤八兩考古圖云重一斤五兩則漢之一斤恰當宋之六兩在今猶不及耳

漢尚浴府行燭盤

黃小松司馬藏

溫卧

内者未央尚浴府乘輿金行燭盤一容一升重三斤十二兩元年内向造第初八十四

此當是未央宮溫室卧處上澡浴府所用之燭盤也尚浴如尚方尚衣之類盤即盤字可攜以行故曰行燭漢自文帝始稱前元後元武帝始號建元此但云元年當在西漢之初高惠時物也内向疑内者令之名

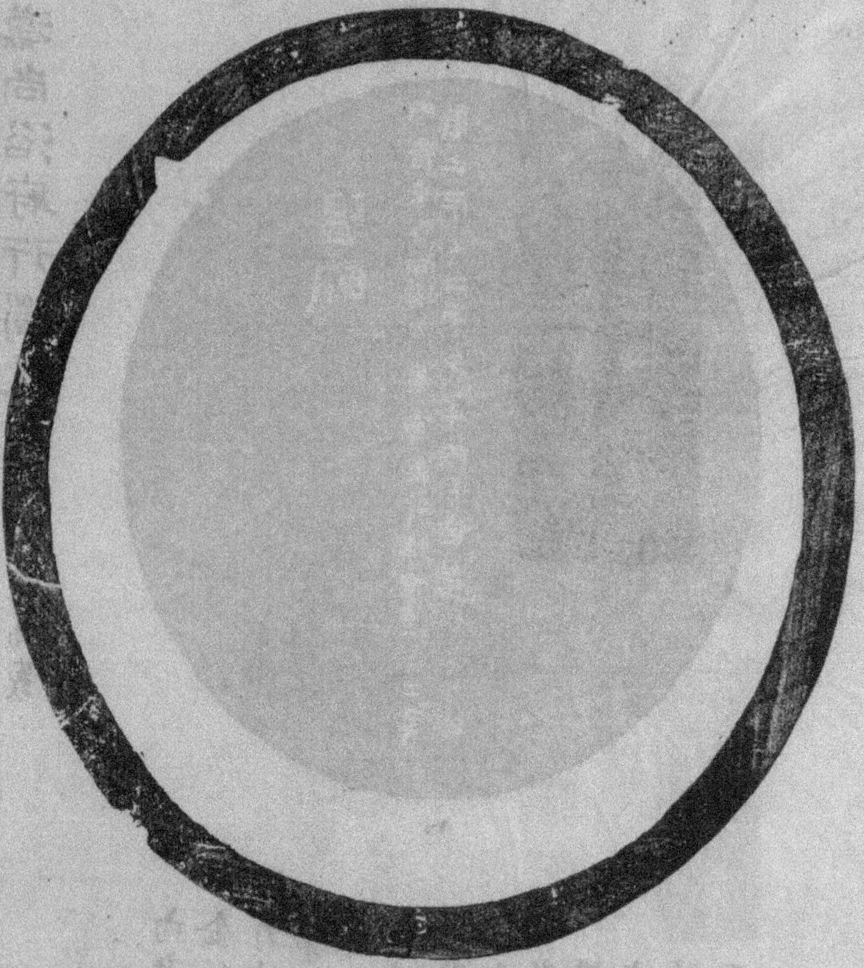

小秘拓本有此〻當是口徑前温卧款識在其底也

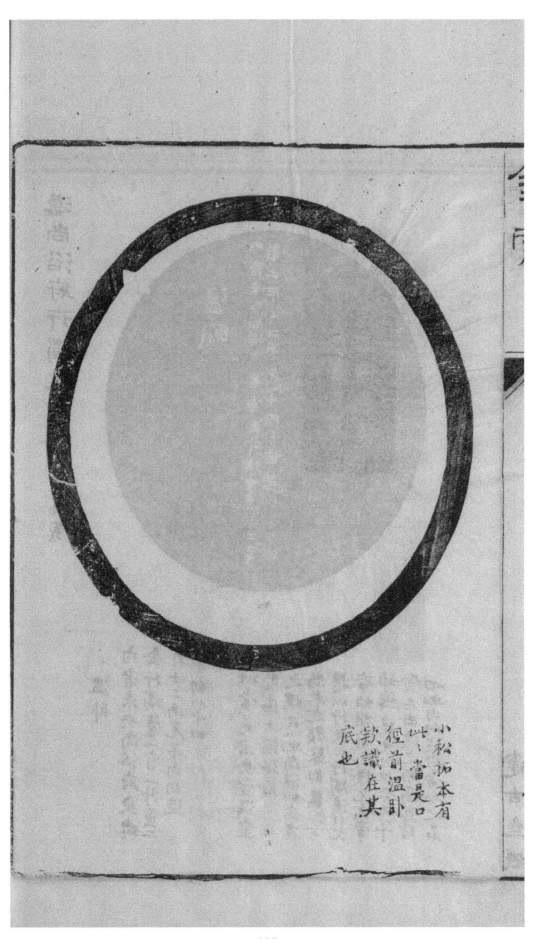

漢羊鐙

考古圖有燈無銘此從桂氏所拓銘詞合之金石志云罷藏長洲顧文鉷家

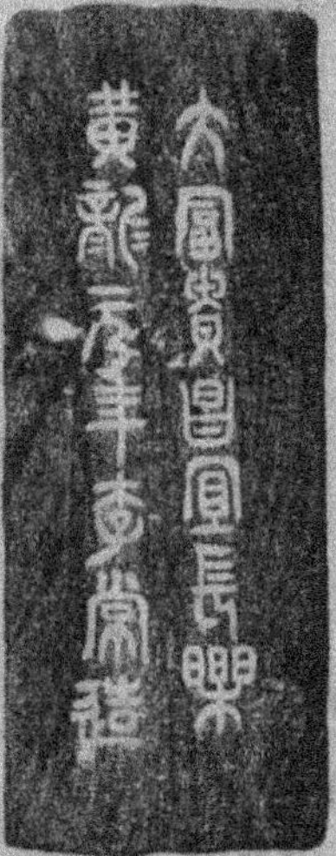

大富貴昌宜長樂
黄龍元年李常造

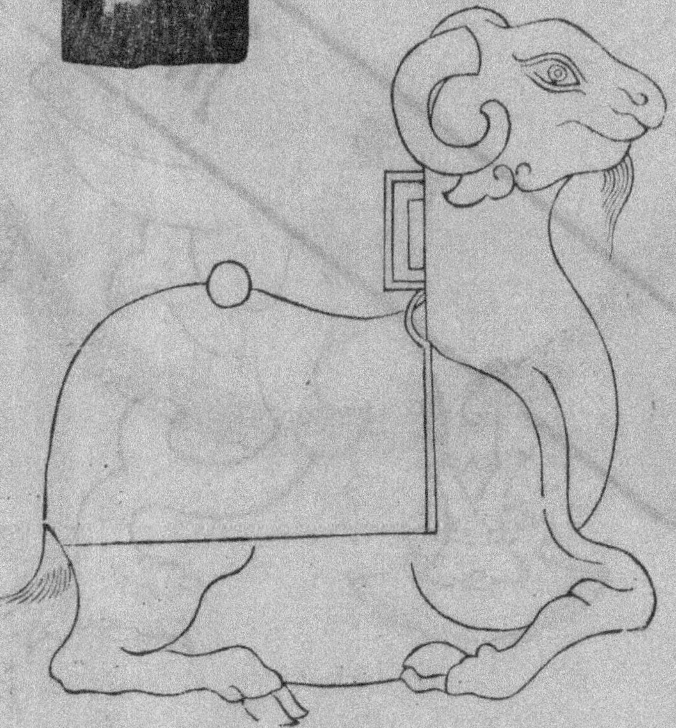

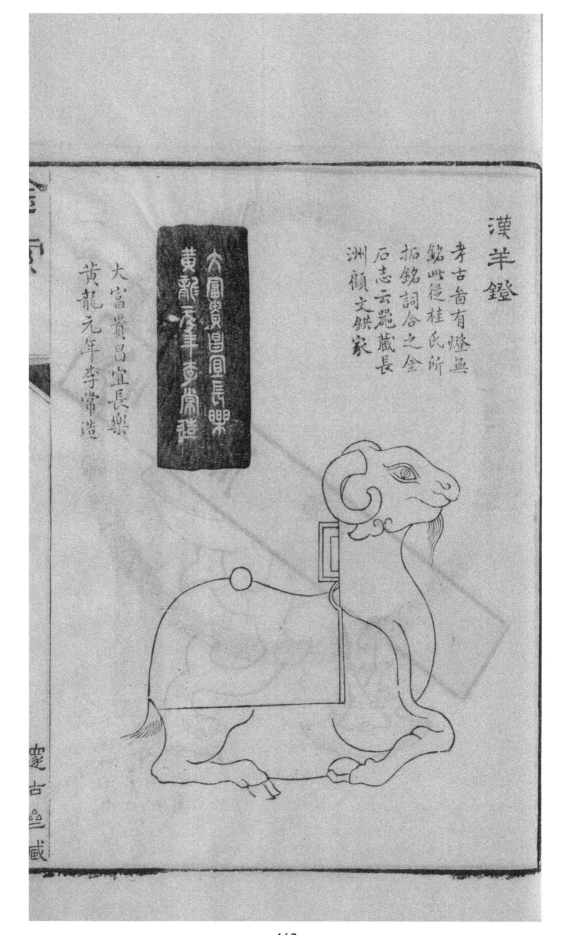

一華雞足鐙

從孝古齋
摹本無銘

漢永始雁足鐙

從考古圖縮本

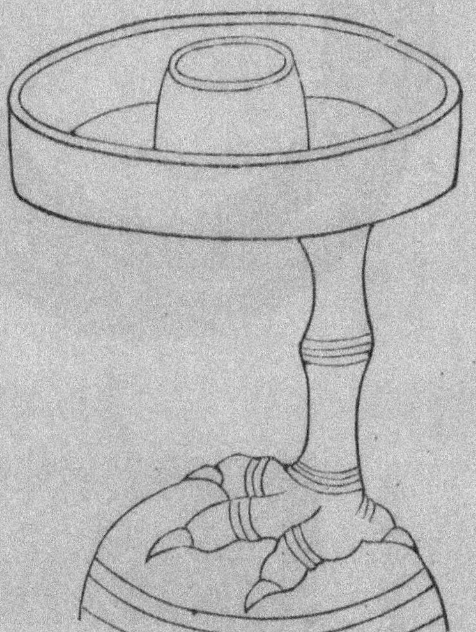

豋即鐙考古薛氏俱釋蓋字非也

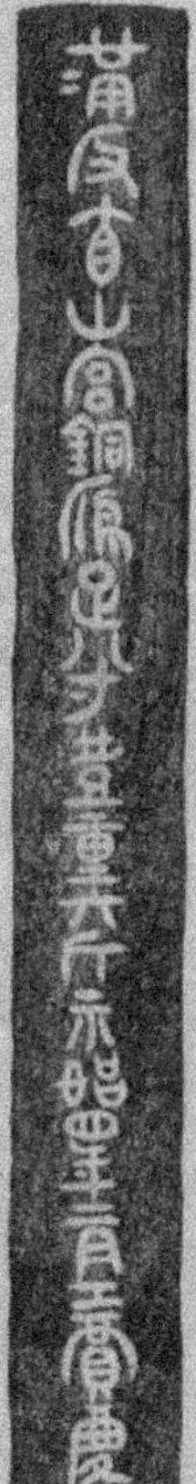

蒲阪首山宮銅鴈足八寸鐙重六斤永始四年二月工賈慶造

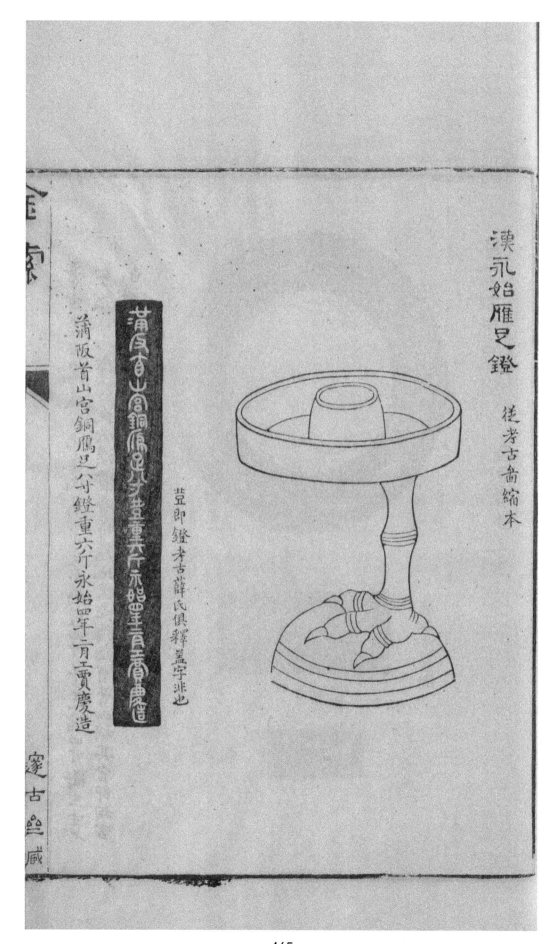

考古圖云罷藏京兆李氏高六寸三分面徑四寸半足縮四寸銜三寸七分銘二十四字薛氏云漢宣帝時罷地里志蒲反有首山祠其宮即祠宮也鵬按永始係成帝年號宣帝乃本始也

漢建昭鴈足鐙

王述庵先生藏

字在槃下

建昭三年考工輔為内者造銅鴈足鐙重三斤八兩護建佐博嗇夫福掾光主右丞宮令相省中宮内者第五　故家

字横列槃側

令陽平家畫一至三陽朔元年賜

字在底

後大廚

建昭至第五為當時原刻故家至後大廚乃陽朔年增刻字畫亦異

金石記云戊申冬述庵調江西布政使予適以試事在南昌借此罷来諦觀古光凝澤槩仰庄覆中承以脛下卓三趾以建初尺度之其槩凡為圜二重外一重圜徑五寸内圜徑二寸其周輪高八分厚一分底橢而微長前近趾處微寬後近跟處微殺前三寸一分後二寸六分也通計高六寸以今營造尺度之通高四寸四分耳　款文云重三斤八兩以今權權之重一斤八兩則漢權度較今權度可知其槩矣

武虛谷授堂金石跋云元帝建昭三年造此罷至成帝陽朔元年始賜陽平家陽平王鳳也鳳以永光二年嗣父陽平頃侯禁殁在陽朔三年此云元年正鳳受賜時

漢甘泉內者鐙

縮小　從考古圖

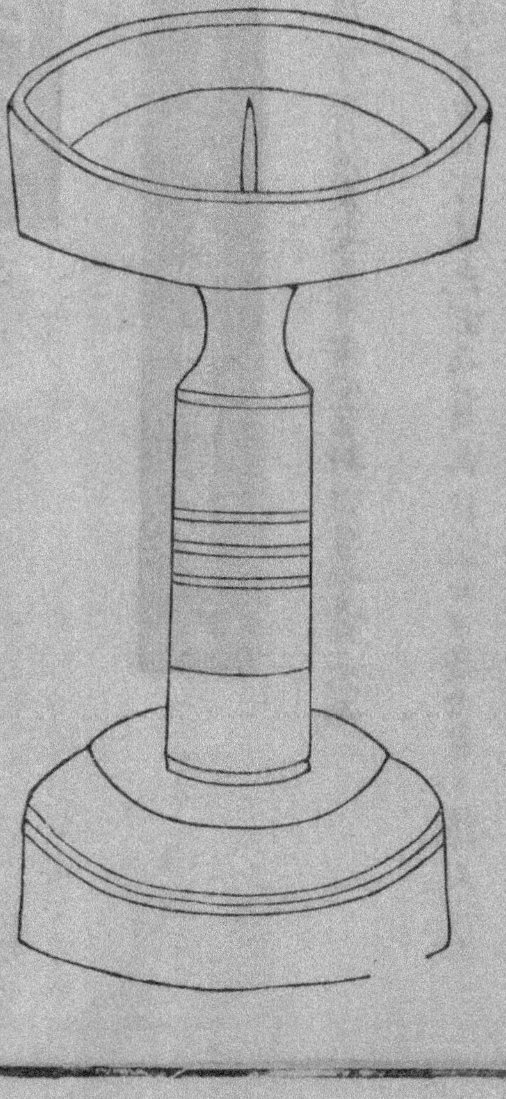

考古圖云麗藏京兆陳氏
高一尺一寸面徑六寸三分底
徑五寸七分中有仰錐長二分

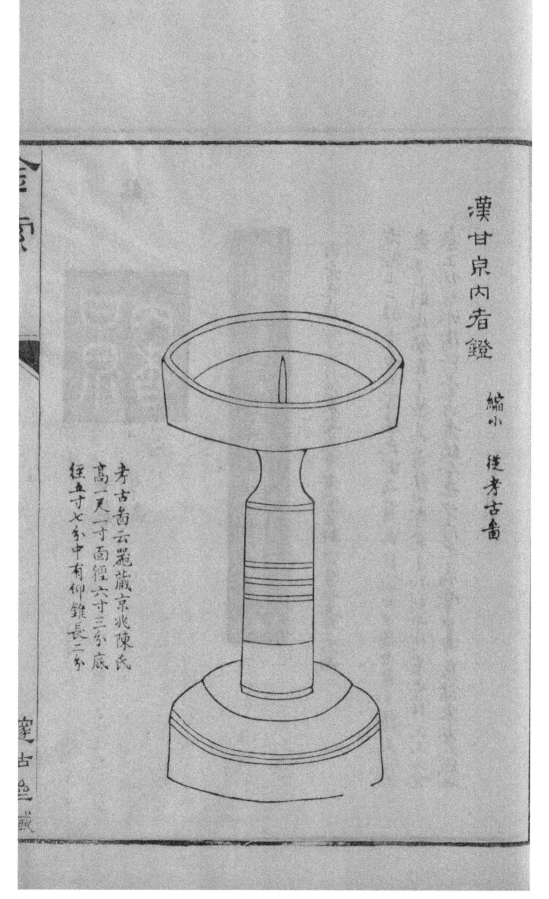

銘

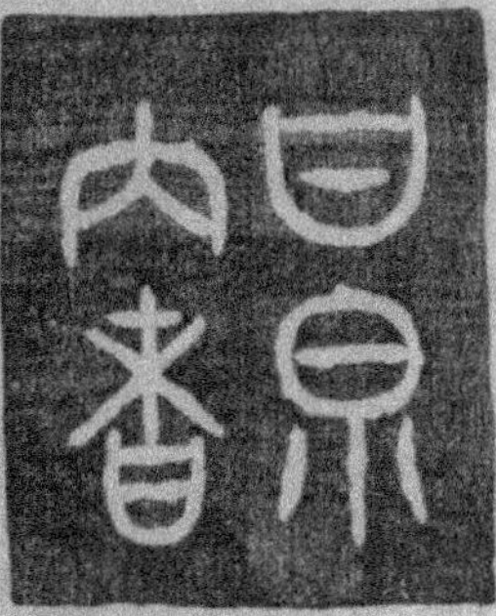

甘泉內者

內者元康二年三月河東安邑守者宣王軒造重廿五斤十一兩

右鐙上二銘考古不言銘之所在薛氏欵識云甘泉內者下槃又云內者云云則次銘在下槃其前欵四字究未知刻于何處也薛氏又云甘泉上林皆水衡所掌內者猶令丞少府之屬掌中布張諸衣奄人職也

漢齊安宮熏爐

考古圖云器藏廬江李氏重一斤三兩銘云五斤六兩以今之權校之三兩十八銖當漢之一斤

銘

齊安宮銅熏盧容五升具蓋重五斤六兩神爵四年典宮嗇夫忠佐史工司馬讓造第一百卅一　卅三

齊安宮銅熏爐容五升具蓋重五斤六兩神爵四年典宮嗇夫忠佐史工司馬讓造第一百卅一　卅三

考古圖作一百卅一下作廿三此銘從積古齋刻陽識

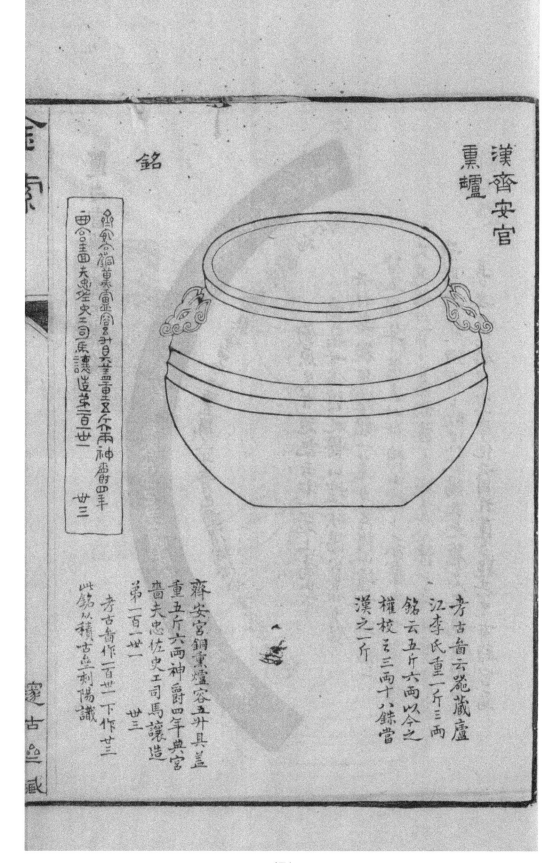

蓮勺宫博山罏下槃銘

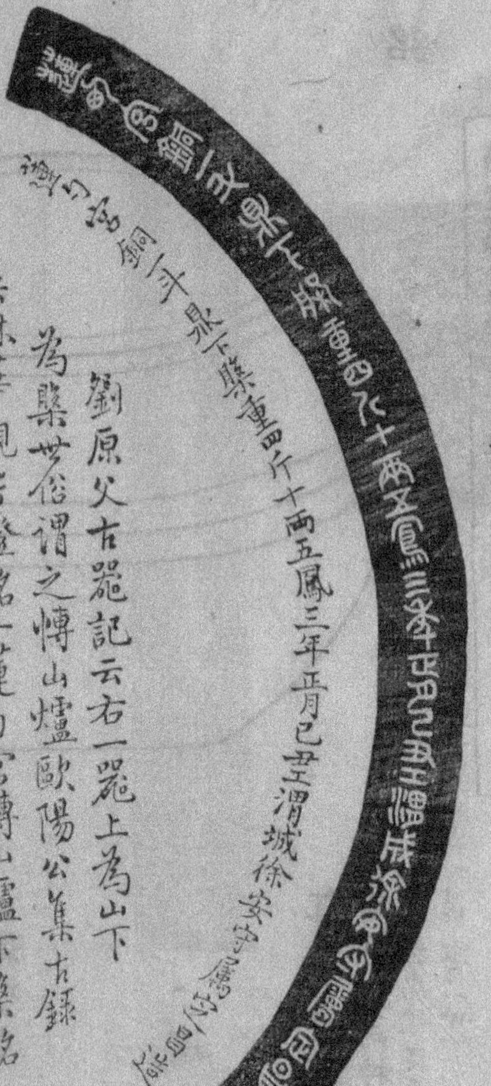

蓮勺宫銅一斗鼎下槃重四斤十两五鳳三年五月己丑渭城徐安守屬宗昌造

劉原父古器記云右一器上為山下為槃世俗謂之博山爐歐陽公集古録云林華観行鐙銘一蓮勺宫博山罏下槃銘一皆五鳳年造盖此即博山爐下承槃考古畜不録又其銘曰一斗鼎故薛氏疑為鼎博山者然鼎寔無承槃惟炉迺有之故從歐陽氏之舊名也蓮勺縣名去長安七十餘里宣帝紀云困於蓮勺鹵中有離宫焉

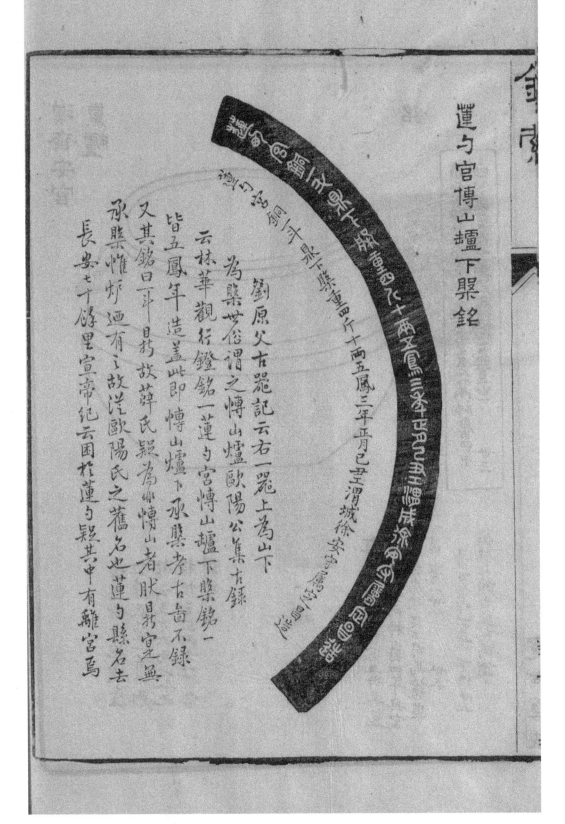

博山鑪

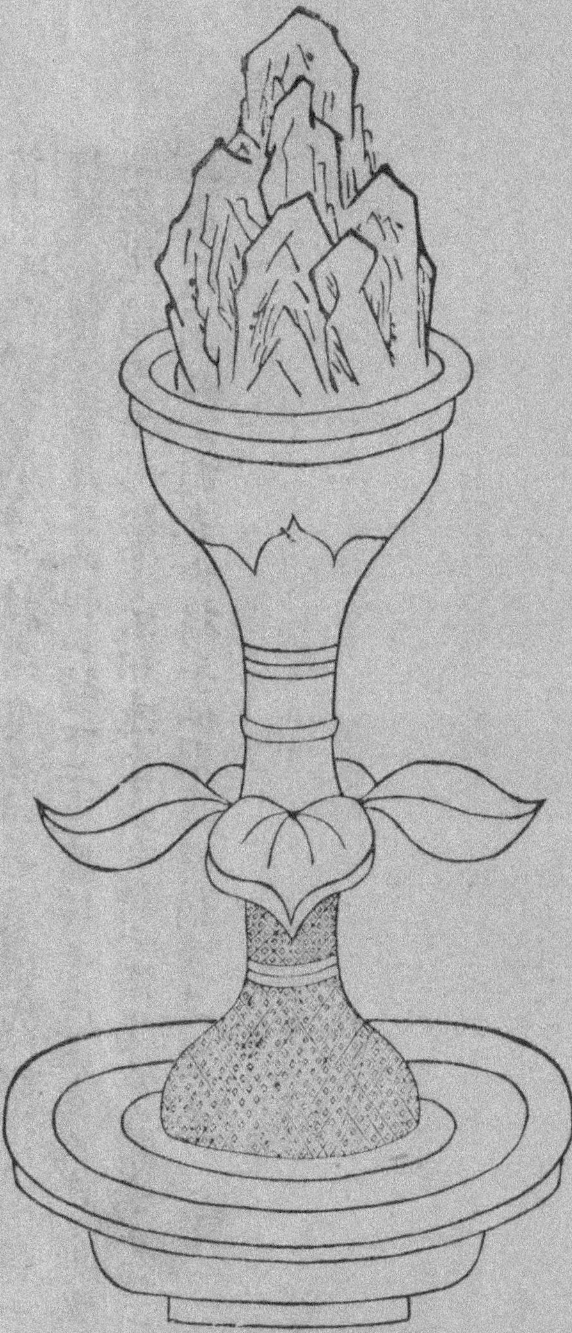

銘

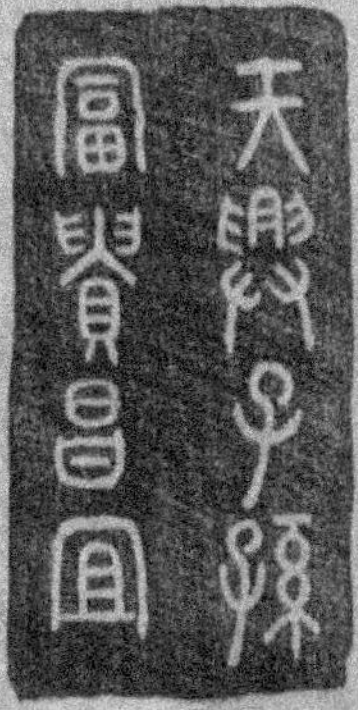

天興子孫
富貴昌宜

邃古亝藏

考古圖云器得于投子山重一斤七两中間荇葉有文曰天興子孫又曰富貴昌宜按漢朝故事諸王出閤則賜博山香爐晉東宮舊事太子服用則有博山香爐一云爐象海中博山下有槃貯湯使潤氣蒸香以象海之回環此器形制大小不一鶚按考古敘論甚明薛氏刪改以為象海中博山下槃也語甚蒙混竊謂蓮勺宮博山爐下槃得于劉原父此博山爐下亦有槃得于廬江李氏未必即為一器然爐与槃形製自不相遠李太白詩云洛陽名工鑄為金博山千琢復萬鏤上刻秦女携手仙則唐時猶重其器矣

菑川太子金㷉鑪銘

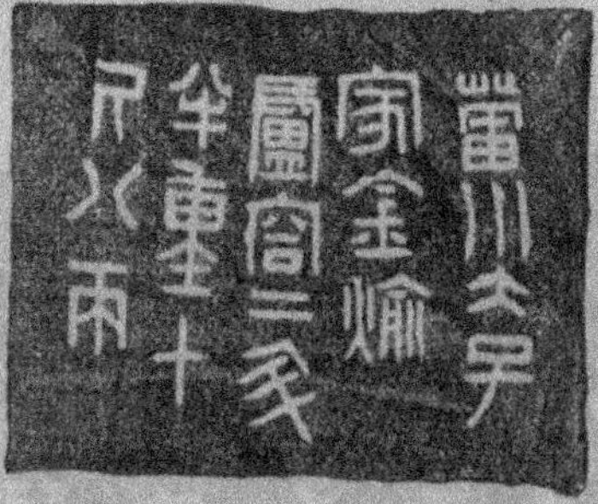

菑川太子家金㷉爐容二斗半重十斤八兩

積古款識云銘十七字趙太常所藏器漢書王子侯表龍丘侯等皆菑川懿王子陸元侯等皆菑川靖王子北鄉侯菑川孝王子此菑川太子不知何屬㷉字字書所無

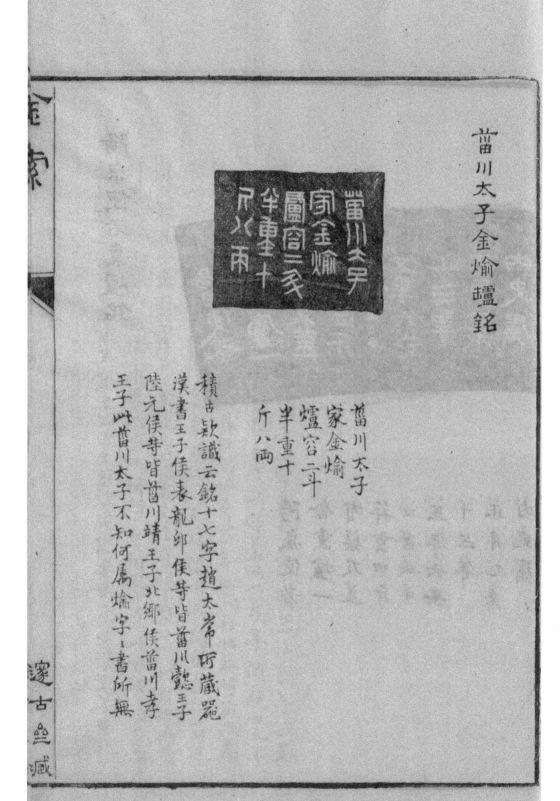

陽泉使者熏罏銘

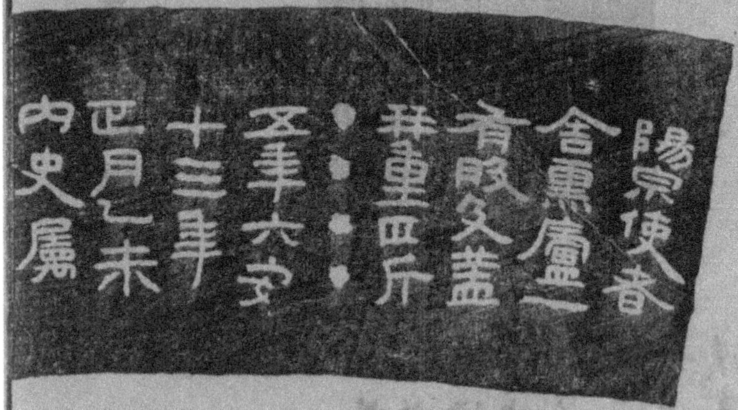

陽泉使者
舍熏爐一
有槃及盖
幷重四斤
口口口口
五年六安
十三年
正月乙未
内史屬

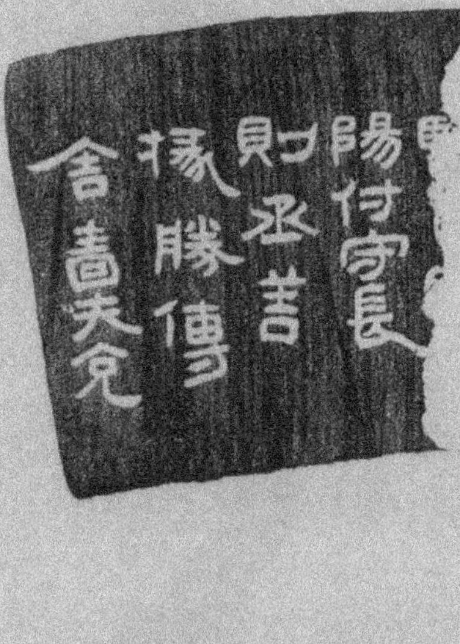

䣓造雒
陽付守長
則丞善
掾滕傳
舍嗇夫宂

積古款識云銘五十一字磨滅者四字秦太史所藏器江鄭堂云器文洛作雒為光武以後之器弟五行剥蝕蓋兩數及年號既曰五年又云卜三年乃侯國紀年猶五鳳石刻稱魯卅四年也鵠按此莽時器非光武以後之物漢書竇融傳有六安侯時又王莽傳州從禹貢為九爵從周氏有五子男一則土方五十里故王蓮湖先生有順武男則相古印此有則丞二字意者六安侯亦子男之國故稱則〻有相必有丞此所缺一行當為新始建國四字但未見其器未知泐文不敢臆定要之屬西漢末年無疑

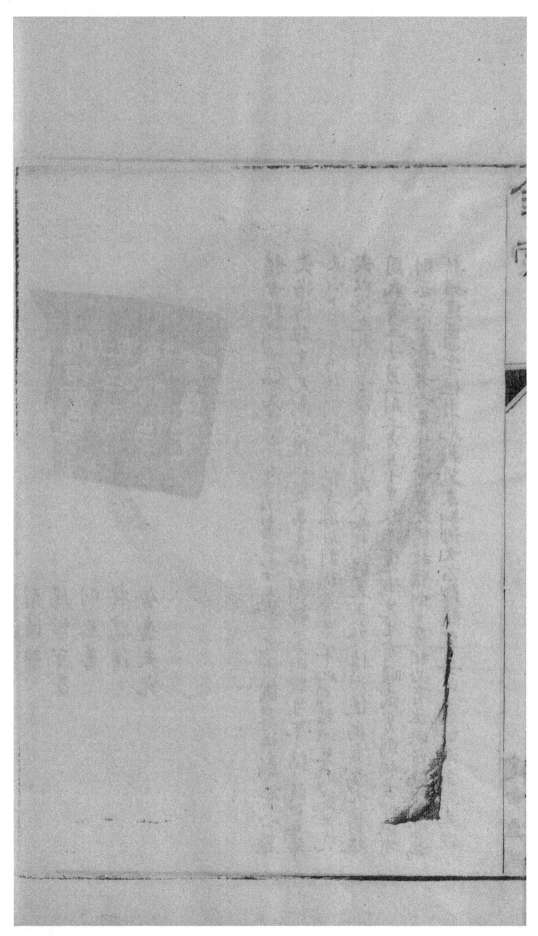

魏正始鑪

黄小松司馬藏

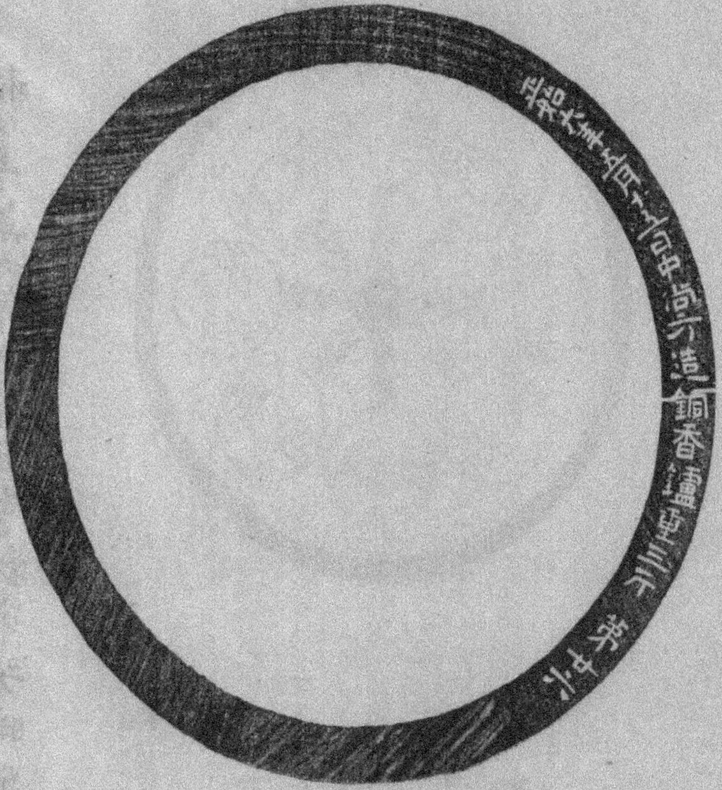

正始六年五月十五日中尚方造銅香鑪重三斤 第廿六

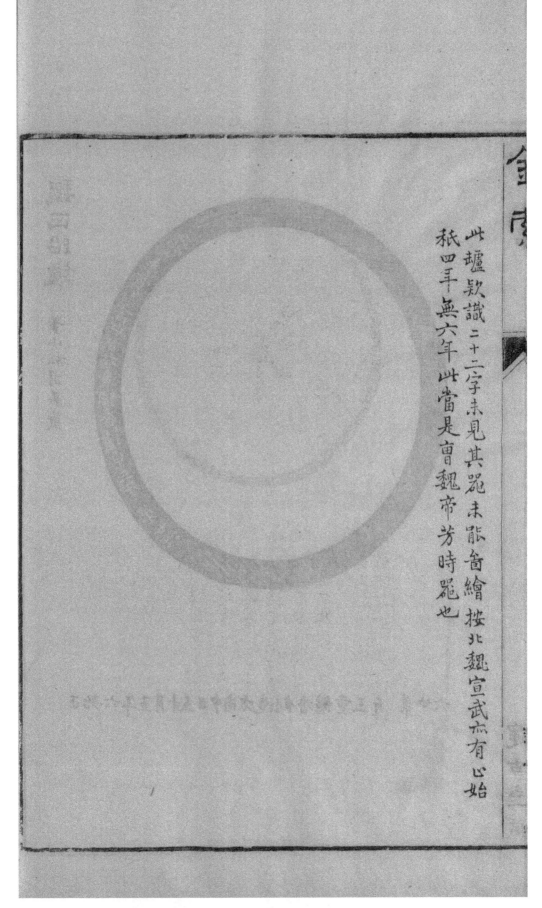

此罏款識二十二字未見其器未能畫繪按北魏宣武有正始秖四年無六年此當是曹魏帝芳時器也

漢半兩錢范

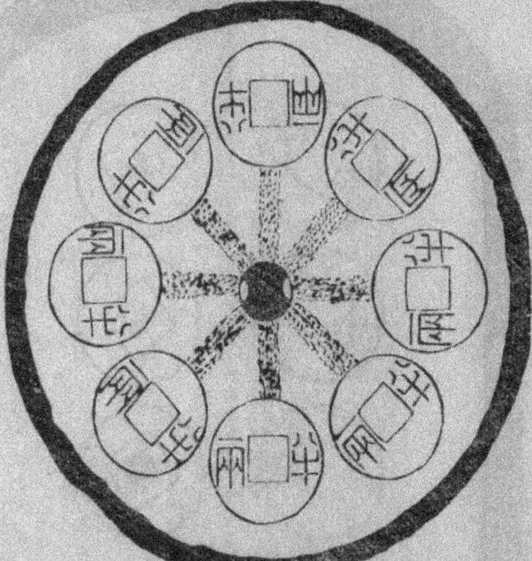

環列半兩錢八枚有八莖貫于其蒂々有穿孔陽文正字陽莖其質甚古背明可鑑得之任城

此係范鏡不可鑄錢

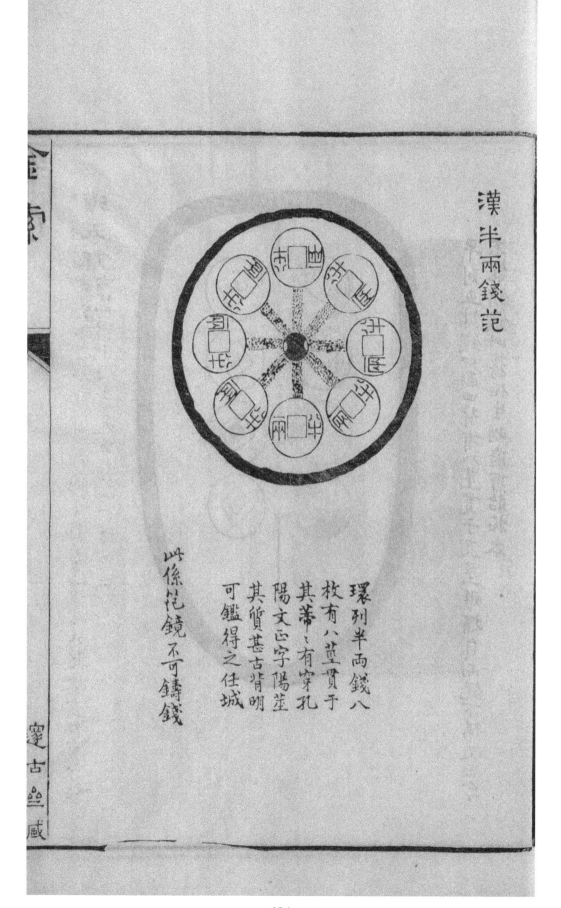

漢五銖錢范

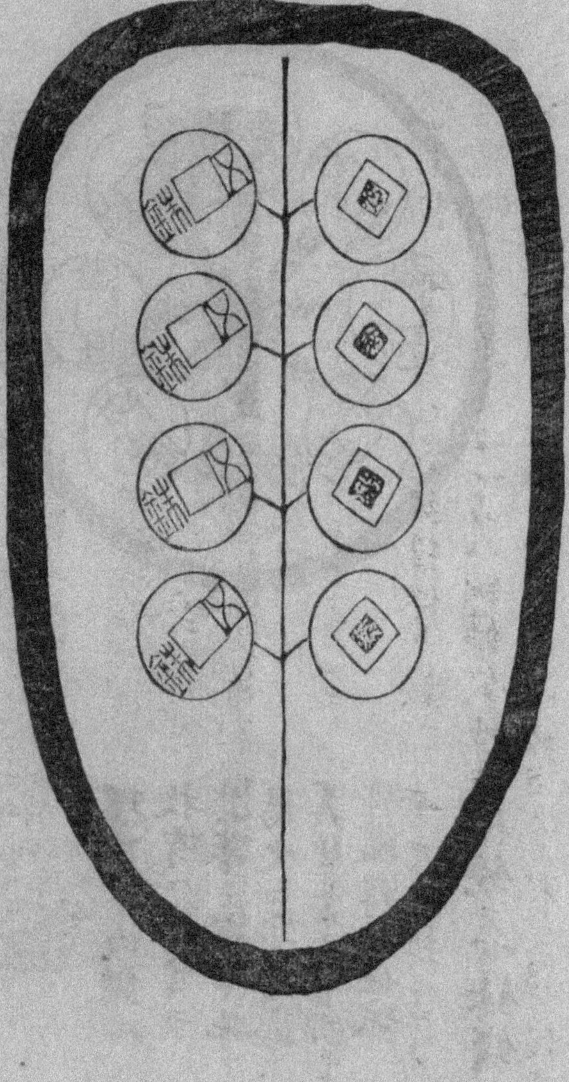

平列五銖錢四面四背有八莖貫于直莖形楕負而銳下陽文正字不能鑄錢此蔣伯生明府所貽拓本

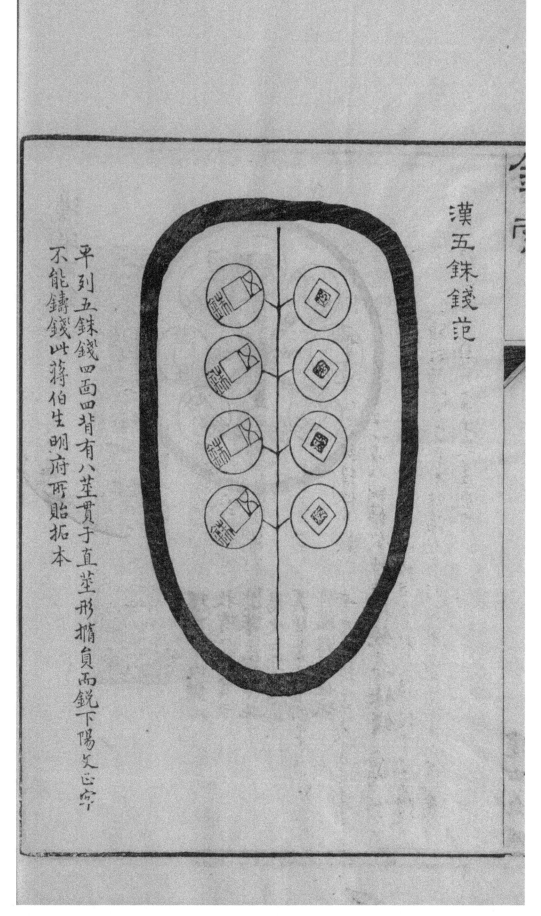

漢半兩錢范一

葉東卿所藏銅范

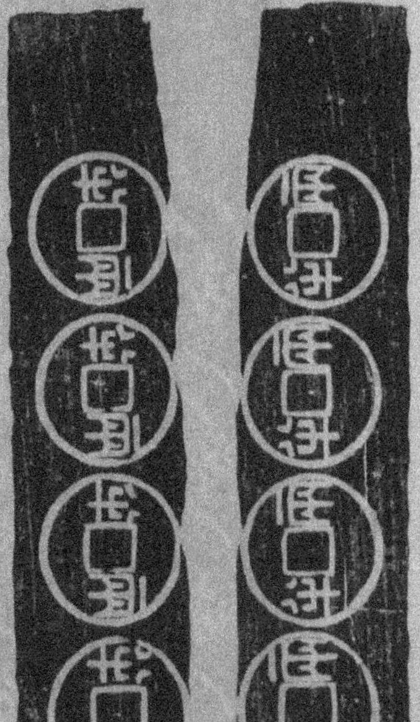

面列半兩錢十枚中有四道陰文反字背正平無文亦無四道

此真錢范也唐書謂之錢模但其類有三不可不辨其陰字反書無范邊有四道支流可以入銅鑄錢者為真錢范陽文正字有峻邊有高鼻無四道而磨其背可以鑑者為錢范鏡陽文正字峻邊不能鑄錢而小其底或有款識或有斜格者為錢式為小洗之屬雖概名為錢范寔不無差別也

漢半兩錢范二

葉東卿所藏土范

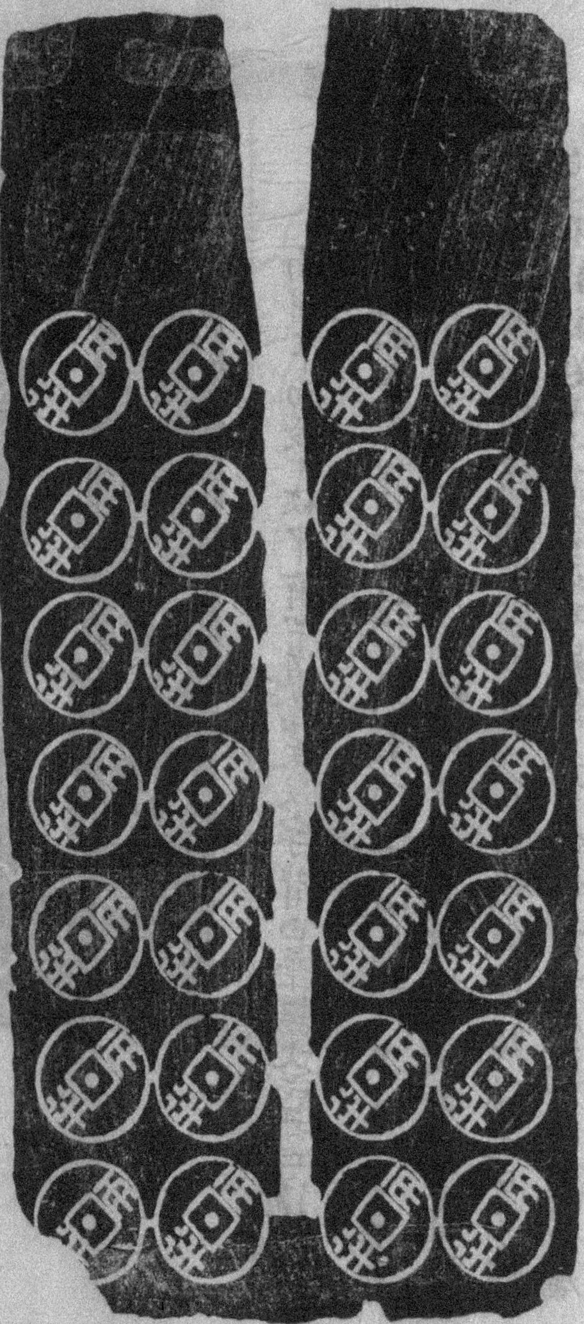

面列半兩錢四行廿八枚中有四道背正平無文

此亦真錢范可以入銅鑄錢其制以土為之類于塼所謂范金合土也

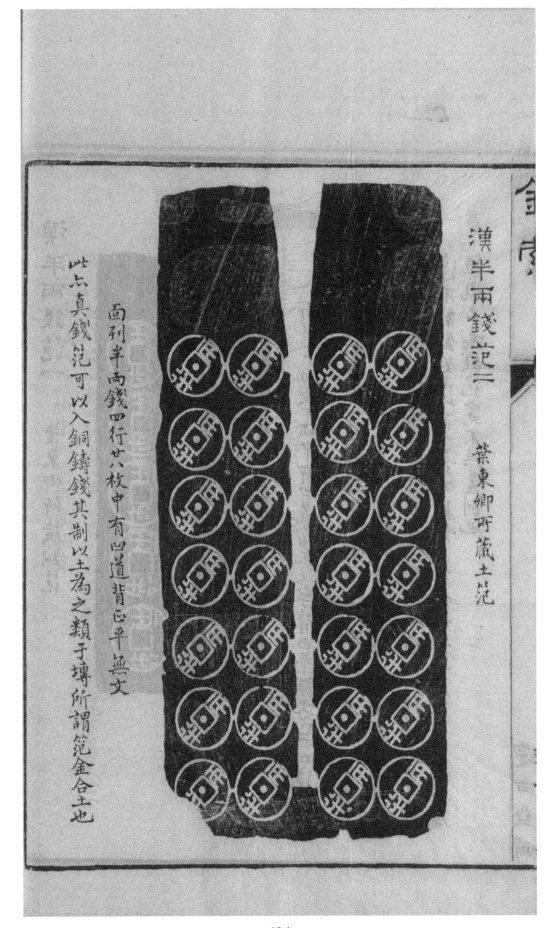

漢五銖錢范

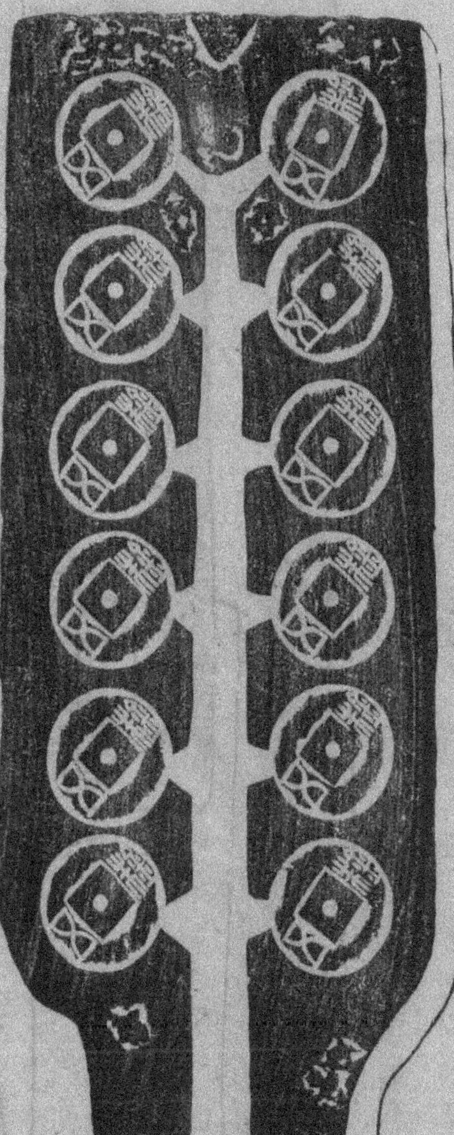

此真錢范也廣長如畫式重今秤二斤半內列五銖十二陰文反字有四道支流可以入銅鑄錢每穿孔內有細眼者所以納尖丁約之使兩片不游移也予得此字范於歷下其幕范則失之矣

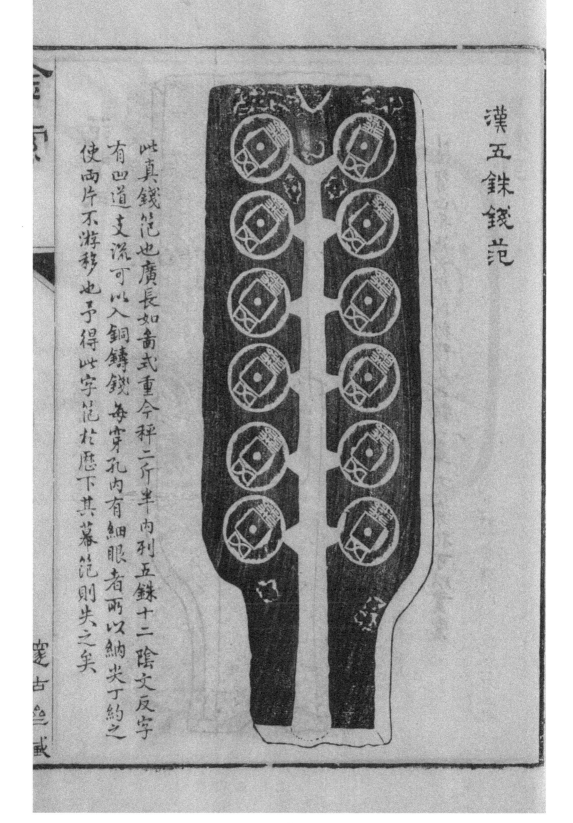

范背式

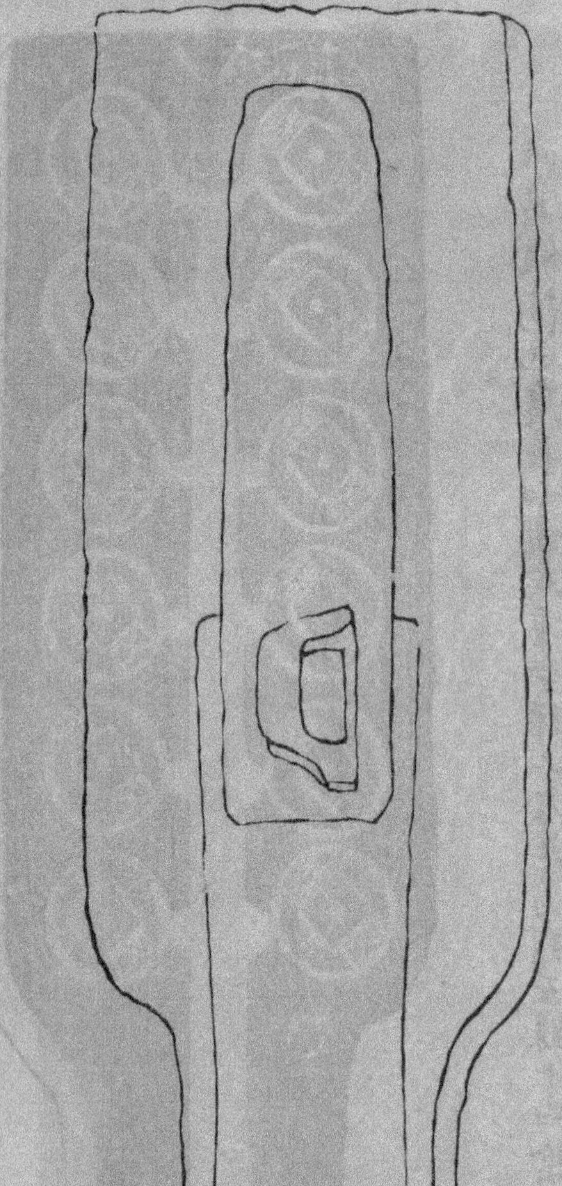

范背正平無文中間微隆又凸起一鼻有穿孔可以貫索

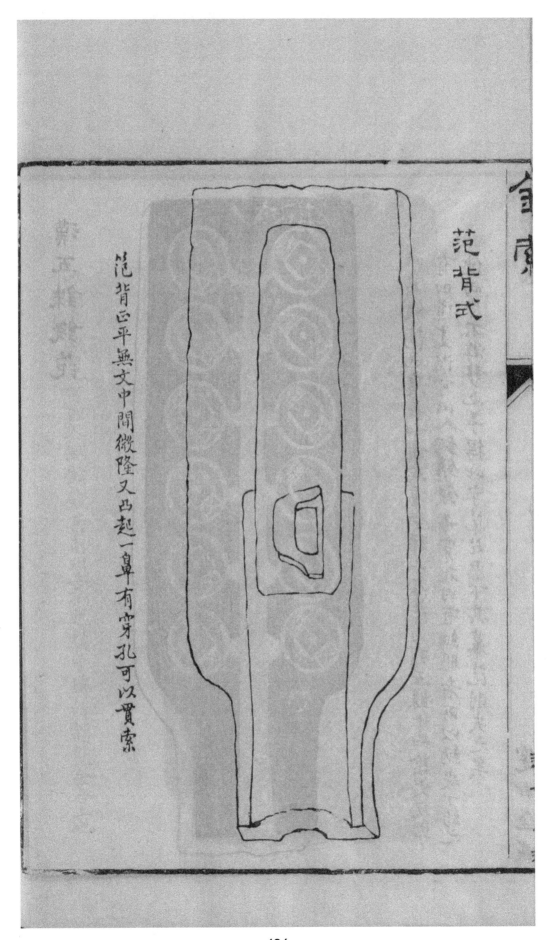

漢錢范

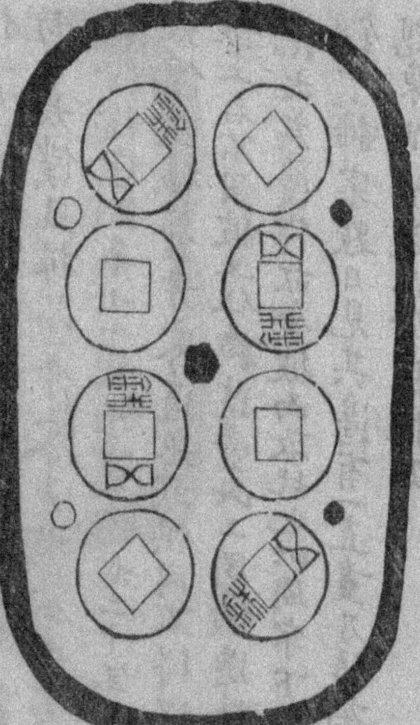

兩行列五銖錢八枚字背相間

底文

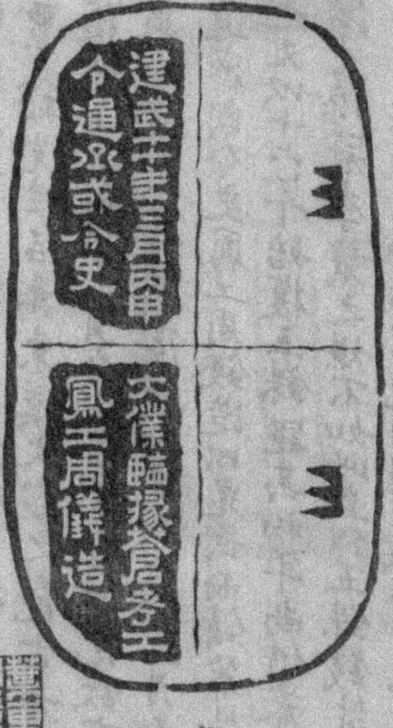

建武十十年三月丙申大僕監掾蒼考工令通丞或令史鳳工周儀造

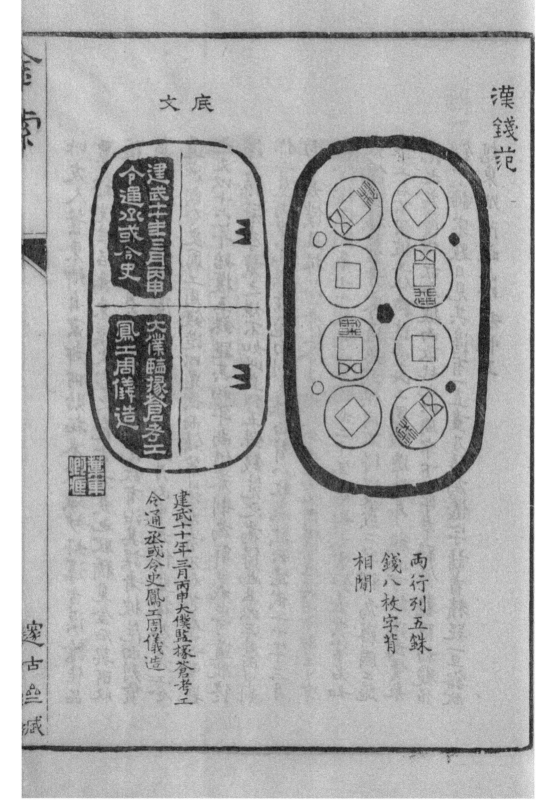

此友人葉東卿自京都所貽拓本款識妙好淳古漢錄佳品
覃谿先生㠯爲東漢文字之冣古者是也然猶見金石契所收
張端木錢錄中貨泉笵而未及此笵故有沿其誤者彼笵面列貨
泉正背各三枚其座款云建武二年三月丙申太僕監掾蒼考工令
通齊國令史鳳工周錢造以光武而鑄莽笵夲有不合芑堂亦嘗疑
之又以十六年始復五銖疑其初年尚仍莽制爲解義亦可通然終
涉張冠李戴之嫌不如此直作五銖錢笵之爲得也且以三月丙申刻
作二月一丙申尤誤茲範面列五銖正背八枚底款云建武十十年三月
丙申太僕監掾蒼考工令通丞或令史鳳工周儀造其十十即二十字
與汾陰宮銅鼎十十枚相合且建武二十年曾制太官銅壺其官名如
太僕監掾蒼考工令通丞或俱同不得以丞或二字釋爲齊國二器
惟工名不同彼工伍與造壺此工周儀造笵耳 觀此可證建武貨泉
笵之爲贋作故舍彼而取此也此周字下一字本剥蝕難辨初觀侶
錢亦諦審數日見其邊有一直畫乃悟爲儀字諸書積疑一旦豁然
想東卿聞之亦當稱快耳

新莽刀范

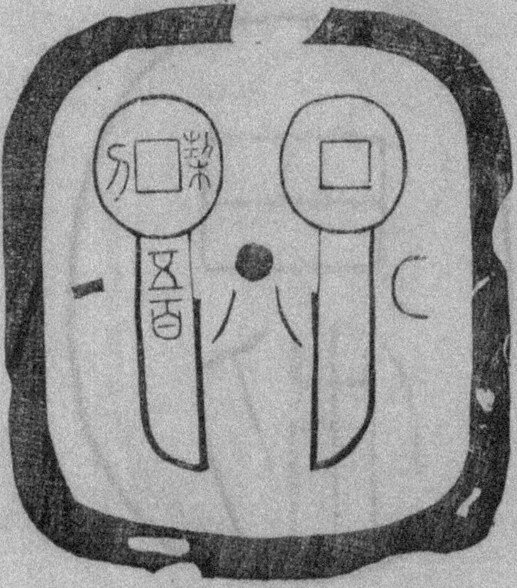

此金瑶圃芝原从虞鄉尚士英購得者笵中列契刀一正一背契下从木不失古法陽文正書其中有小挺盖以笵為洗也

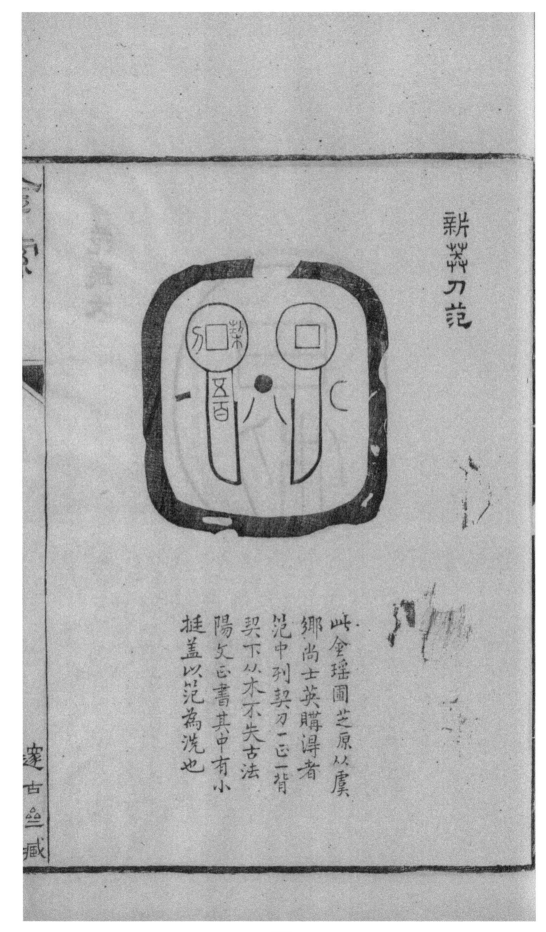

笵底文

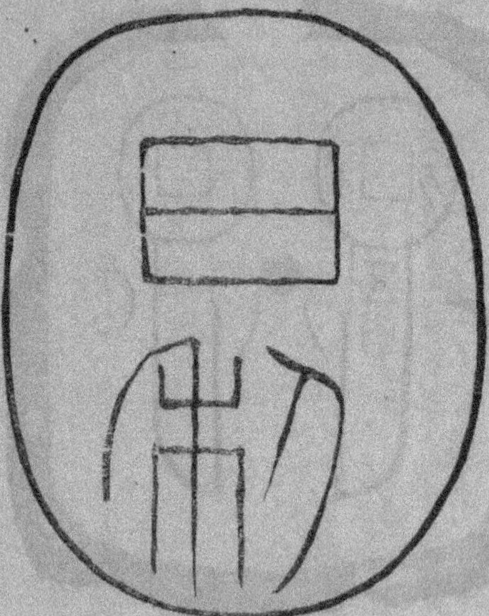

此笵藏海寧陳玉垣家日利二字方勁有法真漢篆也此笵底文其面文未知

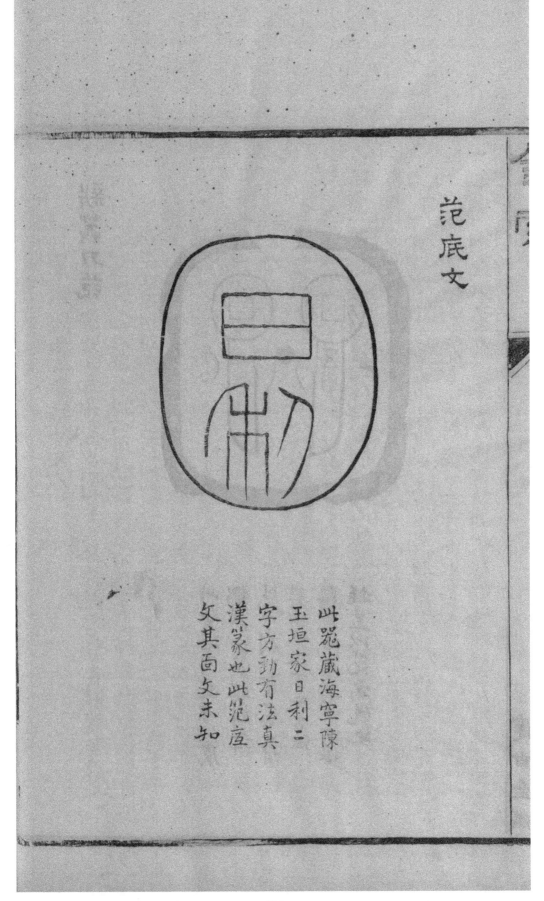

新莽刀范

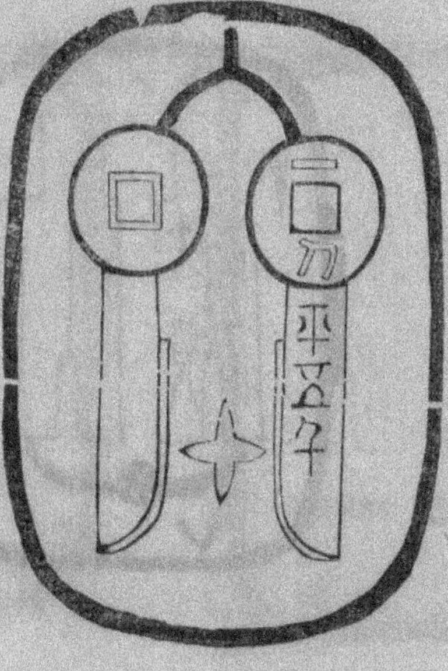

一刀平五千

此齊東少尉陸春舫識以拓本寄余者面列金錯刀二正一背上有二莖貫之一刀二字陰文蓋以為嵌金之地平五千三字陽文惟形式差小又陽文正字不能鑄刀或乃格間小洗耳古詩云美人贈我金錯刀何以報之英瓊瑤蓋重其品也

新莽布范

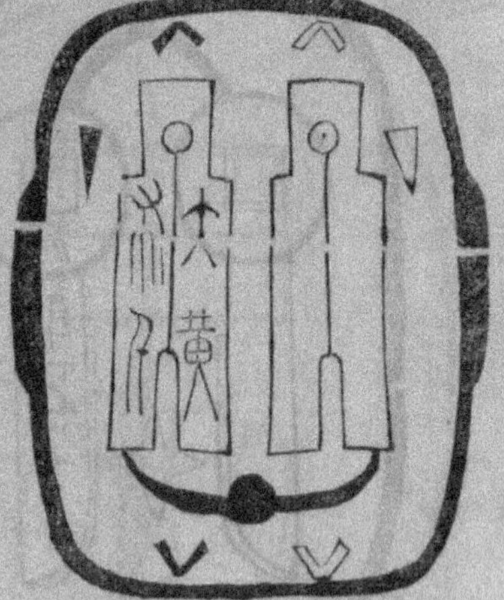

大布黃千

面列大布二枚一背一正其下有二莖貫之形式短小陽文正字疑出節洗

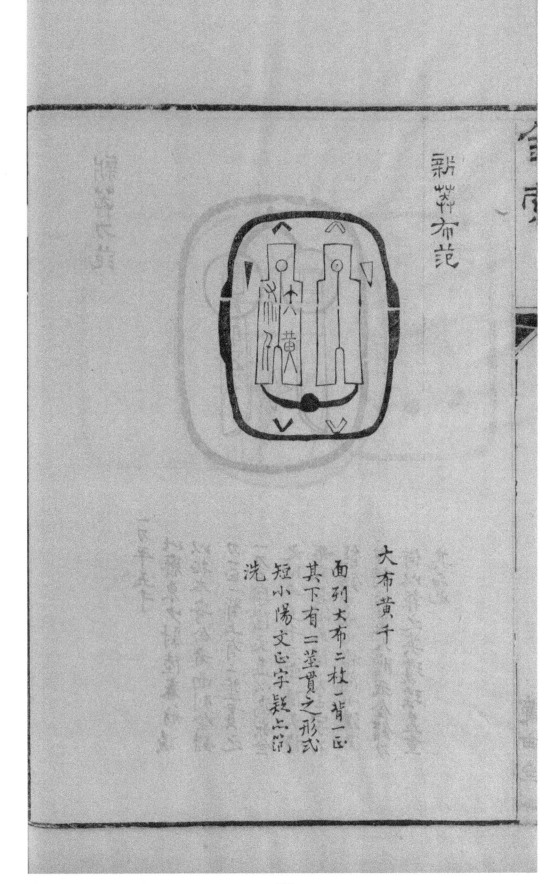

新莽布范

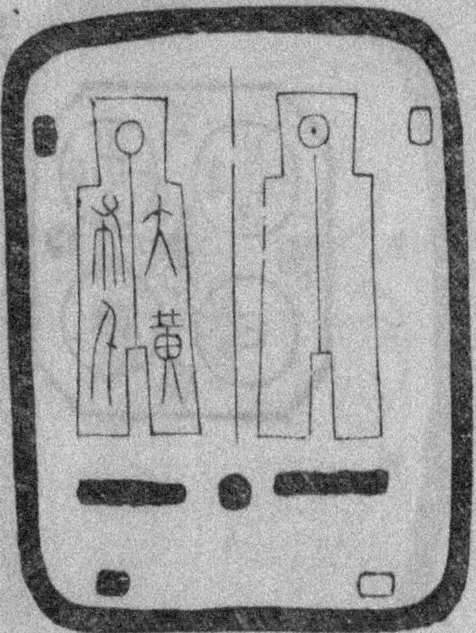

金石契莽布范重十兩二錢藏嘉興金硯雲忠淳家

按此范背平無文面列大布黄千二正一背其長短如式其足穿一分餘

又一器

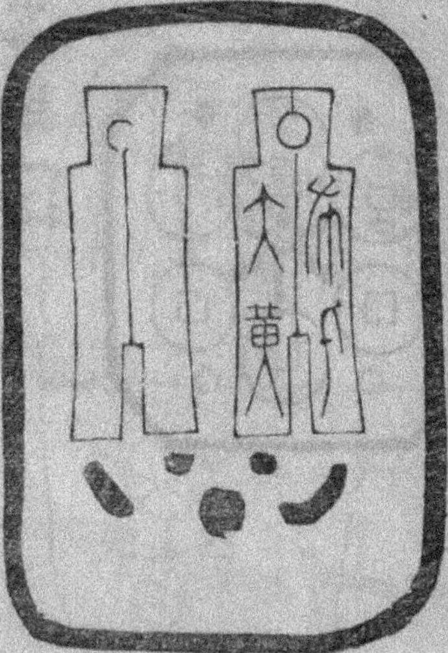

此范未審其輕重其布文正面反書布短一分半不能準式未必是鑄布之范且字畫陽文范邊高峻蓋小泉之屬已具論于前半兩范矣

邃古齋藏

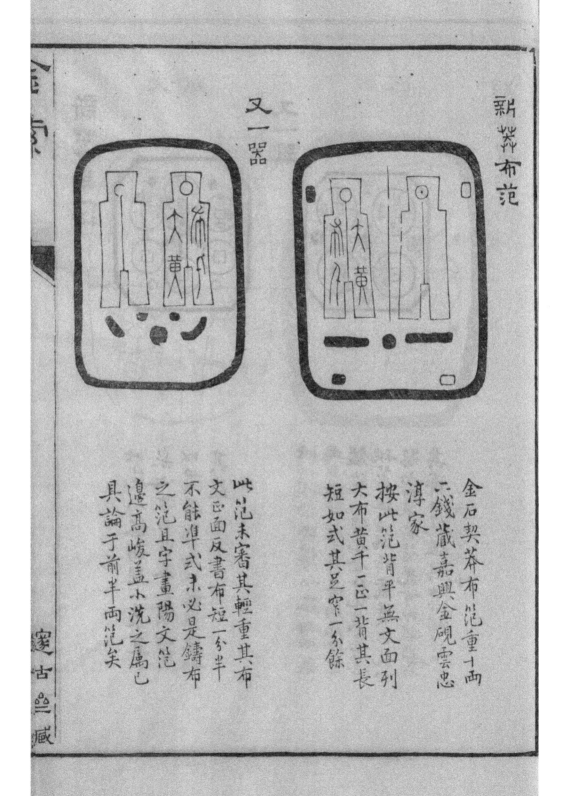

新莽泉範

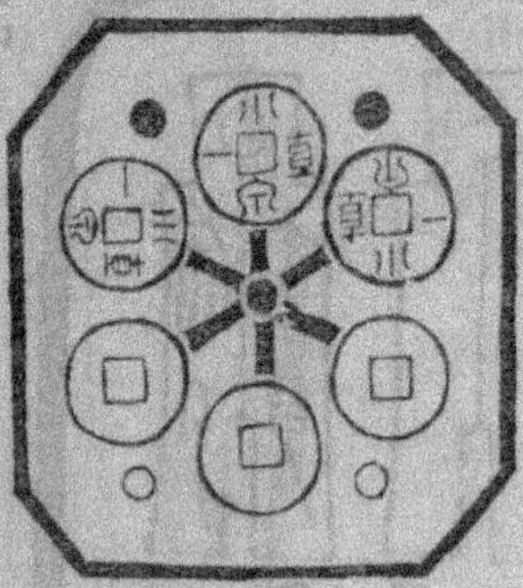

此範八觚向列小泉直一泉六枚正背各三聯六莖以貫其蔕此亦拓本未知其底

又一器

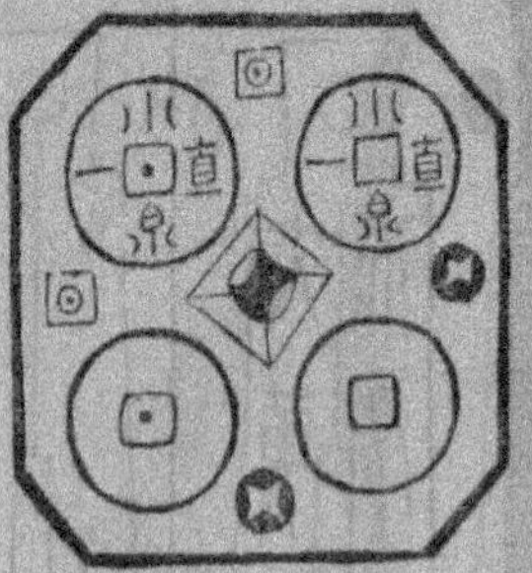

此一枚余所得八觚而四泉兩正兩背中有鼻而底平可鑑殆亦範鏡也金石記載嘉善姚蘆汀晉錫所藏貨泉範八觚而四泉其背光可以鑑因名其齋曰範鑑與此正相合也

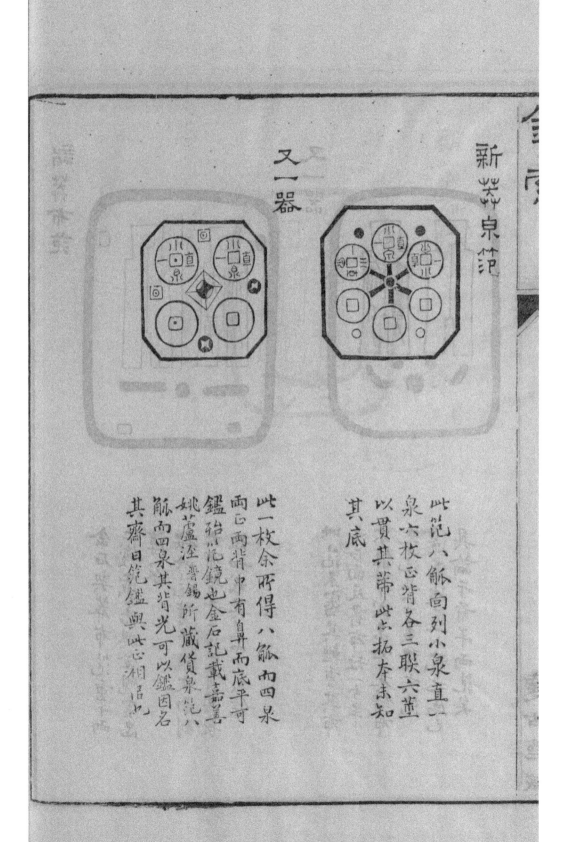

新莽泉范

面文

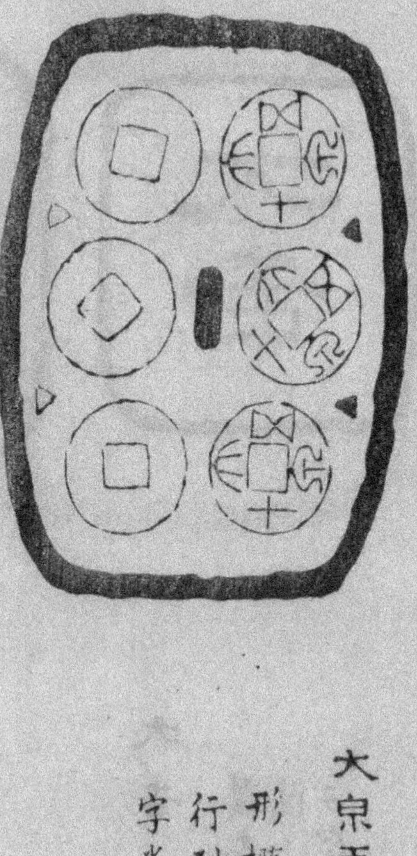

底文

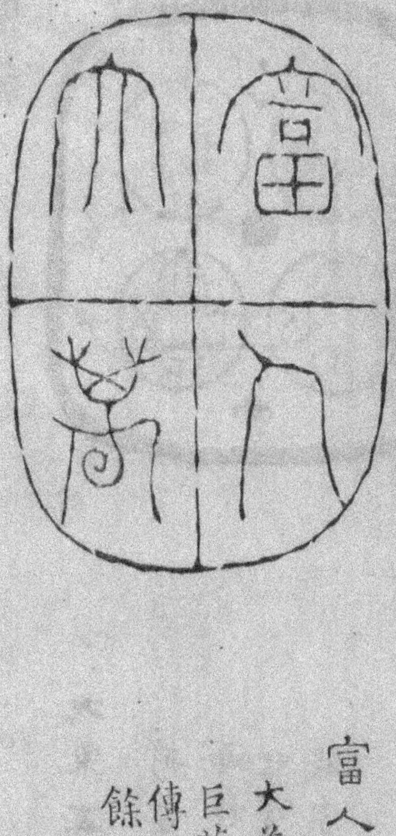

大泉五十

形橢圓而長兩行列泉六枚半字半背分布之

富人大萬

大萬猶今人云巨萬漢書劉向傳功費大萬百餘

邃古齋藏

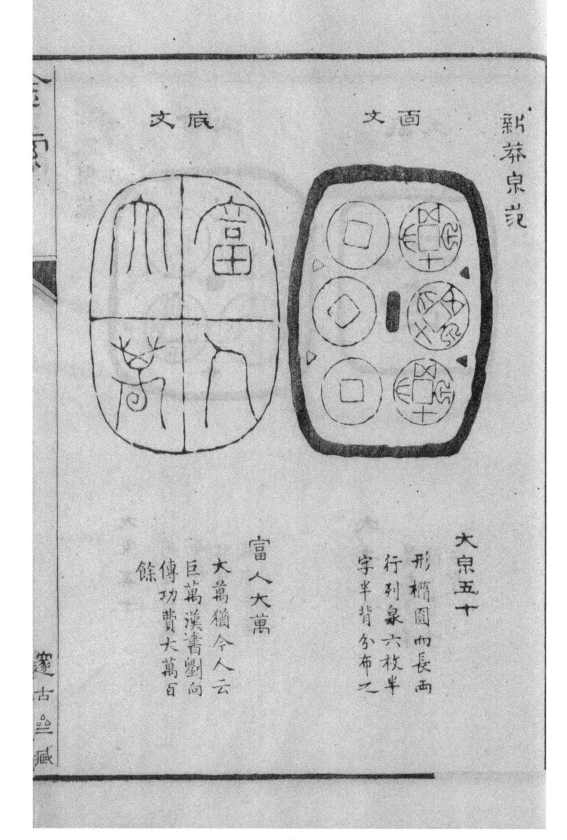

新莽泉范

面文

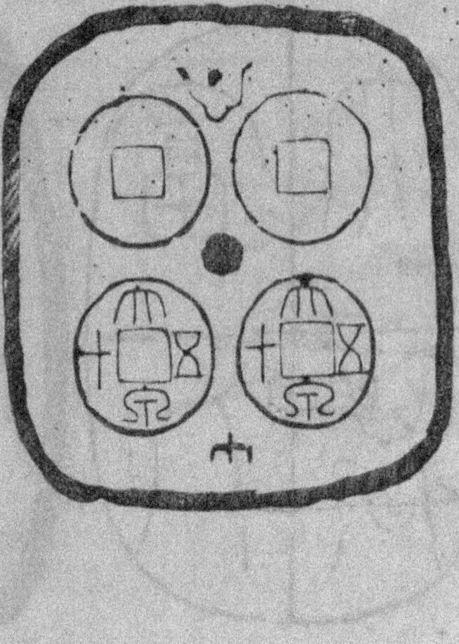

底文

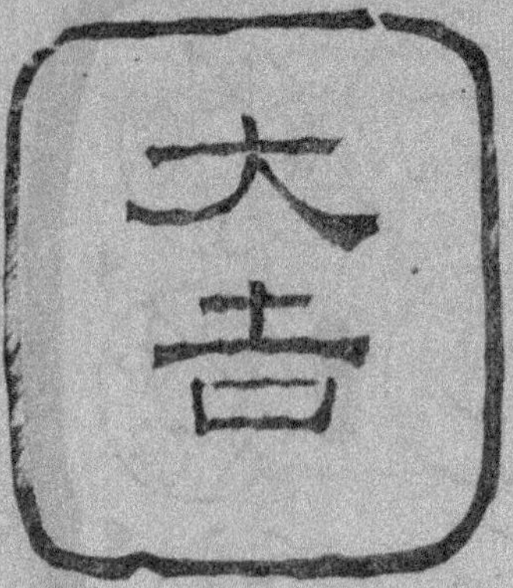

大泉五十
形方列泉
四枚上二
枚背下二
枚字平書

大吉
漢壺漢鍕
往往有此
二字

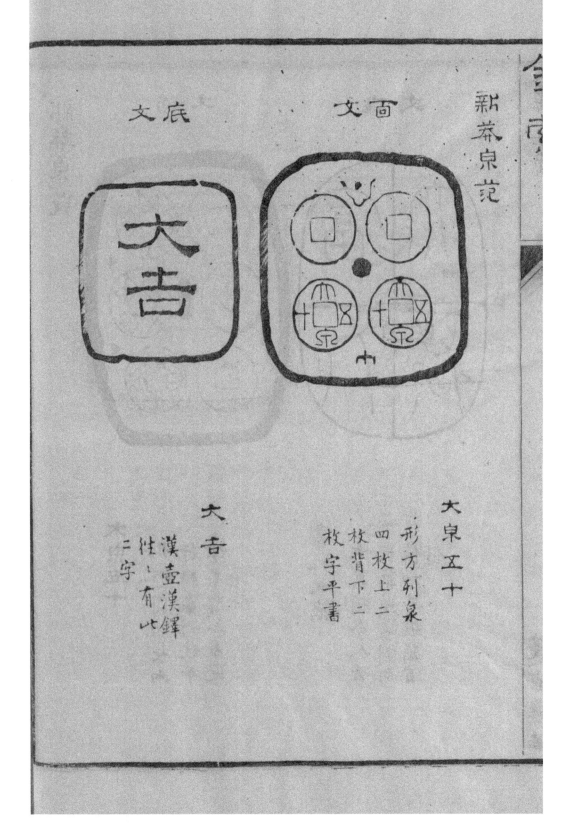

新莽泉范

面文

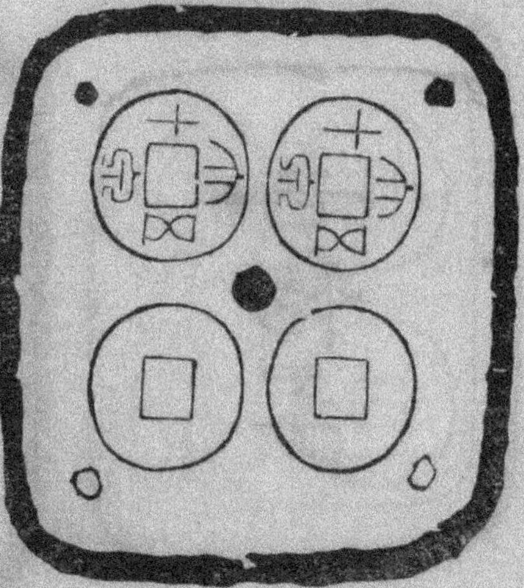

底文

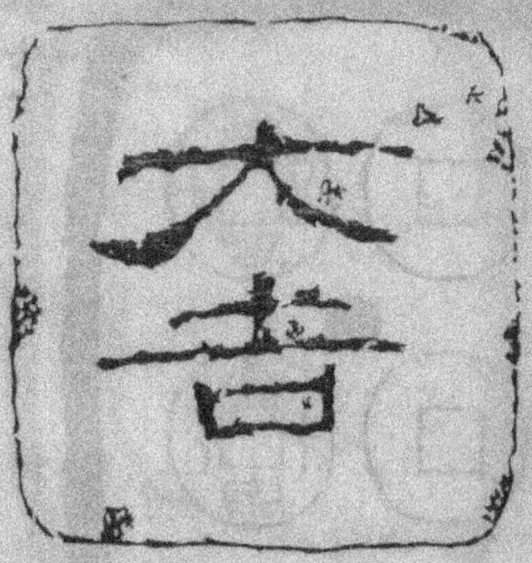

大泉五十

上二枚字下二枚背字横列

大吉

大字反書

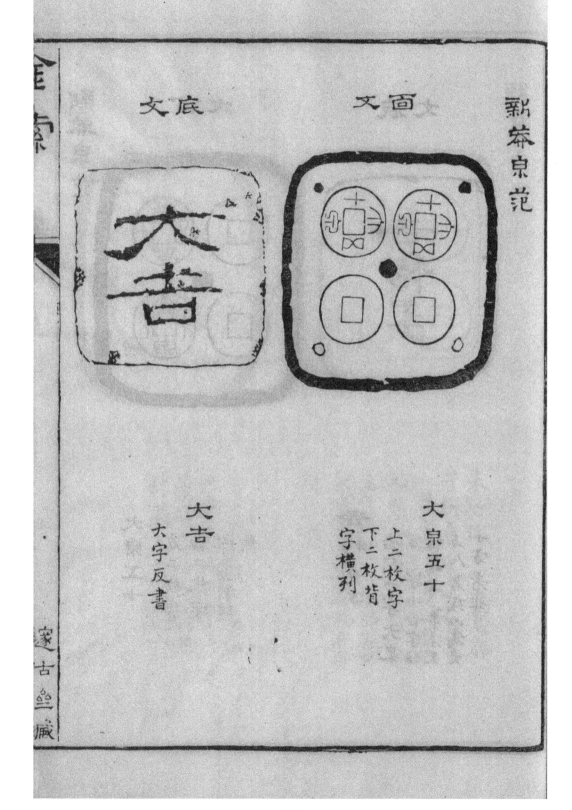

新莽泉范

靣文

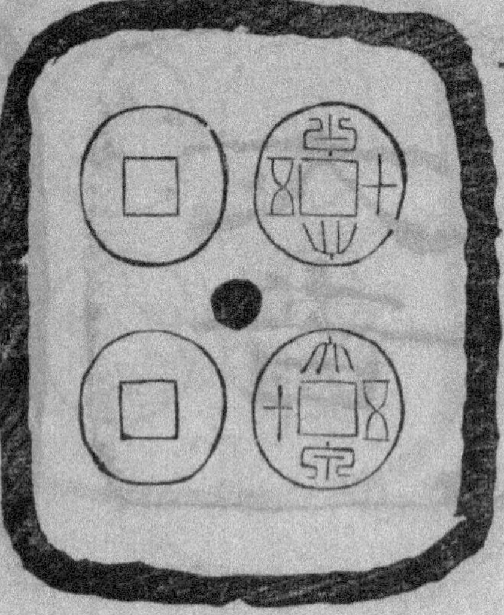

底文

大泉五十

左二枚背右二枚字字顛倒列之

吉利 史方

吉利二字大史方二字小吉字似禮器碑筆法史方人名或以為史十方者非

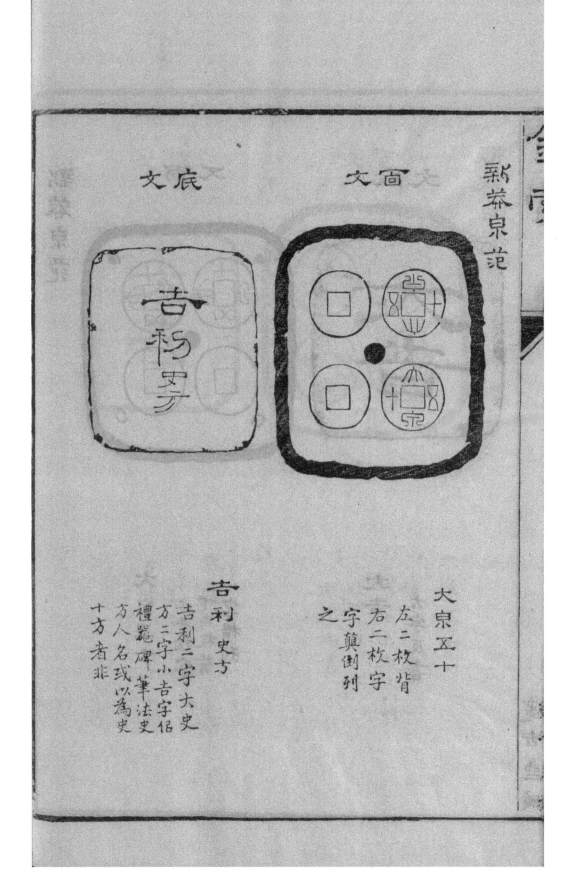

新莽泉范

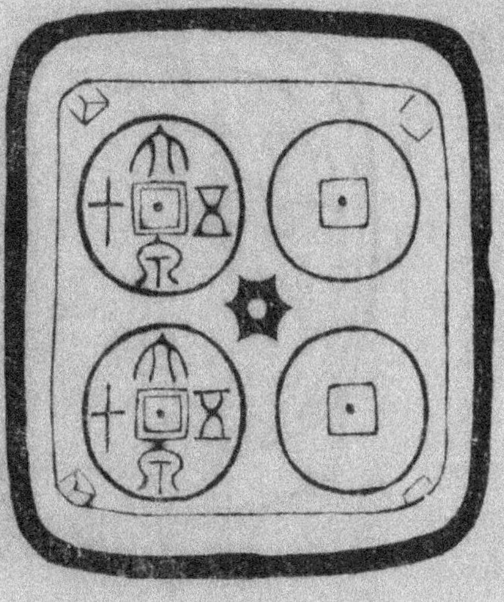

朱竹垞云丁亥夏觀于衍聖上舍小葫蘆山書屋范形正方中央輪郭四其二有文曰大泉五十徧體青綠詩家所云活碧麻幾近之上舍得之石門

新莽泉范

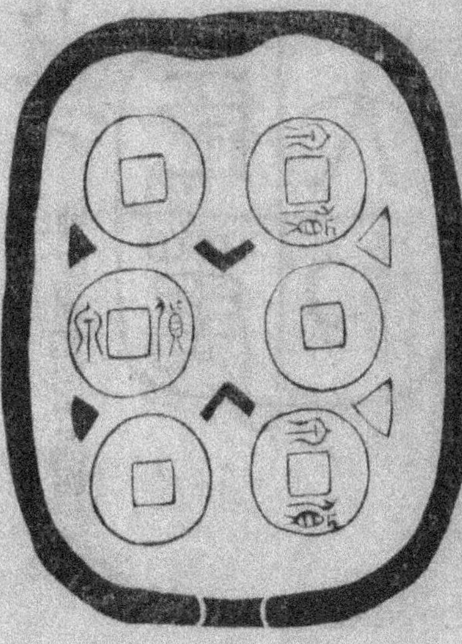

金石契云洪氏泉志此泉凡十餘品亦有玉箸篆者按此范作懸針篆蓋十餘品之一

莽范底文

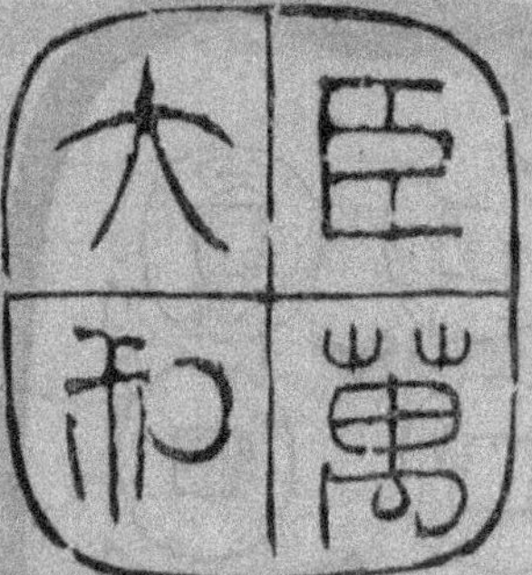

臣萬大利四字秖見拓本未見其器肰必泉范之底如富人大萬之屬

北齊錢范

底有斜文無字

范廣五寸二分寬三寸二分高六分深三分內列常平五銖正背八枚中有凸蒂邊有兩凹孔兩尖丁常平五銖爲北齊文宣錢此乃錢文小浣耳

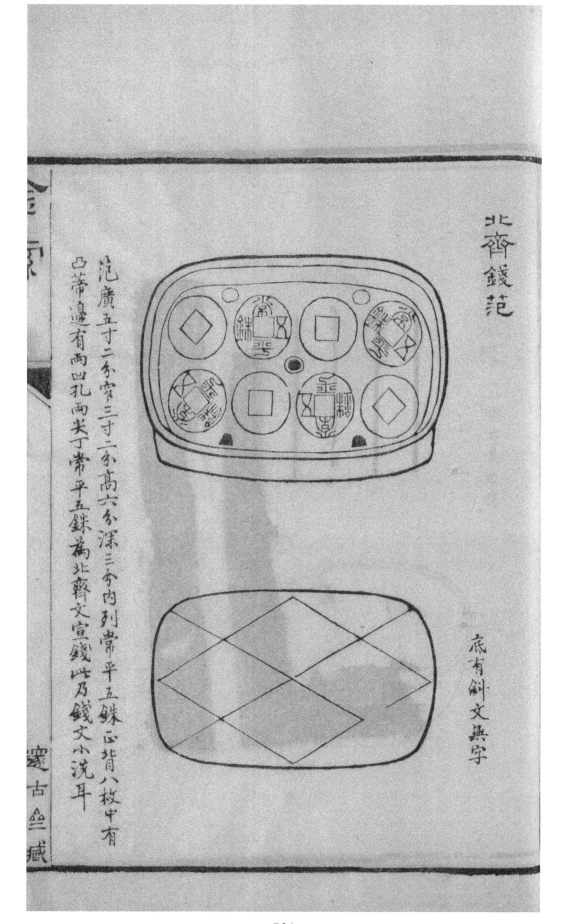

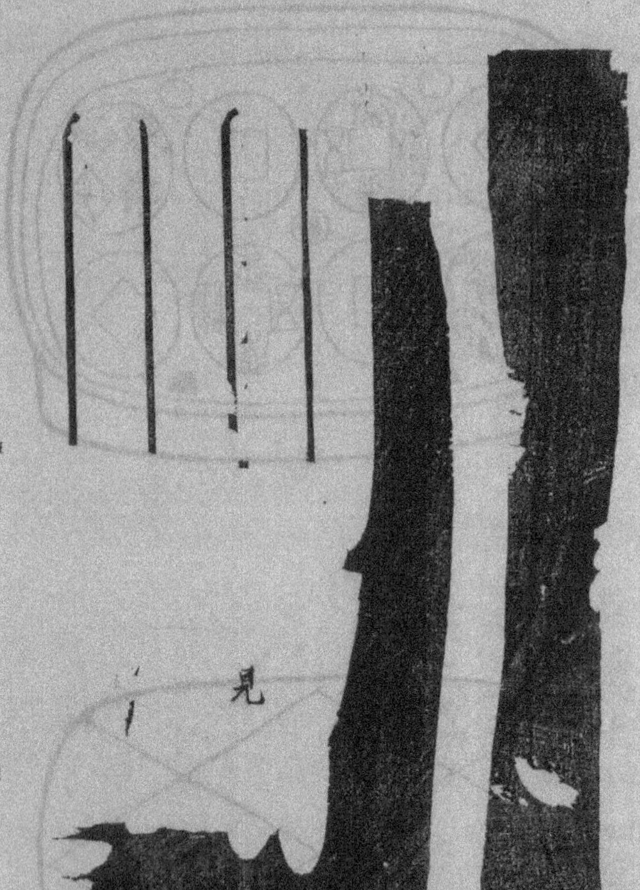
見

始建國注水匜　从博古圖原様

銘

律斤衛蘭
注水匜容一升
始建國元年
正月癸酉
朔日制

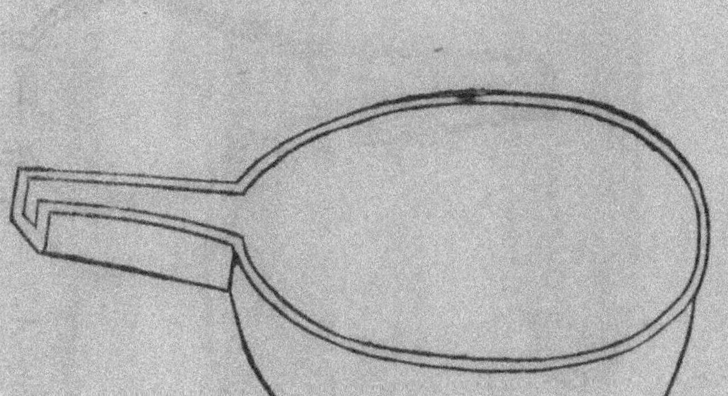

博古録云匜高一寸二分口徑三寸容三合重五兩漢新室當孺子嬰初始元年戊辰十二月改爲始建國此言元年正月當是明年己巳歲制此匜也此器如盉而淺旁出一流与周匜不類其匜特小當是几格所用耳

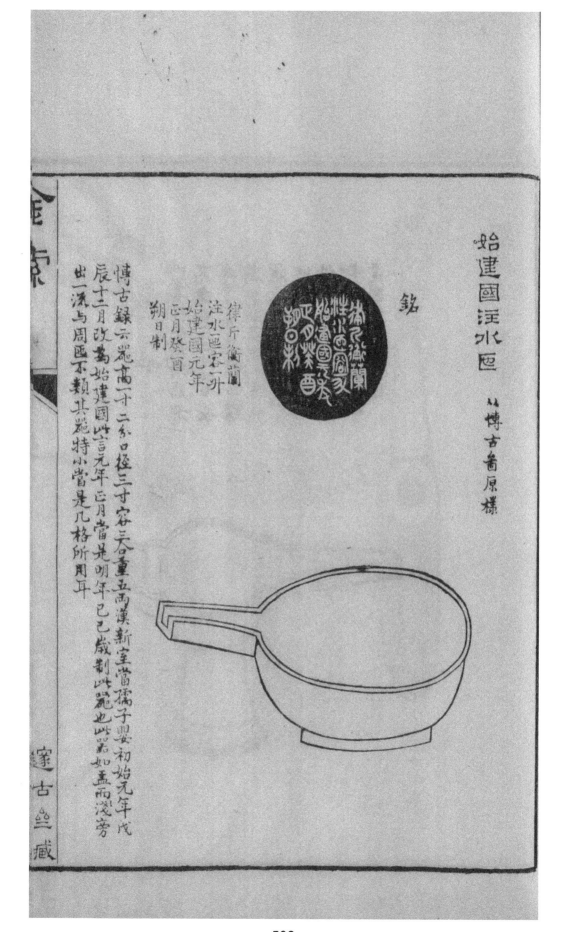

古小匜

此姜子小珊所貽者
高建初尺二寸四分長
五寸三分其形佀螺
其足如豆古人有紅
螺盃此制甚小不可
以酌酒蓋亦几格間
注水匜也無銘字不
知時代因其流似始
建國匜故附于後

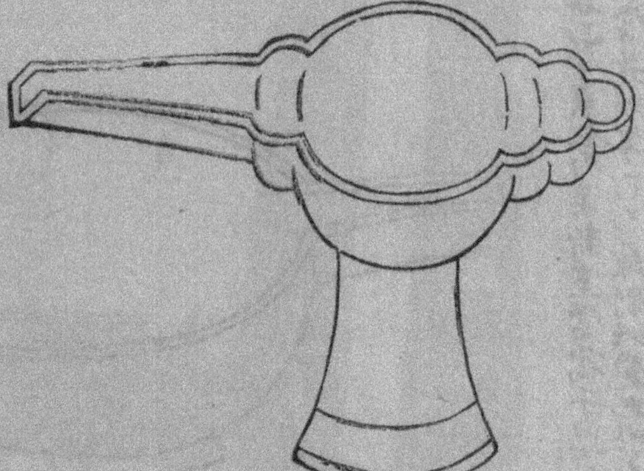

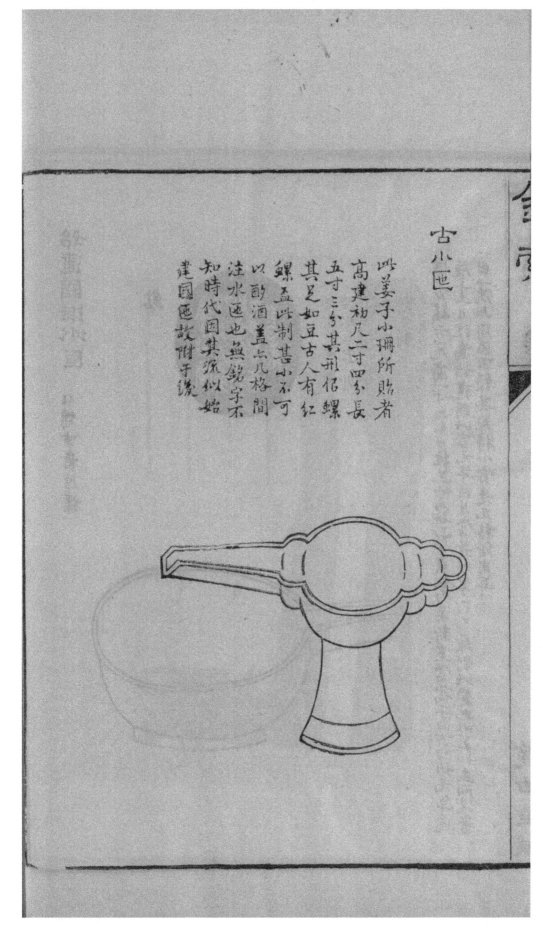

漢長宜子孫帶鈎二

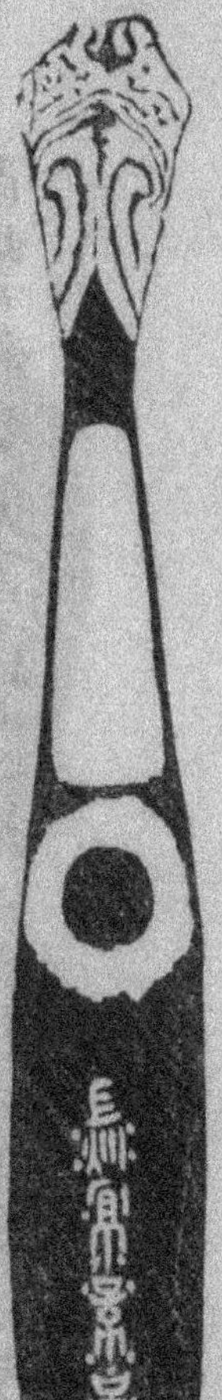

長宜子孫字旁加粟點漢鏡有之

長宜子〻孫〻

以上二鈎黃小松司馬藏從其拓本摹入

長壽半鈎

長壽積古款識云陰字疑別有陽字半鈎合之

長宜君官鈎

長宜君官仕至六詞与漢竟同據趙太常模本未見全稞

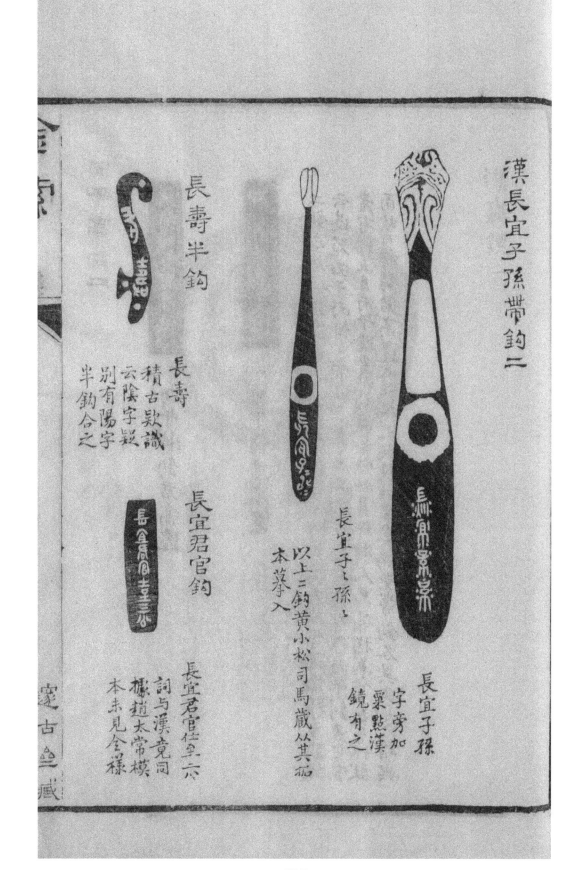

丙午帶鉤二

丙午神鉤君高遷

丙午神鉤君高遷

丙午鉤君高遷

丙午鉤君高遷

二鉤未見全式從積古齋摹其字〻銀絲填文故作陽識積古款識云造器必于丙午日者取干支屬火余所見帶鉤有作丙午釗君宜官者有作五月丙午造者此鉤嵌金銀絲身作神人鳥喙抱魚食象首作款面故曰神鉤君高遷亦頌禱之詞傳曰坐客滿堂帶鉤各異其是之謂與

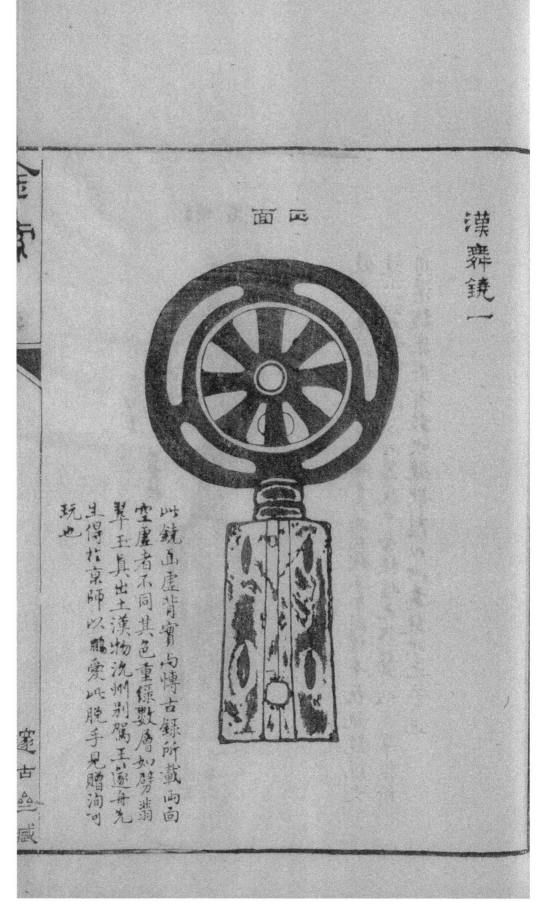

漢彝鏡一

正面

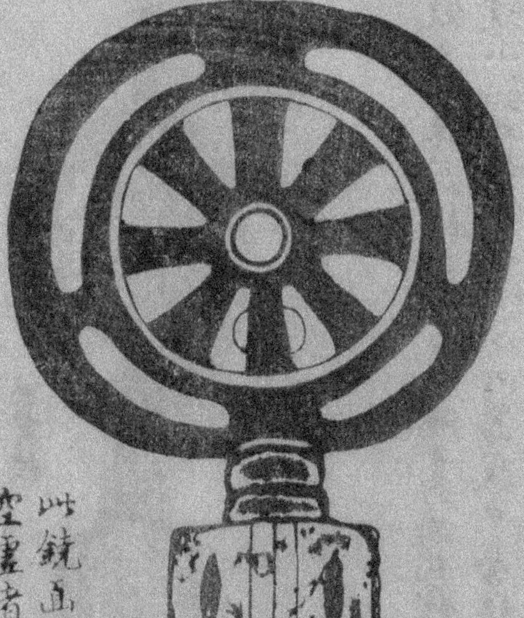

此鏡面虛背實與博古録所載兩面空虛者不同其色重綠數層如劈翡翠玉真出土漢物沈州别駕王遂舟先生得於京師以贈鵬愛此脫手見贈洵可玩也

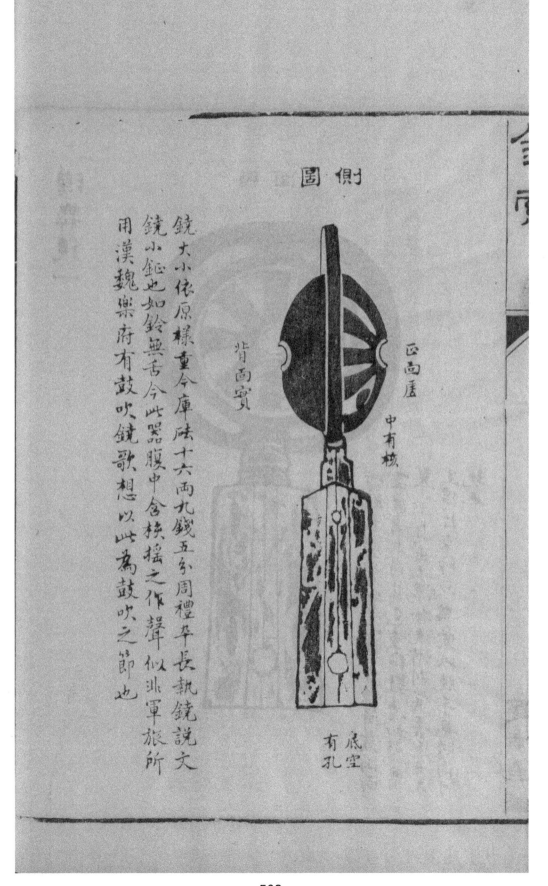

側圖

鐃大小依原樣重今庫砝十六両九錢五分周禮卒長執鐃說文鐃小鉦也如鈴無舌今此器腹中含核搖之作聲似非軍旅所用漢魏樂府有鼓吹鐃歌想以此爲鼓吹之節也

漢舞鐃二

正面

此鐃得之曲阜形製較小重今庫砝六兩二錢腹兩面琱空如一中含一核如博古高式与前鐃半寔半虚者想聲別清濁也

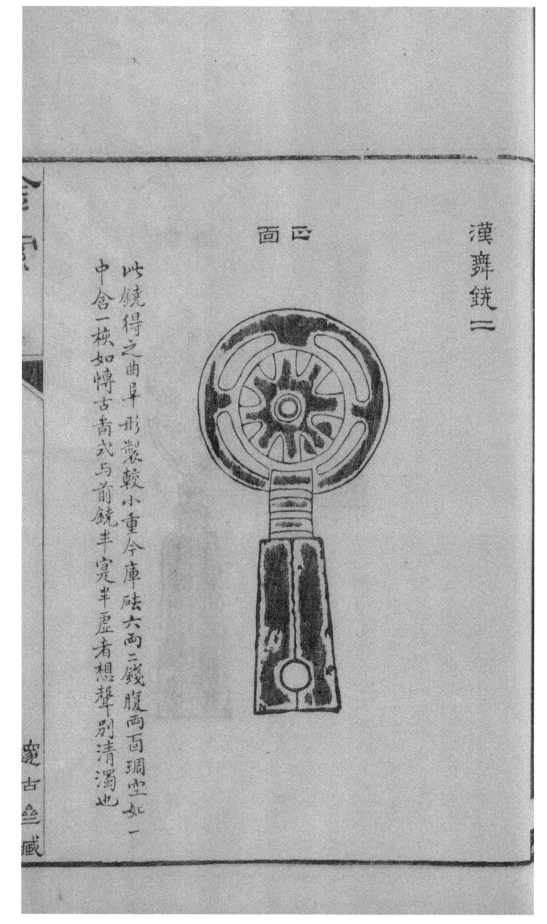

側圖

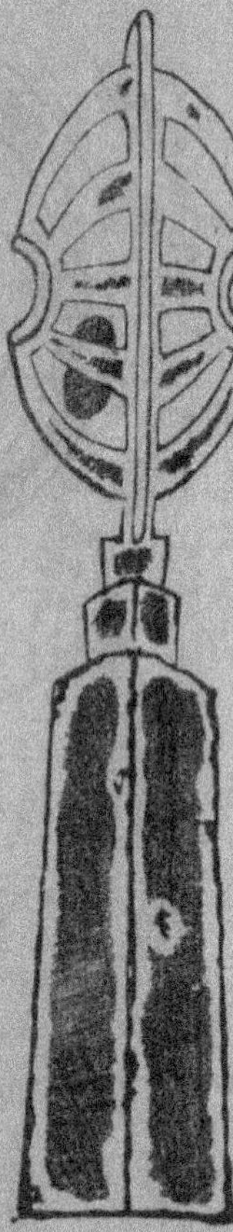

魏景初帳邊構銅

真賞

景初元年五月十日中尚方造長一丈廣六尺澤漆平坐帳上自邊構銅重二斤十兩

帳構銅之制狀如截筩上方下員上實下空其接續間削作、缺中一行隸銘廿二字真魏隸也景初六年魏明帝之十一年此嶷易孝廉張文麓性梓所得今以見貽

題詞

余閱金石記兩記廣構銅此名邊構尤罕見赤金因作硃砂紅尚方密鏤景初字三十二言真魏隸蜀帝取銷太寒傖何不當年取大罷（南史任忠祖傳蜀先主取收帳構銅鑄錢以充國用）幸此未鑄五銖錢入土出土苔蝕鮮流蘇灰滅朱竿墜消磨多少英雄淚張君獲此費搜尋貽我絕勝千黃金入手纔盈握可作花金屋對此如對素心人宜供幽蘭与幽鞠磚偕寶鼎傳碑 共黃初古湧詩楔榭詠西疇我有奇珍得東魯

魏景初帳廣構銅　見金石契

厲鶚樊榭山房集載帳構銅中空底方旁出岐枝為邪上方西疇所藏作謌記之今觀此首与邊構銅合實未有底乃其項耳若以方者為底則字倒書矣所云岐枝者未見其器亦餘摹入其歌行詳載金石契不贅錄

景初元年五月十日中尚方造長丈廣六尺澤漆平坐帳上廣構銅重三斤十兩

帳構銅之名見于西京雜記漢廣川王去疾好掘國内冢於魏哀王冢得石牀方七尺石屏風銅帳鉤一具或在牀上或在牀下似帳糜朽而銅鉤墮落者據此則鉤非一器意在其邊者為邊構橫其上者為廣構故邊構無岐枝廣構有岐枝也澤如卑甚澤之澤、漆猶今俗稱透光漆耳中州金石志云古以木為帳謂之椳俗作幄若今煖閣前施帷幔廣構銅乃橫木裹銅以蓋帳者

北齊天統銅佛像

錢塘黃小松司馬藏

正

背

天統五年正月十六日像已下二歲

齊後主即位之五年也後主即自號無愁天子者以下二歲蓋佛像連跌言之

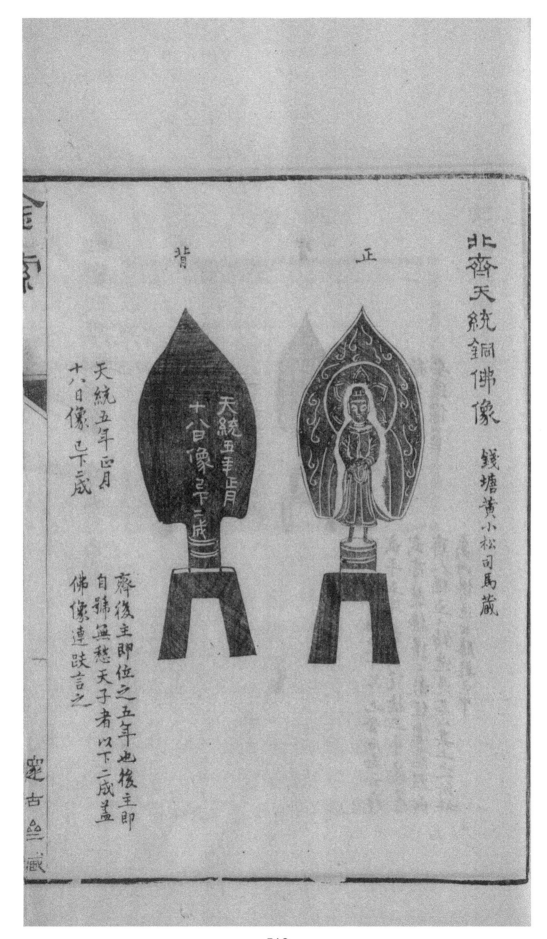

北齊武平銅佛像

六小松司馬藏

正

背

武平五年正月十三日宮江期頴家口平安造像一區

此後主即位之十年也金石志云齊武平五年為周建德三年是年武帝禁佛道二教經像悉毀而齊人猶亟亟鑄造是各篤其上之所好矣此佛近出滕縣土中

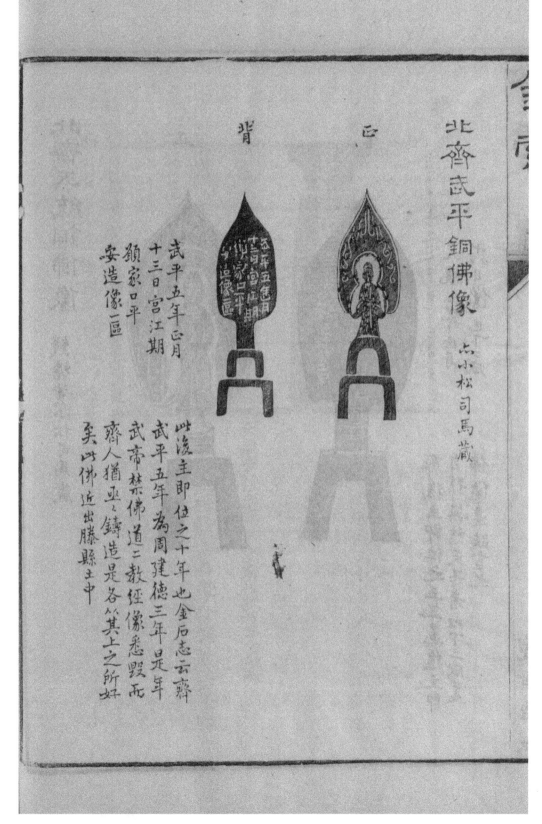

宋至德壇方罏

底款

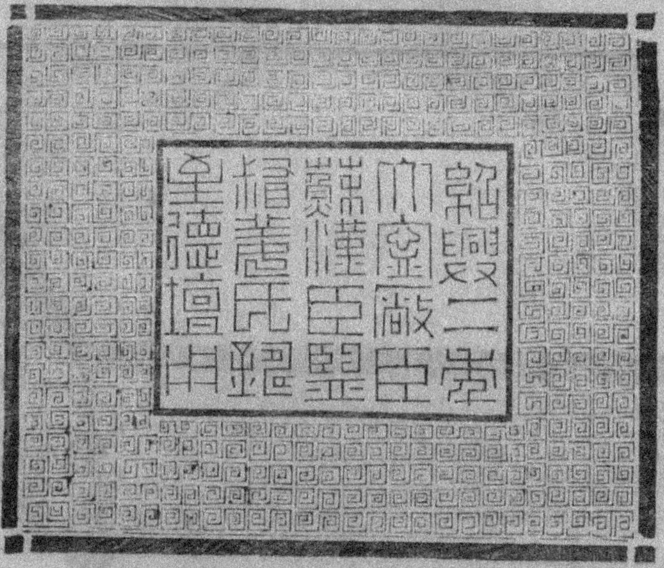

王漁洋居易錄通國子博士孔東塘尚任觀宋方罏款識云紹興二年大寧廠臣蘇漢臣監督姜氏鑄至德壇用凡二十字小篆姜氏即姜娘子

鴻按紹興二年宋高宗之六年也此罏倣造者易混如興作㒷年作𡗗德作𢛳篆文亦謬惟有目者能辨之

鑪式

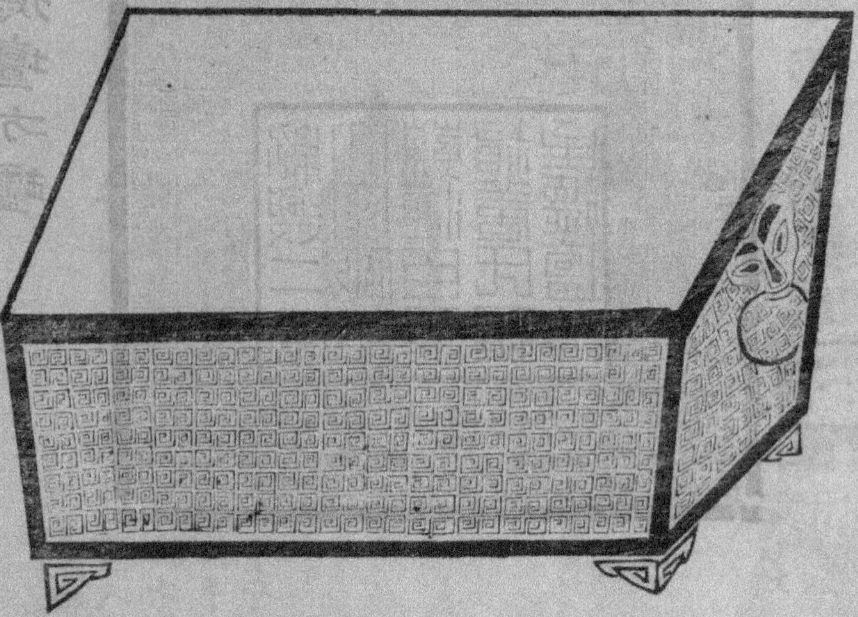

遍體雷紋兩耳
作獸面銜環狀

隋大業
埨盌

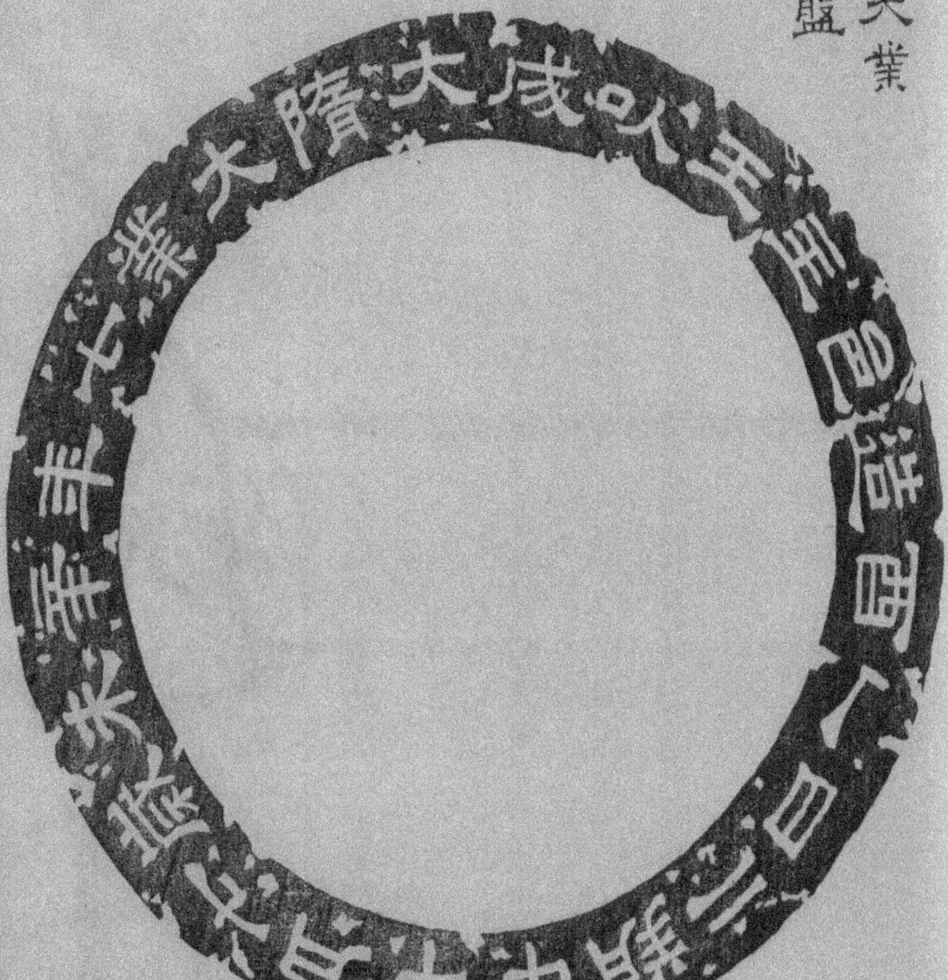

邃古齋藏

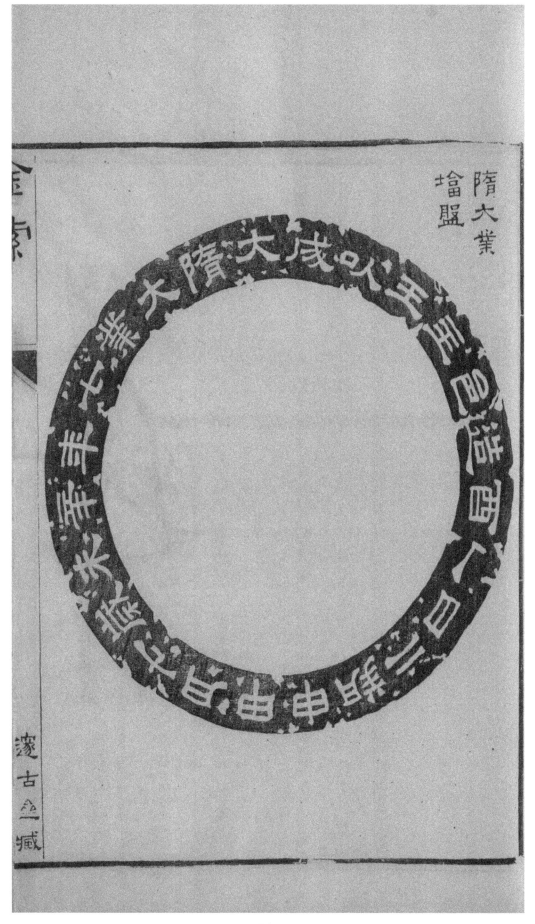

右隋塔盤隸書廿四字姚東樵云塔在蘇州上方山寺盤圍一丈八尺字徑六寸前人皆未集録乾隆癸卯歲燬于火塔雖重建而此刻遂亡因縮刻以存其制

唐南詔建極鐵柱題字

在雲南大理府趙州縮刻

維建極十三年歲次壬辰四月庚子朔十四日癸丑建立

桂未谷札樸云鐵柱在趙州彌渡之西高七尺五寸徑二尺八寸有文曰維建極十三年歲次壬辰四月庚子朔十四日癸丑建立土人建廟壊男女二像號稱馳靈景帝大黑天神案南詔佑世隆之僞謚景莊故稱景帝世以此柱爲諸葛武侯造誤也

鵬按唐書南詔傳豊祐死坦綽酋龍立僭號皇帝建元建極自稱大禮國事在宣宗死後咸通嗣立之初則此十三年即懿宗咸通十三年也

又按南詔本烏蠻別種夷語王為詔其先渠帥有六自稱六詔曰蒙嶲詔越析詔浪穹詔邆賧詔施浪詔蒙舍詔兵埒不能相君諸葛武侯嘗討定之蒙舍詔在諸部南故稱南詔居永昌姚州之間坦綽酋龍者酋龍其名坦綽其官謂之清平官猶唐言宰相也此刻正書字徑二寸係桂未谷仕滇南時所拓其孫樸堂以貽予者

吳越王金塗塔

塔銅質塗金狀如片瓦四九合成一塔从金石契摹本張芑堂云古金塗塔畫象見表忠譜高寸重三十五兩

朱竹垞書錢武肅王造金塗塔事寺塔之建吳越武肅王倍于九國按咸淳臨安志九廂四壁諸縣境中一王所建已盈八十八所合一十四州悉數之不能舉其目矣當日嘗于宮中治烏金爲丸繪梵夾故事塗之以金合以成塔宋鄱陽姜堯章得其一版乃如來捨身相陽穀周晋仙賦長歌紀其事有云錢王本自英雄人白蓮寺見國主身毗鄉爾落狗蹠朕何如錦袍玉帶稱功臣玫羅平僭歸王遺董昌書曰與其開門作天子九族塗炭不若開門作節度使終身富貴無憂晋仙即演其辭使聞者足戒吾鄉蔣爾齡亦得一版作放下屠刀立地成佛相以施城東白蓮寺周青士所目擊以語予攷詢之寺僧堅不肯承遂書其事冀好古君子或一遇焉

吳越王金塗塔

外面

內面

張芑堂云右金塗一版同杭郡鮑以文石門方蘭熏觀於桐鄉金雲莊家

程嘉燧破山寺志畧云明中憲顧玉柱墓在寺東營墓時掘得吳越錢忠懿王所造阿育王銅塔今藏寺中憨山大師清公作記云昔世尊入滅荼毘得舍利八斛四斗分作三分天上人間龍宮各建塔供養亦時阿育王親受一分其式亦出自西域而舍利燦爛光明變現隨人二千年後五代時吳越忠懿王承先業敬事三寶如式造小銅塔八萬四千座埋藏名山明萬歷初常熟顧耿光造其先塋掘得一塔高五寸許內刻款云吳越國王錢弘俶敬造八萬四千寶塔乙卯歲記外四面鏤釋迦往因示相前則尸毘王割肉飼鷹救鴿後則慈力王割耳然燈左則薩埵太子投崖飼虎右則月光王捐捨寶首文理密緻乃送興福寺供養

元元貞銕獅子題字

在濟寧州河道總督署東
旗纛廟門前東向

銕獅有二此右獅東向者撫一小獅題字在小獅之下一層獅連銕座
約高三尺餘其下石座約高三尺五寸餘其左獅抱毬無字不録

邃古齋藏

門子獅對虎宅鎮吉大陽安北縣治銅人匠付付與男造政貞元年式十二月

題字徑寸三十字為十五行內缺蝕一字蓋前字也字陽文橫列東向山左金石志云攷舊署在元時為總管府治此獅鑄于元貞二年初疑是總管府治舊物不知何時移于旗纛廟也肰曰鎮宅大吉似非官署神祠之麗矣

元至正銀槎杯

尾底款識

至正辛丑朱碧山製 華玉

腹底題詩

百杯狂李白一醉老劉伶君得酒中趣方留世上名

口底篆銘

貯玉液而自暢泛銀漢以凌虛

遂古堂藏

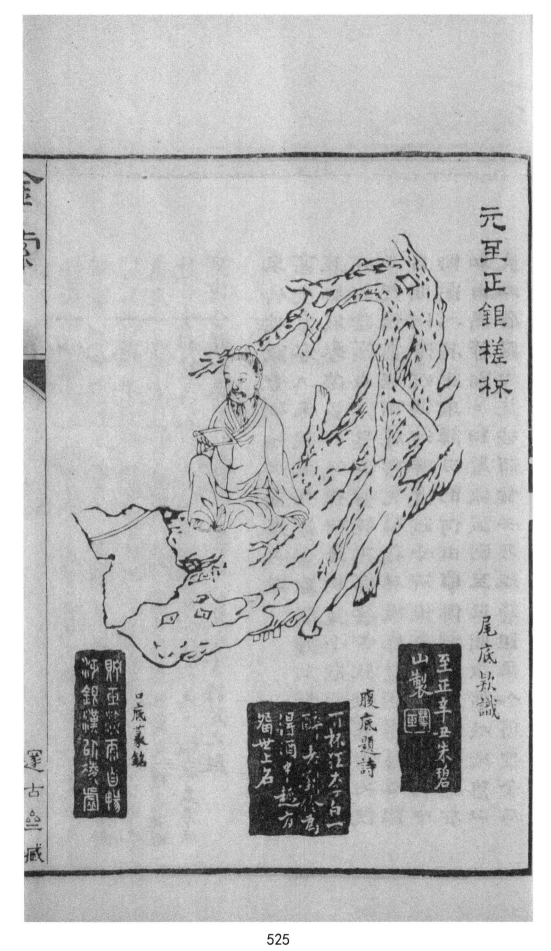

銀槎杯以銀為之形如槎空其中有口以出入酒至正辛丑元順帝即位之廿九年也此器曾歸畢秋帆制軍後為畢柳塘所得携至嘉祥縣柳塘者縣少尉蔣益亭廷慧之甥也庚辰十月予至嘉祥尋武梁祠漢畫像為明府夏禮臣儀所款留索銀槎盃勸飲而柳塘已携盃它徙矣為之悵然益亭以所繪畫樣並朱竹垞題詩見貽因取以為金索雜器之殿

朱竹垞銀查歌孫少宰席上賦

高堂宴客〻未既主人發客期開顏羽觴玉爵詎足算勸我鑿落重三鑊槎枒老樹幾千歲霜皮崩剝枝柯刪陰崖自遭鬼斧劈積雨暗齧苔紋斑尋源之使出想像高踞兩腠頂禿騶觀其傲岸意獨得髣髴歸自明河灣流傳河畔逢織女所恨尚少雙煙鬟刳中鄉銜入其腹未觧刀削何由傳傳之四座叫奇絕有如白馬髯翻〻細看款識剜至正問誰為此朱碧山良工名盛心益苦顧茲毋乃經營艱主人傳搜金石

文為戒更話天歷閒丹止先生藏奇古命製芝菌如
初攀當時虞揭相敵能是物亦得留人寰自從闖賊
躪燕市大掠金帛仍西還紛紛入肆尋鍛冶不亦道
半委榛莽間之不憖三歎息可悽雙解令成鰥吾鄉
蓺事多絕倫奇巧不數古輸班張銅黃錫近乃出未
若此老技窮嫺殊方促坐但酩酊莫遣酒醒懷鄉閑

曼海附錄

鶴聞前輩艷稱銀樓梧久矣今得見面
不可失也為付於梓　集軒

道光元年四月朔日鏤
板于嵫陽署齋於時日月合
璧五星聯珠記之